高速电气化铁路接触网技术

编著 张红生 董海燕 张廷荣
主审 闵永智

西南交通大学出版社
·成都·

图书在版编目（CIP）数据

高速电气化铁路接触网技术 / 张红生，董海燕，张廷荣编著. —成都：西南交通大学出版社，2018.11（2023.1 重印）

ISBN 978-7-5643-6551-6

Ⅰ. ①高… Ⅱ. ①张… ②董… ③张… Ⅲ. ①高速铁路 – 电气化铁道 – 接触网 – 高等学校 – 教材 Ⅳ. ①U225

中国版本图书馆 CIP 数据核字（2018）第 249604 号

高速电气化铁路接触网技术

编著	张红生　董海燕　张廷荣
责任编辑	张文越
封面设计	何东琳设计工作室
出版发行	西南交通大学出版社 （四川省成都市二环路北一段 111 号 西南交通大学创新大厦 21 楼）
邮政编码	610031
发行部电话	028-87600564　028-87600533
官网	http://www.xnjdcbs.com
印刷	四川森林印务有限责任公司
成品尺寸	185 mm × 260 mm
印张	17.25
字数	429 千
版次	2018 年 11 月第 1 版
印次	2023 年 1 月第 2 次
定价	64.00 元
书号	ISBN 978-7-5643-6551-6

课件咨询电话：028-87600533
图书如有印装质量问题　本社负责退换
版权所有　盗版必究　举报电话：028-87600562

前 言

高速电气化铁路快速发展，对接触网设备运行的可靠性提出了更高的要求，为适应高速电气化铁路、客运专线铁路发展的需要，作者编著了《高速电气化接触网技术》这本书。

本书在编写内容上坚持突出重点，使读者掌握接触网基本结构及技能。编者用通俗易懂的语言对接触网设备进行了比较详细的描述，并在接触网结构部分的内容中，以高速接触网基本技术原理为核心，深入地分析了高速接触网的结构特征，并对接触网的新技术进行描述，此外还详细论述了与生产实际紧密相关的高速铁路接触网的施工技术、检测技术以及安全运营维护等有关技术问题，以满足不同层次接触网相关专业人员需求，力争做到内容的系统性和实用性相结合，理论和实践相结合。

本书由兰州交通大学张红生、董海燕、张廷荣编著，由闵永智主审。全书含绪论共 9 部分内容，其中绪论、第四章、第七章、第八章由张红生编写，第一章、第三章、第五章、第六章由董海燕编写，第二章由张廷荣编写。书中所述的各个章节前后贯通，衔接紧密，既互相联系又保持相对的独立，以适应教学、设计、施工、运营等相关单位及广大相关工程技术人员研究和参考的需要。

本书在编写期间得到了兰州交通大学、兰州铁路局有关领导和教师的大力支持与帮助，在此表示衷心感谢。同时本书在编校、出版工作中得到了兰州交通大学自动化学院电气工程系的大力帮助，在此一并表示感谢。

由于时间仓促和作者拥有的资料有限，书中的疏漏在所难免，敬望广大读者提出宝贵意见。

编著者

2018 年 4 月

目 录

绪 论 ·· 1

第一章 接触网结构 ·· 12
第一节 接触网供电设施及结构 ·· 13
第二节 高速接触网的结构特征 ·· 45
第三节 支持装置、支柱与基础 ·· 61

第二章 常用接触网计算 ·· 79
第一节 接触网设计计算气象条件的确定 ··· 79
第二节 计算负载的确定 ··· 84
第三节 自由悬挂的张力与弛度计算 ·· 90
第四节 接触线受风偏移和跨距许可长度的计算 ··· 98
第五节 全补偿链形悬挂的锚段长度及张力增量校验 ··· 105
第六节 支柱容量 ·· 107
第七节 全补偿链型的安装曲线 ·· 110
第八节 软横跨的预制计算 ·· 111

第三章 接触网设计 ·· 118
第一节 接触网平面设计概述 ··· 118
第二节 站场接触网平面设计 ··· 120
第三节 区间接触网平面设计 ··· 126
第四节 隧道接触网平面设计 ··· 133
第五节 表格栏 ··· 137

第四章 高速电气化接触网 ··· 142
第一节 高速接触网基本特性 ··· 142
第二节 高速接触网受流理论分析 ··· 147

第五章 高速铁路接触网检测技术 ·· 157
第一节 供电安全检测监督系统 ·· 157
第二节 高速铁路接触网检测监测项目及原理 ·· 158
第三节 供电安全检测监测系统 ·· 160
第四节 供电安全检测监测系统发展方向 ·· 171

第六章　接触网施工 ································· 172
第一节　施工模式 ································· 172
第二节　高速铁路接触网的施工原则 ································· 174
第三节　高速铁路接触网的施工流程与施工准备 ································· 175
第四节　施工测量及精密测控网 ································· 181
第五节　高速铁路接触网施工方法 ································· 184
第六节　高速铁路营业线施工简介 ································· 197
第七节　高速铁路接触网的验收与开通 ································· 199

第七章　接触网运营管理信息化 ································· 208
第一节　接触网设备的健康管理 ································· 208
第二节　牵引供电综合管理系统 ································· 209
第三节　高速铁路接触网一杆一档管理系统 ································· 215

第八章　高速铁路接触网运营维护 ································· 218
第一节　高速铁路接触网运营维护概述 ································· 218
第二节　高速铁路接触网的运行管理 ································· 218
第三节　高速铁路接触网的检测与诊断分析 ································· 225
第四节　高速铁路接触网的检修 ································· 228
第五节　高速铁路接触网的质量管理 ································· 230
第六节　高速铁路接触网检修作业制度 ································· 232
第七节　特殊环境下的接触网运行策略 ································· 240
第八节　高速铁路接触网的应急抢修 ································· 244

参考文献 ································· 269

绪 论

一、电气化铁路概述

采用电力机车或电力动车作为主要牵引动力的铁路称为电气化铁路。1879 年 5 月 31 日在德国柏林举办的世界贸易博览会上，西门子和哈尔斯克公司展出了世界上第一条电气化铁路，迄今已有近 140 年的历史。低能耗、高效率、高速度的电力牵引已成为世界各国铁路发展趋势，是铁路现代化的标志。目前，电气化铁路在全球 68 多个国家的营运里程已经突破 26 万千米，占世界铁路总营运里程的近四分之一，承担了一半以上的铁路运量，这显示了电气化铁路的巨大生命力。

中国第一条电气化铁路是宝（鸡）成（都）线宝鸡—凤州段，正式通车于 1961 年 8 月 15 日，共 93 km 长，从此揭开了中国电气化铁路建设的序幕。截至 2015 年年底，中国铁路营业里程达到 12.1 万千米，其中电气化铁路运营里程 7.4 万千米，高速铁路运营里程超过 1.9 万千米，居世界第一位。至 2020 年，全国铁路营业里程将达到 15 万千米，其中高速铁路总里程将达到 3 万千米，未来五年将新增高铁里程达 1.1 万千米，将覆盖 80% 以上的城市。

二、高速电气化铁路发展

根据国际铁道联盟定义，高速铁路是指提速改造后时速达到 200 km 及以上，新建时速达到 250 km 及以上的铁路系统。

高速铁路技术是当今世界铁路的一项重大技术成就，它集中反映了一个国家铁路牵引动力、线路结构、高速运行控制、高速运输组织和经营管理等方面的技术进步，也体现了一个国家的科技和工业水平。高速铁路在经济发达、人口密集地区的经济效益和社会效益尤为突出。

20 世纪 60 年代，世界上第一条高速电气化铁路——东京到大阪的东海道新干线在日本建成，高速列车运行速度 210 km/h，拉开了高速电气化铁路建设的新篇章。到 20 世纪 80 年代，法国和德国先后建成了时速超过 300 km/h 的高速电气化铁路。法国高速铁路 TGV、德国高速铁路系统 ICE 和日本高速客运系统新干线成为世界先进高速铁路的代表。2007 年 4 月 3 日，法国高速列车在巴黎斯特拉斯堡东线铁路行驶试验中达到 574.8 km/h 的时速，打破了 1990 年由法国高速列车创下的时速 515.3 km/h 的有轨铁路行驶世界纪录。2016 年 7 月 15 日，中国标准动车组在郑徐高铁河南省商丘市民权县境内跑出了 420 km/h 的时速交会试验，创造了高铁动车交会速度的世界最高纪录。

20 世纪 90 年代初，中国开始高速铁路研究，把"提高列车速度"上升到铁路发展的战略高度，对高速铁路的设计建造技术、高速列车、管理的基础理论和关键技术组织攻关，开展了大量的科学研究。以此为基础，进行了广深铁路提速改造，修建了秦沈客运专线，实现了既有线铁路六次大提速等，为构建中国高速铁路技术标准体系奠定了必要的基础。2002 年 12 月建成的秦皇岛至沈阳间的客运专线，是中国自己研究、设计、施工，目标速度为 200 km/h，基础设施预留 250 km/h 高速列车条件的第一条铁路客运专线。自助研制的中华之星电力动车组在秦沈客运专线创造了当时"中国铁路第一速"——321.5 km/h。按照国家中长期铁路网规划和铁路"十二五""十三五规划"，以"八纵八横"快速客运网为主骨架的高速铁路建设全面加快推进，建成了京津、沪宁、京沪、京广、哈大等一批设计时速达 350 km/h、具有世界先进水平的高铁技术体系。通过引进消化吸收再创新，成功搭建了时速 350 km/h 的动车组技术平台，研制了 CRH380 型新一代高速列车。

目前，全世界运营速度达到 250 km/h 及以上的高速铁路里程约 2.07 万千米。日本开通 6 条新干线总长度 2388 千米；法国开通运营 9 条高速新线，总长度 2023.6 千米；德国正在运营的高速线时速 200 km/h 的 IEC 列车的通达里程约为 2331 千米。截至 2015 年年底，我国高速铁路运营里程已超过 1.9 万千米，占世界高速铁路的 60% 以上。

到 2020 年，我国铁路营业里程将达到 15 万千米，如图 0.1 所示。其中，新建高速铁路将达到 1.6 万千米；加上其他新建铁路和既有线提速线路，我国铁路快速客运网将达到 5 万千米，连接所有省会城市和 50 万人口以上城市，覆盖全国 90% 以上人口，"人便其行、货畅其流"的目标将成为现实。

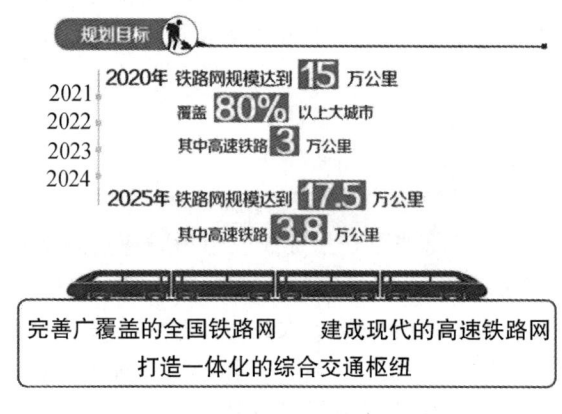

图 0.1　全国铁路规划目标图

三、电气化铁路的组成

由于电力机车本身不携带能源，而是靠外部电力系统经过牵引供电装置供给其电能，故电气化铁路是由电力机车和牵引供电装置组成的。牵引供电装置一般分成牵引变电所和接触网两部分，所以人们又称电力机车、牵引变电所和接触网为电气化铁道的"三大元件"。电气化铁路供电网络示意图如图 0.2 所示。

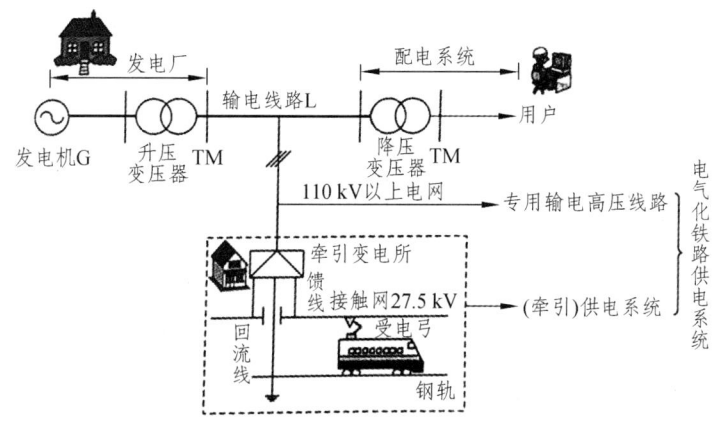

图 0.2　电气化铁路供电网络示意图

1. 电力机车

电力机车靠其顶部升起的受电弓，直接接触导线获取电能。每台电力机车前、后各有一受电弓，由司机控制其升降。受电弓升起工作时，以 78.4(68.6+9.8) N 的接触压力紧贴接触网线摩擦滑行，将电能引入机车，经机车主断路器到机车主变压器，再经机车主变压器降压后，经传动装置供给牵引电动机，牵引电动机通过齿轮传动使电力机车运行。电力机车的工作原理如图 0.3 所示。

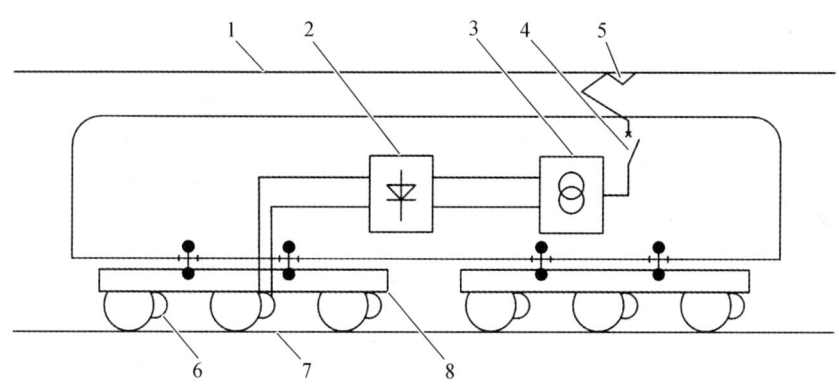

图 0.3　电力机车的工作原理

1—接触线；2—传动系统；3—主变压器；4—主断路器；5—受电弓；
6—牵引电动机；7—钢轨；8—转向架

电力机车受电弓直接从接触线上滑行取流，其形式一般有单臂式和双臂式两种，目前一般采用单臂式受电弓。受电弓顶部的滑板紧贴接触线。滑板固定在托架上，托架一般采用 2 mm 的铝板冷压制成。根据接触线材质的不同选用不同材质的滑板。受电弓的最大工作范围为 1250 mm，允许工作范围为 1000 mm。受电弓及滑板安装如图 0.4 所示。

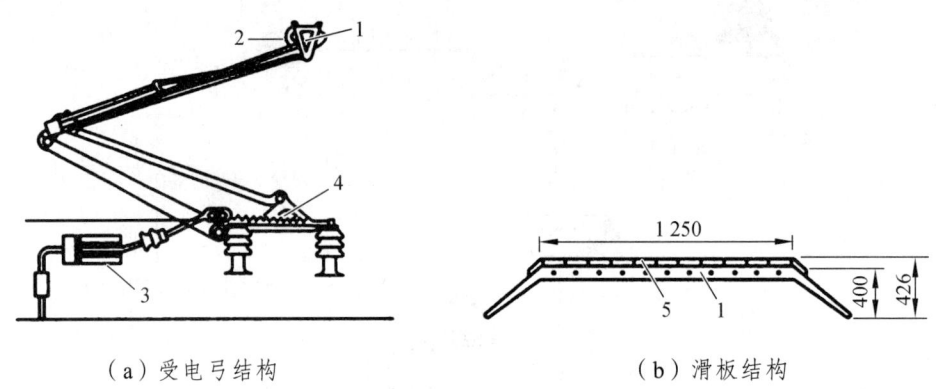

(a) 受电弓结构　　　　　　　（b) 滑板结构

图 0.4　受电弓及其滑板结构

1—滑板；2—弓头支架；3—活塞；4—升弓弹簧；5—滑条

2．牵引变电所

牵引变电所的主要任务是将电力系统输送来的电能降压，然后以单相供电方式经馈电线送至接触网上，电压变换由牵引变压器进行。电力系统的三相交流电改变为单相是通过牵引变压器的电气接线来实现的。牵引变电所一般设有备用电源，采用双回路电源供电，以提高供电的可靠性。中国目前所用的牵引变压器有三相式、三相—二相式及单相式三种类型。

三相式变压器绕组为星形—三角形联结，联结组标号为 Y/d11，二次侧为三角形联结。三角形的一角（w 相）与钢轨和接地网连接，另两角（u 相、v 相）分别接至牵引变电所两边供电分区的接触网上（又称两个供电臂），因此使接触网对地为单相。

三相变电所高压侧电压等级为 220 kV/110 kV，低压侧（又称牵引侧）电压为 27.5 kV。这是中国牵引变电所的主要接线形式。在 AT 供电区段，牵引变电所低压侧电压为 55 kV，配合 AT 变压器实现对牵引网的供电。例如，哈（尔滨）大（连）线牵引变电所即采用了这种接线形式，其高压侧电压等级为 220 kV，牵引侧电压等级为 27.5 kV。目前，高速电气化铁路牵引变电所进线电压等级为 220 kV 及以上。

为了减少单相牵引负载对三相电力系统产生的不对称影响，其牵引变电所的变压器采用较特殊的接线方式，主要有斯科特（Scott）接线方式和伍德桥（Wood Bridge）接线方式，采用这样接线的变电所称为三相—二相变电所。这种接线方式的特点是变压器二次电压是相角差为 90° 的二相交流电，在两相负载平衡时，其变压器的一次侧为三相对称负载，可以大大消除牵引系统对电力系统产生的不对称影响。我国高速电气化铁路牵引变电所的变压器采用单相变压器、单相 V/V 接线、V/X 接线变压器。

3．牵引供电回路

牵引供电回路是由牵引变电所—馈电线—接触网—电力机车—钢轨、地或回流线（正馈线）—牵引变电所构成，如图 0.5 所示。其中接触网在供电回路中起着十分重要的作用，直接影响着电气化铁路的运行可靠性，因此必须使接触网始终处于良好的工作状态，安全可靠地向电力机车供电，这对于保证铁路运输畅通无阻有着极为重大的意义。

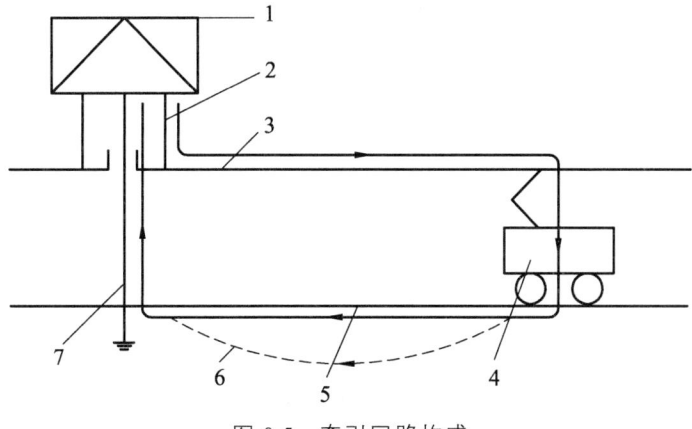

图 0.5 牵引回路构成
1—牵引变电所；2—馈电线；3—接触网；4—电力机车；
5—钢轨；6—地中电流；7—回流线

四、接触网的定义与分类

接触网系统是电气化铁路牵引供电系统的重要组成部分，是沿着走行轨道架设的为电力机车（电力动车组）提供牵引电能的特殊形式的供电线路。高速接触网技术是高速电气化铁路的核心技术之一。

接触网有多种实现形式，广义的接触网包括了接触轨和架空接触网。

接触轨是设置在走行轨道旁的连续刚性导电"轨道"，其作用是给电力机车（电动车组）供电。电力机车通过安装在车辆转向架两侧的集电靴和接触轨的滑动接触取得电能。接触轨主要的结构形式有第三轨（第三轨供电、走行轨回流）、第四轨（第三轨供电、第四轨回流）两种。第三轨形式较常见，比如北京地铁大量采用 DC 750 V 接触轨系统，近几年来修建的武汉地铁（轻轨）（DC 750 V），广州地铁四、五号线和深圳地铁三号线（DC 1500 V）也采用了第三轨形式。第四轨系统在伦敦地铁和意大利米兰地铁 A 线使用，这种系统比较少见。接触轨系统的安装高度低，导体截面积大、载流能力强，对安装净空要求低，结构简单、施工方便，在露天区段和城市高架区段对景观影响小。但是，接触轨处于人员较容易接触到的位置，带来了安全问题，限制了系统电压等级一般不能高于 1500 V。目前，接触轨多用于城市地铁的直流供电系统，在干线电气化铁路中没有采用。

架空接触网分为刚性架空接触网和柔性架空接触网两类。刚性架空接触网将接触线夹装在汇流排中，依靠汇流排自身的刚性保持接触线的固定位置，使接触线不因重力而产生弛度。刚性架空接触网具有结构简单、可靠性高（采用无张力架设，无断线、钻弓等事故隐患）、维护工作量小、维修周期长等优点。刚性架空接触网一般适用于隧道段，而不应用于地面及高架桥，在城市地铁中应用较多。2002 年 12 月开通的广州地铁二号线在国内第一次采用了刚性架空接触网系统，近几年来，南京、上海、西安、深圳、郑州、成都、杭州等城市地铁建设中都有采用刚性架空接触网形式。干线铁路中，刚性架空接触网主要应用在长大隧道。2006 年 4 月，20.50 km 长的兰（州）武（威）二线乌鞘岭隧道在国内干线铁路中第一次采用了刚性接触悬挂。2008 年完成的焦（作）柳（州）铁路石门北到怀化段六座隧道内采用了刚性悬挂接触网。刚性悬挂接触网一般应用于行车速度小于 160 km/h 的线路中。

柔性架空接触网采用柔性线索作为导体，具有较好的弹性，跨距大，适应高速电气化铁路的受流，在干线铁路工程中得到了广泛的应用。狭义的接触网就指的是柔性架空接触网。在干线铁路中，柔性架空接触网是牵引供电系统主要的馈电形式，习惯上将其简称为"接触网"，本教材中"接触网"均是柔性架空接触网。

五、高速电气化铁路接触网的基本特性和运营要求

高速电气化铁路接触网是接触网的一种特殊应用形式，"高速"本身是一个相对的概念，"高速铁路接触网"也是一个相对的称谓，与之对应的是"普速铁路接触网"。

高速铁路接触网和普速铁路接触网比较，就基本构成和宏观结构而言，并无明显差异，均包括支柱与基础、支持装置、定位装置、接触悬挂以及供电辅助设施五大部分；就其各自的机电特性、设计考量、技术要求、施工工艺、维修理念、运营管理而言，二者存在较大差异，主要原因在于：普速铁路接触网的侧重点在于弓网几何参数的匹配和电气参数的耦合，而高速铁路接触网除了弓网几何参数的匹配和电气参数的耦合外，重点关注点已转至弓网间的电接触状态和机械动态（振动、波动）特性上。

（一）高速电气化铁路接触网的基本特性

接触网的本质是高压电力输电线，但因其服务对象的特殊性，使得表面看起来仅由几根导线组成的、结构并不复杂的接触网变得非常复杂了。其复杂性不在于结构，而在于弓网之间的匹配以及为满足这种匹配所提出的对弓和网的性能要求和实现方法。因此，接触网实际上包含了输电和与高速受电弓动态配合的问题，由此造成接触网在机电性能上受到极其严格的限制和要求，这些限制和要求造成接触网在环境、备用、负荷、机电、研究内容等方面都大大不同于一般高压电力输电线。

1．接触网的环境特性

接触网具有典型的环境特性，这里的环境包括空间、气候、电磁和运营四个方面。

1）接触网的空间环境

接触网沿轨道线路架设，空间位置受到车辆限界、运输货物限界、建筑限界、电气安全距离以及弓网几何关系的严格制约，接触网的所有几何参数都是以线路中心线和轨道平面组成的直角坐标系为参照的。因此，线路空间位置一旦确定，接触网的空间位置也就确定了，可调节的范围非常有限。

接触网的确切空间位置取决于线路空间位置、受电弓几何形状与尺寸、受电弓安装位置、受电弓动态包络线、列车车辆限界、列车及其装运货物限界、建筑限界等因素，接触网与其四周一定空间内的各种建筑物（如电力输电线、通信电缆、桥涵隧道、车站建筑、地下设施等）在空间位置上可能发生矛盾和冲突，必须协调相互之间的空间关系，以满足建筑限界、电气安全和弓网几何关系三方面的要求。协调接触网与其四周建筑物的空间关系时，必须处理好以下五个方面的问题：

① 接触网与建筑物间的绝缘安全和电磁安全是否能够得到充分保障；

② 接触网的导电截面是否能够得到足够保障；
③ 接触网的结构高度是否受到影响，影响所造成的悬挂弹性变化是否在许可范围内；
④ 因建筑物引起的跨距变化或悬挂点变化是否符合相应规定；
⑤ 导线高度变化以及由此引起的接触线坡度变化是否在允许范围内。

另外，在高速铁路中，桥隧占线路的比重较大（70%左右），列车运行引起的桥振动、地震引起的桥的二次振动，这些振动与接触网的固有振动频率之间存在某种关系，应避免接触网与桥之间发生共振现象；根据高速铁路试验和运营数据，列车通过隧道的速度大于140 km/h时，因活塞效应所产生的气动力影响不可忽略，高速铁路隧道内接触网应按基本结构风速进行气动力影响校验。

除此以外，环境问题还包括接触网与动物、植物、自然景观、人文景观和噪声等方面，应采取一定技术措施防止飞鸟及其他动物造成接触网短路事故，但这些技术措施不得使保护动物受到伤害；弓网集流过程中的摩擦和离线所产生噪声的影响不容忽视，这些噪声对设备、人和动物均构成不利影响，应研究和使用新型电接触材料，增大电流的有效传输，减少受电弓数量，降低弓网集流噪声。

2）接触网的气候环境

接触网是露天电气设备，接触网的机电参数和技术状态与大气环境中的温度、湿度、冰、雪、风、霜、雾霾、污染、雷电等密切相关。接触网线索的张力、弛度、抗拉强度、载流容量，接触悬挂的弹性、空间姿态、电气强度和安全，接触线与受电弓滑板间的磨耗和接触电阻都要受到大气环境的影响，接触网的设计工作和运营工作与气象条件息息相关，气象条件的选择不仅影响电气化铁路的运营安全，而且会影响电气化铁路的工程成本和运营的社会成本。

在表征大气环境的所有气象参数中，温度、风速、覆冰称为气象三要素。气象三要素决定着接触网众多机电参数的取值。

温度对承力索弛度、接触线正负弛度、附加导线的弛度和张力、接触网载流量、锚段长度、吊弦偏移、磨耗、定位和支持装置的空间位置，补偿装置的效率和形式等有明显影响。研究表明：在 120～140 ℃，张力 10 kN 情况下，接触线的抗拉强度不会突变，此时损坏接触线的主要机理是过度磨耗处或有缺陷处的塑性变形和低温材料蠕变；在 100～140 ℃，张力 13～15 kN 情况下，电解铜中的微结构开始变化；在电流出入导线处，接触线可发生极度的微结构变化，接触线的再结晶区降低了它的抗拉强度，并可发生塑性变形的累积。对接触线造成累积伤害的是塑性变形，它是由于装有缺陷的连接组件处及温度超过 180 ℃ 处的应力超出弹性极限；长期发热可使冷拔铜的晶状结构重新回归到冷拔前的原始状态，丧失冷拔铜的典型物理特性。

高速铁路行车密度高、电能传输大，接触网设计温度除考虑环境的最高温度、最大日照外，还应考虑最大负荷电流（含瞬时短路电流）所引起的导线发热，以此确定腕臂、定位器、吊弦最佳安装位置时的温度以及接触网系统正常工作温度和最大载流量。

风（气流）会增加接触网的附加负载，严重时会破坏接触网系统的正常工作，风（气流）还会影响受电弓的取流姿态，引起弓网接触力突变，严重时还会引起严重的弓网事故。因此，在高速铁路接触网设计规范中明确提出了基本结构风速和基本运营风速的概念。

气流无论在垂直方向还是水平方向受到约束，其流速都将增大。路堤（桥梁）对风存在垂直约束，使风速相对增大，在接触网悬挂高度附近，可达到平地处同样高度风速的 1.2～1.5 倍，风攻角也从 10°达到 15°。

覆冰会增加接触网的垂直荷载、水平荷载、纵向荷载和振动荷载。垂直荷载使线索弛度加大，覆冰增加的导线张力将传到支柱上，增加支柱及基础的扭矩，严重时可能造成支柱变形、基础下沉；最大水平荷载发生在"风速与覆冰厚度"的某种关系之下，造成低压线（回流线、保护线等）与高压线（接触线、负馈线等）间因风吹摆动而引起短路事故；纵向荷载会引起导线纵向静力不平衡，当覆冰不均匀、自行脱落或被击落时，导线悬挂（定位）点处会产生很大的冲击荷载，严重时会造成导线脱落，线夹断裂。

冰在导线表面的不同积聚形状会加强导线对风所引起的振动敏感性，产生振动荷载。相邻跨距的导线覆冰不均或脱冰不同步会产生张力差。不均匀覆冰产生的张力差是静荷载，线索断口有缩颈现象；不同期脱冰产生的张力差是动荷载，线股断口无缩颈现象。

风或者冰和风的共同作用还可能引起接触网线索的舞动，低频高幅舞动会造成接触网金具损坏、导线断股、电气短路及支柱倾斜等严重事故。

3）接触网的电磁环境

牵引网是利用大地作为反向导电线的单相输电系统，属于典型的不对称供电网络。不对称供电网络的最大特点是回路四周的电磁场处于不平衡状态，未被平衡的空间电磁场使接触网与其四周的金属体和通信线路之间存在容性耦合（静电感应，干扰源为接触网电压）、感性耦合（电磁感应，干扰源是网中流过的电流）和阻性耦合（干扰源为钢轨中流过的电流），这些电磁耦合对处于其影响范围内的金属管线和电子设备以及生态系统均会产生不同程度的影响。

电气化铁路接触网可能存在的影响有电击、击伤、绝缘击穿、电流引起的热负荷超限、干扰电子设备导致数据错误、操作危险、故障、噪声等。中国 GB 9175—1988《环境电磁波卫生标准》的要求如表 0-1 所示。

表 0-1 环境电磁波许可辐射强度分级标准

波长	单位	容许场强	
		一级（安全区）	二级（中间区）
长中短波	V/m	<10	<25
超短波	V/m	<5	<12
微波	$\mu V/cm^2$	<10	<40
混合	V/m	按主要波段场强；若各波段场分散，则按复合场强加权确定	

研究表明：1 kV/m 的电场将在人体内引起约 0.015 mA 的电流，电流密度为 0.2～0.3 mA/m^2；50 Hz、1 μT（=0.796 2 A/m）的磁场可感应出的电流密度约 0.01 mA/m 二人体平均截面积为 0.06～0.07。表 0-2 为 50 Hz 牵引供电系统中的相应标准和数据。

德国 DIN VDE0228 标准：50 Hz 单相交流电气化铁路的影响范围在城市为 500 m，其他地区为 2000 m。一般而言，25 kV 交流电气化铁路的最大电场在 2.7 kV/m 以下，对人体不会有影响；短时磁场强度在 80 A/m 以下，对人体不会有影响；在保护措施得当、供电网络正常工作的情况下，这些影响不会对生物系统构成实际伤害，也不会影响电子设备的使用性能，但对人员和设备存在潜在危险。这些潜在危险在一定条件下就有可能对人体和设备造成实际损害。因此，在接触网设计、施工和运营中应充分认清接触网的电磁特性，采取恰当有效的技术措施确保人员的人身安全和设备的工作安全。

表 0-2 工频电磁场对人体的影响及相应标准

电流密度（mA/m^2）	人体中的电流（mA）	超出后果	限值出现于 f=50 Hz	
			E（kV/m）	B（μT）
1	0.07	可感知	4～5	100
10	0.7	眼前闪络	40～50	1000
100	7.0	潜在危险	400～500	10 000
1 000	70.0	致命	4000～5000	100 000

4）接触网的运营环境

接触网的运营环境涉及电力牵引单元特性、受电弓特性和几何尺寸、运营组织方式等，接触网是一种特殊的电力设备，是设备就有其特定的工作环境和条件。不同的电力牵引单元（动车组或电力机车）、不同的受电弓、不同的运输组织对接触网的要求和影响是不同的，如：单弓运行和双弓运行对接触网分相要求就不同，两受电弓之间的电气连接情况和空间距离不同，对接触网的要求和影响也不同。不同的运输速度对接触网的要求和影响也不同。如 16 辆编组的 CRH3 型动车组时速 300 km/h 时，电流约 936 A，所需牵引功率约 23 400 kW；时速 350 km/h 时，电流约 1180 A，所需牵引功率约 29 500 kW，速度增长率为 16%，电流增大 26%；时速 380 km/h 与 350 km/h 相比，速度增加约 8.6%，电流增大约 20%。电流的增加带来的是连锁反应：过热、烧损、连接件变形或松脱等。还有，不同的运输组织模式或阶段性繁忙运输等特定时段，对接触网都会产生一定的影响。因此，对于特定的接触网，一定要按照当初设定的工作条件和运输组织安排铁路运输生产。

与普速铁路接触网相比较，高速铁路接触网的运营环境发生了较大变化，最主要体现在列车运行速度提高到 300 km/h 左右，牵引功率是普速列车的 3～4 倍，白天运营、晚上停运。这些变化对接触网和弓网系统带来以下变化：

① 弓网的匹配特性发生了根本变化。

② 牵引电流的增大使电流热效应突显，对接触线和滑板材质的机电要求增加；网中高次谐波电流绝对值增大，对接触网周围的电磁环境和电子设备的影响加大。

③ 运营环境的变化，对接触网适应气候的性能要求更高，气象三要素（温度、覆冰、风）对接触网性能和安全的影响突显。

④ 气流对弓网接触力的影响明显。

⑤ 钢轨及接触线任何一点的不平顺都极易造成接触线-受电弓系统的振动，这种振动的幅度与列车速度成正比。这种振动导致弓网动态接触力上下波动、弓网接触受流质量变差，甚至离线，加剧受电弓滑板和接触线的机电磨耗。

2．接触网的无备用特性

弓与网的特殊耦合关系决定了接触网无法像其他电气设备（如变电所中的主变压器、断路器等)一样配置备用设备,因此,接触网是无备用的。无备用特性决定了接触网的唯一性和重要性。没有备用的接触网是牵引供电系统向电气列车提供电能的唯一机电系统,具有唯一性;没有备用的接触网长期处于露天环境以及随机和剧烈波动的电力负荷双重作用下,性能和寿命均受到严重影响;没有备用的接触网一旦出现故障就会影响整个铁路运营,对电气化铁路的运输组织和效率造成影响,严重时甚至影响旅客生活乃至生命安全,这一点在高速电气化铁路的运营工作中尤为突出,因为高速动车组的所有牵引电能和生活用电均来自接触网,如果接触网供电中断,则动车组及其附属电气设备都会停止工作。

3．接触网的机电复合特性

接触网的本质是高压电力输电线,首先必须满足牵引供电在"载流容量、电气强度、电压水平、绝缘安全、短路容量和过负荷能力"等方面对其的技术要求;其次,为满足高速弓网稳定取流的需要,接触线和承力索分别加有 30 kN 和 20 kN 左右的补偿张力,使得高速铁路接触网的机械负荷大大增加,再加之覆冰和风在接触网线索和设备上产生的附加负载,高速铁路接触网对线索和设备的机械性能要求突显,机械安全和稳定性要求更高,高速铁路接触网必须具备良好的机械性能才能抵御因补偿张力和附加负载所产生的拉、压、剪、切、扭等机械作用,确保在使用寿命期限内的接触网的机械安全。因此,高速铁路接触网具有典型的机电复合特征。

4．接触网的负荷特性

接触网承担的电力牵引负荷具有波动和移动两个明显特征,波动是指负荷的大小随时变化,移动是指负荷的位置随时变化,换句话讲,对某一供电臂而言,负荷的大小是随机的,负荷的位置也是随机的,这些变化会引起整个牵引回路的电气参数发生变化,使整个牵引供电回路处于过渡状态。

牵引负荷的波动特性和移动特性使接触网设备和牵引供电设备几乎完全处于电气过渡状态,承受很大的电气冲击,因此,接触网发生短路和击穿的概率要远高于一般电力架空输电线路。

(二)高速电气化铁路对接触网的运营要求

为适应高速铁路的运营环境,高速铁路接触网应具备以下几个方面的基本性能:

1．具备良好的电气性能

高速铁路接触网的一个重要技术指标就是接触网的载流容量。载流容量包括为适应高速牵引所需的接触网能长期正常工作的工作容量、为适应变电所近端短路的短路容量以及某种状态下产生的过负荷容量。

在正常工作环境下,接触网电压都应保持在额定范围内,电能损耗必须保持在允许范围内,馈线上网点电压不大于 29 kV,供电臂末端电压不低于 20 kV;具有适当且合理的保护措施,在任何条件下接触网均不对人员和设备构成安全威胁;具有良好的电磁兼容特性,在正常运行或故障条件下产生的钢轨对大地的电压不能超过允许范围。接触网对铁路附近的电子设备产生的电磁影响在可接受范围内,不影响其功能的正常发挥。

高速铁路接触网带电体与非带电体之间具有必要且充分的电气安全距离,具有有效防止人员触电的技术和措施。

  2．具备良好的机械性能

  高速铁路接触网应具备良好的机械强度、疲劳特性和机械安全裕度，在设计条件和使用期限内不因机械负荷影响接触网的工作状态和机械安全；在正常工作条件下，接触网绞线、线索和其他部件所受的力必须在允许范围以内。所有作用于接触网上的机械荷载必须由支柱和基础承担。接触网设备和零部件的变形不得影响供电和受电弓运行安全。

  高速铁路接触网应具备良好的波动和振动特性，满足高速集电对其动态特性，如波传播速度、多普勒因数、反射因数、动态抬升的基本要求。弓网静态接触力和动态接触力及其标准偏差均在许可范围内。

  3．具备良好的环境适应能力

  高速铁路接触网是露天高压电气设备，在设计气象条件下，接触网应能全天候不间断供电，且供电质量符合电力牵引的运营要求，阳光、辐射、风、冰、雷电等对接触网机电性能的影响不会影响到高速铁路的正常运营，在设计条件和使用期限内，不会因温度、湿度、雨雪、风霜、冰雾、雷电造成接触网设备的损坏，也不会因这些因素影响接触网机电性能的正常发挥。

  4．具备稳定的空间几何参数

  高速铁路接触网的空间几何参数以轨道线路中心线和轨道平面为基准测量的，轨道线路的位置、曲线半径、外轨超高、竖曲线半径、线路坡度及其变化率、钢轨不平顺度等参数的变化会直接造成接触网空间姿态和几何参数的被动变化。线路参数和接触网参数必须协调一致，同步调整；高速铁路接触网所有设备的安装均应满足铁路限界和绝缘安全要求，并应与四周环境协调，对动物、植物以及自然环境和文化环境应有必要且合理的防护和保护措施。

  5．具有灵活合理的电气分段

  高速铁路接触网应具有合理的电气分段，供电灵活、安全，事故影响范围小，便于检修和抢修，便于运营管理。

第一章　接触网结构

接触网是沿铁路上空架设的一条特殊形式的输电线路,由接触悬挂、支持装置、定位装置、补偿装置、支柱与基础等几部分组成,如图 1.1 所示。

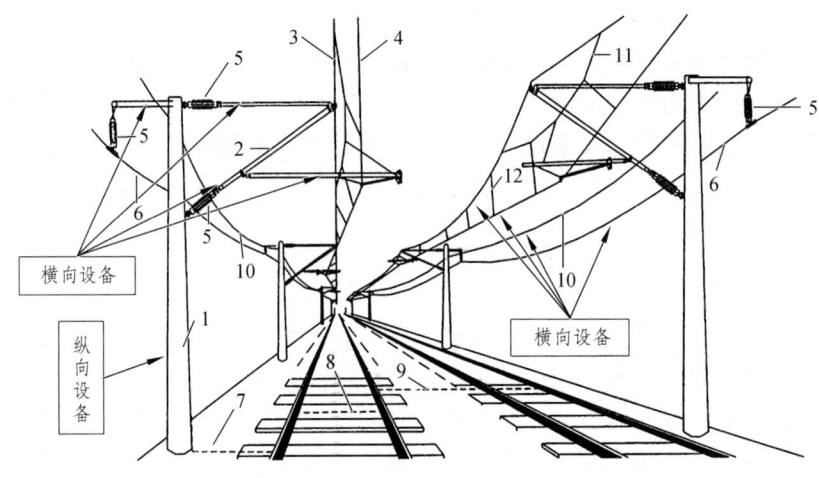

图 1.1　接触网的组成

1—支柱；2—腕臂；3—承力索；4—接触线；5—绝缘子；6—馈线；7—支柱与基础；
8—钢轨连线；9—上下行钢轨连线；10—回流线；11—弹性吊索；12—吊弦

1．接触悬挂

接触悬挂包括接触线、吊弦、承力索和补偿器及连接零件,接触悬挂通过支持装置架设在支柱上,其作用是将从牵引变电所获得的电能输送给电力机车。电力机车运行时,受电弓顶部的滑板紧贴接触线摩擦滑行取流。为了保证滑板的良好取流,接触悬挂应达到下列要求：

① 接触悬挂的弹性应尽量均匀,即悬挂点间的导线,在受电弓抬升力作用下,接触线的升高应尽量相等,且接触线在悬挂点间无硬点存在。

② 接触线对轨面的高度应尽量相等,若受悬挂条件限制时,接触线高度变化应避免出现陡坡。

③ 接触悬挂在受电弓压力及风力作用下应有良好的稳定性,即电力机车运行取流时,接触线不发生剧烈的上、下振动。在风力作用下不发生过大的横向摆动,这就要求接触线有足够的张力,并能适应气候的变化。

2．支持装置

支持装置包括腕臂、水平拉杆、悬式绝缘子串、棒式绝缘子及吊挂接触悬挂的全部设备。支持装置用以支持接触悬挂,并将其负荷传给支柱或其他建筑物。

3．定位装置

定位装置包括定位管、定位器、支持器及其连接零件。其作用是固定接触线的位置，在受电弓滑板运行轨迹范围内，保证接触线与受电弓不脱离，使接触线磨耗均匀，同时将接触线的水平负荷传给支柱。

4．支柱与基础

支柱与基础用以承受接触悬挂、支持和定位装置的全部负荷，并将接触悬挂固定在规定的位置和高度上。我国接触网中采用钢筋混凝土支柱和钢柱，基础是对钢支柱而言的，即钢支柱固定在地下用钢筋混凝土制成的基础上，由基础承受支柱传给的全部负荷，并保证支柱的稳定性。钢筋混凝土支柱与基础制成一个整体，下端直接埋入地下。

以上简称接触网四大结构组成。

第一节　接触网供电设施及结构

一、接触网的供电与分段

接触网是一种特殊形式的供电线路，为了保证供电的可靠性和灵活性，并缩小停电事故的发生范围，要进行分段。被分段的接触网在电气方面是独立的，并用隔离开关连接。当某区段发生事故或停电进行检修时，可以打开相应的隔离开关使该区段无电而不致影响其他各段接触网的运行。

接触网分段有横向分段和纵向分段两种形式。

（一）横向分段

接触网线路（或线群）之间进行的分段称为横向分段。如站场内因各股道的作用不同而进行的分段。

在复线和多股线路区段上，无论是区间或是站场，其正线总是分开的，起分段方式，方法视股道的具体情况而定。如果正线间有道岔，则往往是在此处进行分段，如图 1.2 所示。

在有几个电化车站的大站上，应将每一个车站单独分段。

装卸线，旅客列车整备线，检查电力机车上部设备的线路均应分段，并在该处安装带接地刀闸的隔离开关。

每条库线应当单独分开，且用带有接地刀闸的隔离开关连接。为保证检修工作的安全，还应在适当位置上装设隔离开关开闭位置的灯光指示器。

大型车场上的电分段应特别注意其灵活性。在各个线群之间有分段时，应能打开在一网组（或车场），而不影响其他网组的接/发列车。

在有牵引变电所的站场上，站场和区间皆应有单独的供电线路，此时连接站场与区间接触网的隔离开关应是常开的。对站场的供电线路应做到既能向站场供电，也可作为区间供电线的后备。在选择供电线的截面时，应保证有向站场和区间供电的可能性。在复线区段上，区间每条正线都应有独立的供电线路，图1.2中的K_1与K_4和K_2与K_5。供电线均通过隔离开关而与站场或区间相连接。设置隔离开关的原则是既保证供电的可靠性，又要保证供电的灵活性；应保证既可以向整个站场供电，也可以分别向站场各网组供电。

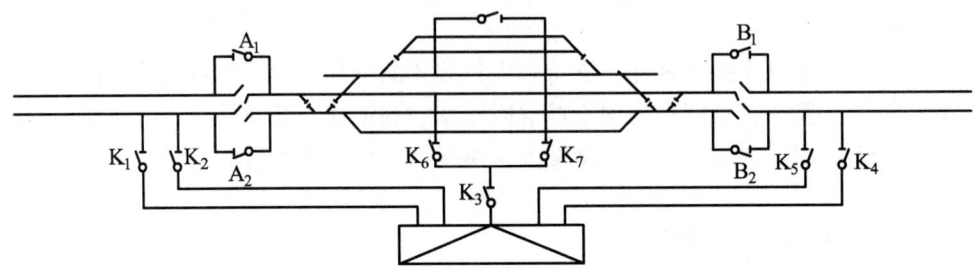

图1.2 复线区段有牵引变电所的车站站场分段与供电方式

选择隔离开关的安设地点时，应注意操作方便和便于实现距离控制，连接跳线应简单和安全。在绝缘关节处，开关一般设在靠近车站的转换支柱上。

横向分段采用分段绝缘器的方法进行分段。

（二）纵向分段

接触网沿线路方向所进行的分段称为纵向分段。如在站场与区间衔接处所进行的分段，站场和区间的接触网应是各自独立的，因此在它们的连接处必须进行分段。区间接触网一般不进行电分段，但遇有大型人工建筑物（长大隧道及长大下承桥）时，应将这些建筑物的接触网单独分段。

（三）分段绝缘器

分段绝缘器是接触网分段设备之一。在正常情况下，机车受电弓带电滑行通过。当某一侧接触网发生故障或因检修需要停电时，可打开分段绝缘器处的隔离开关，将该部分接触网断电，而其他部分接触网仍能正常供电，从而提高了接触网运行的可靠性和灵活性。利用分段绝缘器进行分段的处所主要有：货物线及有货物装卸作业的站线，机车整备线，同一车站内不同车场之间及双线区段车站内上、下行之间。这些处所由于受线路条件等因素的制约，难以布置锚段关节，因而设置分段绝缘器。分段绝缘器由于材质及结构上均存在一定的问题，虽经不断改进，但仍为薄弱环节，应合理利用，尽量少设。

1. 菱形分段绝缘器

20世纪90年代初期开通的陇海线及郑（州）—武（昌）线两条电气化干线引进了英国BB公司的菱形分段绝缘器，如图1.3所示。该装置的最大优点是其采用整体式结构，因而结构紧凑，重量轻，便于安装和维护，使用寿命较长，且不易出现打弓现象。但因桥式绝缘子采用的是硅橡胶材料，容易老化和脆裂，所以绝缘子的寿命较短。后来把这种桥式硅橡胶绝缘子换成聚四氟乙烯护套绝缘子，大大地延长了它的使用寿命。

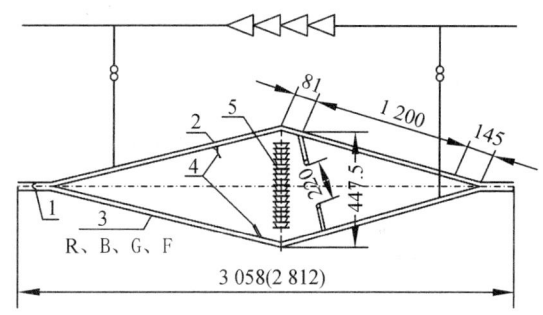

图 1.3　英国滑道式（BB）菱形分段绝缘器（单位：mm）
1—接头线夹；2—导流板；3—R、B、G、F 绝缘元件；
4—不锈钢防闪络间隙；5—18 裙硅橡胶桥绝缘子

英国滑道式（BB）菱形分段绝缘器，导流板 2 与绝缘元件 3 同时与受电弓滑板接触，与 EC-1 型绝缘元件相同，故称滑道式。但是，这种绝缘元件是采用所谓"R、B、G、F"（玻璃纤维覆盖树脂）绝缘棒，是一种高强度引拨棒，具有较高的机械强度和绝缘强度，也比较耐磨，列车通过时，速度可达 160 km/h。

英国菱形分段绝缘器的金属部分由铜合金和不锈钢制成，适用于 110 mm 或 85 mm 截面的接触线，其绝缘件为加强型玻璃纤维棒并覆有相应厚度的专用树脂复合物，其中，菱形中间的短接桥绝缘子是由一根加强型玻璃纤维并覆有硅橡胶的裙式绝缘棒制成的。

主要机械性能为：

抗拉破坏荷载：≥39.22 kN；

抗弯性能：470 mm 桥绝缘子在加负荷 14.9 kN 时，有 3～5 mm 偏移；

耐磨性能：允许磨耗寿命为 5.5×10^6 弓架次。

主要电气性能为：

工频工作电压：35 kV；

试验电压：干闪 180 kV，湿闪 150 kV；

全波冲击：≥300 kV；

泄漏距离：1200 mm；

绝缘电阻：50 000 MΩ。

但 BB 公司的这种装置在总体设计上存在的缺点就是消弧能力差，灭弧率约为 33%，这样就不适用于高电位差的电气化区段。

2．XTK 消弧分段绝缘器

随着我国电气化铁路运行速度的增加和复线电气化干线的发展，我国急需一种灭弧率高、运行速度高、寿命长、方便维护的分段绝缘装置。在 1991—1992 年引进了瑞士 AF 公司的分段绝缘器。它突出的优点就是灭弧率高（瑞方提供的资料称，在南非进行消弧对比试验时，AF 分段绝缘器的成功率是 94%）。AF 分段绝缘器通常可用于 300～500 V 电位差处，电流可达 2000 A；特殊情况时两端电位差也可以达到 5～7 kV。其他各项指标一般也高于 BB 公司的菱形分段绝缘器。

我国在试验和使用的基础上，对这种 AF 分段绝缘器实现了国产化并且得到了广泛应用，该型分段绝缘器如图 1.4 所示。

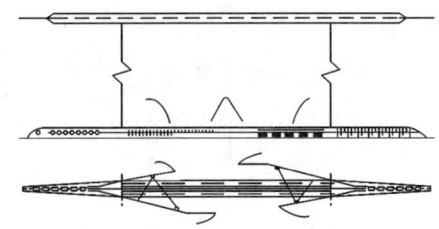

图 1.4　XTK 消弧分段绝缘器

3．DXF-(1.6) 分段绝缘器

DXF-(1.6) 分段绝缘器是一种新型电分段绝缘器，能有效地避免对绝缘部件、接触线、承力索、金属构件的烧伤及烧坏。其结构特点是，它的两端在电气上是完全绝缘的，中间通过绝缘杆件连接在一起，其导流滑杆是固定于绝缘杆件上的，爬距达 1600 mm，具有消弧角隙（长 200 mm），如图 1.5 所示，其中图（a）为分段绝缘器结构图，图（b）为现场挂网安装运行图。因此，它具有良好的耐压强度，全波脉冲电压达 160 kV。同时，它具有较好的机械强度，破坏荷载达 64.7 kN。

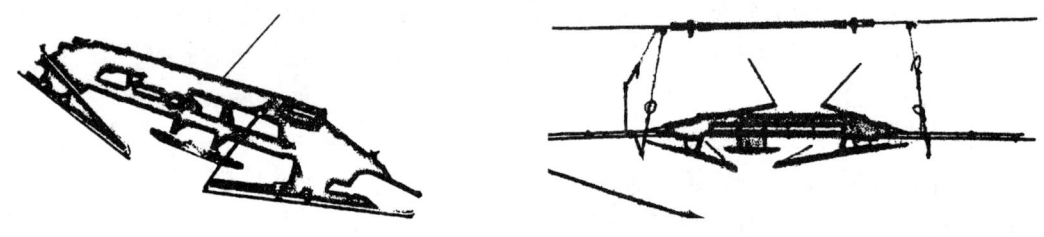

图 1.5　DXF-（1.6）分段绝缘器

该分段绝缘器与国内外同类型产品相比，具有结构简单、重量轻、机械及电气性能好，安装及维护方便的优点，在受电弓通过时，具有良好的平稳性。由于具有较好的消弧性能，该分段绝缘器不仅安全可靠，而且能有效延长绝缘器检修周期和使用寿命。

4．Re200C 型分段绝缘器

在对从哈尔滨至大连的电气化线路技术改造时，我国全部引进德国 Re200 型悬挂类型整体技术，而分段绝缘器采用的为图 1.6 所示的形式。它由两根滑道和绝缘子组成，绝缘子为主绝缘，它的优点是绝缘性能好，缺点是绝缘子较笨重，易形成硬点。

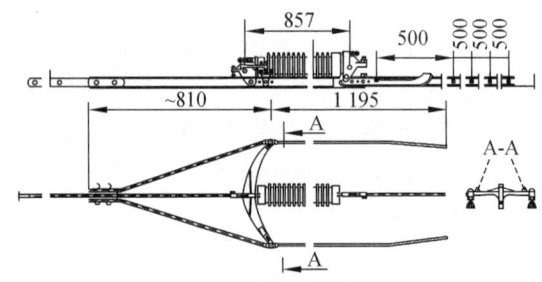

图 1.6　Re200C 型分段绝缘器

5．高速电气化铁路接触网对电分段的要求

为了提高接触网性能，降低接触网硬点及坡度的影响，高速电气化铁路接触网的电分段尽量采用绝缘锚段关节替代器件式电分段，尽量采用五跨绝缘锚段关节替代四跨绝缘锚段关节。

二、接触网供电的分相

在单相交流牵引供电系统中，电力机车是由单相电供电的，为了平衡电力系统的A、B、C各相负荷，一般要实行A、B相轮流供电。所以A、B相之间要进行分开，这称为电分相。电分相通常由分相绝缘器实现。

根据上述要求，在变电所出口处及两牵引变电所之间（供电臂末端），必须设电分相装置。

两个牵引变电所之间的接触网，可以实现单边供电，也可以实现双边供电。在单边供电的情况下，在牵引变电所之间的适当位置设电分相装置，把接触网分成两段，每段由一个牵引变电所供电。在双边供电的情况下，由两个牵引变电所同时向此区段供电。在实现双边供电时，两牵引变电所的负荷能均匀分配接触网的网压可以得到相应改善。

电分相装置分为四种类型，即常规电分相装置、地面自动转换电分相装置、柱上断载自动转换电分相装置及车载断电自动转换电分相装置。

实现电分相，当前采用的有两种办法，一种是利用锚段关节进行电分相，另一种是利用专门的电分相装置进行电分相，后者称为电分相绝缘器。

电分相绝缘器与绝缘锚段关节不同，它只能用于电气上的绝缘，而导线在机械上则通过电分相绝缘器连接在一起，不能作机械分段。而绝缘锚段关节则既可实现电气分开，也可以实现机械方面的分开。

在电分相装置处，为防止相间短路，各相间用空气间隙或绝缘元件分割成为电分相。从而使接触网上每隔20~30 km就有一个长度约30 m的无电区，电力机车通过无电区时靠惯性通过。为防止机车带电通过分相绝缘器，必须严格遵守断电、降弓等一系列的操作规程。

常规电分相绝缘器的构造如图1.7所示，其中，图（a）是一种由三组分段绝缘元件串联组成的分相设备，串联在接触线中，绝缘元件为环氧树脂玻璃布层压板，每件绝缘元件长度为1.8 m，宽度为25 mm，高度为60 mm，在底部开有斜沟槽；图（b）是一种由四组绝缘元件串联组成的电分相绝缘器，绝缘元件的材质和性能是相同的，增加一组绝缘元件是为了增加可靠性，同时可相应增加中性区的有效长度，以适应高速及新型电力机车运行的需要。

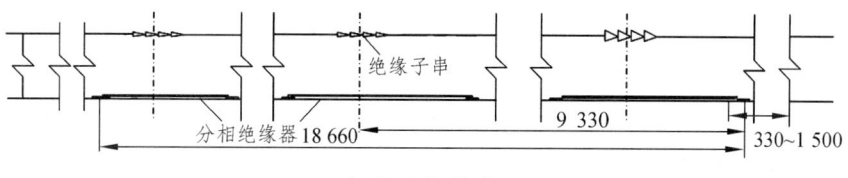

（a）三组件式

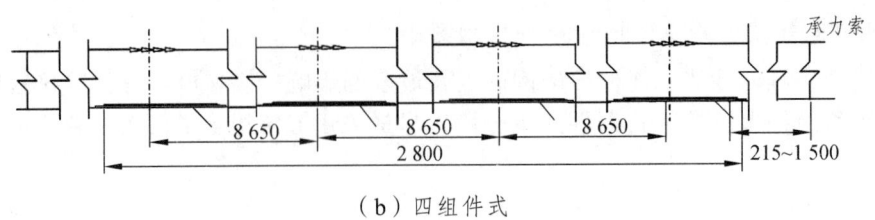

（b）四组件式

图 1.7 电分相绝缘器结构图（单位：mm）

两端部绝缘元件之间的不带电区段称为中性区段，电力机车通过中性区段时为断电滑行通过；电分相绝缘器两端的接触网为不同相供电，它应保证列车安全通过而不发生短接事故。因此，中性区段不宜过长，其长度以电力机车升起双弓时不短接不同相接触线为限。电分相绝缘器上方的承力索，通过与绝缘元件相对应的 3 片悬式绝缘子（每串为 4 片）断开。分相绝缘器的设置应注意：避开线路的大坡道，以利用电力机车惰性，同时还要考虑信号显示、调车作业、供电线径路及维修管理方面等条件。

电分相绝缘器的主要问题是由于各种各样的原因，会经常烧损或烧坏绝缘元件，甚至破坏其绝缘性能。图 1.8 为 XTK 为电分相绝缘器，它不仅是一块绝缘元件，且从结构上增加消弧角具有一定消弧功能，是一种新型接触网电分相设备。它采用优质绝缘材料和先进的制造工艺，电气绝缘性能好，并具有耐磨性好、整体质量轻、安装方便、使用寿命长等优点。根据所使用的导线类型不同，它可分为 T 型和 GL 型两种类型，整机长度：T 型 ≥ 2200 mm，GL 型 ≥ 2300 mm。绝缘元件为 1800 mm，且两端设有引弧件形成消弧角，具有较好的消弧能力。

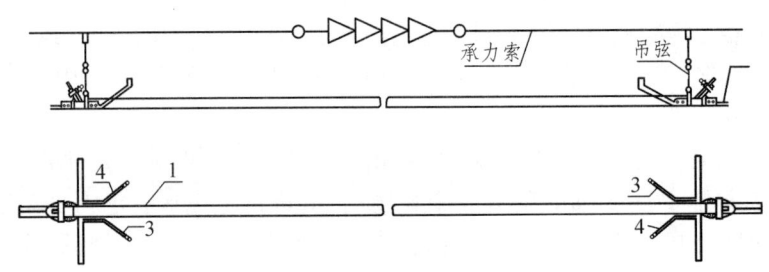

图 1.8 XKT 电分相绝缘器

1—主绝缘件；2—连接板；3、4—消弧角

在安装 XTK 电分相绝缘器时应注意技术要求，在调整好后，能避免其产生硬点，具有良好的运行效果。T 型用于 TCG-100 及 TCG-110 等导线类型，GL 型用于钢铝电车线。

电分相绝缘器在线路上的平面布置如图 1.9 所示。在电分相绝缘器区段的相关位置设立了明显的断（电）标 D、合（闸）标 H 和禁双弓标 J。

由图 1.9 可知，在机车到达断电预告标 D 处，电力机车操作规程规定，这时需退级，关闭辅助机组，断开主断路器，惰性通过电分相装置，在机车到达合闸预告标 H 时，要进行一系列上述的反向操作。这种常规电分相装置不仅影响到重载、高速和行车安全，而且对司机是个沉重的思想负担，如果遇到大坡道或高速区段，给司机的操作带来很大的难度，如稍有疏忽，操作不当就会造成拉弧、烧伤分相绝缘器的事故。在列车运行速度较低时，尚可实行这种操作，随着电气化铁路的提速，以及准高速和高速铁路的建设，这种常规电分相装置远不能满足运行的需要。

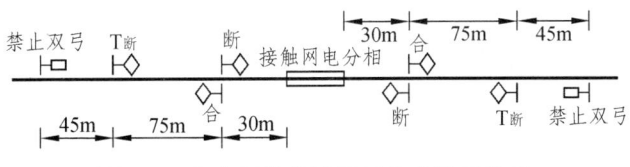

图 1.9　电分相绝缘子器及其安装示意图

瑞士 AF 公司研制开发了由两组分段绝缘器组成的电分相绝缘器，它们的长度都较短，绝对禁止升双弓。两种电分相绝缘器都具有消弧角，它具有轻度的消弧功能，借以防止机车通过时，没有及时断开主断路器或因电位差形成的电弧。因此，机车必须停电通过。其结构如图 1.10 和图 1.11 所示。

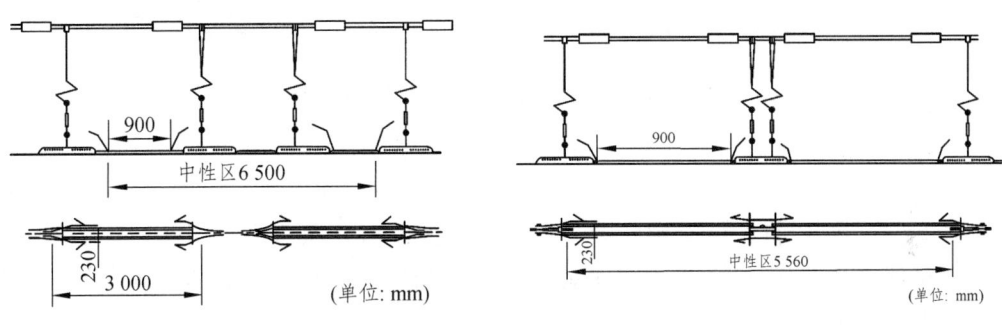

图 1.10　AF 单滑道电分相绝缘器　　　　图 1.11　AF 双滑道电分相绝缘器

三、自动过电分相

随着列车提速及高速电气化铁路的发展，自动过电分相就愈加显得重要，因为电气化铁路每 25~30 km 就设一处电分相，每一个分相区长度一般为 80~120 m，若列车运行速度按 200 km/h 计算，每 8~10 min 要过一处电分相，若是手动过分相，其频度是非常高的。司机必须在不到 1 min 的时间内完成手动分闸、降弓及升弓、合闸的全过程，这样频繁及紧张的操作，不仅加大了司机的劳动强度及精神负担，而且稍有不慎还会引起烧伤电分相绝缘件及受电弓滑板，甚至造成事故；若想保证安全，提前断电或延迟合闸，必然使列车运行速度受影响，这对高速运行是不利的。

（一）国外自动过电分相装置

目前，世界电气化铁路发达的国家，在高速电气化铁路线上都相应地采用了自动过电分相装置，因各国的具体情况不同，因而自动过电分相装置也有很大差异，总体上有以下几种方式。

1．地面自动转换电分相装置

日本新干线采用的地面自动转换电分相装置，其结构和原理如图 1.12 所示。该装置设有两个真空断路器 S_1 及 S_2，它安装在锚段关节处，F_1 及 F_2 为锚段关节的分相搭接区，其长度为 100 m，F_1 及 F_2 之间为中性区。该装置由电力机车位置及 ATC 轨道回路来控制地面的真

空断路器 S_1 及 S_2。在没有机车通过时，真空断路器 S_1 闭合，S_2 断开，此时中性区带有 A 相电。当机车驶入轨道电路区 A 点时，机车自然由 A 相电供电；当机车驶入轨道电路 B 点，但还未到 F_2 时，轨道电路发出相关信息信号，使其空断路器 S_1 断开，S_2 闭合，此时中性区带有 B 相电；当机车驶出轨道电路区 C 点时，轨道电路发出相关信号，使真空断路器 S_1 闭合，S_2 断开，恢复到没有机车时的状态。分相间隙 F_1 及 F_2 的长度，取决于机车运行速度，轨道电路的响应速度及 S_1 与 S_2 的断合时间。

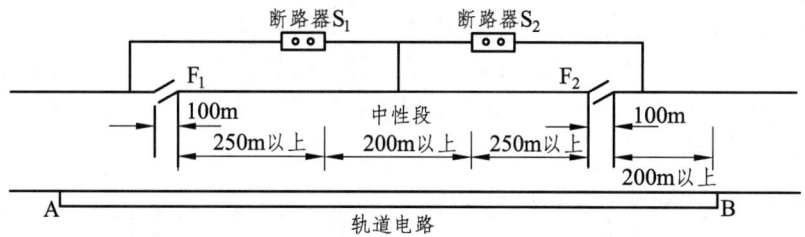

图 1.12 日本地面转换过电分相结构图

由于真空断路器转换方案设备比较复杂，转换过程中还产生过电压，处理不好会危及机车电器设备。日本三菱公司开发研制了半导体开关及并联电路组成的无接点转换开关，如图 1.13 所示，保证机车在牵引状态下通过分相区，而且原边电路不断开，从而提高了列车的行车安全性。图 1.13 表示机车随着通过分相区的时段，4 个半导体开关的断开与闭合的过程。

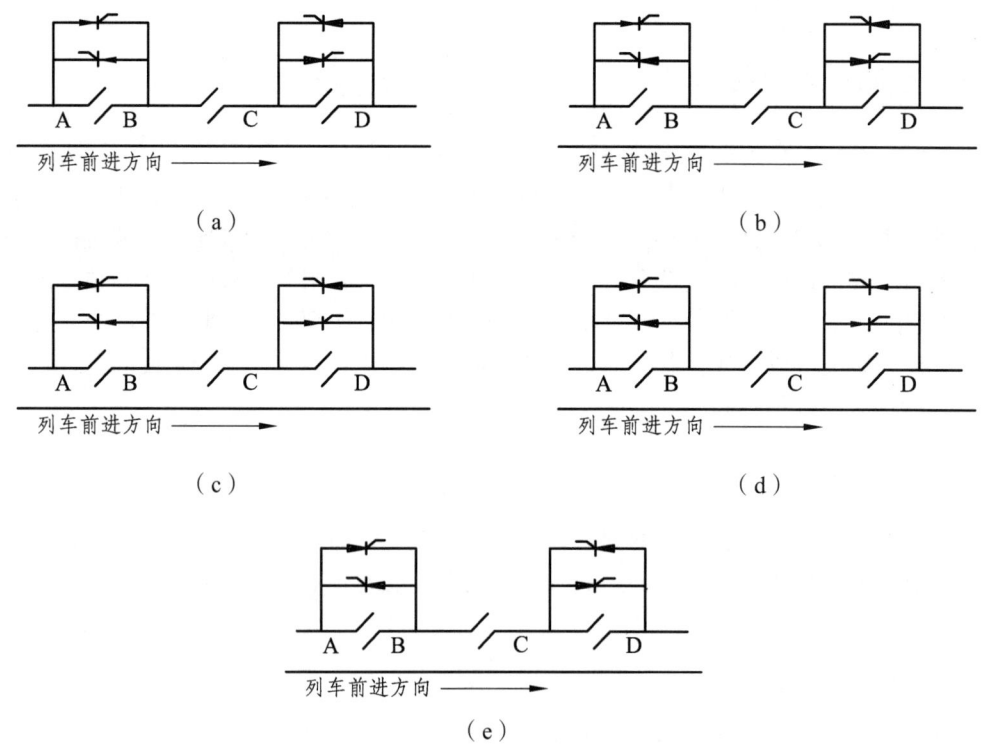

图 1.13 半导体自动转换示意图

2．柱上式电分相自动转换装置

瑞士 AF 公司研制的柱上式电分相自动转换装置，它由两个真空开关以及相应的接触网分段组成。

这种柱上式自动转换电分相装置，在设备和结构上是对称布置的，因而能适应正、反向行车要求。

3．车上式过电分相自动转换装置

车上式过电分相自动转换装置，是在电力机车上装设相应装置，能够实现无须人为控制就可自动实现过电分相的自动转换。这种车上式自动转换过电分相装置在欧洲得到广泛应用，法国、德国、英国以及西班牙等国都是采用这种方式，利用机车上主断路器的断开与闭合，实现自动转换过电分相。尽管各个国家的总体方案是相同的，但是实际结构上还是有相当大的差别：法国和德国的地面传感采用轨道电路的方式；英国的地面传感采用电磁方式；西班牙在过电分相时不降弓，利用机车进入分相区，但还未到中性区时发出连续特定信息，通过自动控制系统将机车主断路器断开，但是通过分相区后，必须由司机将主断路器复位，因而，还没有实现完全自动转换。

（二）国内自动过电分相装置

我国长期以来，一直致力于自动过分相装置的研发工作，对上述三种方式都进行了很深入的研究，取得了很好的技术成果。为了适应更高的速度和达到经济、方便、实用的目标，该成果还有待进一步完善、优化和提高。下面重点介绍我国自行开发研制的自动过电分相装置的相关技术。

1．车载断电自动转换电分相装置

1）系统概要

车载断电自动转换电分相装置，是在电力机车控制室内及电分相区域安装必要的装置和设备，以至于不需要人为干预而实现电力机车自动转换的电分相装置，是目前世界上所出现的三种自动过电分相形式的一种。这种装置在广州铁路（集团）公司研制成功，并且通过技术鉴定。

车载断电自动转换电分相装置包括四种设备：

① 地面感应装置，称地感器，它安装在电分相区域中的相应位置，能准确为电力机车进行分相断电过电分相提供准确的位置信息。

② 车载感应接收装置，称信息接收器，它是安装在电力机车上，专门用于接收地感信息的装置。

③ 主电路设备，它是实现过电分相时断开、分合主电路电源的主体设备。

④ 控制设备，它是实现自动化及智能的主体设备。

2）车载断电自动转换电分相装置的工作原理

（1）地面感应器。

本系统采用在轨道上埋设磁性感应器的方式对分相区进行定位，地感器采用三点交错定位，其布置如图 1.14 所示，其中图 1.14（a）为单线区段地面感应器布置图；图 1.14（b）为复线区段地面感应器平面布置图。

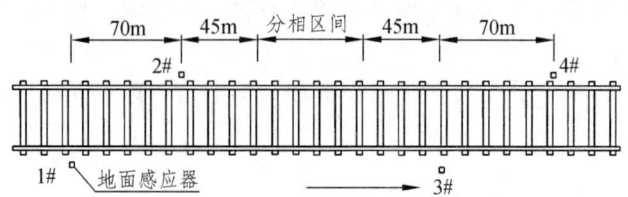

（a）单线路区段地面感应器的埋设方式

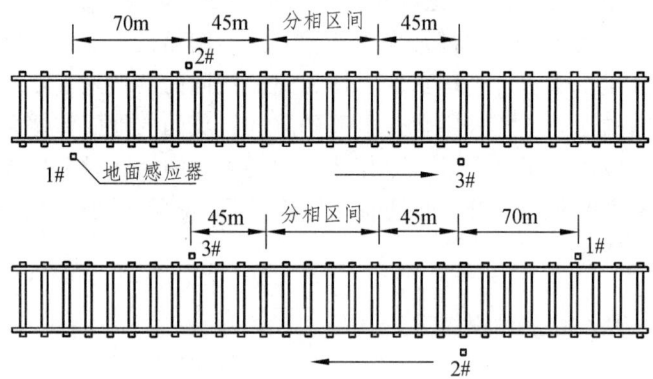

（b）复线路区段地面感应器的埋设方式

图 1.14　地面感应器的定位

1#地面感应器是机车过电分相的预备信号（单线反向时是 4#地面感应器），当机车接收到该信号时，控制装置根据即时时速计算延时动作时间，一直延时到执行自动过电分相的系列动作。

2#地面感应器是过电分相时的即时断电信号，同时是机车反向运行时的恢复信号。为了防止没有接收到过电分相的预备信号，它还起到应有的保护作用。当机车接收到该信号时，控制装置应立即同时执行自动过电分相的全部动作。

3#地面感应器是通过电分相后的自动恢复信号，同时是机车反向运行时的立即断电信号。当机车上感应器接到该信号时，控制装置自动执行合主断路器、合辅机等系列动作。

其中，以机车运行方向为基准（以单线为例说明），1#、3#地面感应器埋设在轨道右侧，2#、4#地面感应器埋设在轨道左侧；1#、2#地面感应器相距 70 m，2#地面感应器与分相区首端相距 45 m，3#、4#地面感应器的分布类似 1#、2#地面感应器的分布，如图 1.15 所示。

1#地面感应器是车载断电自动转换过电分相系统的延时断电信号发生器（即反方向 4#地面感应器），当机车感应器接收到该信号时，控制装置根据即时速度，计算延时时间，继而执行自动过电分相的系列动作。该设计考虑到最大运行速度为 160 km/h，而控制装置在执行断开主断路器前，指令劈相机和各辅机的顺序动作时间为 1.5 s，据此确定 1#地面感应器与 2#地面感应器距离为：$160 \times 1000 \times 1.5 \div 3600 = 66.7$（m）。

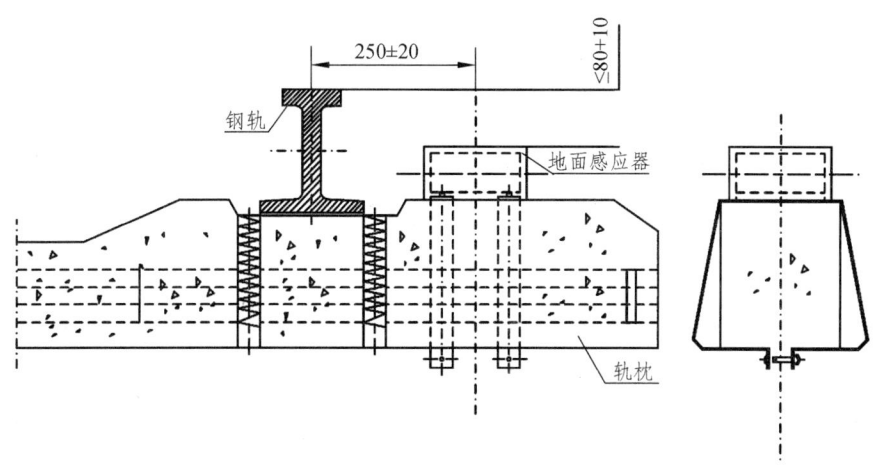

图 1.15 地面感应器在轨枕处的安装示意图

为了保证当机车感应器可靠接收到 1#地面感应器的信号后,在接收到 2#地面感应器信号前,控制装置可靠分断主断路器,应选择 1#、2#地面感应器相距 70 m。

2#地面感应器是车载过电分相系统的立即断电信号发生器(或机车反方向运行时的恢复信号,即反方向 3#地面感应器)。当机车感应器接收到该信号时,控制装置立即同时执行自动过电分相的全部动作,考虑到主短路器的可靠分断及装置本身继电器的动作时间,控制装置设计的"主断分"脉冲宽度为 1.0 s,这样就可以确定出 2#地面感应器距分相区首端距离为:$160 \times 1000 \times 1.0 \div 3600 = 44.4$(m)。

为了保证当机车感应器可靠接收到 2#地面感应器的信号后,控制装置在分相区前可靠分断主断路器,应正确选择 2#地面感应器与分相区的首端距离。

3#地面感应器是车载过分相系统通过分相区后的自动恢复信号发生器(或机车反方向运行时的立即断电信号,即反方向 2#地面感应器),当机车感应器接收到该信号时,控制装置自动执行合主断、合辅机等系列动作。

4#地面感应器是车载过电分相系统反方向运行时的延时断电信号。

1#、2#、3#、4#地面感应器采用的为永久性磁性体。通过综合磁铁的性能、价格和系统的可靠性等方面的因素,选用了钕铁硼永磁铁型号为 GLRM-30,它是一块强磁性钕铁硼材料的永磁铁,体积为 150 mm × 150 mm × 60 mm,其性能指标如下:

密度　7.4 g/cm³;

硬度　550 HV;

抗压强度　800 MPa;

最大磁能积(BH_{max})230 kT/m³;

剩余磁感应强度(B_r)1.1 T。

地面感应器在轨枕处的安装示意图如图 1.15 所示。这种装置方法的优点是安全可靠,既能保证信息准确,又具有安全防范的效果。

(2)车载感应接收器。

车载感应接收器主要用于地面感应器的信号。为便于控制,地面感应器采用三点式布置,这就要求车上感应器必须分别安装在机车的两侧。4 个车载感应器分别固定在 I、II 端排障器下方两侧，感应信号采用屏蔽线直接送入控制盒。

在机车以前进方向为基准方向时，2#、4#车载感应接收装置应能最早接收到1#地面感应器的信号，这个信号是预备信号，控制装置自动启动、计算延时等一系列动作。在机车继续前进时，1#、3#车载感应器应能先后接收到3#地面感应器的信号，这时，控制装置应无条件执行断电过分相的一系列动作。

反向运行时，动作过程类似。

（3）控制装置。

控制装置通过航空插座与机车的控制电路、速度信号和感应接收信号接通。各点的信号经过控制装置的各路信号调理电路调整，再通过可编程控制器进行信息处理，控制装置原理如图1.16所示。

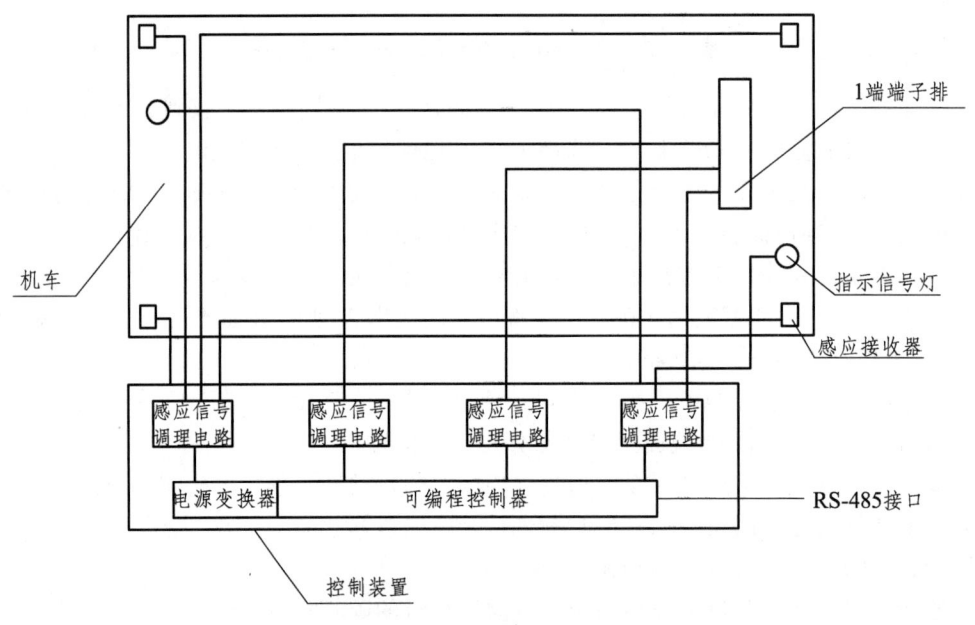

图1.16 控制装置原理图

在控制装置中，处理较多的是感应接收信息和速度信息，要求控制装置应准确接收分相区地面感应接收器的信号以及运行速度信号，以计算断电、延时时间，因此也严格要求控制装置本身的可靠性高，工作时不得对机车控制电路的运行产生影响。

控制装置获取各种信号的方法是将各检测点的信号和控制信号引入控制装置的接线端子。

控制装置的主要功能是根据机车的运行方向、机车运行速度、主断路器的工作状态及机车运行位置进行自动控制机车通过分相区间。当司机操纵机车向前运行时，控制装置检测到机车运行方向，自动判断接地感应器信号的顺序。感应接收器的信号和速度传感器的信号，它们的幅值与频率是可变的，经过各自接口调理电路送入可编程控制器，控制电路的主断路器状态和机车运行方向信号通过相应调理电路送入可编程控制器进行处理判断。同时，控制装置将通过分相区间时的各种状态信号保存，为地面进一步判断机车通过分相区时控制装置的工作状态和机车控制电路的工作状态提供依据。

在控制装置的工作期间,当机车在非分相区运行时,司机可按照正常的操作程序进行操纵,当机车接近分相区间时,可由装置自动控制通过分相区,也可由司机手动控制通过,无须进行转换。控制装置出现问题时可通过按闭合主断路器按键进行复位,或断电切除自动过电分相控制装置。

车载断电自动过电分相系统的程序包括地面数据计算机处理程序和装置的控制程序。利用 Delphi4.0 和 Object Pascal 语言嵌入式汇编语言混合编程技术,使程序具有访问低层端口的能力,利用便携计算机的 RS-232 接口和 S7-200PLC 的 RS-485 接口,实现便携计算机与 S7-200PLC 的双向通信。用 STEP7MicroWIN32 完成控制程序的编制。用 Delphi4.0 完成地面数据计算机处理程序的编制。

车载断电自动转换过电分相系统的一个重要的组成部分是分布在每个分相点的地面感应器。装置通过地面感应器接收到的分布在分相点轨道两边的地面感应器信号,来判断是临近分相点还是过了分相点,并发出相应的控制信号。接收地面感应器信号的情况和控制信号的执行情况作为本分相点的状态和控制信号保存在装置中,供地面数据处理软件分析用,以判断出分相点的永磁铁是否丢失以及自动过电分相装置的执行机构是否工作正常等情况。保存的数据以及对数据的分析,对于自动过电分相装置以后的改进有极其重要的意义。保存的数据经通信口送入便携计算机进行分析处理。

为了保证可靠工作,控制装置还设置了自检功能。车载断电自动转换过电分相系统的控制装置在开机时,会对控制装置的主要通道进行自检,在控制装置的运行过程中,定期对这些通道检查,其中包括四路地面感应器信号输入通道、三路控制状态信号输入通道和一路速度信号输入通道,对发现的问题给出相应的标志。当控制装置已不能完成过电分相的控制过程时,应封锁控制装置的执行通道,并点亮相应信号标志灯。

车载断电自动转换过电分相系统控制装置在自检成功后,对控制装置进行初始化,包括:初始化各状态标志位于上次断电前的状态;初始化计算速度的中断服务程序,使速度缓冲区时刻保存着最新的机车速度;初始化通信服务程序,等待接收对方的通信命令。

为了保证车载断电自动转换过电分相装置正常工作,机车的合主断路器信号会使控制装置初始化,并使各状态标志位于等待过电分相点的状态。

3)系统特点

实践和实验均证明,车载断电自动转换过电分相装置具有良好的工作性能,能可靠地执行一系列过电分相的操作,同时具有下述特点:

(1)该系统采用 PLC 作为控制单元,除完成自动过电分相的控制功能以外,还可以记录并存储若干信息,包括自动分合主断路器时,机车的通过速度、主断路器的分合时间、前后弓的升降状态、1#~4#车载感应器接收 1#~4#地面感应器信号的情况、机车 I 端(或 II 端)是向"前"位还是向"后"位等信息。

(2)PLC 存储的数据可在 DOS 状态下进行转储,并可在 DOS 或 Windows 状态下生成"自动过电分相记录报表",在 DOS 状态下生成的报表以 16 进制表示状态意义,在 Windows 状态下生成的报表则一目了然,对自动过电分相时从接收到执行完成各环节是否正常具有重要的参考意义。

（3）地面感应器和车载感应接收器采用多套冗余控制模式，通过根据速度计算断电和强迫断电相结合，以确保自动过电分相安全可靠。

（4）车载控制装置执行机构与PLC集中放置在控制盒里，安装较简单，所占空间小，维修保养方便。车载感应接收器采用屏蔽线直接接入控制盒，避免了电磁干扰。

（5）进入自动过电分相区域时，采用短暂蜂鸣提示，速度小于或大于5 km/h时采用不同颜色灯来提示，自动过电分相装置故障采用蜂鸣和闪红灯长时间提示，保证自动过电分相时给司机的提示直观明显，又不至于给司机造成太大的干扰。

（6）控制装置具有自检功能，每自动过完一次分相区，装置本身自行检测一次，检查是否有故障，确保下一个分相区准确可靠地自动过电分相。

（7）车载自动过电分相系统在每一种元器件选型方面都进行了细致的研究，充分利用冗余量，与机车电气联结尽量简单明了，不对机车控制回路产生任何不良影响，保留了原有手动过电分相的功能；当自动过电分相失效时，可转为手动操作过电分相。

4）优越性、实用性和待完善的问题

（1）采用自动过电分相代替传统的手动操作过电分相，较大地减轻了乘务员的劳动强度，能有效地避免由于乘务员的疏忽、操作不当而引起的烧电分相绝缘器、变电所跳闸而中断供电等事故以及由此造成的经济损失。

（2）地面感应器采用免维护的材料，基本上可以一劳永逸，不仅提高了地面感应器的安全可靠性，还可以大大降低成本。

（3）在高速运行区段，自动过电分相更是显示出了其强大的优越性，不但避免了乘务员对过电分相的频繁操作，而且使过电分相区提高了安全度，并较大地减少了速度损失。

车载断电自动过电分相系统，从总体上讲是技术先进、设计合理、结构紧凑的一种较为理想的方案和系统，但从高速度、大坡道及更广泛的意义上讲，也有不完善的地方及要改进的以下各方面：

（1）断电区较长，有一定速度损失，按目前的控制模式，用来使主断路器强迫断开和合闸所用的地面感应器距分相区还有45 m，所以在大坡道低速行驶时，自动过电分相断电和合闸相距时间较长，机车速度损失较大，这种情况尚需完善改进。拟根据接收到的不同地面感应器信号时的通过速度、升前弓和升后弓、接收感应器所处位置进行精确计算断电和合电。如断主断路器时受电弓离分相绝缘器距离为10~15 m，合主断路器时受电弓离分相绝缘器距离为20 m左右，较大程度地减少了速度损失和断电距离。

（2）该系统是与机车其他控制系统分开的、独立的自动过电分相控制系统，虽在检修和运用方面具有较强的独立性，但也存在两个控制系统并存的资源上的浪费。

（3）若用于高速电气化铁路，有些电路还需进一步优化，并在高速线路上做相应的运行试验。

2．地面电分相自动转换装置

1）系统组成

该系统是采用开关组成的自动切换装置，工作原理如图1.17所示。

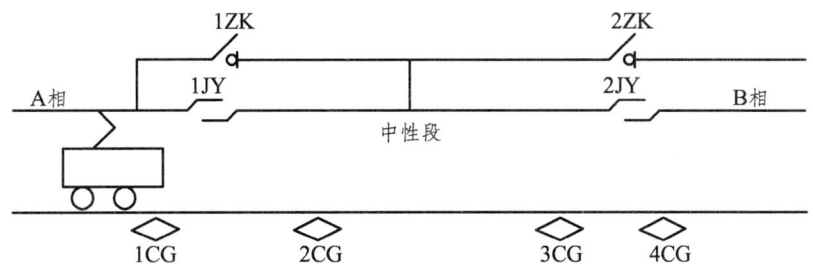

图 1.17 地面自动转换电分相装置工作原理图

地面过电分相自动转换装置设在锚段关节的分相区，在锚段关节的分相区处嵌入一个中性段，其两端分别由空气绝缘器间隙 1JY、2JY 与两相接触网绝缘。两台真空负荷开关 1ZK、2ZK 分别跨接在 1JY、2JY 上，使接触网两相能通过 1ZK 及 2ZK 分别向中性段供电；在线路边设置四台机车位置传感器 1CG、2CG、3CG、4CG。无车时两台真空负荷开关均断开，中性段无电。

当机车从 A 相驶来，到 1CG 处时，真空负荷开关 1ZK 闭合，中性段接触网由 A 相供电，待机车进入中性段，到 3CG 处时，1ZK 分断，2ZK 随即迅速闭合，完成中性段供电的换相变换。由于此时中性段已由 B 相供电，机车可以在不用任何附加操纵、负荷基本不变的情况下通过电分相区段，待机车驶离 4CG 处后，2ZK 分断，装置回零，各项恢复到无机车通过时的状态。

反向来车时，由控制系统自动识别，控制两台真空负荷开关以相反的顺序轮流断开与闭合。

2）工作原理

该系统的关键技术，是在硬件设备上研制出长寿命的真空负荷开关，从相间转换上要采用可靠的逻辑控制系统，从软件技术上则要解决变电所、电力机车和自动装换装置之间的兼容配合问题。

（1）真空负荷开关。

真空负荷开关是该系统的关键设备，它的任务是每当机车通过电分相区段时迅速地完成对机车供电相位的切换，它不同于真空断路器，也不同于 V 停反行用的真空负荷线路开关，它的应用特殊性决定了对它的特殊要求：

① 为压缩开关切换过程中的瞬间断电时间，减轻对机车的机电冲动，在大波距的情况下，要求其分合闸速度快。

② 要求具有较长的机械和电气寿命。由于需要频繁动作，要求其工作寿命长，且抗振动。

新型真空负荷开关，在真空灭弧室设计中选用了大直径、大波距的冲压成型波纹管，并采用预拉伸装配技术，以减小波纹管单位面积的形变，提高其使用寿命。还采用了新型高压消汽剂和可阀焊封装等新技术、新工艺，在开关整体装配设计上加强减振环节，开关机构采用既简单又可靠的电磁拍合式。由于采取了一系列有效的技术措施，使开关的机械和电气寿命超过 6 万次。

真空负荷开关的主要技术参数如下：

额定工作电压　27.5 kV（工频有效值）；

工频耐压　95 kV，持续时间 1 min（断口间及本体对地）；

额定关断电流　20 kA；
额定工作电流　1 000 A；
合闸时间　不大于 70 ms；
分闸时间　不大于 40 ms；
冲击耐压　185 kV（1.5/40 μS 全波）；
电气寿命　大于 5 万次；
机械寿命　大于 5 万次；
安装形式　小车式、带固定锁。

（2）控制系统。

转换装置控制系统是实现对各执行部件精确可靠的自动控制和状态监视，系统控制原理如图 1.18 所示。

该系统有如下功能：

① 有足够的逻辑运算能力及控制功能，以实现运行的自动化；
② 能自动检测出装置运行中出现的各种故障并分类报警，便于查找排除；
③ 有较高的响应速度，以压缩开关切换时的瞬间断电时间；
④ 有较强的抗干扰能力，能在强电磁干扰条件下可靠工作；
⑤ 能适应长时间无间歇的连续工作。

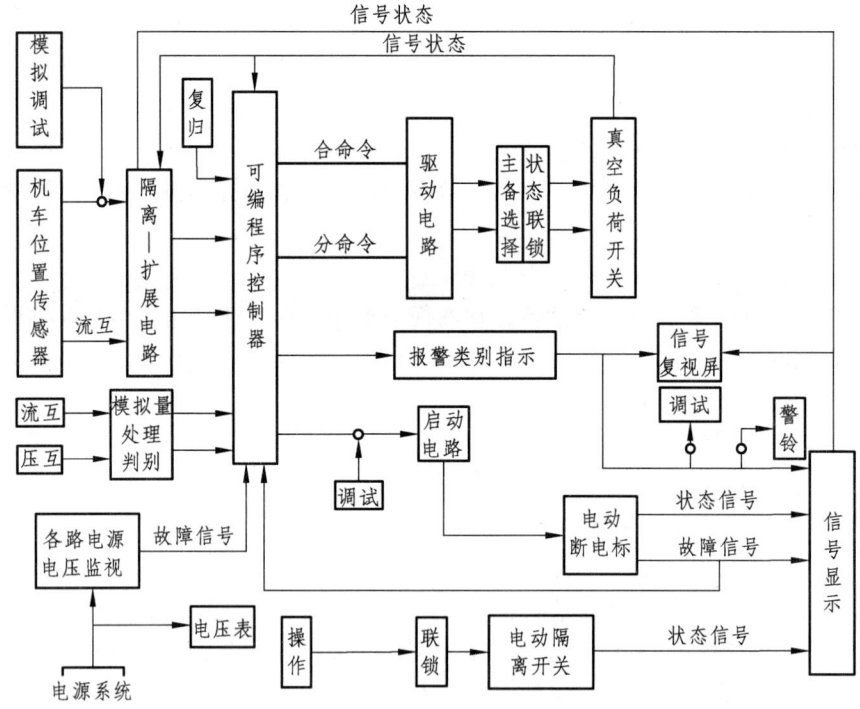

图 1.18　控制系统原理图

控制装置采用了以可编程序控制器为核心的控制系统。可编程序控制器是以微处理器为核心的机电一体化的自动控制装置，它把计算机技术、控制技术和通信技术融为一体，它与被控制设备的连接适应性好，采用简明的逻辑语言，具有很强的抗干扰能力，适用于工业控制的工业环境，功能强、性能优。同时，再加上机车位置传感器、输入信号隔离、输出驱动、电源、显示、报警、试验等部分，组成装置的控制系统，使系统工作更加稳定、可靠。

机车位置传感器是设置在电分相处的信号装置，它要为机车提供准确的位置信息，对于电分相自动转换装置而言，对机车位置的准确判定是系统成功转换的关键。我们选用的机车位置传感器，应能在电气化区段与其他闭塞信号轨道电路叠加使用，互不干扰，并且每台为两套电路双机热备用，以满足系统无故障连续运行的要求。

电动断电标是报警环节的一部分，它的"断"标及"准备断电标"均有互成90°的两个位置，即显示位和非显示位。当装置正常运行时，它自动转到显示位，司机不断电带负荷过电分相；当装置因故障检修撤出运行时，它自动转到显示位，提示司机按断电分相操作。

3）系统软件特点

① 选用可编程序控制器作为控制系统的核心部件，使系统工作可靠；

② 将输出指令和执行结果的反馈信号随时比较，进行闭环监控；

③ 对连接在两相上的真空负荷开关的合闸命令采用软件和硬件的双重连锁，以确保不出两相同合的敌对状态；

④ 程序设计注意功能及优化，使之既能满足监控要求，又尽可能压缩程序扫描时间；

⑤ 利用加强型程序控制器的高速输入端，提高关键信号的响应速度；

⑥ 采用硬件隔离和软件识别双重措施进一步提高抗干扰性能。

（3）电分相自动转换装置与供电设备、机车的兼容问题。

地面型电分相自动转换装置的工作原理，就是将电力机车这一复杂大功率负荷，在瞬间进行换相的前提下，实现带负载转换。这种带负载的转换势必产生较大的过渡过程，这对机车电气设备、供电系统电气设备及其运行安全危害极大。因此，如何降低合闸电压是完善和提高该系统工作性能的方向，而其有效手段是选择合闸相位，使其电冲击达到最小。

通过研究、试验，研制成功了智能选相开关。智能选相开关的研制成功不仅可以解决地面型电分相自动转换装置的过电压问题，并使该装置与相关设备的兼容问题得以圆满解决。

3．柱上式网上断载自动过电分相装置

柱上式网上断载自动转换过电分相装置，是三种自动转换过电分相装置的一种模式，它的特点首先是其自动转换过电分相的设备设置在支柱上；其次在过电分相的瞬间，对电力机车实行断电；另外，其设备简单，节省了地面空间，且减少了维护费用。

网上断载自动转换过电分相装置，是在接触网的电分相中性区域安装相应实现自动过电分相的装置和设备，实现在无人为干预的情况下，机车自动通过电分相区域。其基本原理如图1.19所示。

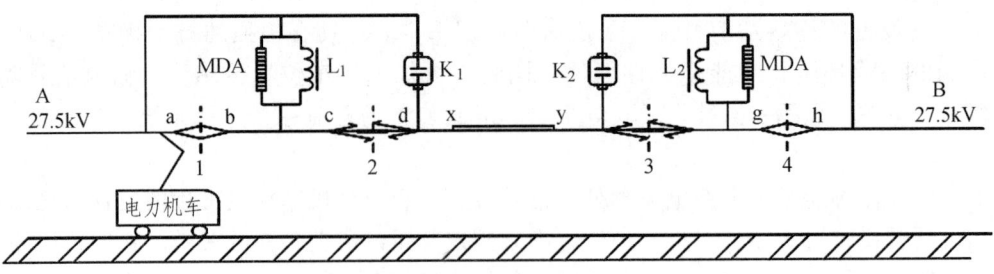

图 1.19　网上断载自动过电分相装置示意图
L_1、L_2—磁控线包；K_1、K_2—真空灭弧室；ab、cd、ef、gh 电分段器；
xy—相见主绝缘；MDA—过电压吸收器

图 1.18 中 L_1、L_2 为磁控线包，K_1、K_2 为真空灭弧室，MDA 为过电压吸收器，x-y 段为中性绝缘滑道，2、3 为两个分段绝缘器。假使机车由左向右行驶，由 A 相驶入，依次经过 ab、cd、xy、ef、gh 各区段，进入 B 相。当机车行驶到 1—2 的位置，即进入线包受流区，机车通过磁控线包 L_1 受流，真空灭弧室 K_1 合闸，2-x 区段带电。当机车驶过 2 以后，离开了控制线包受流区，进入 K_1 供电的分断区，真空灭弧室分闸，机车断载。此时机车不带电过 2—3 之间的电分相的 x—y 主绝缘区。过了 3 以后，机车通过 B 相的受流线包 L_2 得到 B 相的电流，经过 4 以后，由 B 相供电。机车反方向行驶时，同理，依次由 B 相过渡到 A 相。

电力机车在自动过电分相时，由牵引变电所、接触网、自动转换电分相装置、电力机车、钢轨等组成一个完整的封闭回路，这个封闭回路从源头牵引变电所到电力机车都呈现很大的电抗性，而且参数还很复杂，因此在这个封闭回路当中任何一个参数的变化都会产生过渡效应，首先是对电力机车供电的电分相在自动切换过程当中，由于功率大、速度快，所引起的过渡效应很严重，过电压和涌流问题十分突出；其次是机车工作电流的大小具有很大的随机性，因此要求自动转换过电分相装置电磁机构对过电压的涌流必须有足够的吸收能力及适应能力。

1）过渡过程中的过电压

在网上断载自动转换过电分相的系统中，过电压的出现有两种不同的类型：一是截流过电压，二是重燃过电压。

在高压供电电路中产生截流过电压是必然的，但高压防护的常规技术及设施也比较成熟，大多采用的是过电压出现后用 RC 回路或氧化锌能量吸收装置。该装置中采用了在电流零点上截流的方法，通过改善过电压的变化率或降低峰值的方法以使过电压得到缓解。

上述设计中，把电磁控制回路能量的释放确定在一个恒定的时间范围内，用设定几何结构的分段绝缘器进行配合，与分合时间为 20～25 ms 的开关主回路进行组合。通过对电力机车受电弓受流滑板的滑动调节，形成一个电磁系统控制能量负反馈回路，同步与跟踪主回路电流过零点的封闭反馈网络，由网络自身的负反馈使装置精确地截流在电流的过零点上。由于实现了电流过零开断，因此截流值趋向于零，克服了过电压的产生，同时也决定了重燃过电压的产生。通过 3 万多次的运行试验，自动过电分相的系统装置、接触网、电力机车、牵引变电所从未发生因过电压造成的各类故障，柱上式网上断载自动过电分相装置的安装示意图如图 1.20 所示。

图 1.20　柱上式自动过分相装置的安装示意图

2）涌流的限制

在网上断载过电分相装置的自动切换的换相中，瞬间失电（见图 2-19 上的 2—3 区段内）是不可避免的，而失电后另一相加电时，电力机车的涌流很大。根据资料，日本制式的自动过电分相装置，其涌流值可达到正常工作电流的 6～7 倍，易造成电力机车主断路器和牵引变电所的跳闸。在该装置的设计中加强了 L_1 与 L_2 的阻抗作用，使涌流得到了大幅度的限制。

经过实测和试验证明，涌流峰值在电力机车主变压器原边为正常工作电流的 1.84～2.57 倍，即为 280～360 A，没有超过 400 A 的保护整定值。而机车辅机电路的涌流值为正常工作电流的 2.5～3.75 倍，即 1160～2100 A，没有超过 2800 的保护整定值。

为保护机车在过渡过程中有充分余量保障不跳闸，根据涌流时间短的特点，把机车主变压器过流保护与辅机电路过流保护，在电流整定值不变的前提下，把原来快速灵敏的功能改为 0.2 s（机车主变压器过流保护）和 0.4 s（辅机电路过渡保护）的延迟型保护，使机车保护回路延时问题得到了妥善解决。

3）装置的机械、电气寿命的技术保障措施

（1）机械寿命的技术保障。

从工作原理图中可以看出，控制开关是一种特殊的结构，控制回路与灭弧室主回路都处在同一电位上，工作时控制回路直接串接在供电电路之内，由供电电流直接提供电磁能量控制主回路分合闸。这一特殊形式就有一个重要的问题要解决，即每个电力机车的牵引电流变化很大，一般在几十到 250 A 之间，电流小了电磁力不足，电流过大了则装置的电磁吸合冲击力过大，对机械寿命影响很大。

该装置采用了利用电磁饱和来恒定电磁吸合范围的设计方法，在牵引电流达到 30 A 时，可具备正常的工作能力。当牵引电流大于 40 A 时，该装置进入饱和状态，保证电磁力恒定，这种设计方法实现了尽管电流有大范围的变化，但是电磁吸合力在恒定许可的范围内的目的，保障了机械结构的可靠性。

（2）电气寿命的技术保障。

① 从工作原理图中可以看出，控制回路与主回路实现了等电位设计，避免了主电路高压对控制回路的绝缘冲击，降低了对控制回路电磁线包的绝缘要求。

② 从原理图中可以看出，装置合闸时，真空灭弧室是空载无电流的，防止了合闸弹跳电弧烧损触头本身的问题，真空灭弧室只承担了分断电流的任务。

③ 该装置采用的是瞬间工作制，实现冗余量的设计手段，在无机车通过时装置处于无任何电流的状态。在机车通过时，自动过电分相的工作过程不到 1 s，而主回路真空灭弧室从受流到截流时间在 20 ms 以内。装置采用的真空灭弧室热稳定参数为 4 s、4 kA，电力机车单机网侧电流不会超过 300 A，可见电分相装置在工作时功率余量是很大的。在工作时间为 1 s 以内的瞬间工作制电路中，电热元件的功率余量可以扩大为额定时工作容量的 10~12 倍进行衡量，额定电流为 400 A，灭弧室可扩大为 4 kA 以上。

该装置的真空灭弧室和电磁回路采用上述设计方法，保障了装置的可靠性和 10 万次的工作寿命。

4）网上断载过电分相装置的使用范围及特点

① 适应全天候和海拔 2500 m 以下的电气化铁路。

② 适应大坡度 20‰ 以下重载列车的上下坡运行，并能适应单机、双机或三机各种牵引方式。

③ 装置能适应根据要求局部改造的各类型电力机车，并能运行于常速、重载线路。

④ 整体装置安装在支柱上，具有良好的安全防范效果，同时无须征用土地建房和配备值班人员，有利于降低投资和推广使用。

⑤ 装置的机械寿命和电气寿命均为 10 万次。

⑥ 装置结构简单，使用方便，维修简易。

5）改进与优化

① 柱上式网上断载自动过电分相装置是一种结构简易的自动过电分相方式，在实现消除截流过电压和重燃过电压时，采用电流零点上截流的方法，在电磁控制回路能量释放研究方面，还需优化完善，以消除明显的电弧及火花现象。

② 在换相加电过程中，涌流的限制同样是一个待研究的问题，应合理确定 L_1 及 L_2 的阻抗作用。

③ 该设备目前只能满足 100 km/h 的运行要求，为适应高速电气化铁路的需要，适应更高速度的运行要求，还需解决许多技术问题。

四、接触网的干扰影响及防护措施

（一）交流电气化线路的干扰影响

我国干线牵引供电系统采用工频单相交流制，由图 2.21 可知，牵引供电系统是以大地和钢轨作为电流回路的电气网络，属于典型的不对称电路。当牵引电流流过接触网时，将要在接触网导线周围形成电场和磁场，这种电场和磁场对沿线邻近的通信线路和设备产生干扰和影响，使通信质量下降，严重时能危及设备和人身安全。因此，在修建电气化铁路的同时，必须考虑防干扰的技术措施。单相交流电气化铁路将对沿线架设的通信线路产生下述干扰影响。

1．静电感应电压影响

当接触网加上 25 kV 的工作电压以后，就在接触网导线（包括承力索和接触线）的四周建立起垂直于导线表面的交变电场。由于静电感应作用，处于电场内的架空通信线路将产生静电感应电位，从而对通信线路产生有害影响。

2．电磁感应影响

当线路上有电力机车运行时，接触网内就流有工频单相交流牵引电流，它在接触网的周围建立起交变电磁场，因而对沿路架设的通信线路产生电磁交链，使通信线中产生沿导线纵方向的感应电动势，称为纵电动势。当通信线与接触网距离不远，其平行长度又较长时，在通信线路中感应的纵电动势可以达到危险的程度。电磁感应在相距 100 m 以外时，仍有可观的影响。我国在观音坝单线区段的试验中，接触网和架空线的平均距离为 250 m，平行长度为 18.3 m，接触网短路电流 I_d=1140 A，实测所得纵电动势为 787～824 V。

3．杂音干扰

牵引电流是随时间波动的电流，当采用整流器式电力机车时，机车上的交流将被整流变成直流，在整流电流中会出现大量高次谐波，如图 1.21 所示。从图中 1.22 可知，不仅正弦波形发生了很大畸变，而且在波峰处产生了谐波成分。因此，交流电流除了如上所述能在通信线路中产生感应纵电动势外，其谐波成分也能在通信中造成谐波感应电压，形成通信中的杂音，这也就是我们通常所说的交流牵引网对沿线通信线路的杂音干扰。

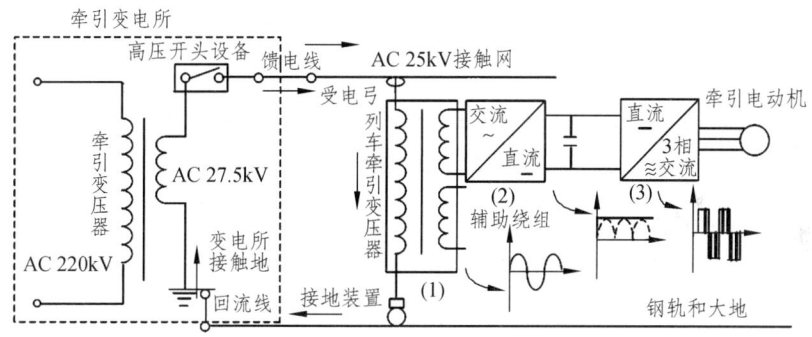

图 1.21　牵引网及交-直-交牵引电传动原理示意图

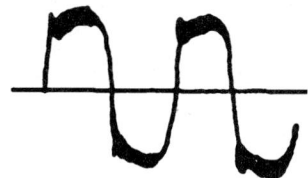

图 1.22　韶山 SS1 型电力机车的电流波形示意图

由上述分析可知，交流电气化铁路接触网对与之平行的有线通信线路产生很大的感应影响。在通信线中引起的危险电压和杂音干扰，使通信质量下降，甚至危及设备和运行人员的安全。因此，在修建电气化铁路的同时必须采取减小危险影响和干扰影响的技术措施。解决交流电气化铁路对通信线路干扰的途径有两个方面：一是在供电方面采取抑制干扰的措施；

二是在通信方面采取提高屏蔽的措施（如电缆化），或者将受影响的通信线路及设备迁到影响范围之外。至于采用何种途径和何种措施，应根据经济技术比较及其具体情况而决定。

为降低钢轨电位、减少电磁影响，常在牵引网中分别增设架空回流线、同轴电力电缆、吸流变压器、自耦变压器等导线和设备，由此形成了牵引供电系统的不同供电方式：直接供电、带回流线的直接供电、吸流变压器供电（BT）、自耦变压器供电（AT）和同轴电力电缆供电。在高铁牵引供电系统中主要采用 AT 供电方式。

（二）供电方式

1．直接供电方式

这是一种最简单的供电方式，它分两种形式，一种称为基本型，如图 1.23 所示，电流从牵引变电所变压器二次侧供电端子经过馈线流向接触网，通过接触网流向列车，从列车流到钢轨上，回流分为两部分，一部分通过钢轨返回变电所，剩余电流从钢轨漏泄至大地，沿大地流向牵引变电所，在变电所附近，返回钢轨或直接返回变电所接地网，再返回变压器二次侧接地端子。直接供电方式牵引网结构最简单，仅由接触线 T 和钢轨 R 组成，投资最小，但钢轨电位较高，对通信线的感应干扰最大，主要适用于通信线路（主要是明线）较少或很容易将受扰通信线迁改径路的场合。基本型直接供电方式在法国、英国、苏联都广泛应用。

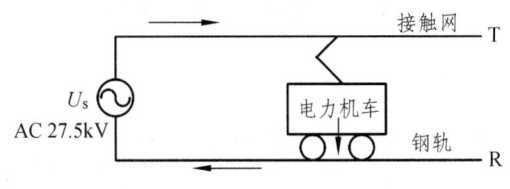

图 1.23　直接供电方式

2．直接供电+回流方式

带回流线（也常被称作负馈线）的直接供电方式，其牵引网拓扑结构如图 1.24 所示，在钢轨上并联架空回流线 NF，其并联点一般相距 5～6 km，电流从牵引变电所馈线通过接触网流向列车，从列车下到钢轨上，回流分为 3 部分，一部分直接沿钢轨流回变电所，约占 40%，一部分从钢轨通过吸上线进回流线，通过回流线返回变电所，约占 30%，剩余电流从钢轨漏泄至大地，沿大地流向牵引变电所，在变电所附近，返回钢轨或变电所接地网。对具体线路，由于牵引网各导线悬挂位置、型号的不同以及大地电阻率、钢轨漏泄电阻的差别，这一回流比例会有所差别。

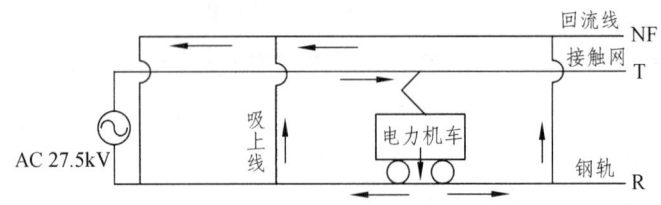

图 1.24　直接供电+回流方式

我国的既有线，包括部分提速到 200 km/h 的客货混跑线路大量采用带回流线的直接供电方式，供电臂长度一般为 20～25 km。这种供电方式能使钢轨电位大为降低，因屏蔽作用，使通信线的干扰得到较好抑制，能降低感应干扰 30% 左右，还能降低牵引网阻抗，使供电臂延长约 30%。

3．BT 供电方式

吸流变压器（booster transformer，BT）供电方式牵引网拓扑结构如图 1.25 所示。在牵引网中，每相距 3～4.5 km 间隔，设置一台 1∶1 的吸流变压器，其一次线圈串入接触网 T 中，二次线圈串入回流线 NF 中，回流线一般装设在接触网支柱外侧的横担上，吸上线 A 一端接回流线，另一端接轨道，以提供从列车到轨道的返回电流到回流线中去的通路。

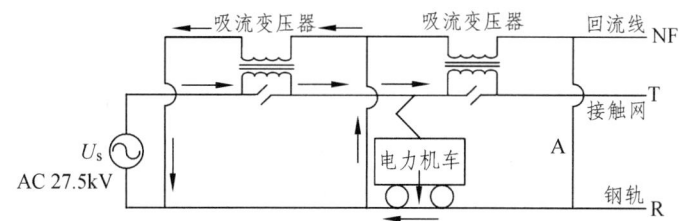

图 1.25　BT 供电方式原理图

在理想的情况下，接触网与回流线上的电流大小相等方向相反，它们在周围空间产生的电磁场互相抵消，从而消除了对附近通信线路的电磁干扰。但实际上，回流线的电流总是小于接触网上的电流，仍有少部分牵引电流经钢轨和大地返回牵引变电所。另外，当电力机车位置在吸流变压器附近时，从机车到吸上线之间的半段距离中，牵引电流基本上流经钢轨，这种情况称为"半段效应"，上述情况下对通信线路仍有一定的干扰。

BT 方式增加了牵引网结构的复杂性，提高了造价，因牵引网阻抗变大，供电臂长度将减小，约为直接供电（基本型）方式的 3/4。另外，因存在 BT 分段，列车通过 BT 时，容易产生电弧，对受电弓和接触线不利，并且整个系统工作可靠性不高，不利于高速、重载等大电流运行，但 BT 方式的钢轨电位低，抑制通信干扰的效果很好。鉴于目前电气化铁路通信干扰问题已不再突出，这种 BT 供电方式已经很少使用。

4．AT 供电方式

AT 供电方式牵引网拓扑结构如图 1.26 所示。沿线路设置变比 2∶1 的并联自耦变压器（auto-transformer），接触网、钢轨与正馈线构成 2×25 kV 系统，列车运行的接触网与钢轨间标称电压保持 25 kV 不变。由于自耦变压器的电压平衡、电流吸上作用，AT 牵引网电源供出的电流只有列车电流的一半。由于提高了工作电压，AT 牵引网的电压损失降低、电能输送能力增强，并且其对通信线路的干扰防护能力要优于带回流线的直接供电方式，特别适于重载、高速运输。我国新建的 250 km/h 及以上高速铁路普遍采用 AT 供电方式，供电臂长度一般为 25～30 km，设 2 个 AT 段。

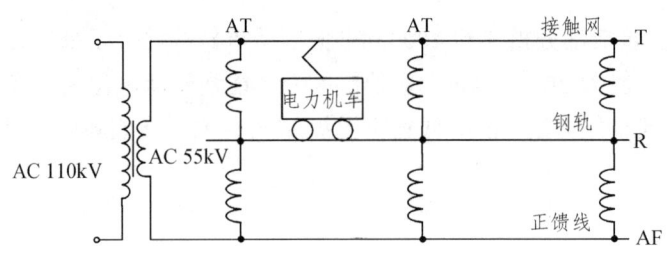

图 1.26 AT 供电方式工作原理图

5．同轴电力电缆方式

CC 供电方式是一种新型的供电方式。它的同轴电力电缆沿铁路线路埋设，内部芯线作为供电线与接触网 C 连接，外部导体作为回流线与钢轨丁相接，每隔 5~10 km 做一个分段，如图 1.27 所示。CC 供电方式的优点：馈电线与回流线在同一电缆中，间隔很小，而且同轴布置，使得互感系数增大同轴电力电缆的阻抗比接触网和钢轨的阻抗小得多，因此牵引电流和回流几乎全部从同轴电力电缆中流过；电缆芯线与外层导体电流相等，方向相反，二者形成的磁场相互抵消，对邻近的通信线路几乎无干扰，吸流效果和抑制通信干扰的效果均优于 BT 和 AT 供电方式。CC 供电牵引网阻抗和供电距离与 AT 方式相近，钢轨电位较低，接触网结构较简单，对净空要求低，宜于重载、高速等大电流运行。但同轴电缆的造价太高，限制了它的广泛应用，一般只在重要城市、桥隧的低净空地段等特殊场合采用。日本已在局部电气化区段使用，我国进行了研究和试验。

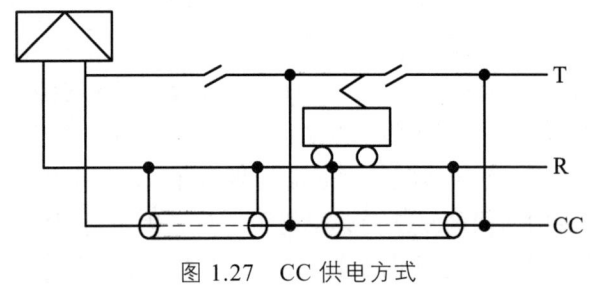

图 1.27 CC 供电方式

五、接触网的接地与防雷

（一）高速电气化铁路综合接地系统

综合接地系统是和通信、信号、电力、接触网、变电各个专业，以及路基、桥梁、隧道、轨道各个设施相关的有着复杂接口的工程。综合接地系统的结构如图 1.28 所示。回流回路是钢轨和贯通地线。综合接地系统的接地电阻应不大于 1 Ω。贯通地线采用带覆盖层的铜导线。例如：京津城际线路两侧各设有一根 70 mm² 的贯通地线，材质为铅包铜绞线，电缆作为回流导体可选用 1 kV 铜芯交联聚乙烯电缆。

交流电气化铁路中的回流回路是连接到接地系统中的。其接地系统包括大面积的接地体，如建筑基础、桥梁和高架桥基础、隧道钢筋及沿线路的接触网支柱的桩基础。这些系统之间通过回流线互相连接，形成了铁路系统的接地，并与中压保护接地、低压保护接地、通信与信号接地和雷电保护设备的接地等接地系统连接。图 1.28 中顺线路方向的电力电缆,当采用三芯电缆时,屏蔽层应采用两端接地方式。当采用单芯电缆时,根据电缆敷设长度、屏蔽层感应电压的大小确定其接地方式,可采用单端接地、单端接地另一端接保护器、中间接地加保护套交叉互联等多种形式的接地措施。10 kV 电力贯通线多采用单芯电缆,金属护层多采用在线路一端或中央部位单点直接接地方式,电缆金属护层连续长度不宜大于 3 km,且电缆线路金属护层上任一点的正常感应电压最大值不大于 60 V,否则应增加中间接地箱。单芯馈线电缆多采用一端接地方式,接地端一般设在上网点处,在变电所 27.5 kV GIS 柜端接电缆保护器或者悬空。悬空时注意保持接地线和其他接地体间的绝缘距离。

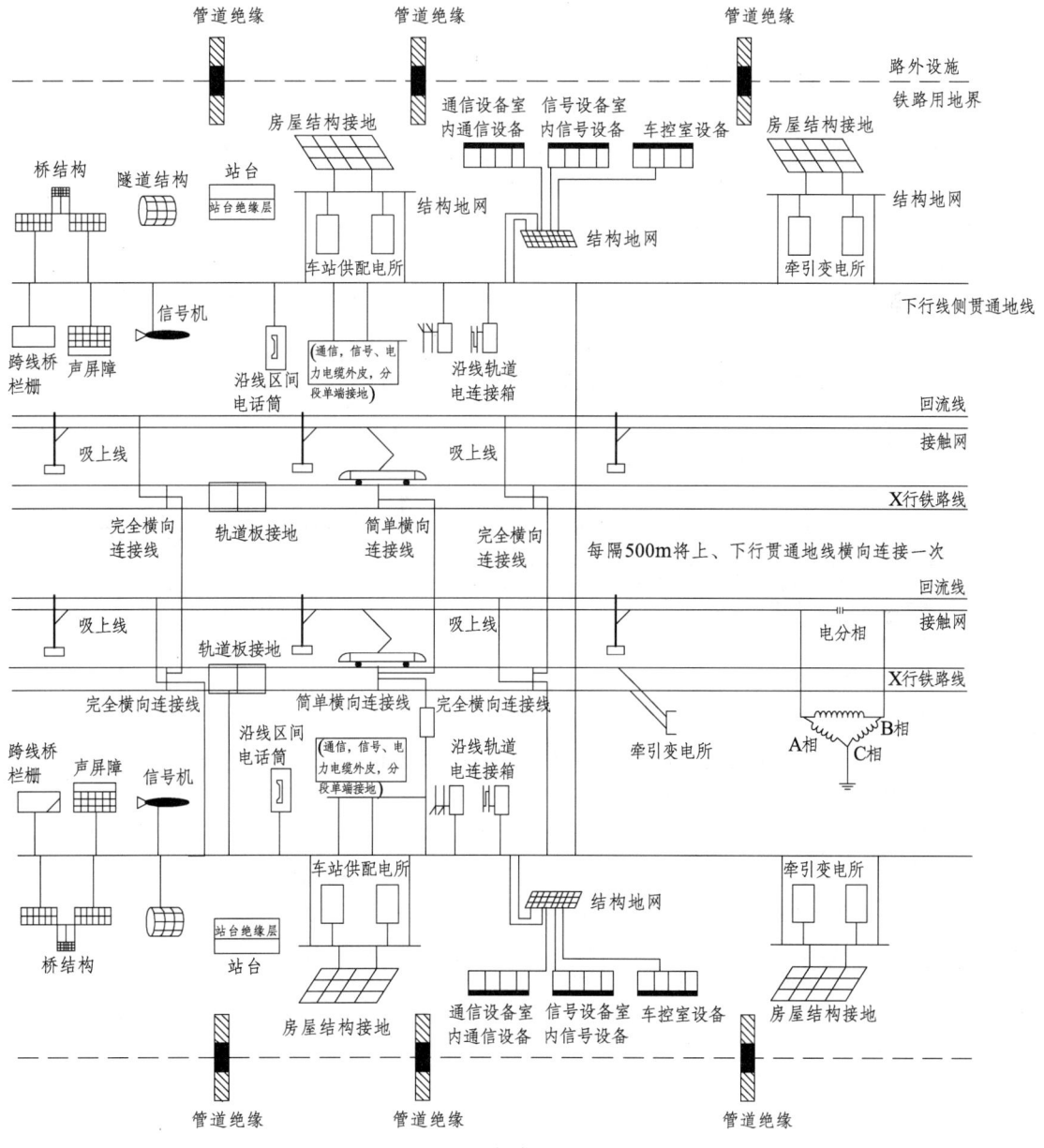

图 1.28 综合接地系统示意图

在路基地段,接触网基础、级配碎石填充完成后,开挖路肩通信信号电缆槽基础。人工挖出宽 20 cm、深 20 cm 的纵向沟槽,在槽底铺设 5 cm 厚中砂后敷设纵向贯通电缆,并在接触网基础位置预接分支电缆,以其基础钢筋作为接地极。在桥梁地段,贯通地线敷设于两侧电缆槽内(用砂防护),通过预埋接地端子连接,将梁部接地、墩身接地、基础接地三者组合,构成桥梁接地极,桥上金属部件通过梁体非预应力结构钢筋与贯通地线连接。在隧道地段,贯通地线敷设于两侧电缆槽内(用砂防护),每个台车位均设接地极,并以专用接地钢筋连接至电缆槽侧壁纵向结构钢筋(也作纵向接地钢筋),再采用分支电缆和端子将各部分连接为一体。隧道内基础槽型滑道通过隧道衬砌内的钢筋连接到接地系统上。隧道内电缆槽侧壁每 500 底部每 100 m 设一个接地端子,综合洞室设两个端子。隧道内金属构件接地等,视需要与贯通地线等电位连接。

综合接地的有关技术要求

(1)接触网支柱宜采用集中接地方式(架空地线与保护线两端分别再接钢轨,实践证明能减少地线对信号轨道回路的干扰,有利于工务维修及防止道床振动等损坏地线)。集中接地宜利用回流线或保护线作闪络保护地线;当成排支柱不悬挂回流线或保护线时,可增设辅助保护线或架空地线。零散的接触网支柱应单独接地。

(2)接触网支柱和金属支撑装置以及接触网带点部分的距离不足 5 m 的所有金属结构物均须装设地线。

(3)下列接触网支柱及设备应做双接地(其中一个接接地极,一个接钢轨):
① 站台或其他人员活动频繁处的未设架空地线的钢柱;
② 开关、避雷器、吸流变压器等设备的底座;
③ 架空地线下锚处。

(4)接触网设备及其邻近接地装置的接地电阻值不应大于表 1.1 中的规定。

表 1.1 接地电阻值

类 别	接地电阻值/Ω
开关、避雷器、吸流变压器	10
架空地线	10
接触网钢柱	30
距接触网带电体 5 m 以内的金属结构	30

(5)接触网接地线在无信号轨道回路区段可直接接钢轨,在有信号轨道回路区段可直接接扼流变压器线圈中性点或串接火花间隙后接至钢轨。

(6)接地线和接地体引线的截面应符合设计要求并应有防腐油。接地线的所有连接部分应除锈并涂凡士林油,连接应牢固,电气通路可靠。接地体不得涂防腐油。

(7)架空地线采用 LGJ-50 或 LGJ-70 钢芯铝绞线,在钢柱上悬挂于钢柱不绝缘,在钢筋混凝土柱上和接地预埋件连相连。架空地线两端分别接接地极,接地极电阻不应大于 10 Ω。

(8)架空地线在最大弛度时对地面距离不小于 6 m。

(9)在轨道电路区段,地线应串接火花间隙。火花间隙不应有裂纹、破损。用 500 V 兆欧表测绝缘电阻,应大于 500 MΩ。

(二)接触网的防雷

《铁路电力牵引供电设计规范》规定:应根据雷电日及运营经验,在吸流变压器的原边、分相和站场端部的绝缘锚段关节处、长度在 2000 m 及以上的隧道两端、从变电所或分区所引出的距离大于 200 m 的供电线或 AF 线上的上网点处安装氧化锌避雷器、分区所、开闭所、AT 所引入线处设置避雷装置对接触网进行大气过电压保护；在强雷区，应设置独立的架空避雷线，架设高度由保护范围计算确定。

《铁路电力牵引供电设计规范》第 11.5.3 条 11 款规定：重污染或重雷区以及高路基、高架桥、隧道口等重点地段的接触网应增设氧化锌避雷器，接触网下锚绝缘子、分段绝缘子采用复合棒形绝缘子等防雷措施；接地装置、接地引下和连接措施应符合系统绝缘匹配、热稳定性校验、机械强度和抗腐蚀等。

氧化锌避雷器具有优异的非线性特性，在正常工作电压下，氧化锌电阻阀片呈现高阻抗状态，流过避雷器的电流只有微安级；当遭遇雷电过电压时，氧化锌电阻阀片处于导通状态，流过避雷器的电流可达数千安，迅速将强大的雷电流释放到大地，消除雷电过电压对接触网的破坏作用。除此以外，氧化锌避雷器还具有通流能力大、残压低，无火花间隙、可直接与接触网并联，结构简洁、质量轻、体积小、动作快、耐污性好、运行维护方面等诸多优点。

金属氧化物避雷器的安装和技术状态应符合以下规定：

避雷器应垂直安装，固定牢靠。连接线应预留温度变化引起的位移量，连接接触面应涂电力复合脂，连接螺栓紧固力矩应符合设计你要求。

接地体安装方式及接地电阻应符合设计规定。设计器安装在来车方向侧面，具体位置符合设计要求。

一般在分相关节处、供电线或 AF 线连接到接触网线处、长度 2000 m 及以上隧道的两端均设有避雷器。

对于高速铁路接触网，应尽可能地架设架空地线或避雷线，因为，高速铁路接触网躲在高架桥上，距地面高度多在 30 m 以上，为避免雷电侵入，架空避雷线是较好的防雷措施。

六、接触网的绝缘与绝缘配合

（一）绝缘配合

接触网的绝缘配合，就是根据接触网所在的电气化铁路供电系统中所可能施加于接触网的各种电压，包括正常工作电压、操作过电压和大气过电压，并考虑保护装置的特性和接触网的绝缘特性，来确定接触网对所加电压的必要的耐受强度，以便把作用于接触网上的各种电压所引致的接触网绝缘损坏和影响接触网不间断正常供电的概率（可能率），降低到在经济上和铁路运营上所能接受的水平。良好的绝缘配合，就是要在技术上正确处理各种电压、各种限压措施（如装设避雷器）和接触网绝缘耐受能力三者之间的配合关系，并在经济上协调接触网建设投资费、运营维护费和事故损失费（此费用表征了可靠性）三者之间的关系。

绝缘配合就是综合考虑电气化铁路供电系统中各设备的绝缘能力，欲使绝缘能耐受所有可能预见的最大过电压，特别是大气过电压，不仅目前技术上做不到，经济上也不合理。因为如果进一步改善绝缘可靠性所多花的费用，不能用减少绝缘损坏事故所节约的费用来补偿时，就不宜再提高绝缘水平。因而，与此相关联，鉴于各牵引供电设备以及接触网各部位的绝缘有时可能难以避免损坏，在考虑牵引供电系统的绝缘配合时，应当在过电压损坏绝缘不可避免之时，因势利导，将损坏引导、限制在损害最小且对运行扰乱最小的元件或部位；同时合理地提高整体绝缘强度，并利用避雷器等设施限制过电压值，以期在一般情况下，能耐受系统最大运行电压、波形、幅值、持续时间都相差很多的过电压。

过电压可分为内部过电压（包括操作过电压等）和大气（雷电）过电压两类。内部过电压通常按额定电压的一定倍数计算。我国水电部过电压保护规程规定：对 3～60 kV 级电压按 4 倍计算；对于电气化铁路，则大多认为可按 3 倍于接触网最高运行（相）电压计算（日本国铁根据试验认为，通过避雷器的配合，一般不超过 2.5 倍）。但大气过电压造成的感应过电压可达 500 kV，直击雷造成的过电压则还要高。显然，对电气化铁路供电系统这类 110 kV 以下的系统来说，要求把大气过电压限制到比内部过电压还低的程度是不经济的。因此，接触网及牵引变电所中电气设备的绝缘主要由大气过电压决定。对于具有正常绝缘水平的电力铁路牵引供电设备及牵引网，应能承受内部过电压的作用。这里所谓某一级电压的或电气设备的绝缘水平，就是指该电气设备可能承受（不发生闪络、击穿或其他损坏）的试验电压标准，这些试验电压标准一般都有专门的明确规定。

寻求绝缘配合的过程，实质上也就是合理地考虑绝缘水平的过程。例如，对牵引变电所，按绝缘配合要求应做到：当雷电波侵入变电所母线后，阀式避雷器将首先动作，以便保护其他电气设备不致被击穿绝缘。这就是所谓伏秒特性的配合，即母线上装设的阀式避雷器的伏秒特性曲线应比与母线直接联结的各种电气设备绝缘的伏秒特性曲线低。对于接触网，按绝缘配合要求应做到：在任何运行条件下（如由于风力或受电弓的抬升力使导线摆动或振动），导线及其他带电金具和接地部分（如钢柱、隧道壁等）之间空气间隙的绝缘强度不小于接触网绝缘子的绝缘强度。对于 AT 区段接触网，还应使保护自耦变压器的避雷器的起始放电电压，低于自耦变压器的冲击绝缘强度，就是说，也要进行伏秒特性的配合。

近年来，由于国内工、交企业的发展，污染源增多。实践证明，架设于污秽地区的接触网，绝缘能力受污秽影响将大为下降；在恶劣气象条件下，即使在正常工作电压下也可能发生污（秽绝缘）闪（络）事故。据电力工业部门统计，电力网污闪事故的损失已经超过了雷害事故的损失。因此，在污秽地区特别是严重污秽地区，必须要加强接触网的外绝缘水平。这里外绝缘是指直接与大气相接触条件下工作的各种形式的绝缘。对于接触网，外绝缘的绝缘强度主要与沿绝缘子表面放电有关。

（二）接触网的绝缘设备

绝缘子是接触网带电体与支柱设备或其他接地体保持电气绝缘的重要部件。接触网用的绝缘子多为悬式绝缘子和棒式绝缘子。绝缘子的性能好坏，对接触网能否正常供电影响很大。它承受着工作电压和各种过电压，并承担着接触悬挂和支持结构的重量及因气象影响产生的机械荷载，因此要求绝缘子有足够的电气绝缘强度，能承受一定的机械荷载和能经受不利环境和大气的影响。绝缘子经过长期使用，风吹日晒，以及其他污染物，如扬尘、盐分或化工粒子等侵蚀，会导致绝缘性能下降，并产生放电现象，这种放电发展到表层空气绝缘被击穿时称为闪络，从而引起变电所跳闸而中断供电。接触网的绝缘子受污染程度要比一般电力线路的绝缘子严重，特别是在蒸汽机车或内燃机车与电力机车混合牵引区段和隧道内更甚，所以有必要根据污秽程度的不同相应提高绝缘子的闪络电压值，该值一般随着绝缘子泄漏距离

（又称爬距）增大而提高。所谓泄漏距离，即沿绝缘子表面的曲线展开长度。我国经过运营实践，绝缘子泄漏距离根据电气化铁路设计规范要求进行选型。

1．绝缘子按制造材料可分为瓷绝缘子、玻璃绝缘子和复合绝缘子

瓷绝缘子：优点：生产成本低，价格便宜，有良好的绝缘性能，耐热性能好，运行经验丰富。缺点：重量过重，缺乏弹性，防污性能欠佳，运营维护费用较大，有零值检测问题。

玻璃绝缘子：优点：零值自破，耐电弧和耐振动性能好，不易老化，成串电压分布均匀。缺点：初期自破率高，存在自爆率 0.02% ~ 0.04%。

复合绝缘子：优点：强度高，重量轻，易安装，耐污性能好，不检零。缺点：价格高，存在老化以及芯棒脆断的可能。

2．绝缘子按受力可分为悬式绝缘子和棒式绝缘子

① 悬式绝缘子。

悬式绝缘子主要用来悬吊或支撑接触悬挂，电气化铁路供电的额定电压是 25 kv，选用的悬式绝缘子形式一般是由 3 片组成的绝缘子串。轻污区采用 3 片普通型悬式绝缘子组成的绝缘子串；重污区则采用 4 片均为防污型悬式绝缘子组成的绝缘子串；在大站软横跨及下锚等水平耐张处，由于承受的机械张力比悬式绝缘子串大，出现零值绝缘子的概率比较高，而且检修较困难，因此，其电气强度应略高于悬式绝缘子串，通常也采用 4 片。悬式绝缘子串有较好的机电性能，在部分绝缘子片损坏时，尚能维持供电。常用的普通悬式绝缘子及防污型悬式绝缘子的外形尺寸如图 1.29 及图 1.30 所示，其主要技术性能指标详见表 1.2 所示。

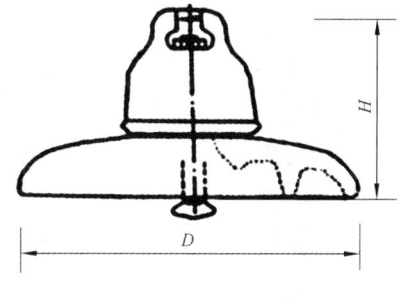
（a）杵头悬式绝缘子

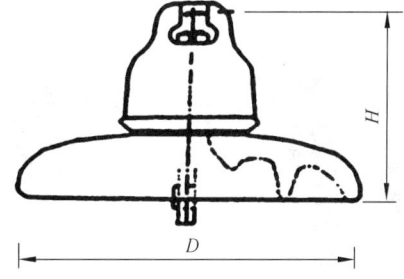
（b）耳环悬式绝缘子

图 1.29 普通型悬式绝缘子

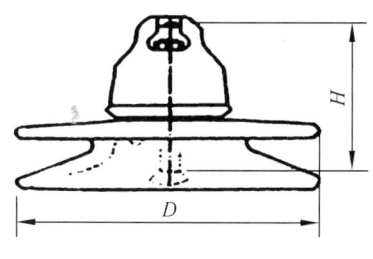
（a）杵头悬式绝缘子

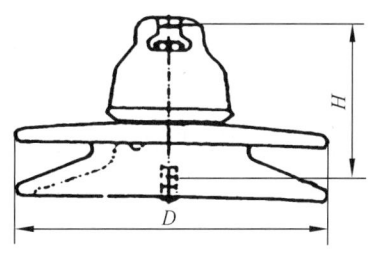
（b）耳环悬式绝缘子

图 1.30 防污型悬式绝缘子

表 1.2 悬式绝缘子机电性能表

产品型号		主要尺寸		泄漏距离	工频试验电压（kV）			50%全波冲击闪络电压幅值	机械负荷		质量（kg）
		H	D		干	湿	击穿		1 h	破坏	
普通型	XP-70	146	254	290	75	45	110	120	50	70	4.5
	XP-70T	146	254	290	75	45	110	120	50	70	4.7
防污型	XWP_2-70	146	254	400	90	45	110	130	50	70	5.5
	XWP_2-70T	146	254	400	90	45	110	130	50	70	5.5
XP-40T		146	190	290	60	30	90	100	30	40	3.5
LXP-70		145	254	290	75	40	110	110	50	70	3.6

② 棒式绝缘子。

棒式绝缘子是根据电气化铁路接触网的工作条件而专门设计制造的一种瓷质的整体式绝缘子，棒式绝缘子外形及型号如图 1.31 所示。它受压性能较好，具有一定的抗弯强度，适于承受压力及弯矩的场合采用。棒式绝缘子根据使用条件，分为区间（站场）腕臂支持、压管支撑绝缘子和隧道悬挂定位绝缘子。

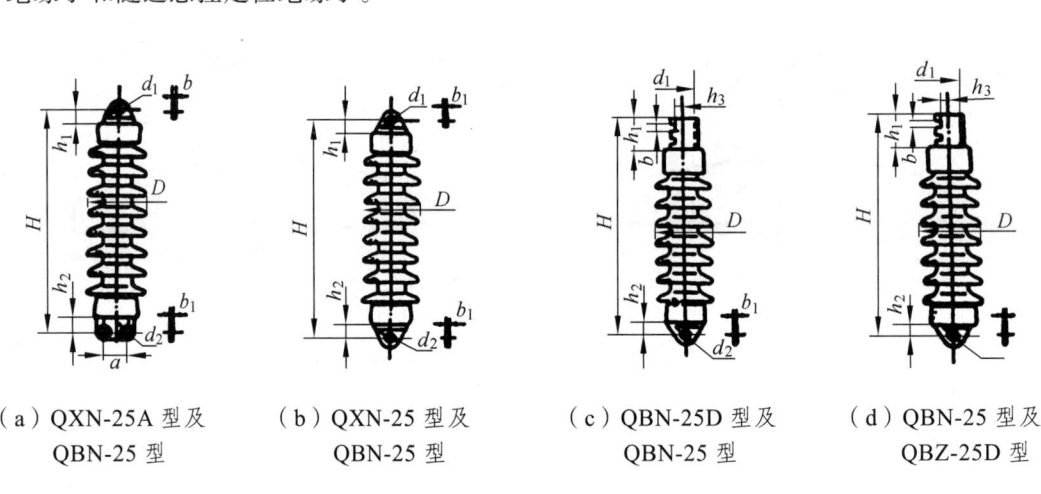

（a）QXN-25A 型及 QBN-25 型　　（b）QXN-25 型及 QBN-25 型　　（c）QBN-25D 型及 QBN-25 型　　（d）QBN-25 型及 QBZ-25D 型

图 1.31 棒式绝缘子

棒式绝缘子根据使用环境及条件又可分为普通型、防污型及双重绝缘三种类型。防污型绝缘子根据防污等级又可分为轻污、中污和重污三种类型。双重绝缘的棒式绝缘子是用于 AT 供电的绝缘子。有关棒式绝缘子的机电性能如表 1.3 所示。

表 1.3 棒式绝缘子机电性能表

产品型号	额定电压单相 (kV)	主要尺寸(mm)			爬电距离 (mm)	全波冲击耐受电压 (kV)	工频湿闪耐受电压 (kV)	耐污特性		抗弯破坏负荷 (kN)	质量 (kg)	使用范围
		总长 H	外径 D	连接孔径 d				盐密 (mg/cm^2)	耐受电压 (kV)			
QXN$_1$-25D	25	600	146	—	1000	205	106	0.1	32	拉伸 40	11.00	轻污区
QXN$_1$-25												
QXN$_2$-25D	25	690	145	—	1200	270	130	0.3	32	拉伸 40	14.00	中污区
QXN$_2$-25												
QBN$_1$-25D	25	660	165	62	1000	205	105	0.1	32	4	17.00	轻污区
QBN$_1$-25				50								
QBN$_2$-25D	25	760	185	62	1200	270	130	0.3	32	4	21.00	中污区
QBN$_2$-25				50								
QBZ$_1$-25D	25/3	740	170	62	1000/120	205	105	0.1	32	4	24.00	轻污区
QBZ$_1$-25				50								
QBZ$_2$-25D	25/3	850	186	50	2100/140	270	130	0.3	32	4	24.00	中污区
QBZ$_2$-25												

3．绝缘子机械与电气性能

绝缘子在接触网中不仅起绝缘作用，而且还承受着机械负荷，特别是软横跨的承力索及下锚用的绝缘子承受着线索的全部张力，所以对绝缘子的电气及机械性能的要求都是极为严格的。

绝缘子在机械方面除了需保证应有的抗拉及抗弯（棒式绝缘子）的破坏负荷强度外，还应留有 2.5～3.0 的安全系数。

绝缘子的电气性能，用干闪络电压、湿闪络电压和击穿电压表示。

① 绝缘子干闪络电压。

绝缘子在干燥、清洁的状态时，施加电压使其表面达到闪络时的最低电压，称为绝缘子干闪络电压。干闪络电压主要对于室内绝缘子有意义。

② 绝缘子湿闪络电压。

在雨水降落方向与绝缘子表面呈 45°淋在绝缘子表面时，使其闪络的最低电压，就称为绝缘子湿闪络电压。

绝缘子发生闪络时，只是沿瓷体表面放电，而瓷体本身未受损害，闪络消失后，绝缘性能即可恢复。发生闪络后，其绝缘性能会有所下降，容易再次发生闪络。

③ 击穿电压。

击穿电压是指绝缘子瓷体被击穿损害而失去绝缘作用的最低电压。绝缘子击穿后不能继续使用，必须更换。

绝缘子的冲击闪络电压则表示了绝缘子事实上满足防雷要求的电气性能指标。

绝缘子的干闪、湿闪和击穿电压的数值决定于工作电压。工作电压越高，则各数值的要求就越高，绝缘子的击穿电压至少比干闪电压高 1.5 倍。

绝缘子的电气性能不是一成不变的，随着使用时间的增长，其绝缘强度会逐渐下降，这种现象称为老化。所以，绝缘子在使用中，每年至少应进行一次绝缘子电压分布测量，以检查其绝缘性能是否正常。

（三）接触网的绝缘间隙

接触网属于高电压设备，带电体之间、带电体与非带电体之间必须做好电气绝缘，确保在设计条件下的设备和人员安全。所谓电气绝缘是指使用"不导电物质"将带电体与其他物体作电气上的隔离，以起保护和电气分隔作用的一种安全措施。接触网中应用最多的"不导电物质"是空气绝缘间隙和绝缘子。

接触网带电体与接地体（包括大型建筑物、机车车辆、扩大货物等）之间的绝缘距离称为绝缘间隙。绝缘间隙是接触网绝缘配合的重要内容，应科学合理地取值，如果取值过大，则必然会提高电气设备的耐压等级及水平，造成投资过大；如果取值过小，则必然会招致绝缘间隙的频繁击穿，影响接触网的正常运行。实际工作可参考表 1.4 取值。

表 1.4 空气绝缘间隙

序号	项 目		正常值	困难值
1	绝缘锚段关节两悬挂点间隙		450	—
2	同回路负载线带电体距接触悬挂或供电线带电体间隙		550	450
3	25 kV 带电体距固定接地体间隙		350	300
4	25 kV 带电体距机车车辆间隙		350	—
5	受电弓振动至极限位置或导线被抬起的最高位置距接地体的瞬间间隙		200	160
6	隔离开关阴险、电连接线（包括跨另一支接触悬挂时）及副馈线与供电线跳线距接地体间隙		330	—
7	在对向风吹，风速为 13 m/s 时，25 kV 带电体与自耦变压器中性段接触线或保护线的间隙		250	—
8	绝缘元件接地侧裙边距接地体间隙（适用于任何高程）	瓷绝缘子	100	75
		复合绝缘子	50	—
9	保护线顺线路距 25 kV 带电体的间隙		500	—

科学合理的绝缘间隙应能经受住空载条件下的具有脉冲性质的操作过电压冲击，能保证在设计气象条件下接触网状态良好，能保证在运营条件下消除接地零件上发生闪络的可能性。除此而外，还应考虑温度变化、受电弓抬起接触线以及施工误差等原因造成绝缘间隙的变化。在满足上述要求之后，应力求缩小绝缘间隙的数值。

绝缘间隙的确定是建立在实验基础上的。在进行试验时，不仅要考虑绝缘间隙自身的放电特性，还要考虑接触网各绝缘元件之间的相互配合和工作条件。一般按式（2.1）确定：

$$d = 0.1 + \frac{U}{150} \qquad (1\text{-}1)$$

式中　d——接触网带电体与接地体之间的绝缘间隙（m）；

　　　U——接触网额定电压（kV）。

式（2-1）是德国电工学会（VDE）推荐的带电体与接触体之间空气绝缘间隙的经验公式，是经过大量试验得到的，其计算出的单相工频交流 25 kV 接触网的最小绝缘间隙应为 266 mm。当采用空气绝缘间隙作为接触网绝缘时，应考虑各接触悬挂线索在风和受电弓等动负载作用下也能满足这一技术要求。

由于技术条件和试验条件不同，各国对最小允许绝缘间隙的见解不一致，取值也各不相同。

第二节　高速接触网的结构特征

一、接触网的悬挂模式

目前，世界各国为满足高速受流的要求，根据自己国家高速铁路规划的动力设置（动力集中式或动力分散式）和受电弓的结构及性能的不同，而采用了不同的悬挂类型。

国外高速接触网悬挂类型基本上可归为三类：以日本为代表的复链形悬挂、以法国为代表的简单链形悬挂和以德国为代表的弹性链形悬挂。以下就三种接触悬挂模式逐一进行说明。

（一）弹性链形悬挂模式

根据我国采用动力集中式的特点，接触网悬挂类型为全补偿弹性链形悬挂，这是一种受流性能较为优越的悬挂类型之一，也是世界上普遍认可的高速接触网悬挂类型。

德国高速电气化铁路（ICE）接触网采用的悬挂类型是弹性链形悬挂，代表类型为 Re 250 型和 Re 330，它们分别适应的速度为 250 km/h 和 330 km/h，其结构如图 1.32 所示。

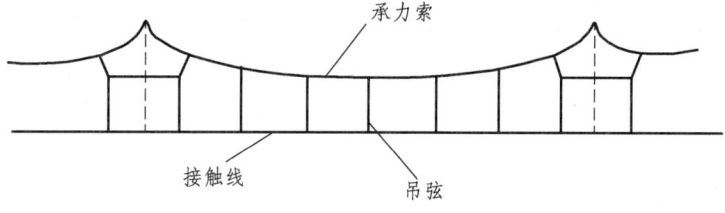

图 1.32　弹性链形悬挂

其中的主要技术参数如表 1.5 所示。

从表 1.5 可以知道，接触悬挂，其最大跨距为 65 m，弹性吊索长度为 18 m，导线的张力为 15 kN，承力索的材质为青铜丝，张力为 15 kN，这些参数比原来都有较大的改进和提高。

表 1.5 Re250 型接触悬挂的技术参数

名　称	量　值	名　称	量　值
接触线 CuAgRi	120	最大跨距（m）	65 /（44）
接触线张力（kN）	15	结构高度（m）	1.8 /（1.1）
承力索 BzⅡ	72	接触线高度（m）	5.3
承力索张力（kN）	15	弹性变形（跨中）（mm/N）	0.6 /（0.4）
弹性吊弦 BzⅡ	35	弹性变形（支柱点）（mm/N）	0.5 /（0.5）
弹性吊弦张力（kN）	3.5	非均匀度（%）	10 /（6）
弹性吊弦长度（m）	18	载流量（A）	970

（二）简单链形悬挂模式

从结构上看，简单链形悬挂与弹性链形悬挂的区别主要是取消了弹性吊弦。其悬挂结构图如图 1.33 所示。

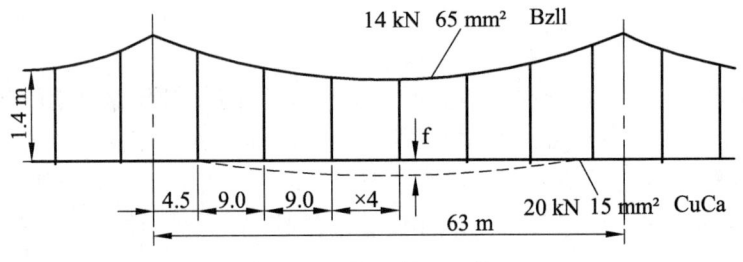

图 1.33 简单链形悬挂

简单链形悬挂形式的结构简单，造价较便宜，不仅减少了一次投入，而且运营费用也有所降低，这种形式为了取得良好的受流，采用了调整承力索和接触线张力的办法，以使沿跨距内的弹性尽量均匀。虽其造价较便宜，但是火花趋于严重。这种接触悬挂是以牺牲有限的受流质量来换取经济效益，在同样的运行条件下，接触线寿命会有所缩短。

（三）复链形悬挂模式

复链形悬挂其悬挂结构如图 1.34 所示。日本高速铁路是唯一采用简单复链形悬挂类型的国家。日本在开始建造电气化铁路新干线时，曾对简单复链形悬挂、弹性复链形悬挂、带空气弹簧吊弦的复链形悬挂及三链形悬挂等四种悬挂类型进行选择性试验。经过运行试验，很快淘汰了后三种类型，保留了复链形悬挂。

从国内外高速接触网的发展情况来看，接触网接触悬挂总的趋势是：
（1）尽可能地简化接触网的结构，以提高接触网的可靠性；
（2）在材质一定的条件下，尽可能的提高接触线的张力，以提高接触线的波动速度，提高运营速度；
（3）积极研制和开发与接触网参数及运营速度相匹配的高速受电弓。

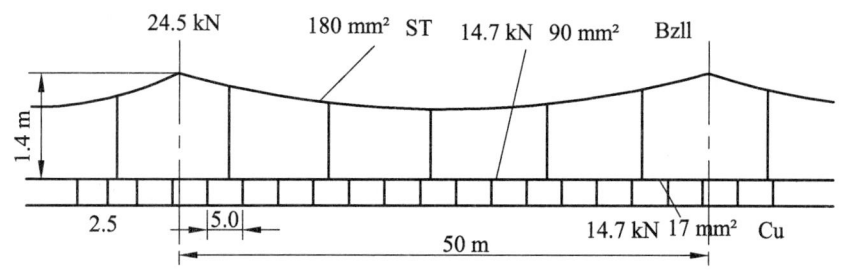

图 1.34 复链形悬挂

二、接触网的线索

（一）接触线

接触线是接触网中直接与受电弓滑板摩擦取流的部分，电力机车从接触线上取得电能。因此，接触线既要有足够的机械强度又要有良好的电气性能。接触线的材质、工艺及性能对接触网起着重要作用。接触线制成上部带沟槽的圆柱状，沟槽是为了便于安装接触线夹，同时又不影响受电弓取流。接触线底面与受电弓接触部分呈圆弧状，如图 1.35 所示。

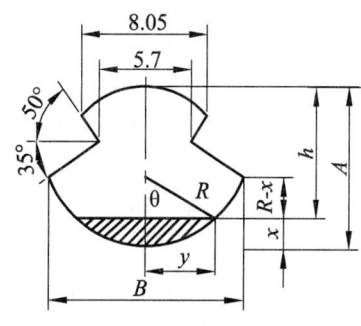

图 1.35 接触线截面示意图

1．接触线的主要技术要求

高速接触网要求受流性能好、稳定性能好、抗张性能好、导电性能好、电流强度大的接触线，因而要求具备下述主要技术性能。

1）抗拉强度高

为了提高接触线的波动速度，需相应提高接触线的张力，要求抗张强度在 500 N/mm² 左右。在考虑选择高强度材料以提高其应力的同时，还要注意其线密度要低。

2）电阻系数低

高速接触网中电流强度较大，为此，必须要求接触线的电阻率要低，一般在工作温度 20 °C 时，电阻率应在 0.017 68 ~ 0.020 0 Ω×mm²/m，以适应流经大电流的需要。

3）耐热性能好

高速接触网一般都具有列车运行速度高、密度大、持续时间长的特点，因而，接触线内长时间流经大电流，在持续较大的载流量以后，自然引起导线发热，在温升达到一定程度时，导线的材质会软化，强度会降低；严重时，接触线会产生因温度影响形成的蠕动性伸长，从而破坏正常的受流。因此，选择的接触线材质应具有较好的耐热性能，一般要求软化点在 300 °C 以上，以适应较高的载流量。

4）耐磨性能好

接触线和受电弓是滑动接触的，接触压力大，速度高，这都要求接触线具有良好的耐磨性能，同时注意其抗腐蚀性能，以尽量延长接触线的使用寿命。

5）制造长度长

为了保证高速电气化区段的良好受流，消除硬点及断线隐患，一般要求在一个锚段内不允许有接头，这就要求接触线的制造长度在 1800~2000 m，以适应锚段长度的需要。

2. 接触线材质性能的综合选型

高速接触网对接触线的技术要求，很难都达到最优化或理想化状态，因为在所要求的性能之间，如张力与拉断力、横截面积与线密度、导电率与合金化方面、载流量与波动速度、高温软化与耐磨性能等之间，都存在着矛盾，重视某一方面，就必须舍弃另一方面，二者的优点多数不可同时兼得，所以应该是综合选型。在各国高速电气化铁路建设中都十分注意研制、选择和使用新型接触线，并且需考虑下述诸多因素。

1）增大接触线的张力

提高接触线张力，可以有效地提高接触线的波动速度，同时相应地提高列车运行速度，提高接触线的张力以后，可以得到两个附加效果。第一，可以相应地限制高速运行时的动态抬升量。第二，附加效果可以提高弹性系数的不均匀度。

2）限制接触线横截面

增大接触线横截面积，可以有效提高拉断力，增大载流量，相应地降低温升，所以适当增加横截面积是有利的。但是过大地增大接触线的横截面积会产生两个负面效果：其一是使接触线线密度增加，从而降低了波动速度，这是极为有害的；其二是架设时的不均匀性及平直性的危险增加。

3）提高接触线的导电率

在有限的横截面积条件下，提高载流能力的途径是尽量提高导电率。现在德国在速度为 300~350 km/h 区段，除了广泛采用银铜接触线以外，还研制和试用了锡铜 120 mm^2 的合金接触线，这既提高了导线强度，又保持了相应的导电率。

4）增强耐磨耗性能

电气化铁路接触网运行速度高，载流量大，弓线间的接触压力也随之增大，接触线磨耗相对加重，同时，在高速受流中，产生火花和电弧是不可避免的，这些又会使磨耗加剧。因此，选择耐磨性能好的材质，有效地延长接触线的使用寿命是普遍关注的核心课题，特别是在采用双弓或多弓运行的条件时，更显得迫切与必要。

5）选择铜合金材质

纯铜接触线具有导电性能和施工性能好的优点，但存在抗拉力差、耐磨性能差和高温易软化等诸多缺点，无法适应高速度、大载流量的要求。采用铜合金接触线的目标是提高接触线的抗拉强度、耐磨性能和高温软化性能。目前，各国都十分重视新型铜合金接触线的开发与研制，诸如银铜合金、银锡铜合金、镉铜合金、镉镍铜合金、镁铜合金以及铬锆铜合金等。

（二）承力索

承力索的作用是通过吊弦将接触线悬挂起来，要求承力索能够承受较大的张力和具有抗腐能力，并且在温度变化时弛度变化较小。承力索根据材质一般分为钢承力索、铜承力索、铝包钢承力索、铜包钢承力索四种规格；按照设计时承力索是否通过牵引电流，可以将承力索分为载流承力索和非载流承力索。

1）钢承力索

钢承力索用镀锌钢绞线制成，强度高、耐张力大，安装弛度小且弛度变化较小，节省有色金属造价低。但电阻大，导电性能差，一般是不允许导流的则为非载流承力索。钢承力索不耐腐蚀，使用时还要采用防腐措施，目前高速电气化铁路不采用。

2）铜承力索

铜承力索导电性能好，可做牵引电流的通道并与接触线并联供电，降低压损和能耗，且抗腐蚀性能高。但铜承力索消耗铜多，造价高且机械强度低，不能承受较大的张力，温度变化时弛度变化较大。规格型号有 TJ-95、TJ-120 等几种。TJ 表示铜绞线，数字表示截面积，规格如表 1.6 所示。

表 1.6 铜承力索型号规格表

型号	截面积（mm²）	股数与单股直径（mm）	计算直径（mm）	有效电阻（Ω/km）	单位质量（kg/km）	制造长度（mm）
TJ-70	70	19×2.14	10.6	0.28	618	1500
TJ-95	95	19×2.49	12.4	0.20	837	1200
TJ-120	120	19×2.80	14.0	0.158	1058	1000
TJ-150	150	19×3.15	15.8	0.123	1388	800

3）铝（铜）包钢承力索

铝（铜）包钢承力索是铝（铜）覆钢线绞合而成，主要以铝（铜）覆钢线中的钢芯部分承受张力，覆铝（铜）层载流，导电性能好，机械强度和抗腐蚀性能较好，造价较低。

（三）吊弦

吊弦是链形悬挂的重要组成部件之一，接触线通过吊弦挂在承力索上，调节吊弦的长度可以保证接触悬挂的结构高度和接触线距轨面的工作高度，增加了接触线的悬挂点，提高电力机车受电弓的取流质量，通常吊弦间距为 8~12 m。

1）普通吊弦

普通环节吊弦应用链形悬挂中，它具有柔韧性和悬挂后不影响接触线纵向移动的特点。采用 ϕ4.0 mm（或称为 8 号铁线）的镀锌铁线制作，为增加悬挂弹性，每根吊弦不应少于两节，两节之间靠环连接，环孔直径为线径的 5~10 倍（20~40 mm），做环时收口处尾线要缠紧主线，不留缝隙且不能损伤镀锌层，两节连接处的环孔应互相垂直，与接触线相连的一节吊弦，一端制成环孔，另一端成直线状，安装时可穿过固定在接触线上的吊弦线夹，多余的回头拧成 8 字形状，如图 1.36 所示。

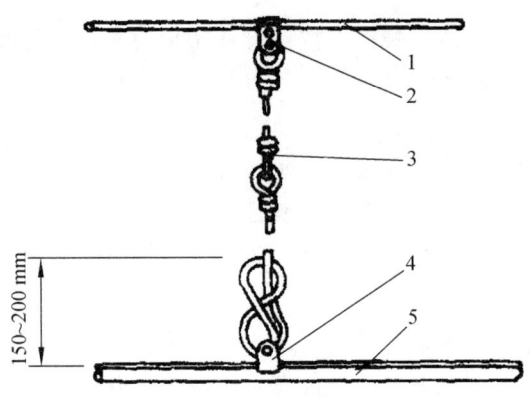

图 1.36 普通普通吊弦安装示意图

2）整体吊弦

整体吊弦采用青铜绞线制成。应用整体吊弦后，减少了接触网检修工作量，提高了接触悬挂的工作特性。整体吊弦结构如图 1.37 所示，在高速电气化铁路中得到广泛应用。

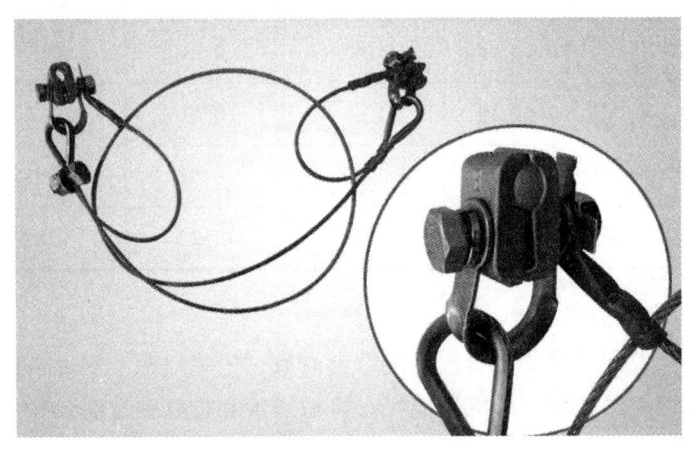

图 1.37 整体吊弦结构

（四）电连接

电连接的作用是将接触悬挂各分段供电间的电路连接起来，保证电路的畅通，通过电连接可实现并联供电，减少电能损耗提高供电质量。在电气设备与接触网之间，用电连接线进行可靠的连接，使设备充分发挥作用，避免出现烧损事故，完成各种供电方式和检修的需要。

电连接线用导电性能好的材料制成，在铜接触线区段采用铜绞线 TJ-95。在钢铝接触线区段，采用 LJ-150 多股铝绞线。为减少电连接线与接触线连接处的硬点，保持接触网弹性，要求电连接线做成螺旋弹簧状，当电连接线在连接处意外烧损时，还可放开几圈继续使用，以便节约材料。

电连接按其使用位置不同，分为横向电连接和纵向电连接。

1）横向电连接

横向电连接的主要作用是能实现并联供电，如在载流承力索区段，为使承力索上的电流通过接触线流向受电弓，需要每隔 200～250 m 在承力索与接触线间，安装一组电连接线，如图 1.38 所示。

当隧道内为简单悬挂、隧道外为链形悬挂时，应在隧道口承力索与接触线间安装电连接线，这样可以避免承力索电流经吊弦流向接触线，防止吊弦烧损。为满足站场上电力机车启动时所需的大电流，在各股道间安装股道电连接线，如图 1.39 所示。实现几股道接触网并联供电，可减少能耗并提供较大电流。

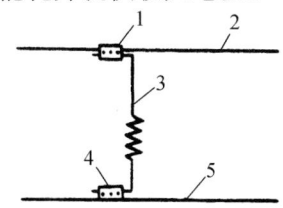

图 1.38 横向电连接示意图

1—电连接线夹；2—承力索；3—电连接线；
4—接触线；5—接触线电连接线夹

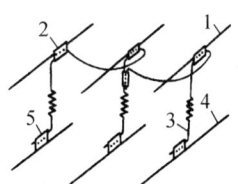

图 1.39 股道电连接图

2）纵向电连接

纵向电连接的作用是使供电分段或机械分段处两侧接触悬挂实现电的连通，在检修和事故处理时，可通过隔离开关达到电分段的目的，如绝缘锚段关节和非绝缘锚段关节、转换柱靠锚柱侧安装的电连接线。电分段处隔离开关与接触悬挂间的电连接线，线岔处的电连接线等都称为纵向电连接。

三、中心锚结

中心锚结设在锚段的中部，其作用有：其一，在一个锚段实行两端补偿时可防止补偿器向一侧滑动，特别是在具有坡度的线路上，设置中心锚结更显得必要，其作用和效果也愈加明显；其二，缩小事故范围，当中心锚结的一侧接触线发生断线时，不致影响另一侧的接触网，且容易排除事故及易于恢复正常运行。

接触悬挂的每一个锚段，它的导线都是独立的线段，在正常情况下，无论是硬锚还是补偿下锚，一个锚段内的导线都是作为整体而工作的。导线在温度变化时要伸长（或缩短），对于两端硬锚的导线，纵向不会产生位移，导线所产生的伸长都耗散在每一个跨距内。两端补偿下锚的导线，因导线上各种拉力和阻力不同，两端会出现不平衡的拉力，从而使导线向一端移动。为了防止这种现象的产生以及当锚段内出现断线后能缩小事故范围，可以在锚段的约一半长度的一个跨距内（锚段中间部位）设置中心锚结，将该点的导线拉紧固定，在任何情况下，该点都不会出现偏移。中心锚结的形式和结构，根据接触网的悬挂类型及安装地点而有所不同。

（一）半补偿链形悬挂中心锚结

半补偿链形悬挂，由于只有接触线设有补偿装置，而承力索不设补偿装置。所以，半补偿链形悬挂中心锚结在锚段中部某跨距中间，只是把接触线和承力索固定连结起来。半补偿链形悬挂中心锚结的范围内不得安装吊弦，辅助绳在承力索上的固定线夹应距吊弦不小于1 m，其技术标准及结构如图1.40所示。

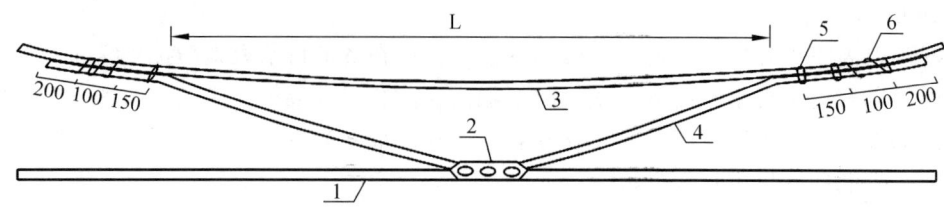

图 1.40　半补偿链形悬挂中心锚结结构

1—接触线；2—中心锚结线夹；3—承力索；4—辅助绳；5—钢线卡子；6—绑扎线段

（二）全补偿中心锚结

全补偿链形悬挂的承力索和接触线两端都是补偿下锚，均可能因两端张力不平衡而产生移动，所以承力索和接触线都要设置中心锚结进行固定，其固定形式相当于由半补偿链形悬挂中心锚结与承力索中心锚结两部分组成。接触线的中心锚结绳在跨距中间与承力索固定，而承力索的中心锚结是在接触线中心锚结所在的跨距内增加一根承力索中心锚结辅助绳，在该跨距两端的腕臂上固定后，再延长一个跨距拉向另一支柱锚固，使该跨距的承力索不产生位移，因此承力索中心锚结由三个跨距组成。全补偿链形悬挂中心锚结形式如图 1.41 所示。

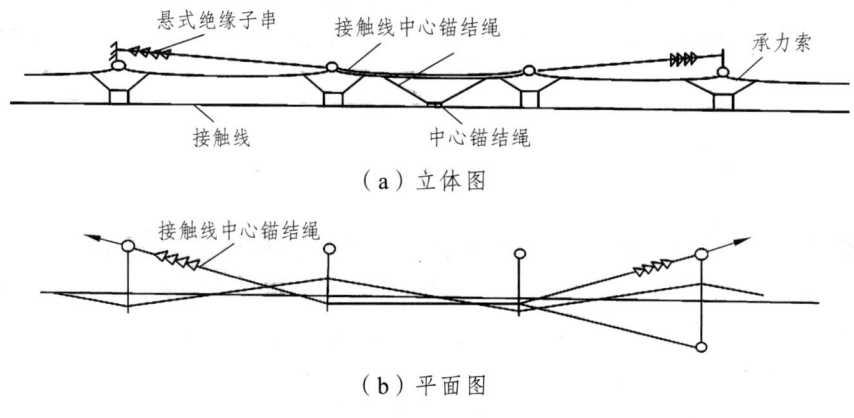

图 1.41　全补偿中心锚结

图 3.10（a）为立面图，承力索中心锚结绳通过绝缘子串并抬高后下锚；图 3.10（b）为平面布置图，图中虚线是在异侧锚固。若受地形条件限制时，允许在另一侧单设专用支柱锚固。

全补偿链形悬挂中心锚结由半补偿链形悬挂中心锚结部分及辅助绳组成。辅助绳的中间与承力索固定，两端锚固定在支柱上。安装时辅助绳应抬高锚固，一般不得低于承力索的高度。

（三）接触网"防窜"中心锚结

电气化铁路运行实践表明，接触网断线事故较少，而且影响范围不大，为了使站场作业人员和行人安全，不宜设置结构复杂的中心锚结。因此从京秦线电气化铁路开始后，在站场设了能防止接触悬挂串动而不考虑断线的"防窜"中心锚结。其特点是结构简单，安装方便；缺点是不防断线。"防窜"中心锚结就是在站场内的正线及站线锚段的中间位置设置。

四、锚段关节

接触悬挂中的承力索和接触线在延续到一定的长度后，为了满足机械受力方面的要求及方便施工，必须分成为一个个相互独立的线段，这些相互独立的线段即为接触网的机械分段，如图1.42所示。机械分段的作用是缩小事故范围，即当某一个线段发生事故时，不影响另一个线段的接触悬挂，保证吊弦及定位器的偏移不超出规定值，也便于在线段的两端设张力自动补偿装置。必要时，还可将其设置成电气上能相互分开的线段，同时起电分段的作用。

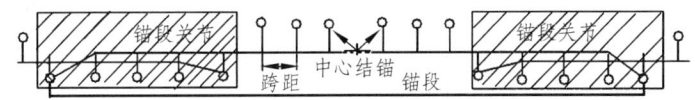

图 1.42　接触网纵向结构示意图

接触网进行机械分段的线段称为锚段，相邻两个锚段的衔接区段（重叠部分）称为锚段关节。锚段关节的设置，使接触网不间断地贯通于全线。锚段关节分为三种：
（1）仅起机械分段作用的称为非绝缘锚段关节，该处相邻的两个锚段在电气上是连通的；
（2）不仅起机械分段作用，同时又起同相电分段作用的锚段关节，称为绝缘锚段关节；
（3）带有中性嵌入段，既起机械分段的作用，又具电分相功能的，称为电分相锚段关节。
在锚段关节处，两锚段的接触悬挂是并排架设的。对它的基本要求是当机车通过时，应保证受电弓能平滑地由一个锚段过渡到另一个锚段。
根据锚段关节所起的作用，可分为非绝缘锚段关节、绝缘锚段关节及电分相锚段关节。根据所含跨距数可分为三跨、四跨、五跨、七跨及九跨式锚段关节。所谓三跨式锚段关节，就是锚段关节内含有三个跨距，其余类推。

（一）三跨非绝缘锚段关节

三跨非绝缘锚段关节仅用作接触悬挂在机械方面的分段，电气方面仍然相联结。此时用电连接线将工作支和非工作支连接起来，保证电流通过。在这种锚段关节内，其承力索和接触线在两转换支柱之间的跨距中心处过渡。过渡处，两接触线等高，且相距100 mm，非工作支在转换支柱处抬升200 mm，然后拉向锚支柱（抬升500 mm）下锚，如图1.43所示。

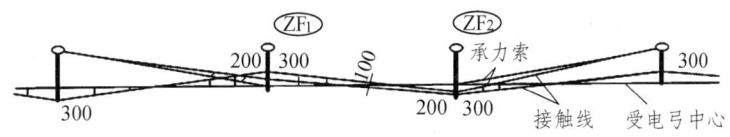

(a) 直线平面图

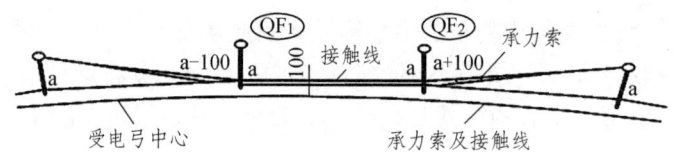

（b）曲线平面图

图1.43 三跨非绝缘锚段关节

（二）四跨绝缘锚段关节

四跨绝缘锚段关节除了进行机械分段以外，主要用于电分段，多用于站场和区间的衔接处。这种锚段关节的特点是相邻两锚段的两组悬挂，其承力索之间、接触线之间在垂直方向和水平方向都彼此相距500 mm，以保证其电气方面的绝缘。在中心支柱处，两接触线等高，并保证受电弓在由一个锚段过渡到另一个锚段时，过渡较平稳，其平面布置如图1.44所示。在图中，J表示绝缘锚段关节；ZJ2、QJ 2为中心支柱装配形式，ZJ1、ZJ3及QJ1、QJ3表示直线区段和曲线区段的转换支柱的装配形式。

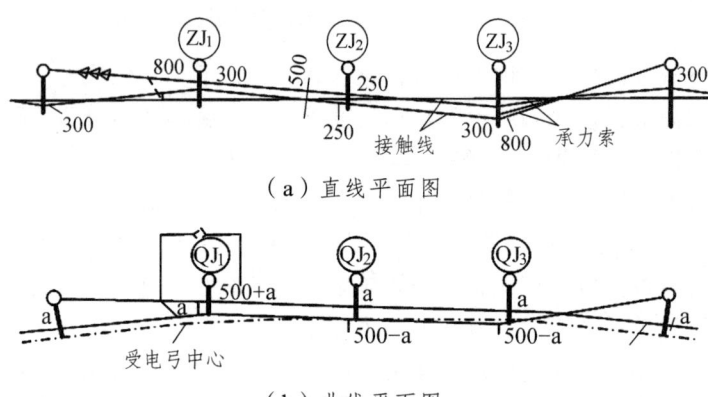

图1.44 四跨绝缘锚段关节

（三）五跨绝缘锚段关节

五跨绝缘锚段关节是锚段关节中含有五个跨距，主要在高速电气化铁路中应用。因为四跨锚段关节在受电弓由一个锚段过渡到另一个锚段时，是在中心支柱处转换的，在此处，虽然可以控制并实现两支接触线等高，但在定位点处，由于有两个定位器，其弹性性能明显变差，在此不仅会加大接触线的磨损，而且影响受流。所以在时速为160 km以上的电气化线路上，绝缘锚段关节都用五跨绝缘锚段关节，在技术要求上和四跨绝缘锚段关节相同，两组悬挂的接触线之间和承力索之间必须保持500 mm的绝缘距离。很明显，其两组悬挂的转换点在中间跨距的中心，这样就可以保证弹性良好、过渡平稳，如图1.45所示。图中Z表示直线区段、Q表示曲线区段，图中W字符表示曲线外侧的意思，显然，对于复线也有在曲线内侧设立转换支柱的情况，这种情况用QNJ表示，其余的在图中就省略了。

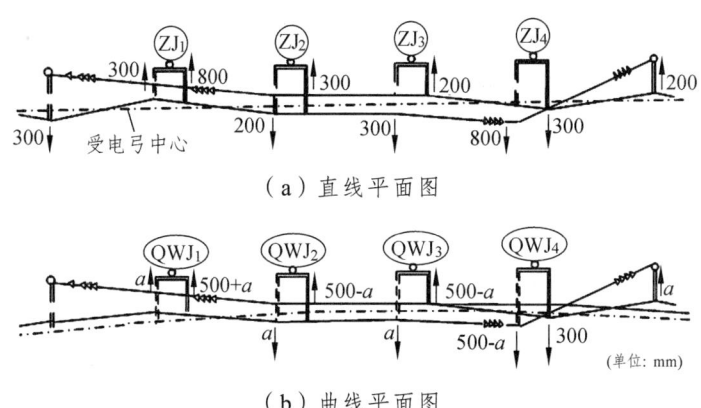

(a) 直线平面图

(b) 曲线平面图

图 1.45 五跨绝缘锚段关节

（四）七跨绝缘锚段关节

对于高速电气化铁路，其电分相已不能用常规带有绝缘滑条式的电分相装置，因为常规式电分相装置动态特性差，在实际应用中会在电分相处形成一连串的硬点，不仅会造成接触线磨耗加剧，而且严重时，会形成火花甚至拉弧，烧损接触线。当然，对高速运行的受电弓也会造成危害或烧伤。因而，对于速度为 160 km/h 以上的准高速及高速电气化铁路，电分相都采用锚段关节的过渡形式。以锚段关节的形式实现过电分相，使在高速运行时，受电弓平稳，保证设备良好运行及受流质量。七跨电分相锚段关节的结构如图 1.46 所示。从图中可以看出，七跨锚段关节加入一个七跨长的中性嵌入线，中性嵌入线保证在中间 5 个跨距内是绝缘的，该中性嵌入线从左侧的 ZJ_2 处开始抬升，变为非工作支，有三个跨距长度处于工作状态，可保证有 100～150 m 长度的中性区。

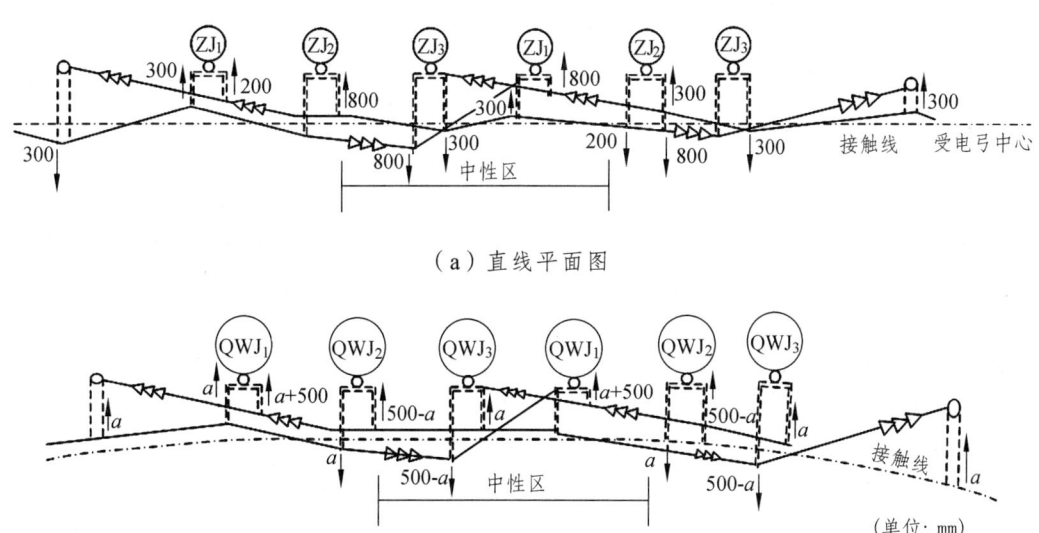

(a) 直线平面图

(b) 曲线平面图

图 1.46 七跨绝缘锚段关节

(五) 九跨电分相锚段关节

高速接触网电分相,有时需要更长的中性嵌入段,这时,就采用九跨锚段关节形式实现电分相,如图 1.47 所示。从图中知道,它相当于两个五跨绝缘锚段关节连接起来,具有两个跨距长度的中性区(约 100 m)。同时,电力机车再通过锚段关节时,实在第五跨距内的软性区过渡的,这样可以保证过渡平稳。在绝缘距离的要求上与绝缘锚段关节相同。九跨锚段关节与七跨锚段关节在功用上是完全相同的,只不过九跨电分相锚段关节可以相应加大中性区的长度,有利于双弓运行及多弓运行。

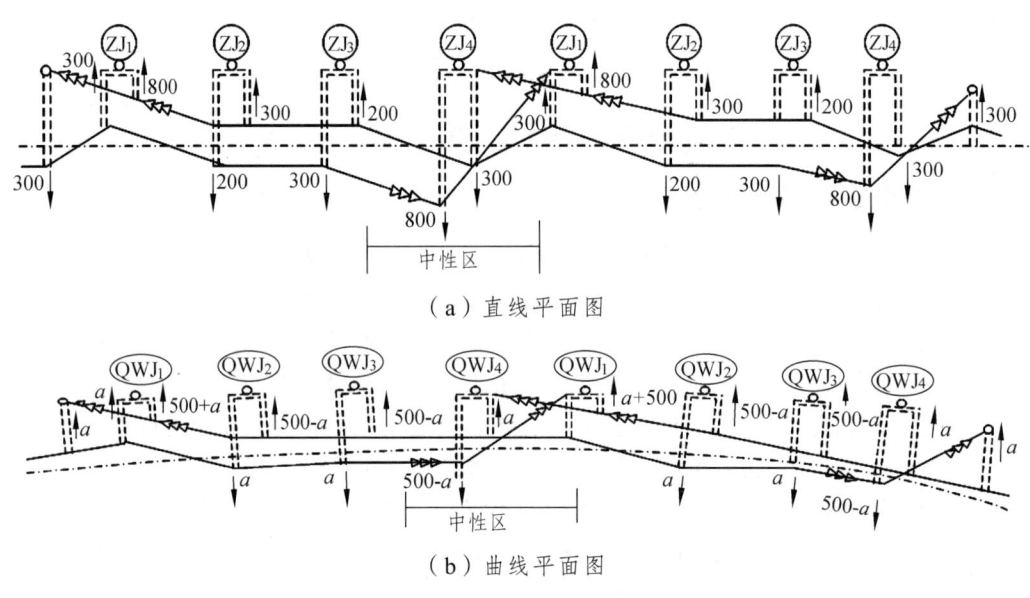

图 1.47 九跨电分相锚段关节

五、张力自动补偿装置

张力自动补偿装置,又称张力自动补偿器,它装在锚段的两端,并且串接在接触线和承力索内,它的作用是补偿线索内的张力变化,使张力保持恒定。因为在大气温度发生变化时,接触线或承力索会发生伸长或缩短,从而使线索内张力发生变化,这时就会影响到接触线或承力索的弛度也发生变化,因而使受流条件恶化。为改变这种情况,一般在一个锚段的两端,在接触线及承力索内串接张力自动补偿装置后,再进行下锚。

张力自动补偿装置有许多种类,有滑轮式、棘轮式、鼓轮式、液压式及弹簧式等,而鼓轮式、液压式及弹簧式应用较少,就不一一介绍了。

对张力自动补偿装置的要求有二:其一,补偿装置应灵活,在线索内的张力发生缓慢变化时,应能及时补偿,传送效率要高;其二,具有快速制动作用,一旦发生断线事故或其他异常情况,线索内的张力迅速发生变化时,补偿装置还应有一种制动功能。一般对于全补偿的承力索内的补偿装置,如不具备这种功能时,还需专门加有断线制动装置,以防止在一旦发生断线时,坠砣(锤铊)串落地而造成事故扩大、恢复困难。

（一）滑轮式张力自动补偿装置

我国电气化铁路广泛采用滑轮组式补偿装置，它是由补偿滑轮、补偿绳、杵环杆、锤铊杆、限制导管和锤铊组成。对于半补偿链形悬挂，承力索为硬锚，就是直接下锚，如图1.48（a）所示；对于全补偿链形悬挂，接触线和承力索都通过滑轮组补偿装置后下锚，此时承力索采用三个滑轮，接触线采用两个滑轮，承力索张力为15 kN，接触线张力为10 kN，承力索采用的传动比为3∶1，接触线采用的传动比为2∶1，所以坠砣（锤铊）的重负载都是5 kN，如图1.48（b）所示。这种全补偿装置的断线制动装置是另外加设的。

应该指出，各种线索的张力值不是任意选用的，而是根据线索的拉断力（抗拉应力）除以安全系数决定的。不同材质、不同截面线索，所选用的张力不同，因而锤铊重量和传动比都会有所变化。

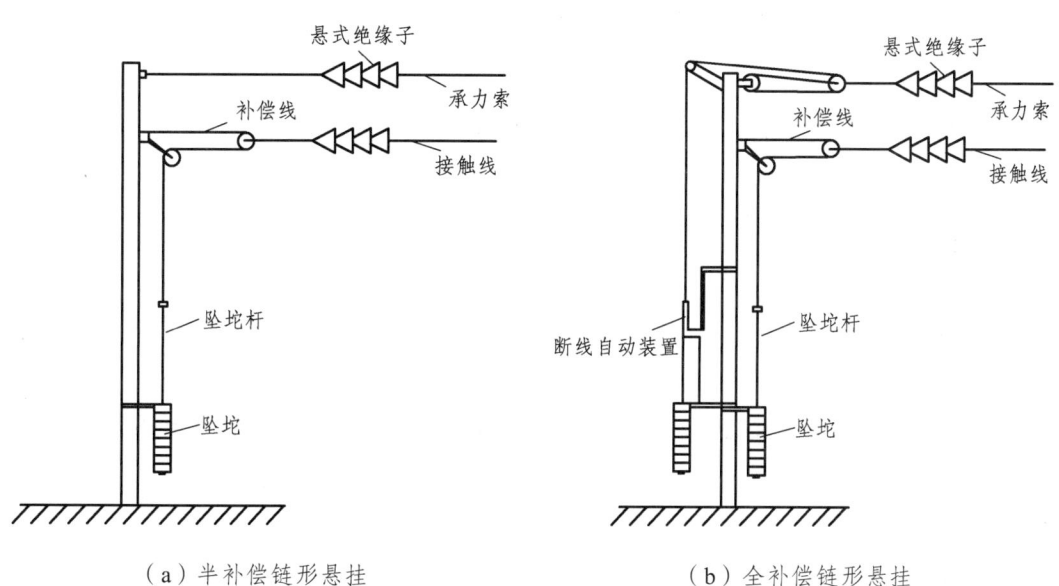

（a）半补偿链形悬挂　　　　　　　　（b）全补偿链形悬挂

图1.48　补偿装置示意图

（一）Re200C型非并联棘轮式补偿装置

我国哈（尔滨）-大（连）线电气化技术改造，引进了德国非并联棘轮补偿装置，外形及结构如图1.49所示。这种棘轮，从结构上看，接触线和承力索不是并联连接到补偿器，而是分别连接到补偿器，同时，棘轮的中间有一个齿轮，它是起断线制动作用的。这种补偿器的优点是不仅在承力索断线时具有快速制动功能，而且在发生事故以后，能够较易于修复，影响面较小。

引进德国技术的Re200C型补偿装置，其安装结构如图1.48（a）所示。承力索和接触线是分别通过棘轮补偿装置固定到支柱上去的，支柱设有拉线（在图上没有显示）。从A

图1.49　Re200C型非并联棘轮式补偿装置

向图上可以看出，承力索和接触线分别固定到支柱的两侧。为防止锤铊摆动，锤铊串上装有限制环，在温度发生变化时，限制环可以沿导杆上下移动。在结构上，接触线和承力索的补偿棘轮上都装有断线制动装置，以防在断线时，不致扩大事故范围，并易于恢复；同时还可以防止锤铊串受到破坏。图1.48（b）为安装曲线，安装曲线下面标注的300~800 m数字是所使用的半个锚段的长度，右侧的数字从上至下为对应温度下锤铊的安装高度。安装曲线对应的安装温度是-40 ℃~+80 ℃，这一点与我国原来采用的计算最高温度不一样，我国的最高温度从南方至北方一律采用+40 ℃。这里采用+80 ℃，实际上是在最高计算温度上加了40 ℃，它是考虑承力索和接触线在满电流负荷运行中，线索可能产生的最高温度。在这种情况下，承力索和接触线的伸长所形成的位移，不致使锤铊串的底部着地。

根据哈（尔滨）-大（连）线地理特点，选定20 ℃为标准安装温度，在此温度下，锤铊串安装高度为3000 mm，半个锚段长度为300~800 m。在不同安装温度下，可根据半个锚段长度去查安装曲线，锤铊串顶部应安装的高度，如图1.49（b）所示。

这种棘轮式补偿装置的安装形式有两种，图1.49所示为接触线和承力索的下锚棘轮是上下布置，这样会增加支柱的高度和容量；另一种是接触线和承力索的下锚棘轮是水平布置，两个棘轮安装在支柱的两侧，这样，可相应降低支柱的高度。这两种下锚方式，在实际工程中都有采用，其第二种下锚方式的结构图这里就省略了。

六、线岔及其定位

在站场上，站线、侧线、渡线、到发线总是并入正线的。如果线路设一个道岔，接触网就必须设一个线岔（也称架空转辙器）。道岔的形式多种多样，因而线岔的形式也多种多样。

（一）普通线岔

1．线岔

在站场内的道岔处必有两组接触悬挂相交，在两组悬挂相交处设置的限制器或限制管叫线岔，有时也称架空转辙器。线岔的作用是在转辙的地方，保证使电力机车受电弓由一股道顺利地过渡到另一股道，当一组接触悬挂的接触线被受电弓抬高时，另一组悬挂的接触线也能同时抬高，以使接触线不致发生刮弓现象。组成线岔的主要部件是限制管，如图1.50所示。

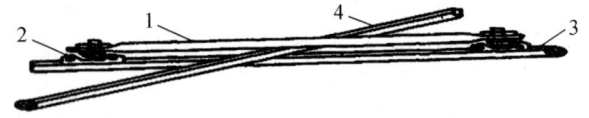

图1.50 线岔
1—限制管；2—定位线夹；3—正线接触线；4—侧线接触线

2．定位

在20世纪90年代以前，我国铁路的一级线路允许速度只有120 km/h，所以我国采用道岔的类型为1/9型号和1/12型号；而接触网采用线岔的形式，也称为常速式或常规式线岔。

1）单开道岔

这种线岔的定位是指对于相交两组悬挂的接触线，其交点相对于线路中心所处的位置。线岔处接触线的定位有两种形式，即标准定位和非标准定位。

标准定位是其交点处于最合理位置。对于单开道岔，标准定位时，两接触线相交于道岔导曲线两内轨距为 745 mm 处。标准定位的合理位置是由定位支柱决定的，而定位支柱应设在距接触线交点 1000~1500 mm 处，最好是在道岔导曲线两内轨距为 835 mm 处，即两线路中心距离为 600 mm 处的位置上。处于标准定位时，接触线在支柱处的拉出值为 350~400 mm，通常取其平均值为 375 mm。

非标准定位时，定位支柱位于道岔导曲线两内轨距为 935~735 mm 处，即两线路中心距为 500~700 mm 的范围内。

线岔定位的简单测量方法是：定位支柱位于两工作轨距 600 mm 处，接触线交点位于两工作轨距 690 mm 处的横向中间位置。

2）对称和复式交分式道岔

单开道岔是铁路最多也是基本的形式，同样线岔也是这样。对于对称（双开）及复式交分道岔，其线岔的布置形式手似单开道岔。

3）交叉渡线

相邻的两条正线或主要站线用专设渡线连接起来的称为交叉渡线。它由两条线和四组单开道岔组成。对于接触悬挂则设五组线岔，对于常速道岔的要求是：第一，要使限制管嵌住的接触线能自由伸缩、纵向移动；第二是考虑到温度变化，在调整时，以平均温度计算，侧线接触线应在限制管中间窜间；第三要考虑到限制管、线夹以及双悬挂的集中重量，在线岔处正线接线的高度要比正常高度高 10~20 mm。

（二）高速交叉线岔

在高速接触网中，由于道岔侧向通过速度的提高，接触网在道岔处无论采用交叉式还是无交叉式，均有了更高的要求，因而不能在简单的利用"标准定位"和"非标准定位"方式对道岔处的支柱和悬挂进行布置，而应通过确定一些明确的概念来进行精确的布置。在设计中应该明确接触线、悬挂支持装置与受电弓的几何位置，从而保证受电弓在岔区安全、平滑、无障碍地通过。如前所述，接触网线岔是随线路条件决定的，在正线最高速度为 200 km/h、侧线最高通过速度 140 km/h 的条件下，线路的最小曲线半径由过去 300 m 变为 3000 m，道岔的型号已由 1/9、1/12 改为 1/38、1/42，当然接触悬挂定位方式也必然随着改变。

（三）高速无交叉线岔

高速电气化铁路接触网广泛地使用交叉布置的线岔，这种线岔能较好地确保高速列车在通过线岔时无障碍通过。

无交叉线岔就是在道岔处，正线和侧线两组接触悬挂无相交点。我国广（州）-深（圳）线正线道岔正式采用无交岔线岔。无交叉线岔的优点是正线和侧线两组接触线既不相交、不接触，也没有线岔设施，故既不会产生刮弓事故，也没有因线岔形成的硬点，提高了接触悬挂的弹性均匀性，从而保证在高速行车时，消除打弓、钻弓及刮弓的可能性。

无交叉线岔应能保证正线高速通过时不受侧线接触悬挂的影响，同时在机车从正线驶向侧线或从侧线驶入正线时都能平稳顺利地过渡。

1. 无交叉线岔的设置原则

无交叉线岔的道岔柱位于正线和侧线的两线间距的 660 mm 处，正线拉出值约为 330 mm，侧线相对于正线的线路中心 990 mm，距侧线线路中心 330 mm，侧线接触线在过线岔后抬高下锚，如图 1.50 所示。

图 1.51 中，图（a）为线岔的平面布置图，O 点为道岔岔心，O' 点为理论岔心，D 点为道岔柱的位置，侧线距正线线路中心最近距离为 999 mm；图（b）为立面图，它表明不相交的正线和侧线两支接触线在线岔过渡区不在同一水平面上。图中虚线为接触线正常高度水平线，正线接触线在理论岔心方向，比定位点处略低，在辙岔方向以 4/1000 的坡度升高。而侧线相反，在理论岔心方向抬高后去下锚，在其辙岔方向以 -3/1000 的坡度降低。

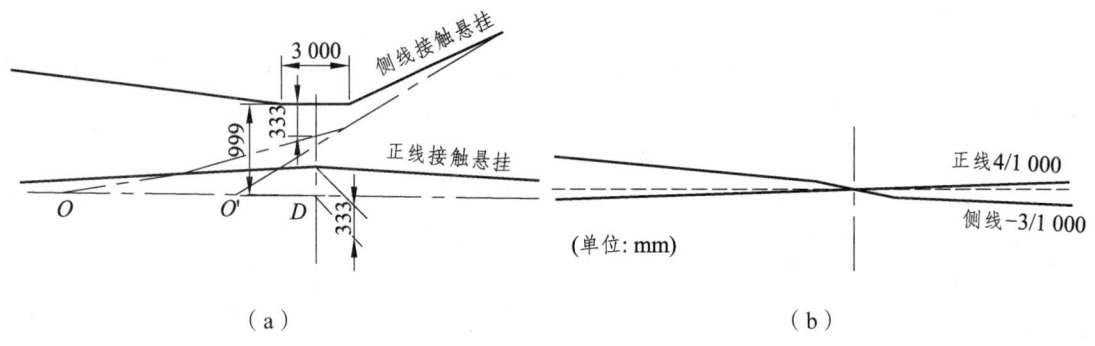

图 1.51 无交叉线岔布置图

2. 无交叉线岔的工作原理

无交叉的最大优点是保证机车能从正线高速通过，如图 1.52 所示，在平面布置时，应使侧线接触线位于正线线路中心以外 999 mm。因为，机车受电弓一般宽度为 673 mm，考虑受电弓摆动 200 mm，富余量 100 mm，即运行机车受电弓在侧线侧最外段可触及到的尺寸界限为 673+200+100=973（mm），即值小于 999 mm，如果受电弓向侧线反向摆动 200 mm，则 673－200=473（mm），其值大于定位点处拉出值 333 mm，因而机车从正线高速通过岔区时，与区间接触网一样正常受流，而与侧线接触悬挂无关系。

由于在悬挂布置时，已充分考虑了受电弓工作长度和摆动量，因此在正线通过时，可以保证侧线接触线与正线线路中心间的距离始终大于受电弓的工作宽度之半加上受电弓的横向摆动量，因而正线高速行车时，受电弓滑板不可能接触到侧线接触线，从而保证了正线高速行车时的绝对安全性，并且在道岔处不存在相对硬点。

当机车从正线进入侧线时，线间距 126～526 mm 区域为受电弓与侧线接触线的始触区。此时，因侧线接触悬挂被抬高下锚，侧线接触线高于正线接触线，过岔时，侧线接触线比正线接触线高度以 -3/1000 坡度降低，因而，受电弓可以顺利过渡到侧线接触悬挂。

在机车由正线向侧线过渡时，由于侧线接触线比正线接触线有较大的抬高，因此，受电弓不会接触侧线接触线而从接触线上受流。随着机车的前进，由于在定位点处受电弓中心与正线接触线之间的距离较小，受电弓经过等高区后逐渐滑离正线接触线，而此时侧线接触线逐渐降低至正常高度。因而，受电弓可以顺利过渡到侧线接触悬挂。

当机车从侧线进入正线时，在线间距 806～1306 mm 之间为受电弓与正线接触线的始触区。此时，因正线接触线比侧线接触线高 4/1000 的坡度，过岔后，渡线被抬高下锚，正线接触线高度又低于侧线，因而，受电弓可以顺利过渡到正线接触悬挂。

在机车从侧线向正线开始过渡时，由于侧线低于正线，所以仍由侧线供电，受电弓进入正线接触悬挂的始触区，受电弓滑板的侧面与正线接触线开始接触。经过等高区以后，由于侧线接触线比正线接触线抬高，随着机车的继续前进，受电弓将逐步脱离侧线接触悬挂而平滑地过渡到正线接触悬挂。

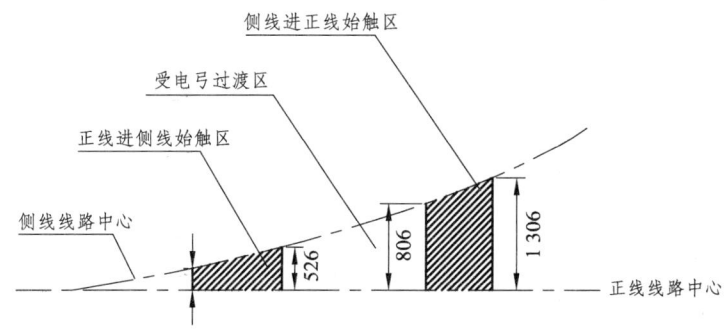

图 1.52 无交分线岔弓网始触区与轨道中心线间距关系示意图

（四）第三组辅助悬挂式线岔

第三组辅助悬挂式线岔已在法国 TGV 高速电气化线路上得到了广泛应用，它是高速电气化铁路性能优良的线岔形式，但结构复杂，是无交叉线岔布置的一种，它为了保证安全，在正线接触悬挂与侧线接触悬挂之间再加一组辅助悬挂。第三组悬挂形式在法国高速铁路采用后效果良好，西班牙的马德里至巴塞罗那的高速铁路也采用了该技术。我国还没有进行这方面的研究及试验。

对于高速铁路而言，接触网线岔采用第三组辅助悬挂是较为合适的，但其要求要有较大的安装空间（即道岔应狭长），设计和安装时应根据实际线路条件决定。

第三节 支持装置、支柱与基础

支柱、支持装置和定位装置是使接触悬挂导线相对于线路中心保持在所要求的位置上的设备。支柱布置在线路的一侧，与线路中心保持一定的距离。因此，为了把导线悬挂到支柱上并固定在一定的位置上，必须有一套中间装置，这就是所谓的支持装置。支持装置包括腕臂（肩架）、软横跨（是一套彼此连接在一起的线索装置）和硬横梁（硬横跨）。为了使导线在水平平面上相对于受电弓中心保持在所要求的位置上，需采用定位装置。

接触悬挂借助于腕臂（或伸臂）悬挂到一根支柱上。单线区段主要采用这种极为简单和方便的结构。在复线区段如采用单线路腕臂，也能够保证两条线路上的悬挂彼此在机械上完全独立。这就是腕臂支持装置的优点，也是它得到广泛应用的原因。在个别情况下，如果在复线区段不可能为每条线路单独布置支柱的话,那么可采用双线路腕臂,这种腕臂的主要缺点在于,如果一条线路的悬挂发生故障,就可能破坏第二条线路悬挂的正常运行。此外,如果腕臂本身出现故障,那么使接触网恢复正常运行将会碰到很多困难。所以在高速电气化铁路上,这种形式是被禁止采用的。

尽管单线路腕臂有那么一些优点,但是在站场或者在多线路区间里,往往由于股道间距狭窄而不能采用这种腕臂。即使在股道间距比较宽余的地方,也不可以全部采用这种形式,因为支柱太多会使站场显得阻塞,大大恶化线路和信号的瞭望条件。多线路腕臂不仅较笨重、安装不方便,同时由于这种腕臂把不同股道上的悬挂联系在一起,一旦发生事故就很难恢复。因此,在股道比较多的情况下,链形悬挂都悬挂到软横跨或硬横跨上,后者固定在立于所跨越的股道两侧的支柱上。这种支持装置的主要缺点在于,一旦支持装置本身发生故障,几条股道的接触悬挂都将停止运行。

一、支柱

我国电气化铁道干线均采用架空式接触网,支柱是接触网结构中应用最广泛的支撑设备,用来承受接触悬挂与支持设备的负荷。

1. 支柱按材质分类

接触网支柱按其使用材质分为预应力钢筋混凝土支柱和钢柱两大类。为了节约钢材,我国广泛采用钢筋混凝土支柱,但五股道以上的软横跨支柱、桥梁支柱和双线路腕臂支柱则采用钢支柱。在事故情况下,为迅速抢修恢复送电通车,可用木支柱进行临时过渡。

2. 支柱按用途分类

支柱按其在接触网中的作用可分为中间支柱、转换支柱、中心支柱、锚柱、定位支柱、道岔支柱、软横跨支柱、硬横跨支柱及桥梁支柱等几种,如图1.53所示。

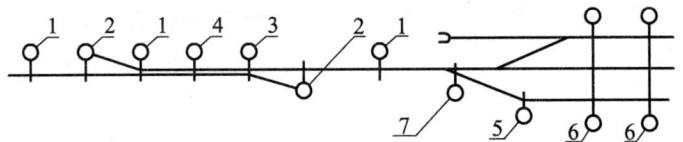

图 1.53 支柱安设位置图

1—中间柱;2—锚柱;3—转换柱;4—中心柱;5—定位柱;6—软横跨支柱;7—道岔

(一)预应力钢筋混凝土支柱

预应力钢筋混凝土支柱,不同于普通的钢筋混凝土支柱,它采用高强度的钢筋,在制造时预先使钢筋产生拉力。它比普通钢筋混凝土支柱在同等容量情况下节省钢材、强度大、支柱轻等优点。接触网广泛采用这种支柱,一般称为钢筋混凝土支柱。钢筋混凝土柱从外观形态上可分为矩形横腹杆式和矩形斜腹杆式两种。横腹杆式支柱便于攀登,利于维修和检查。斜腹杆式支柱强度高、支柱承受力矩大、使用寿命长。我国目前大多采用横腹杆式支柱,斜腹杆式支柱已被淘汰。预应力钢筋混凝土支柱以字母 H 表示,例如:

$$H\frac{38}{8.7+2.6}$$

式中 H——预应力钢筋混凝土支柱；
　　38——支柱所承受的力矩（kN·m）；
　　8.7——支柱露出地面以上的高度（m）；
　　2.6——支柱埋入地下的深度（m）。

用于下锚的钢筋混凝土支柱其符号表示方法如下：

$$H\frac{60-250}{9.2+3}$$

式中 60——垂直于线路方向的支柱容量（kN·m）；
　　250——顺线路方向的支柱容量（kN·m）。

普通支柱结构、软横跨支柱结构如图 1.54 所示，其型号和规格如表 1.7 所示。

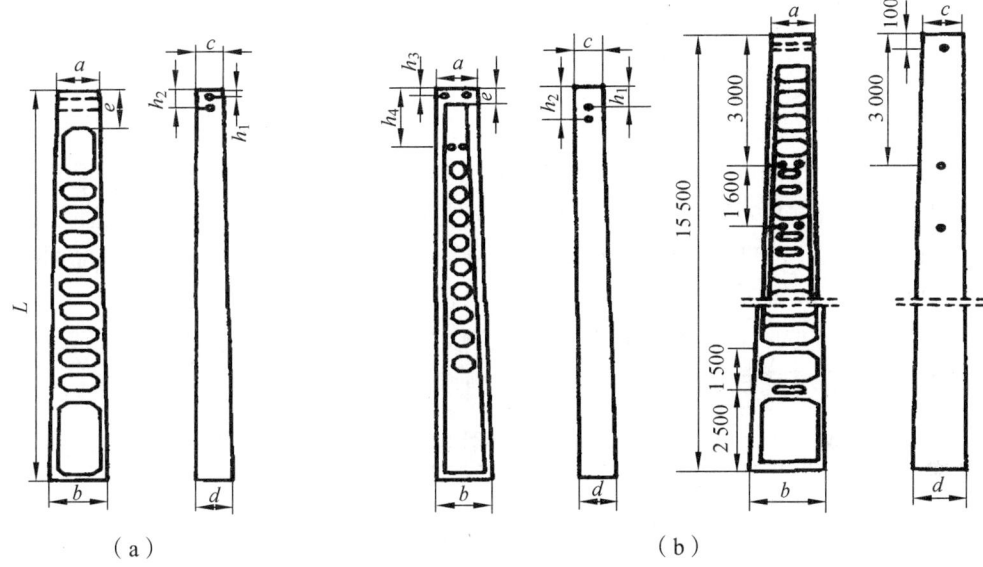

图 1.54　钢筋混凝土腕臂支柱

表 1.7　钢筋混凝土支柱型号及规格

支柱型号	l (mm)	a (mm)	b (mm)	c (mm)	d (mm)	e (mm)	h_1 (mm)	h_2 (mm)	h_3 (mm)	h_4 (mm)	质量 (kg)	使用范围
$H\dfrac{38}{8.7+2.6}$	11.3	267	550	196	290	900	100	200			1330	腕臂支柱
$H\dfrac{38}{8.7+2.6}$	10.8	280	550	200	290	400	100	200			1260	
$H\dfrac{78}{8.7+2.6}$	11.7	413	705	213	291	900	100	200			1730	
$H\dfrac{78}{8.7+2.6}$	11.2	425	705	217	291	400	100	200			1620	

续表

支柱型号	l (mm)	a (mm)	b (mm)	c (mm)	d (mm)	e (mm)	h_1 (mm)	h_2 (mm)	h_3 (mm)	h_4 (mm)	质量 (kg)	使用范围
$H\dfrac{60-25}{9.2+3}$	12.2	400	705	210	291	1400	600	700	150	1750	1840	锚柱
$H\dfrac{60-250}{8.7+3}$	1.7	413	705	213	291	900	600	700	150	1450	1730	
$H\dfrac{90}{12+3.5}$	15.5	300	920	300	430	900	100	3000			3670	软横跨支柱
$H\dfrac{130}{12+3.5}$	15.5	300	920	300	430	900	100	3000			3670	
$H\dfrac{170}{12+3.5}$	15.5	300	920	300	430	900	100	3000			3670	
$H\dfrac{170-250}{12+3.5}$	15.5	300	920	300	430	900	100	3000			3670	软横跨锚柱

(二) 3670 圆形等径支柱

目前在新建线路上使用一种等径圆形支柱,它又称为超高强度等径预应力钢筋混凝土支柱,这种支柱分为一般支柱、锚柱和超长支柱。一般支柱,高度为 11 m,标准弯矩值为 60~300 kN·m、80 kN·m 和 100 kN·m 三种;高度为 13.5 m,标准弯矩值为 60 kN·m、100 kN·m 两种。锚柱,高度为 11 m,标准弯矩值为 60~300 kN·m、80~300 kN·m 两种;高度为 13.5 m,标准弯矩值为 80~300 kN·m 一种。超长支柱,高度为 16.5 m,由下段 14 m 和上段 2.5 m 两段组装而成,等径圆形支柱型号及规格如表 1.8 所示。

表 1.8 等径圆支柱型号规格

支柱型号	杆径 (mm)	壁厚 (mm)	长度 (m)	最大设计弯矩 (kN·m)	质量 (kg)	备注
$GQ\dfrac{100}{13.5+3}$ 下段	400	75	14	104.5	2680	与 $GQ\dfrac{80-300}{13.5+3}$ 下段相同
$GQ\dfrac{100}{13.5+3}$ 上段	400	75	2.5	35	479	与 $GQ\dfrac{80-300}{13.5+3}$ 上段相同
$GQ\dfrac{100}{11+3}$	400	75	14	104.5	2680	与 $GQ\dfrac{80-300}{11+3}$ 相同
$GQ\dfrac{80}{13.5+3}$ 下段	400	70	14	81.6	2540	
$GQ\dfrac{80}{13.5+3}$ 上段	400	70	2.5	30	454	
$GQ\dfrac{80}{11+3}$	400	70	14	84	2540	与 $GQ\dfrac{60-300}{11+3}$ 相同
$GQ\dfrac{60}{11+3}$	400	70	14	61.2	2394	

例如：

$$GQ\frac{100}{11+3}$$

式中　GQ——高强度支柱；
　　　100——支柱容量（kN·m）；
　　　11——支柱露出地面的高度（m）；
　　　3——支柱埋入地下的深度（m）。

（三）钢柱

钢柱是以角钢焊成的桁架结构，具有重量轻、强度高、抗碰撞、安装运输方便等优点，根据安装地点的不同，钢柱的型号、规格及外形结构也不同，如图 1.55 所示。型号、规格如表 1.9 所示。例如普通钢柱表示如下：

$$G\frac{50}{9.5}$$

式中　G——钢柱；
　　　50——垂直于线路方向的支柱容量（kN·m）；
　　　9.5——钢柱本身的高度（m）。

$$G\frac{250-250}{15}$$

分子中第一个 250，表示支柱垂直于线路方向的支柱容量；第二个 250 表示支柱顺线路方向的支柱容量。

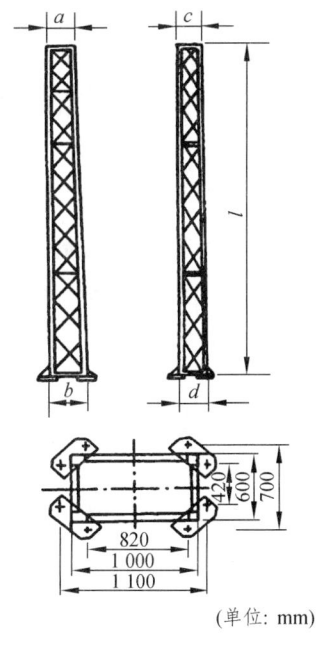
（a）13 m 钢柱

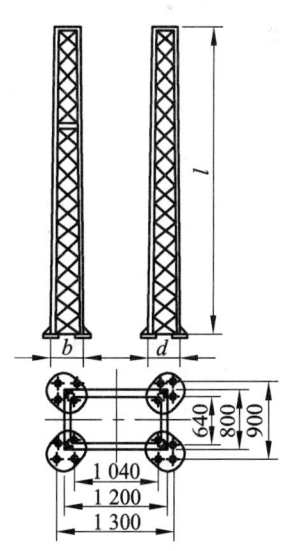
（b）15 m 钢柱

图 1.55　钢柱结构图

表 1.9 钢柱型号规格表

型号 尺寸	a (mm)	b (mm)	c (mm)	d (mm)	L (mm)	支柱质量 (kg)	使用范围
$G\dfrac{5}{9.5}\left(G\dfrac{50}{9.5}\right)$	270	600	210	400	9.5	257	桥支柱
$G\dfrac{7}{9.5}\left(G\dfrac{70}{9.5}\right)$	270	600	210	400	9.5	303	
$G\dfrac{10}{9.5}\left(G\dfrac{100}{9.5}\right)$	270	600	210	400	9.5	341	
$G\dfrac{5}{10}\left(G\dfrac{50}{10}\right)$	250	600	200	400	10	267	
$G\dfrac{5}{10}\left(G\dfrac{50}{10}\right)$	250	600	200	400	10	315	
$G\dfrac{5}{10}\left(G\dfrac{50}{10}\right)$	250	600	200	400	10	355	
$\left(X\dfrac{50}{10}\right)$	280	700	200	500	10	286	
$\left(X\dfrac{100}{10}\right)$	280	700	200	500	10	367	
$G\dfrac{15}{13}\left(G_s\dfrac{150}{13}\right)$	500	1000	400	600	13	342	双线路腕臂支柱
$G\dfrac{20}{13}\left(G_s\dfrac{200}{13}\right)$	500	1000	400	600	13	563	
$G\dfrac{20}{15}\left(G\dfrac{200}{15}\right)$	400	1200	400	800	15	650	软横跨支柱
$G\dfrac{25}{15}\left(G\dfrac{250}{15}\right)$	400	1200	400	800	15	698	
$G\dfrac{35}{15}\left(G\dfrac{350}{15}\right)$	400	1200	400	800	15	762	
$G\dfrac{15-40}{13}$ $\left(G_f\dfrac{150-400}{13}\right)$	400	2500	500	1000	13	1135	
$G\dfrac{20-25}{13}$ $\left(G_m\dfrac{200-250}{13}\right)$	500	1000	400	600	13	558	软横跨锚柱
$G\dfrac{20-25}{15}$ $\left(G_m\dfrac{200-250}{15}\right)$	400	1200	400	800	15	632	
$G\dfrac{25-25}{15}$ $\left(G_m\dfrac{250-250}{15}\right)$	400	1200	400	800	15	681	

注：G—普通钢柱；X—斜腿钢柱；GS—双线路腕臂钢柱；Gm—带拉线钢锚柱；Gf—分腿式下锚钢柱。

钢柱的缺点是维修工作量大，运营中需定期进行除锈和涂漆的保养工作，支柱与基础连接部分用混凝土封堵，称为基础帽，以保证地脚螺栓不致锈蚀或受碰撞弯曲。

（四）高速铁路接触网 H 型钢支柱

H 型钢柱的支柱代号有 GH、GHT、GHd、GHs 四种，GH 表示符合标准 DIN 1025-2 的 H 型钢柱；GH T 表示符合标准 DIN 1025-4 的 H 型钢柱；GH d 表示符合标准 GB/T 11262—2005 的单 H 型钢柱；GHs 表示符合标准 GB/T 11262—2005 的双 H 型钢柱。如 GH×9.5。

GH 符合标准 DIN 1025-2 的 H 型钢柱，240 为其截面标称高度为 240 mm；9.5 为柱高 9.5 m；×为柱底法兰盘型号，有 A、B、c、E、F 等几种型号，图 1.56～图 1.58 是 A、B、C 三种法兰盘的几何尺寸。A 型法兰盘用于柱底弯矩小于 150 的 H 型钢柱；B 型法兰盘用于柱底弯矩 150—200 的 H 型钢柱；C 型法兰盘用于柱底弯矩 200～240 的 H 型钢柱。

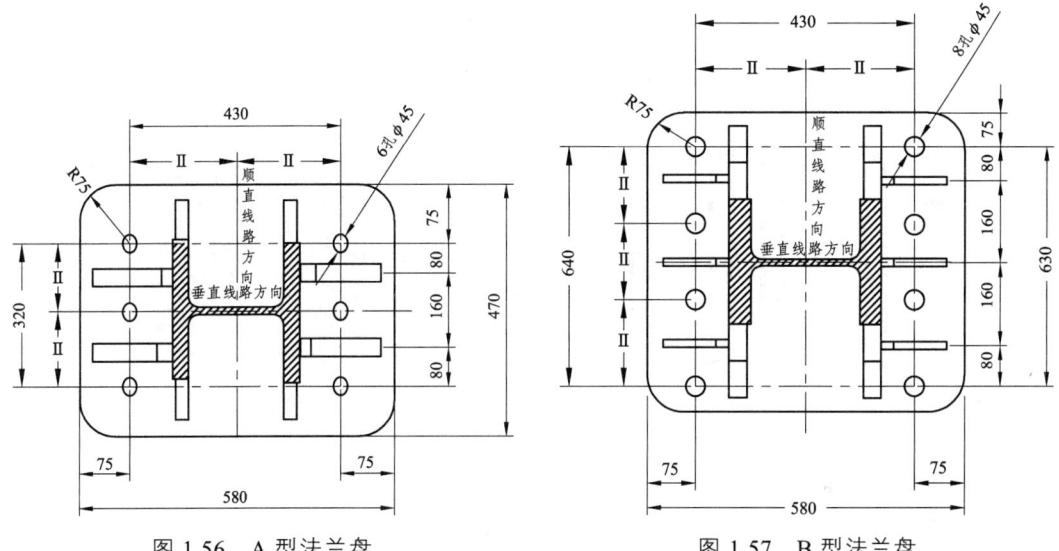

图 1.56　A 型法兰盘　　　　　图 1.57　B 型法兰盘

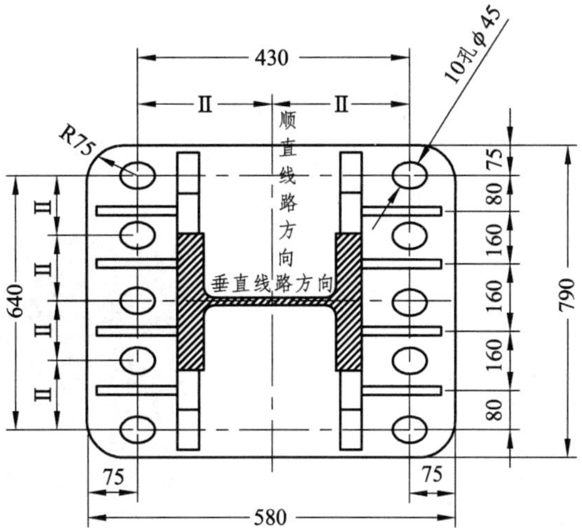

图 1.58　C 型法兰盘

二、基础

支柱基础是指埋入地下（或桥隧结构体内）用于安装支柱的结构体，其强度和稳定性要求很高，在长期受力的情况下支柱基础不得出现裂纹、倾斜和移位现象。

（一）直埋式基础

预应力钢筋混凝土支柱的基础与本体是一体的，埋入地下部分即为基础，这种基础称为直埋式基础，如图 1.59 所示，埋置深度一般为 2.6～3.0 m。当土壤抗压强度不够时，需设置底板和横卧板。

（二）整体基础

等径圆形钢筋混凝土支柱一般采用嵌入式整体基础；H 型钢柱、格构式钢柱、圆形钢管支柱一般采用整体螺栓安装式基础，如图 1.60 所示。

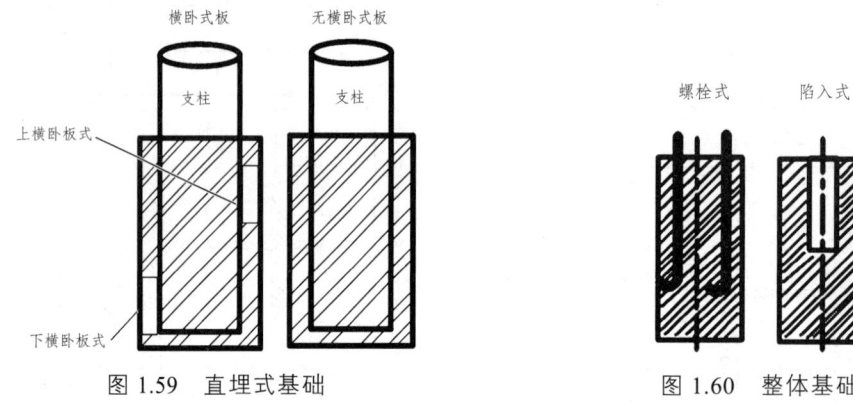

图 1.59　直埋式基础　　　　　　　　图 1.60　整体基础

（三）桥隧接触网基础

在桥隧等特殊地段，接触网支柱基础等下部工程应同桥隧工程的设计和施工同步进行，使桥隧工程和接触网基础工程成为一个整体，这既有利于提高施工精度和效率，增加基础的稳定性，同时又可避免接触网基础施工对桥梁和隧道结构的二次破坏。

在桥梁上，支柱基础一般设置在桥墩上或箱梁上，并采用整体螺栓安装式基础，在桥梁施工的同时预留安装接触网钢柱的基础螺栓，基础螺栓与桥梁钢筋焊接在一起，如图 1.61 所示。

在隧道内，接触网的悬挂和定位方式取决于隧道断面和隧道净空高度。新建线路的隧道，净空一般较高，大多采用图 1.62 所示的悬挂方式。

 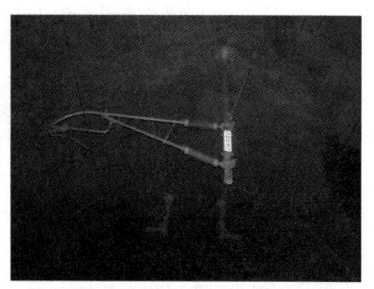

图 1.61　桥梁区段支柱基础　　　　　　图 1.62　隧道内基础及支持结构

三、支持装置

(一)腕臂支持装置

腕臂安装在支柱上部,用以支持接触悬挂,并起传递负荷的作用。腕臂应配合拉杆或压管使用,至于何种情况下采用拉杆或压管,则应根据支柱装配情况视腕臂受拉还是受压而定。对腕臂的要求是:具有足够的机械强度,结构尽量简单、轻巧,易于施工安装和维修更换。腕臂的选用应保证技术要求,并力求经济合理。

腕臂按其与支柱之间是否通过绝缘装置分为绝缘腕臂和非绝缘腕臂。

1. 绝缘腕臂

根部通过棒式绝缘子,与安设在支柱上的腕臂底座相固定。顶部经套管铰环、调节板、水平拉杆(或水平压管)和悬式绝缘子串(或棒式绝缘子)固定在支柱顶部,腕臂与支柱等接地体绝缘。结构灵巧简单、技术性能好,施工安装和维修比较方便,由于腕臂和接触悬挂处于同等电位还便于开展带电作业。

2. 非绝缘腕臂

不经过绝缘子元件直接和支柱相固定,与接触悬挂通过绝缘元件相连接的腕臂,腕臂与支柱等接地体不绝缘,一般用角钢、工字钢或槽钢焊制而成,但采用较少。按其用途可分平头斜腕臂形式和双线路腕臂形式,平头斜腕臂结构形式是接触悬挂通过绝缘子串悬吊在腕臂前端的平头部分,腕臂根部直接安装在支柱上。这种结构形式主要适用于站台上腕臂安装。其缺点结构笨重,用料多,且安装维修困难,不利于开展带电作业,同时由于绝缘子处于线路正上方,容易脏污,增加了绝缘子清扫的任务量,也增加了不安全因素。双线路腕臂结构形式,多用于站场两端。由于地形限制,只能在股道一侧设立支柱,而此处有2~3股道的接触悬挂需固定悬吊。这种形式一般为水平安设,配合斜拉杆固定在支柱上。其缺点是结构复杂笨重,不利于施工安装和运营维修,目前已不采用。

高速铁路接触网的腕臂支持装置从结构上可分为平腕臂-斜腕臂结构和整体腕臂结构,如图1.63所示,从使用的材质上可分为钢腕臂和铝合金腕臂。图1.63(c)为中国高速铁路接触网中间柱典型装配结构,腕臂本体多采用优质碳素无缝钢管(G型、内外表面热浸镀锌防腐)或铝合金管(L型)。腕臂支持装置的装配形式还有一类是拉杆腕臂装配形式,如图1.63(d)所示,是由水平拉杆和斜腕臂组成的旋转腕臂结构,拉杆通过套管铰环与斜腕臂连接。由于水平拉杆与斜腕臂为柔性连接,因此,整个腕臂装置的刚度小、稳定性差,对接触网运行环境的适应性较差,目前已很少应用。

(a)平腕臂-斜腕臂方式(限位)

(b)平腕臂-斜腕臂方式(非限位)

（c）整体腕臂方式　　　　　　　　（d）水平拉杆-斜腕臂方式

图 1.63　高速铁路接触网常用腕臂装配结构图

（二）中间柱支持装置

在中间支柱上，只安装一个腕臂，悬吊一支接触悬挂，并把承力索和接触线定位在所要求的位置上，这种支持装置称为中间柱支持装置。区间中除锚段关节处的支柱外，其余均为中间柱，所以中间柱支持装置是用量最大的支持结构形式。在线路的直线区段，支柱一般立于线路的同一侧，但是接触线需要按之字形布置，其拉出值一般在支柱点处要变换方向，所以定位为一正一反，如图 1.64 所示。

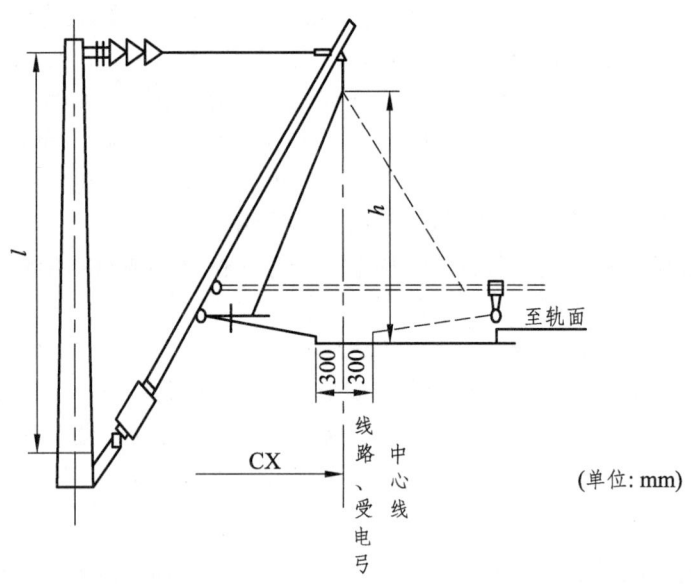

图 1.64　直线中间柱支持装置示意图

正定位是指拉出值拉向支柱一侧，此时定位器受拉，拉力产生的弯矩使定位器有向上的趋势，当机车受电弓通过定位点时，该点向上抬升，这样的弹性较好。反定位是指拉出值拉向支柱的对侧，此时采用图中所示虚线部分的定位方式，仍使定位器受拉，以产生与上述正定位同样的效果。在线路的曲线区段，支柱应尽量设于曲线外侧，使定位器处于受拉状态，在较小曲线半径区段,一般采用软定位器结构。在大曲线半径区段,全部采用正定位器形式。当支柱必须设于曲线内侧时,则采用与直线上类似的方法,仍使定位器受拉,这时应采用反定位器结构。

(三) 非绝缘转换柱支持装置

对于三个跨距的非绝缘锚段关节,中间的两根支柱称为转换柱,它悬吊两支接触悬挂,其中一支为工作支,另一支为非工作支。工作支的接触线与受电弓接触;非工作支的接触线抬高约 200 mm,不与受电弓接触,通过转换柱拉向锚柱下锚。因此,转换柱需要安装两组定位器。两支接触悬挂的接触线在平面上平行,水平距离保持 100 mm,两支接触悬挂在电气上是连通的,在靠近锚柱一侧用电连接连接起来。转换柱的悬挂形式有两种:一种称为 ZF_1 转换柱,工作支靠近支柱侧,非工作支远离支柱侧;另一种称为 ZF_2 转换柱,工作支远离支柱侧,非工作支靠近支柱侧。其中 Z 表示直线,F 表示非绝缘,下标 1 与 2 分别表示两种类型。

直线非绝缘转换支柱 ZF_2 的装配形式如图 1.65 所示。

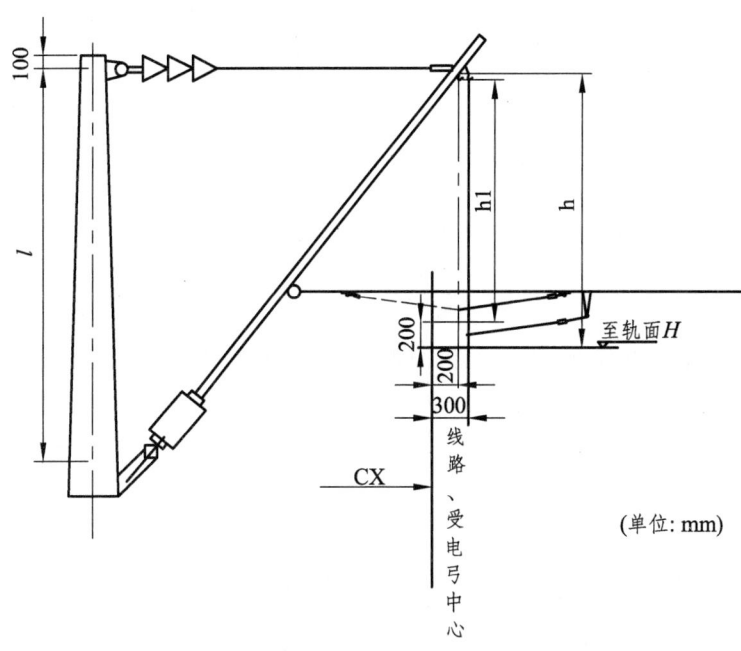

图 1.65 直线非绝缘转换支柱 ZF_2 的装配示意图

(四) 绝缘转换柱支持装置

在四跨绝缘锚段关节处,悬吊两支接触悬挂,其中一支为工作支,另一支为非工作支。工作支的接触线与受电弓接触,非工作支的接触线抬高约 500 mm,不与受电弓接触,通过转换柱拉向锚柱下锚。两支悬挂的接触线在平面图上平行,空气间隙为 500 mm,电气上能互相分开。转换柱上设有一台隔离开关,以实现相衔接的两个锚段在电气上连接或断开。转换柱的悬挂形式也有两种:一种称为 ZJ_1 转换柱,工作支远离支柱侧,非工作文靠近支柱侧;

另一种为 ZJ_3 转换柱，工作支靠近支柱侧，而非工作支远离支柱侧，其中 J 表示绝缘转换支柱，下标 1 及 3 表示不同的装配形式。

绝缘转换支柱的装配应能满足被衔接的两个锚段，在电气上应是互相绝缘的，所以工作支和非工作支的接触线之间、承力索之间在垂直方向和水平方向的投影都必须保持 500 mm 的绝缘距离，以保证在风力作用下以及导线振动、摆动情况下，均不得小于最小的绝缘空气间隙。同样，在直线区段和曲线区段，其装配形式也是不相同的。曲线区段的绝缘转换支柱 QJ_1 的装配形式如图 1.66 所示。

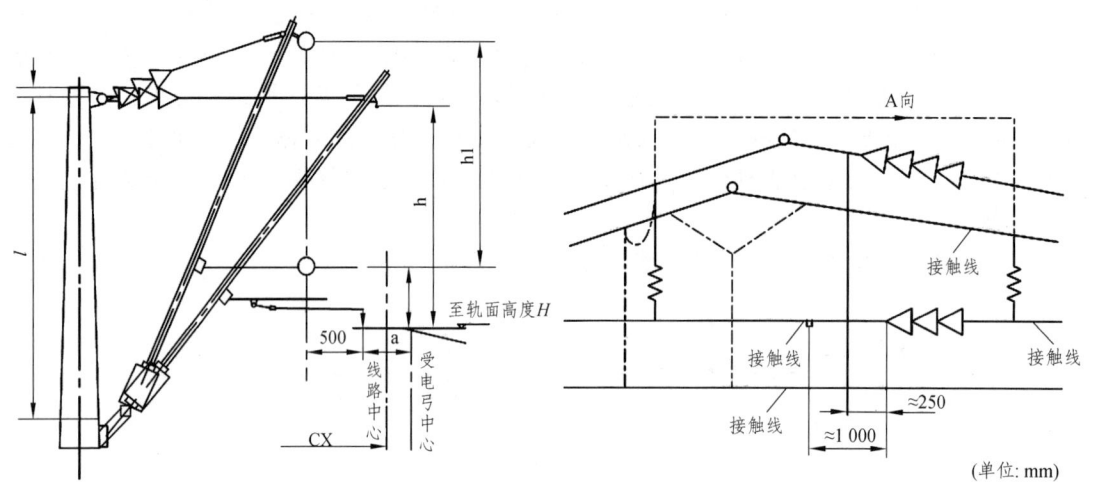

图 1.66 曲线区段的绝缘转换支柱（QJ_1）的装配示意图

（五）中心柱

位于四跨绝缘锚段关节的两转换柱之间的支柱，称为中心柱，用 ZJ_2 表示。在中心柱上同样要安装两套支持装置，悬吊的两支接触悬挂均为工作支，两根接触线为等高。当受电弓通过时，同时接触两根接触线，使之平稳地过渡。两支悬挂的接触线在平面上平行，空气间隙为 500 mm，电气上能互相分开。两支接触悬挂在中心往两侧均经转换支柱向锚支柱下锚。

中心支柱在直线区段和曲线区段的装配形式也不一样，各用 ZJ_2 及 QJ_2 表示。中心支柱位于两个绝缘转换支柱的中间。中心支柱的装配特点，除了具有绝缘转换支柱的电气方面的绝缘要求以外，它在结构上保持两组悬挂的两支接触线等高，如图 1.67 以确保电力机车通过时，其受电弓同时接触两根接触线，并能从一个锚段平稳地过渡到另一个锚段，在电力机车通过时，受电弓将短接被绝缘的两个锚段。

锚段关节是处在锚段端头，在一年四季中，特别是在大气温度发生变化时，对于全补偿链形悬挂，其接触线和承力索均会产生相对于线路方向的纵向位移，因此，上述各种转换支柱及中心支柱，在结构上应能保证线索沿线路方向自由移动。

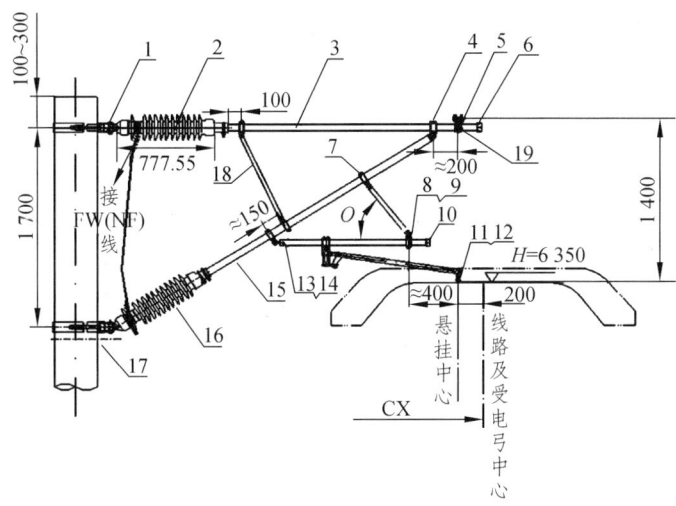

图 1.67 直线中心支柱（ZJ2）装配示意图

（六）软横跨

在站场上，多股道的接触悬挂借助于单根或数根横向线索悬挂到布置在这些线路两侧的两根支柱上，这种装置称为软横跨。在一组软横跨中，有三根横向索道，即：横向承力索、上部定位索及下部定位索。横向承力索是软横跨受力的主要部件，它承受链形悬挂的垂直负荷。

软横跨主要用于站场接触网的支持与定位，可减少站场支柱，使站场接触网整洁、美观，同时也可节约投资，降低建设成本。

软横跨的结构比较复杂，为简化设计、方便施工，可将功能相同、组成零件相同的软横跨结构进行归类，形成各种标准装配结构，这种标准装配结构称为软横跨的节点。随着新技术和新材料的不断应用，软横跨的节点的组成和类型也在产生变化，目前，软横跨节点数目及基本功能如图 1.68 所示，共有 15 种结点类型，其意义如下：

① 结点 1、2 表示软横跨在钢支柱上的装配形式，其中 2 为站台侧。
② 结点 3、4 表示软横跨在钢筋混凝土支柱上的装配形式，其中 4 为站台侧。
③ 结点 5 它相当于一般中间支柱的定位装配形式，是最主要的悬挂方式之一。在全补偿链形悬挂时，悬吊承力索的鞍子改为滑轮。
④ 结点 6、7 相当于道岔定位柱的定位装配形式，两组悬挂均为工作支，两根接触线的高度一致，它可以是两根接触线同时向一个方向拉，也可以是分别向两个方向拉。
⑤ 结点 8、9 分别表示软横跨的绝缘分段和有、无中间站台的下部定位索的绝缘分段。
⑥ 结点 10 表示两组悬挂，一组悬挂为工作支，另一组悬挂为非工作支。
⑦ 结点 11、12 表示两种形式的非工作支定位。
⑧ 结点 13 表示具有中间站台的承力索和下部定位索的绝缘分段。
⑨ 结点 14 表示非工作支偏离线路中心。
⑩ 结点 15 表示非工作支抬高，并拉向下锚。

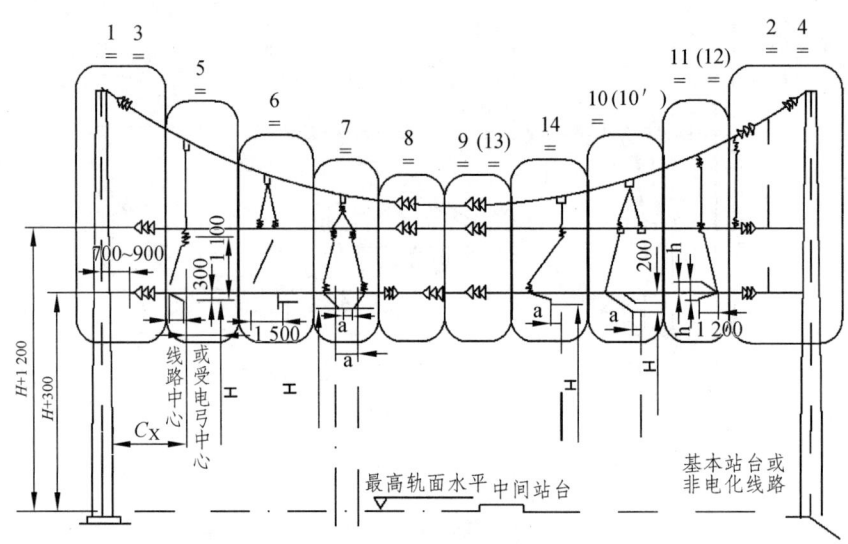

图 1.68 接触网链形悬挂软横跨节点示意图

在国外，也有采用双绝缘软横跨的，其带电作业的安全性最高。此外，这种软横跨还允许对绝缘件进行带电作业。为此，在作业时需用一截导线先将绝缘件短接。

横向承力索多采用截面积为 70 mm² 的钢绞线，定位索多采用截面积为 50 mm² 的钢绞线。当然为了防锈也可采用双金属线。

为了对钢绞线作可靠的防护，应采用专门的抗腐蚀层，即使这样也只能在钢绞线不会严重腐蚀的地区采用（蒸汽机车的黑烟、沿海以及化工企业附近地区等等均会使钢绞线严重腐蚀）。

横向承力索的弛度和定位索的张力，可以用锚固拉杆上的螺帽和丝扣进行调节。为此，横向承力索的锚固拉杆不能弯曲，它通过带球形垫块的角形垫块固定到支柱角钢上，这种垫块能使拉杆相对于支柱始终处于锐角的位置。定位索的拉杆用球形垫块固定到支柱上，有时为了减小定位索张力在温度波动时的变化范围，定位索要通过专门的弹簧固定到支柱上。根据横向跨距的大小，弹簧可安装在定位索的一端或者两端。若按电分段的要求，需要将一条股道上的悬挂与另一条股道上的悬挂隔开，则应将定位索截断，插接上分段绝缘子。

对于软横跨，为了保证它良好地工作，从结构安装上需满足四条基本要求：

① 上、下部定位索要水平，在必要时，在架设初期，允许有少许负弛度。

② 最短吊弦应在规定范围内，即对于 3～4 股道 $C_{min} \approx 400$ mm，对于 5～6 股道 $C_{min} \approx 600$ mm，对 7～8 股道 $C_{min} \approx 800$ mm。

③ 所有吊弦应铅垂。

④ 在基本站台及中间站台，下部定位索的悬式绝缘子申接地侧的裙边应与站台边沿秀齐。

（七）硬横跨（梁）

硬横跨（梁）在高速铁路中具有明显的优点，它不仅具有机械上独立，股道间不产生影响，事故范围小，结构稳定，抗震动，抗风性能好，稳定性强等优点；而且具有较好的刚度，稳定性高，能改善弓网受流，因而又具有磨耗小，可降低离线率等一系列优点。同时，硬横跨具有模块化式的结构，互换性强，又利于机械加工和机械化安装作业。硬横跨外观一致，简洁，匀称，美观，如图 1.69 所示。

硬横跨（梁）跨越能力强，能有效降低支柱高度，个别特大站场可以采用两跨或三跨连续式的硬横跨，既能做到满足刚度及稳定性，又做到相对合理、适用。

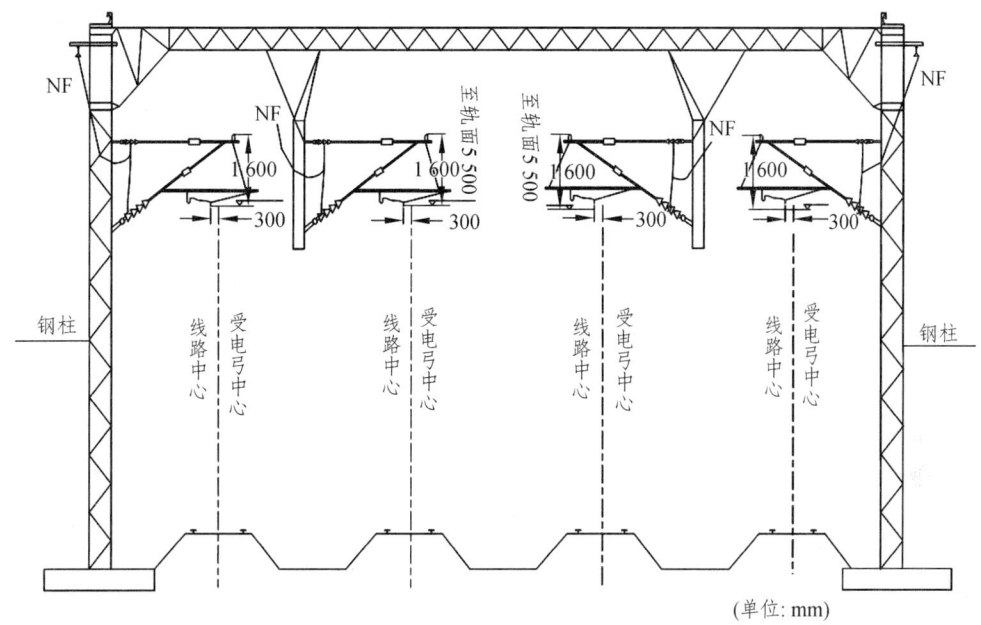

图 1.69 弹性链形悬挂硬横跨（梁）结构图

四、定位装置

（一）定位装置的作用与结构

定位装置是对接触网进行定位的装置。为了使电力机车在运行中受电弓滑板与沿线路上空架设的接触线始终保持良好的受流状态，就需要将接触线按受电弓运行轨迹的要求安装在一定的位置上。对接触线进行定位是由定位装置来实现的，它保证接触线与受电弓中心的相对位置在规定的范围内，以避免接触线越出受电弓而脱弓，造成刮断接触线或刮坏受电弓等弓网事故；并将水平负荷传递给支持装置；同时又要使接触线对受电弓的磨耗均匀。

定位装置是支持结构中的主要组成部分，它是在定位点处对接触线实现相对于线路中心进行横向定位的装置。也就是说，定位装置的作用就是根据技术要求，对接触线进行横向定位。在直线区段，相对于线路中心把接触线拉成之字形状；在曲线区段，相对于受电弓中心行迹则拉成切线或割线。定位点处，受电弓中心与接触线之间的水平距离称为拉出值。

对定位装置的技术要求：其一是动作要灵活，在温度发生变化，接触线沿线路发生移动时，定位装置应能以固定点为圆心，灵活地随接触线沿线路方向移动；其二是质量应尽量小，在受电弓通过定位点时，它上下动作自如，并且有一定的抬升量，不产生明显硬点，其静态弹性和跨距中部应尽量一致；其三是具有一定的风稳定性。

定位装置系指由定位管、定位器、支持器、定位线夹、定位环以及定位钩等零部件组成的定位结构，其主要作用是将接触线定位在设计的空间范围内，如图1.70所示。

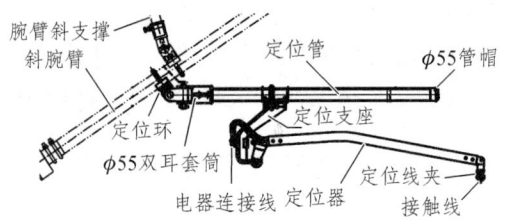

图1.70 定位装置及其零部件示意图

定位管的作用是便于调节定位器的位置，增加定位装置安装的灵活性和弹性，必要时可通过调节定位管在斜腕臂上的安装位置在一定范围内调节接触线安装高度。平腕臂、斜腕臂、定位管应处于同一垂直面内，它们在水平面的投影应与线路中心垂直，其偏移量应符合腕臂安装曲线的要求。

按设计时速的大小，弹性链形悬挂限位定位装置的定位管吊线设计分为与弹性吊索相连、不相连两种情况。

速度小于250 km/h时，定位管吊线与弹性吊索相连。受电弓通过定位点处时，接触线和定位器被抬升，与弹性吊索相连的吊线被减载，导致弹性吊索减载而上升，与弹性吊索相连的定位管吊线又把定位管拉升，从而"动态"加大定位管与定位器之间的夹角，同时也"动态"加大限位定位器的限位间隙。

速度大于250 km/h时，定位管吊线与弹性吊索不相连。因为时速250 km及以上高速铁路的接触线和定位器抬升比时速小于250 km的大，为防止定位管吊线从定位钩中脱落，定位管吊线设计与承力索相连。

（二）定位方式

根据支柱设置的位置不同，即支柱是在直线区段还是曲线区段上，在曲线的内侧还是外侧，在锚段中还是在锚段关节处，是否在道岔处等，支柱所采用的定位方式也不相同，常用的定位方式有：

1）硬定位

所谓硬定位就是对接触线的硬固定的定位形式，它只能承受较小的拉力。硬定位也称作正定位，结构如图1.71图（a）所示。

2）反定位

反定位多用于曲线内侧支柱上和直线区段"之"字值方向与支柱位置相反的支柱上。结构如图1.71（b）所示。

3）双定位

双定位用于锚段关节中的转换柱、中心柱、站场线岔处的道岔柱，站场线岔处的软横跨以及特殊支柱定位中的定位。

第一章 接触网结构

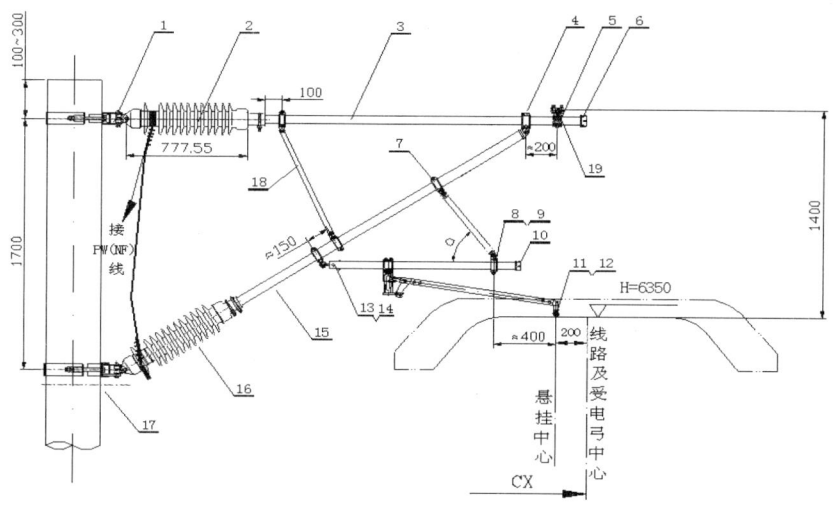

（a）正定位

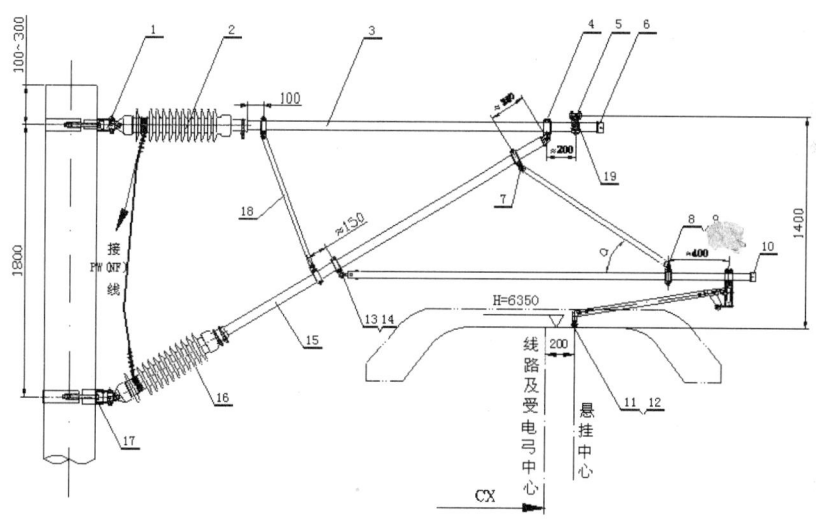

（b）反定位

图 1.71 定位方式

（三）高速接触网定位装置

定位器是保持接触线处于相对于线路中心的正确位置的装置，在直线区段使接触线拉成之字形，在曲线区段相对于线路中心（或受电弓行迹中心）拉成割线或切线，使受电弓的滑板磨损均匀。定位器是与接触线直接接触，并且在受电弓通过时，与其最接近的部件之一，它的性能好坏直接影响弓网间的受流质量，特别是在高速电气化铁路上，是决定接触悬挂弹性均匀性的关键部件之一，因而对定位器的结构及性能要求甚为严格。概括起来，定位器的结构及性能要求有如下诸多方面：

（1）定位器结构不妨碍受电弓顺利通过；

（2）有足够的强度，具有承受接触线的张力及风压的能力；

（3）具有很好的灵活性，能自由地追随接触线在垂直和顺线路方向的移动和变化；

（4）重量要轻，不使接触悬挂形成硬点；

（5）要结构简单，安装方便，不需要特种或专用机具就可以拆卸和更换；

（6）具有良好的耐腐蚀性，使用寿命要长；

（7）各种部件要有互换性，价格便宜，经济性好；

（8）螺栓、楔类部件不易松动，做到免维护。

第二章 常用接触网计算

第一节 接触网设计计算气象条件的确定

一、我国气象区的划分

接触网是置于铁路沿线的供电装置，它要经受一切自然条件的影响，主要有风吹、日晒（气温）、雨淋和覆冰等。

风对接触网来说，不仅增加线索和支柱的机械负荷，而且在各种风速和不同方向风的作用下，会使接触线产生摆动、振动或舞动。速度大且强劲的风会使接触线出现巨大摆动。当气流遇到接触线时，不仅能在圆导体后面形成涡流，而且能在圆导体的上部或下部形成涡流。在这种涡流作用下，会使接触线产生一个向上（或向下）的力。当风向与线路垂直时，就会交替地产生这种向上（或向下）的力，从而对接触线产生周期性的冲击作用，造成导线在垂直平面内上下振动。在低速风（通常在 6~18m/s）作用下，接触线还会产生低频率、较大振幅的摆动。另外，在偶然遇到的大风作用下，甚至会使支柱折断、接触线断线等。

在冬季，接触线及承力索上有时会出现结冰和积雪，称为覆冰。覆冰会增加接触线和承力索的机械负荷，以致影响电力机车的正常运行。

温度变化会使接触线和承力索的弛度发生变化。低温时，线索被拉紧，有时还会使接触线出现负弛度，使运行情况变坏。在高温时，会出现线索伸长、弛度增大等，这些都是应在设计中考虑的因素。

综上所述，气象资料乃是接触网设计最原始，也是最重要的资料。气象资料齐备与否以及它所选择的数值是否合适，对接触网的设计质量有很大影响。若选择数值过大，把偶然出现的极不利条件作为依据，则在接触网设计中必须减小跨距，加强结构和提高安全系数，这就会增大投资，提高造价，造成浪费；若选择数值偏小，对一些频繁出现的严重情况也不予以考虑，则会降低接触网运营的可靠性，造成事故，给国家带来严重损失。因此，对气象条件的选择须加慎重。

接触网设计中所用到的气象资料包括：最高温度、最低温度、接触线无弛度时的温度、吊弦及定位器处于正常位置时的温度、最大风速及其出现时的温度、线索覆冰厚度、覆冰时的风速及温度，此外还有线路横跨河滩及山谷时的最大风速等。

气象条件是变化多端的，而且不同地区差异很大。因此，确定气象条件是一件比较复杂而细致的工作，需要拥有大量的资料和进行深入的调查研究。

为了设计工作的方便，根据我国的气象条件，在1972年进行的全国设计规范改革中，相关单位结合各地情况将全国划分成九个标准气象区，如表 2.1 所示。

表 2.1 我国典型气象区划分

计算条件 \ 气象区	Ⅰ	Ⅱ	Ⅲ	Ⅳ	Ⅴ	Ⅵ	Ⅶ	Ⅷ	Ⅸ
最高大气温度（°C）	+40	+40	+40	+40	+40	+40	+40	+40	+40
最低大气温度（°C）	-5	-10	-10	-20	-10	-20	-40	-20	-20
覆冰时大气温度（°C）	—	—	—	—	-5	-5	-5	-5	-5
最大风速时大气温度（°C）	+10	+10	-5	-5	+10	-5	-5	-5	-5
安装时大气温度（°C）	0	0	-5	-10	-5	-10	-15	-10	-10
大气过电压时温度（°C）	+15	+15	+15	+15	+15	+15	+15	+15	+15
内部过电压年平均气温（°C）	+20	+15	+15	+10	+15	+10	-5	+10	+10
最大风速（m/s）	35	30	25	25	30	25	30	30	30
覆冰时风速（m/s）	10	10	10	10	15	15	15	15	15
安装时风速（m/s）	10	10	10	10	10	10	10	10	10
大气过电压时风速（m/s）	15	15	15	15	10	10	10	10	10
内部过电压时风速（m/s）	0.5×最大风速（不低于 15 m/s）								
覆冰厚度（mm）	—	5	5	5	10	10	10	15	20
覆冰密度（kg/m³）	900								

表 5-1 中所列的九个区域大体所属范围划分如下：

Ⅰ区：南方沿海易受台风侵袭的地区，如浙江、福建东部、广东广西沿海地区等；

Ⅱ区：华东大部分地区，包括安徽、山东、江苏大部分地区；

Ⅲ区：包括西南部的非重冰地区，以及福建、广东等受台风影响较弱的地区；

Ⅳ区：包括西北大部分地区、华北及京、津、唐等地区；

Ⅴ区：适用于华东、中南和西南三个地区的广大山区；

Ⅵ区：泛指湖北、湖南、河南以及华北平原的大部分地区；

Ⅶ区：寒潮风较强烈的地带，如东北大部分地区，河北的承德、张家口一带；

Ⅷ区：覆冰严重的地区，如山东、河南的大部分地区，湘中、粤北重冰地带；

Ⅸ区：系指云贵高原重冰地区。

典型气象区是以变化最多、影响最大的最大风速 v_{max}、覆冰厚度 b、最高气温 t_{max} 和最低气温 t_{min} 为依据，在大体相同的条件下，进行归纳、概括的泛指区域。它的主要作用是便于开展设计标准化的工作。因此，不能要求典型气象区与当地气象条件完全一致。

二、接触网设计计算气象条件的确定

由于我国是一个幅员辽阔的大国，虽然划分了九个典型气象区，但每个气象区的气象条件差别仍然很大，而且每个气象区之间并没有严格的界线。铁路电气化工程和电力工程虽有共同之处,但各气象区所规定的气象条件远远满足不了电气化铁路接触网设计工作的要求。无论是最高温度 t_{max}、最低温度 t_{min}、最大风速 v_{max} 或覆冰厚度 b 都会对接触线产生较严重的影响。为了电气化铁路安全、可靠地运营和经济、技术上的合理,往往在同一气象区域内不同的电气化线路上,需采用不同的气象条件。当电气化线路通过山区时,由于山上和平地气象条件差异比较大,因此同一条电气化线路需采用不同的计算气象条件,这在设计中是常遇到的。接触网设计对计算气象条件要求较高,在设计前需要向所设计的电气化区段沿线的气象部门、供电部门、铁路通信部门等收集和查询有关资料,并参考典型气象区加以分析研究和综合考虑确定。一般计算气象条件确定和选择的方法如下所述。

(一) 最大风速 v_{max}

接触网设计用最大计算风速,应采用距地面 10 m 高处、15 年一遇的 10 min 平均最大值。

关于最大风速的计算方法有:平均法、变通法和数理统计法。而数理统计法是求最大计算风速出现的频率,所以又称为频率法。为了便于分析、比较与应用,这里将它们的计算方法介绍如下:

1) 平均法

平均法就是将占有的年份气象资料分成若干组,然后求得各组最大风速值的平均值作为最大计算风速。例如,设有 n 年气象资料,按每 5 年为一组,可分为 $n/5$ 组(取整数,如遇小数可四舍五入),然后在 $n/5$ 组资料中取每组中的最大值,再取最大值的平均值可得

$$v_{max} = \frac{\sum_{i=1}^{n/5} v_{i\,max}}{n/5} \tag{2-1}$$

式中,$v_{i\,max}$ 为第 i 组中最大风速值(m/s);n 为占有资料的年份数;$n/5$ 为占有资料的组数。

2) 变通法

变通法即是将求得的各组最大风速的平均值作为最大计算风速。计算中只是所占有风速资料年份的分组方法与平均法不同。例如,设有 n 年气象资料,按年份次序排列,从第一年开始,以每 5 年为一组,每组顺序相隔一年。假设第一组为 1~5 年,第二组为 2~6 年,第三组为 3~7 年……依此类推。取出每组中的最大值,然后再取各组最大值的平均值。即

$$v_{max} = \frac{\sum_{i=1}^{n-4} v_{i\,max}}{n-4} \tag{2-2}$$

式中,$v_{i\,max}$ 为第 i 组中最大风速值(m/s);n 为占有资料的年份数;$n-4$ 为划分的组数。

3) 数理统计法

设计上要求一定概率下的最大风速,即一定重现期的年极大风速值。所谓重现期是指大于某数值的极大风速平均多少年可能遇到一次,它用每年出现大于这个值的极大风速的概率来表示。而在重现期内不出现这种极大风速的保证率是

$$(1-p)^{1/p} \tag{2-3}$$

而出现大于此值的极大风速的概率为

$$1-(1-p)^{1/p} \tag{2-4}$$

因此，如果知道了年极大风速的分布曲线，那么很容易知道重现期内可能出现的极大风速以及在重现期内不出现的保证率。

年最大风速值受到许多因素的影响，到目前为止，气象学还不能确定逐年最大风速之间的确切关系。近年来我国有许多论文对最大风速的概率分布线型进行了研究，经各方推荐和实际应用的也有很多种概率统计线型。各种各样的统计方法归纳起来不外乎两个方面：一是从统计理论上确定年极大风速应该服从的概率线型，然后从实际资料决定其参数；二是从经验概率上确定年极大风速分布线型，然后从实际资料决定其参数。

这里所介绍的数理统计法实际上是较粗略简便的"经验频率法"，它是将风速资料在统计年份内出现的全部风速由大到小按递减次序排列，然后计算各最大风速在统计年份内出现的频率，其计算公式为

$$p=\frac{m}{n+1} \tag{2-5}$$

式中：p 为风速出现的频率；n 为占有资料的年份数；m 为将统计年份内出现的全部风速值由大到小按递减次序排列的序号数。

如果需要求出保证频率 p（如 $p=0.05$，即 20 年一遇；$p=0.01$，即 10 年一遇）时的最大风速，可将 p 和占有资料的年份数 n 代入式（2-5），求出风速递减序号 m，序号 m 所对应的风速即为在保证频率下选用的最大计算风速。若求得的 m 不是整数，则相邻两序号中的风速值可用插入法求得。

上述确定最大风速值的三种方法，在应用中各有优缺点，且在很大程度上取值是比较接近的。但数理统计法比较灵活，能较准确地和科学地反映客观实际，因此，接触网设计中最大计算风速值的确定以采用数理统计法为宜。

应该指出，最大风速值与距地面的高度还有关系。因空气在地表面流动时，由于与地表面的摩擦，地表对气流产生摩擦力，这种摩擦力引起与地面接近的气流速度的变化。随着高度的增加，摩擦力对风速的影响逐渐减小，因此，风速随高度而增加，在低气层中增加很快，而在很高的高度时，则增长逐渐减慢。我国各气象台所提供的风速资料都是将连续自记 10 min 的平均风速，统一换算至高度为 10 m 的连续自记 10 min 的平均风速。所以，10 m 的高度也称为基本风速高度。

计算作用于建筑物的风负载时，由于一般房屋建筑高度在 10 m 左右，所以取 10 m 为风速计算高度，即基本风速高度。对于电力工程，由于杆塔高度由十几米至近百米不等，则最大风速应根据实际情况，由最大基本风速换算为高空风速（换算方法参见有关设计手册）。

接触网的支柱高度一般在 8~15 m，接触线与承力索的架设高度又大都在 6~10 m。因此，为简单起见，可直接取用最大基本风速，不需再加以换算。

此外，通过山区的电气化线路，在无当地气象资料时，可根据附近平地的气象资料，并按比平地最大风速增大 10% 来考虑。

当电气化线路横跨河滩及山谷时，这时的最大风速，如果缺乏具体实测资料，也应按比

平地最大风速增加 10% 来计算。

（二）最高温度 t_{max} 与最低温度 t_{min}

最高温度 t_{max} 与最低温度 t_{min}，应根据线路通过地区的实际极限温度并参考典型气象区来确定。为了便于计算，在数值上宜取与极限温度接近的 5 之整倍数的数值。

（三）最大风速出现时的温度 t_v

最大风速出现时的温度 t_v 因地区而异，即便在一个地区，也有时高、有时低，故不宜选出合适的数值。一般是选取风速大而出现次数多的月份的温度平均值。根据我国气候特点，南北方不同。在南方多出现台风，宜取用夏秋季某个月的平均气温。在北方多出现寒流风，宜取用冬春季某个月的平均气温。至于长江中下游及中原一带，受上述两种影响都较严重，则应视其具体情况而定。在接触网设计中，应该根据当地气象资料并参考典型气象区的取值确定。

（四）接触线无弛度时的温度 t_0

接触线无弛度时的温度 t_0，是选取接触线处于水平状态时的温度，这个温度可以根据接触悬挂的实际运营状态确定。由于简单链形悬挂和弹性链形悬挂在温度变化相同时，其接触线弛度变化不同，故 t_0 取值也不同。

简单链形悬挂时

$$t_0 = \frac{t_{max} + t_{min}}{2} - 10 \quad （2-6）$$

弹性链形悬挂时

$$t_0 = \frac{t_{max} + t_{min}}{2} - 5 \quad （2-7）$$

接触线无弛度时温度的取值，一般比平均温度较低，这样可以减小负弛度、增加正弛度，有利于改善接触悬挂的运营状况。

（五）吊弦及定位器处于正常位置时的温度 t_d

吊弦及定位器处于正常位置时的温度，是取全年保持时间最长的温度，目前在设计工作中，取该地区最高温度和最低温度的平均值，即

$$t_d = \frac{t_{max} + t_{min}}{2} \quad （2-8）$$

（六）覆冰厚度 b

接触线和承力索的覆冰厚度，系指圆筒形的冰壳厚度。然而，实际上覆冰断面可能成为各种不规则的形状。在覆冰季节，可用单位长度导线覆冰后的重量换算出覆冰的平均厚度，即

$$b = \sqrt{R^2 + \frac{(g_b - g) \times 10^9}{9.81\pi\gamma_b}} \qquad (2\text{-}9)$$

式中　g_b——单位长度导线覆冰后的总重力负载（kN/m）；

　　　g——无冰时单位长度导线自重负载（kN/m）；

　　　R——导线半径（mm）；

　　　γ_b——冰的密度，取 900 kg/m³。

接触线的覆冰厚度取承力索冰壳厚度的 50%，不考虑吊弦及线夹上的覆冰荷载。

（七）线索覆冰时的风速 v_b

在设计时，若无实际观测资料，其覆冰时风速取 v_b = 10 m/s，但在沿海及草原地区，风速要大一些，此值可取 v_b = 15 m/s。

第二节　计算负载的确定

计算负载分为垂直负载和水平负载两种：

（1）垂直负载对于链形悬挂包括本身的重量，即承力索、接触线、吊弦及线夹的重量，接触线及承力索的覆冰重量等。

（2）水平负载包括风负载和由吊弦偏斜所造成的负载，后者在设计中一般不予考虑。另外还有承力索、接触线由于之字力和曲线力（由于曲线关系形成的垂直于线路的水平分力）以及下锚力的作用，对支柱和支持装置所形成的水平分力。

在负载决定中，不论是垂直负载还是水平负载，均认为是沿路距均匀分布的。下面介绍其计算方法。

一、自重负载

线索的自重负载可表示为

$$g = S\gamma g_H \times 10^{-9} \qquad (2\text{-}10)$$

式中　S——线索的横截面面积（mm²）；

　　　γ——所求线索的密度（kg/m³）；

　　　g——线索单位长度重力负载（kN/m）；

　　　g_H——自由落体重力加速度 9.81（m/s²）。

在垂直负载中，应考虑吊弦及线夹的重力负载，通常把它换算为单位长度重力负载，取为 0.5×10^{-3} kN/m。

二、冰负载

当天气发生变化，如气温突然下降、下雾或者下冷雨之后，就会在接触网和架空线路的导线与构件上形成覆冰。覆冰有三种主要形式：覆冰、白霜和冰霜混合物，主要是在风速小于 10~15 m/s 的条件下形成的，而很少可能在 20~25 m/s 的情况下形成。如果导线位置与风向接近垂直，则在导线的向风侧形成覆冰。如果风向是沿导线方向的，则导线的整个面上都会形成覆冰，但覆冰的强度和密度比较小。导线覆冰的外形是各种各样的。覆冰主要形成在一侧时，其形状多数为椭圆形。自由悬挂导线在这种偏心负载的作用下发生扭转，特别在大跨距的情况下更为明显，导线扭转角度随着与支点距离的增大而增大。由于导线扭转，覆冰形状也随之变化。链形接触悬挂的承力索与接触线通过吊弦相互连接，因此在覆冰时可防止导线发生扭转。

计算冰负载时，冰壳的计算厚度 b 应不小于实际观测到的 5 年至少出现一次的最大覆冰厚度，如图 2.1 所示。对于接触线的覆冰重力负载，在计算时忽略了其横截面的沟槽形状，认为是圆形的。

$$g_b = \pi \gamma_b b(b+d) g_H \times 10^{-9} \tag{2-11}$$

式中　g_b——承力索（或接触线）的覆冰重力负载（kN/m）；
　　　b——覆冰厚度（mm）；
　　　d——线索直径，对于接触线取平均直径即 $d = \dfrac{A+B}{2}$（mm）；
　　　γ_b——覆冰密度（kg/m³）；
　　　g_H——重力加速度（m/s²）。

根据我国铁路惯例，在接触网设计时，接触线覆冰厚度按照承力索覆冰厚度的一半计算。

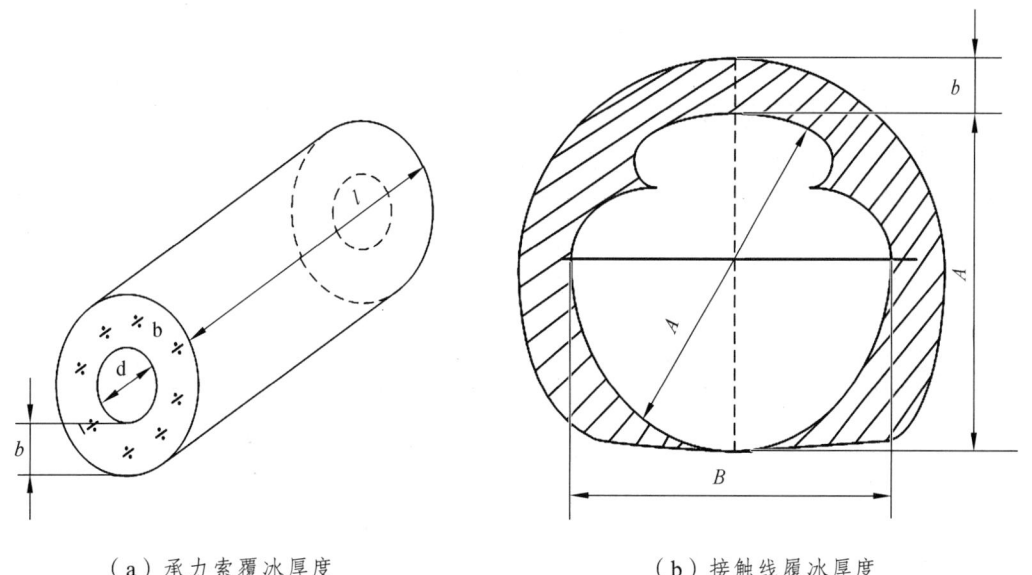

（a）承力索覆冰厚度　　　　　　　　（b）接触线覆冰厚度

图 2.1　覆冰厚度

三、风负载

气流的结构在很大程度上取决于它的速度。只有在速度小的情况下，气流线才是平行的。

速度提高以后，就会产生复杂的涡流运动，它是由地表的不平和相邻气温的差别所致。鉴于这个原因，风速不可能是恒定的，而是一阵一阵地吹着。风颠簸的时间是不长的，一般只有 0.5~2 s，而且风向和风速都是变化的。因此，如果是根据某一资料来源求得平均风速的话，那么应该估计到个别时间上流速可能要超出平均风速。为了表征风速的波动，现引用风速不均匀系数 k，其值等于阵风的最大风速与某一时间间隔内的平均风速之比。观察结果表明，当平均风速提高时，k 值下降，如图 2.2 所示。风速的波动会给导线和支柱结构带来附加动力负载。以往对接触网的设计都是按平均风速进行计算的。

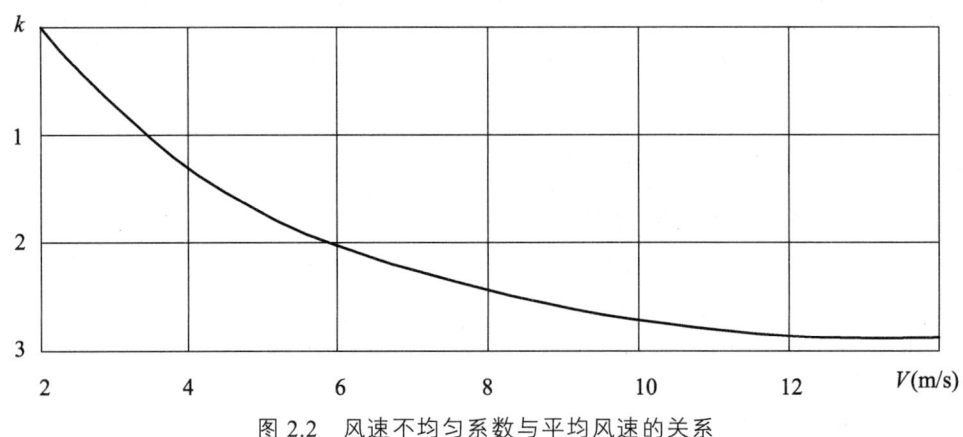

图 2.2　风速不均匀系数与平均风速的关系

风速是一随机量，可以用分布曲线表示。正如一般常有的情况一样，随着某一值不断接近最大值，其概率就要不断减小。最大风速 v_{max} 及其重复出现周期之间的关系如图 2.3 所示。

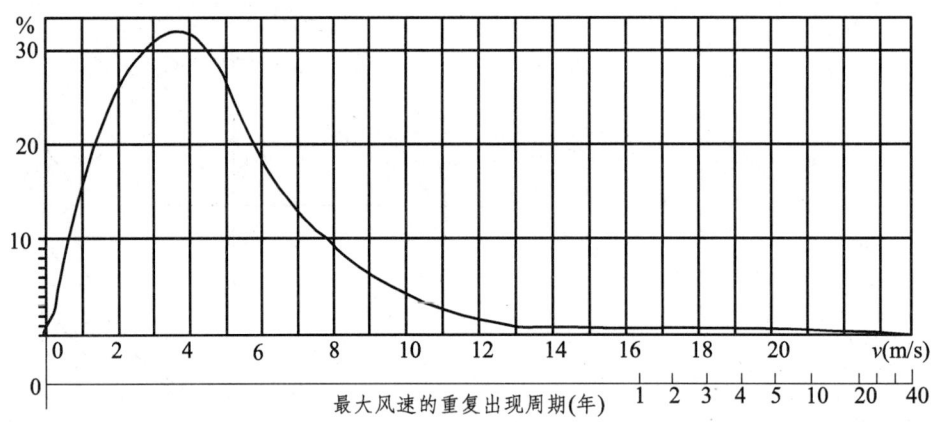

图 2.3　风速的分布曲线与最大风速的重复出现周期

风负载就是风作用到线索上的力，又称风压。它是由空气流动的动能 $(\rho v^2)/2$ 所决定的。若以恒定的风速 v 垂直吹到平面上，此时单位平面上所受到的理论压力，通常称为理论风压，其表达式为

$$q = \frac{1}{2}\rho v^2 \tag{2-12}$$

式中　q——理论风压（kN/m^2）；

ρ——空气密度（kg/m³）；

v——风速（m/s）。

各地区的理论风压不仅与风速有关，而且随 $\rho/(2g_H)$ 的不同而异。$\rho/(2g_H)$ 的取值，沿海为 1/17，内陆为 1/16，西南高原地区为 1/18、1/19。实际上，在进行风压计算时，并未对地理位置加以订正，而是采用标准常数，即一立方米的空气在一个标准大气压力下，温度为 15 ℃ 时的空气密度 ρ 等于 1.225 kg/m³。此时风速与风压之间的关系可用下式确定

$$q = 0.615v^2 \tag{2-13}$$

为适应工业与民用建筑的需要，国家基本建设委员会正式批准了我国基本风压标准，用基本风压 q 表示，它是以一般空旷地区离地面 10 m 高统计得到的 30 年一遇的 10 min 平均最大风速为标准，其值按 $q = v^2/16$ 确定。

我国地域广阔、地形复杂，形成大风的天气系统各不相同，造成的极端最大风速也各异。但从我国基本风压分布图上可以看出，我国风压分布存在以下特点：

（1）东南沿海为我国最大的风压区。风压等值线与海岸平行，风压从沿海向内陆递减很快，这是与造成这一地区大风的气象系统的因素——台风有关。这些地区面临海洋，正对着台风的来向。但台风环流通到山岳和陆地时，由于摩擦加大，空气大量内流，使台风很快减弱。

（2）西北、华北和东北地区为我国大陆风压次大区。等风压线由北向南递减，这一地区的大风主要与强冷空气活动相关。

（3）青藏高原为风压较大区。这一地区大风主要是因海拔高度较高造成的。该地区除冷空气侵袭造成大风之外，高空常形成乱流交换发展的天气条件，引起高空动量下传，造成强劲的偏西气流大风。

（4）云贵高原和长江中下游风压较小，特别是四川中部、贵州、湘西、鄂西为我国风压最小的区域。

（5）台湾和海南岛等沿海岛屿，风压自成一个区域。台湾是我国风压最大的一个区域，海南岛正对着台风来向，直接受台风的袭击，其风速和风压都为较大的特殊区域。

在进行电气化铁路接触网设计时，如无当地实际观测资料，可以充分利用全国基本风压分布图给出的条件。但是考虑到投资和回收期的关系，对于最大风速的保证率要求不同。因此，对于以一般空旷平坦地面、离地面 10 m 高统计得到的 30 年一遇的 10 min 平均最大风速为标准的风压，可以乘以调整系数得出相应不同重现期的风压

$$q_t = q_{1/3}k_t \tag{2-14}$$

式中　q_t——任意 t 年一遇的风压值；

$q_{1/3}$——30 年一遇的标准基本风压；

k_t——不同重现期的风压调整系数（表 2.2）。

表 2.2　不同重现期的风压调整系数

重现期 t	1/100	1/60	1/30	1/20	1/10
调整系数 k_t	1.19	1.11	1.00	0.93	0.83

当具有当地的风速观测资料时,接触网悬挂线索的风负载可由下式计算

$$P = 0.615\alpha K dl v^2 \sin\theta \quad (2\text{-}15)$$

式中　P——线索所受的实际风负载(kN);
　　　α——风速不均匀系数(表 2.3);
　　　K——风负载体型系数(表 2.4);
　　　d——线索的直径(mm);
　　　l——接触悬挂跨距(m);
　　　v——设计计算风速(m/s);
　　　θ——风向与线路方向的夹角。

表 2.3　风速不均匀系数

计算风速(m/s)	20 以下	20~30	30~35	35 以上
a	1.00	0.85	0.75	0.70

表 2.4　风负载体型系数

受风件特征		系数	K
支柱		圆形钢筋混凝土支柱	0.60
		矩形钢筋混凝土支柱	1.40
		四边形角钢支柱	1.4(1+η)
线索		链形悬挂	1.25
	一般悬挂	d<17 mm	1.20
		d≥17 mm	1.10

式(2-14)是表示一个跨距内线索所受的实际风负载。在计算时,风向与线路方向的夹角一般取 $\theta = 90°$,$\sin\theta = 1$。同时,为了计算方便,通常总是先求单位长度的风负载。当把 l 取为 1 m 时,则式(2-14)可变为单位长度风负载的公式,即

$$p = 0.615\alpha K v^2 d \times 10^{-6} \quad (2\text{-}16)$$

式中:p 为单位长度的风负载,单位为 kN/m;其余符号意义同前。

还应指出,上式中,v 为距地面 10 m 高度的当地气象台站实际观测的最大风速值。可是当地气象台站的风速仪并不全为 10 m 高度,自记录也较少,以往大都是定时 4 次,每次 2 min 平均风速,故在求最大风速以前,所记录的风速资料必须经过风速仪对高度、观测次数及观测时距的修正。

在计算线索的强度时,实际的受风负载应考虑风速不均匀系数(如表 2.4 所示)。

按极限状态计算接触网结构时,在有覆冰的情况下,风速可取最大风速的 50%。

在计算接触悬挂导线风偏移值和最大跨距长度时,确定风负载要考虑阵风时的危险影响。对于不防风地带取风速提高系数为 1.15,对于可能大于 5 m 以上的路堤以及河谷、山口地段,

其值取为 1.25，对于高出 25 m 以上的高路堤及桥梁上的区段，接触网设计计算风速时，该提高系数可取为 1.35。

对于支柱所受的风负载，应换成公式计算即

$$P_0 = 0.615KFv^2 \times 10^{-3} \tag{2-17}$$

式中　P_0——支柱风负载（kN）；
　　　K——风负载体型系数（表 2.3）；
　　　F——塔身迎风面的构件投影面积（m²）；
　　　v——设计计算风速（m/s）。

四、合成负载

在线索同时承受垂直负载（重力负载）和水平负载（风负载）时，合成负载是它们的几何和。在计算链形悬挂的合成负载时（是对承力索而言的），其接触线上所承受的水平风负载，被认为是传给了定位器而予以忽略不计。

最大风速时的合成负载

$$q_{v_{max}} = \sqrt{(g_j + g_c + g_d)^2 + p_{cv}^2} \tag{2-18}$$

覆冰时的合成负载

$$q_b = \sqrt{(g + g_{bc})^2 + p_{cb}^2} \tag{2-19}$$

无冰、无风的合成负载

$$q_0 = g_j + g_c + g_d \tag{2-20}$$

合成负载对铅垂线间的夹角，可由下式决定，即

$$\varphi = \arctan \frac{p_{cb}}{g + g_{b0}} \tag{2-21}$$

式中　g_j——接触线单位长度的重力负载（kN/m）；
　　　g_c——承力索单位长度的重力负载（kN/m）；
　　　g_d——吊弦及线夹重力负载，取为 0.5×10^{-3}（kN/m）
　　　p_{cv}——承力索在 v_{max} 时单位长度的风负载（kN/m）；
　　　p_{cb}——承力索在覆冰时单位长度的风负载（kN/m）；
　　　g_{b0}——承力索和接触线上的纯冰负载（kN/m）；
　　　q_0——链形悬挂重力负载（kN/m）。

链形悬挂在无冰、无风时，即水平负载为零，覆冰负载也为零，此时合成负载为 q_0，即是链形悬挂的自重负载。

第三节 自由悬挂的张力与弛度计算

在两个支柱间，悬挂一根固定截面的接触线、正馈线、供电线、回流线或其他导线时，则此线在自重和附加负载的作用下，就自然形成一个弛度。弛度的大小对运行质量将产生直接的影响。因此，正确、合理地确定弛度的量值是十分重要的。

自由悬挂是一种最基本、最简单的悬挂方式。自由悬挂的计算是一种最基本的计算，以下将研究自由悬挂导线的张力与弛度的大小变化及其计算方法。

设 A、B 是两悬挂点，当两悬挂点在同一水平位置时为等高悬挂。从接触线弧垂最低点，到连接两悬挂点间的垂直距离，称为弛度 F，如图 2.4（a）所示。

当悬挂点不在同一水平面时，由导线弧线最低点分别到两悬挂点的垂直距离称为悬挂点 A 和 B 的弛度，由 F_1 和 F_2 表示，如图 2.4（b）所示。

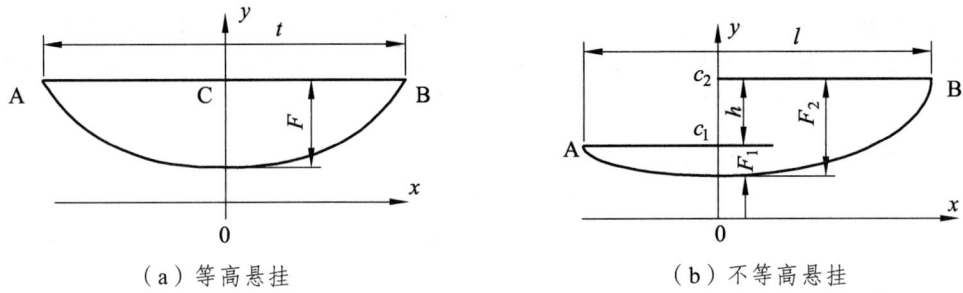

（a）等高悬挂　　　　　　　　（b）不等高悬挂

图 2.4　自由悬挂导线的弛度

在自由导线悬挂计算中，由于其材料的刚度实际影响很小，可以近似把它看作理想的软线，其刚度忽略不计。另外，悬挂线索的自重负载实际上是沿导线长度均匀分布的，因此，可以认为是沿跨距均匀分布的。为了简化计算，下面就根据这两条假设来研究线索的张力和弛度。

一、等高悬挂的弛度计算

设 A、B 两点为导线的悬挂点，l 为跨距，g 为单位长度的自重负载，F_A、F_B、T_A、T_B 分别为悬挂点 A、B 的垂直分力与水平分力，如图 2.5 所示。根据力的平衡原理，由 $\sum F_x = 0$，得

$$T_A - T_B = 0$$

即　　　　$T_A - T_B = T$

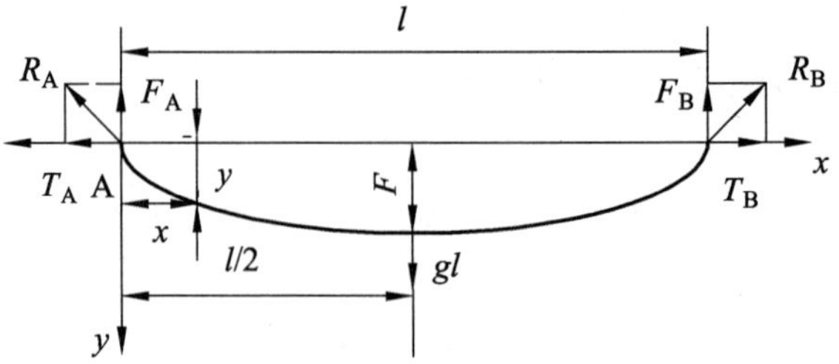

图 2.5　自由悬挂导线受力图

这说明在垂直负载作用下,悬挂导线内任一截面上的水平张力是一个常数。同时,由力的平衡方程 $\sum F_y = 0$,得

$$F_A + F_B - gl = 0$$

由于是对称、水平悬挂,则

$$F_A = F_B = gl/2$$

它说明悬挂点垂直反力 F_A 和 F_B 的大小取决于单位自重负载和跨距长度,而与悬挂导线的弛度大小无关。

任取悬挂导线上一点 O,并取 OA 为分离体,设 O 点距 A 点的水平距离为 x,该点挠度为 y,OA 段导线自重负载为 gx,对 O 点取力矩,则 $\sum M = 0$,即

$$T_A \cdot y - F_A \cdot x + gx \cdot \frac{x}{2} = 0 \tag{2-22}$$

将 $F_A = gl/2$,$T_A = T$ 代入式(2-18),得

$$T \cdot y = \frac{gl}{2} \cdot x - \frac{gx^2}{2}$$

所以

$$y = \frac{gx(l-x)}{2T} \tag{2-23}$$

当 $x = l/2$ 时,$y = y_{\max} = F$,即

$$F = \frac{gl^2}{8T} \tag{2-24}$$

或

$$T = \frac{gl^2}{8F} \tag{2-25}$$

将式(2-21)代入式(2-19),得

$$y = \frac{4F \cdot x(l-x)}{l^2} \tag{2-26}$$

式(2-26)为自由悬挂导线的曲线方程,在水平均布负载下导线成抛物线形状。对于弹性简单悬挂,其张力与弛度的关系亦遵循式(2-23)的变化规律。

由式(2-24)和式(2-25)可以看出,弛度 F 和张力 T 之间存在着一定的关系。在每取一个数值 T 时,就能得到一个相应的 F 值,从而可以得出在特定条件下张力与弛度的关系曲线。

应当指出,悬挂导线的张力并不是常数,而是变化的,其张力的方向是沿悬挂线索的切线方向。

如图 2.6 所示,在导线上任取一点 O,由式(2-26)可得抛物线在 O 点倾角 θ 的正切,即

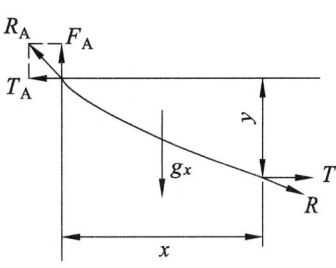

图 2.6 悬挂线索分离体

$$\tan\theta = \frac{\mathrm{d}y}{\mathrm{d}x} = \frac{4F}{l} - \frac{8F \cdot x}{l^2} \tag{2-27}$$

由此可知导线在 O 点的张力为

$$R = \frac{T}{\cos\theta} = T\sqrt{1 + \tan^2\theta}$$

将式（2-27）代入上式，得

$$R = T\sqrt{1 + \frac{16F^2}{l^2}\left(1 - 2 \cdot \frac{x}{l}\right)^2} \tag{2-28}$$

从式（2-28）可以看出，当 $x=0$ 或 $x=l$ 时，在悬挂点的张力具有最大值，其值为

$$R_{\max} = T\sqrt{1 + 16F^2/l^2} \tag{2-29}$$

当 $x=l/2$ 时，即在跨距中点处的张力具有最小值为

$$R_{\min} = T\sqrt{1 + \frac{16F^2}{l^2}\left(1 - 2 \cdot \frac{l/2}{l}\right)^2} = T \tag{2-30}$$

对于简单接触悬挂，要求较小的弛度，可充分利用接触线的许可张力。在这种条件下，水平张力 T 与接触线的实际张力 R 间的夹角 θ 是很小的，R 与 T 的差别也很小，通常认为它们近似相等。计算表明，忽略了 $4F/l$，用水平张力 T 代替实际张力 F，在工程计算中是许可的，即 $R \approx T$。

二、不等高悬挂的弛度和张力计算

由于地形不平或支柱高度不同，这样就形成了悬挂点的高度不一样。在接触网支柱沿线路布置时，因线路坡度的变化，也会形成悬挂点的高度不一致。在软横跨的计算中，约有 30% 以上属于不等高悬挂。因此，对这种情况加以讨论并找出它的特点是完全必要的。

设有实际跨距为 l，高差为 h，接触线最低点 O 到两悬挂点的水平距离分别为 l_1、l_2 的不等高悬挂，如图 2.7 所示。

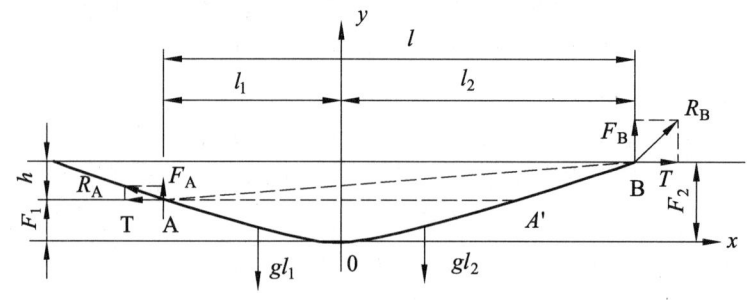

图 2.7 不等高悬挂的弛度

在此情况下，最低点 O 不在跨距的中心，而是向低悬挂点方向偏移，其偏移量的大小取

决于高差 h。在计算不等高悬挂的弛度 F_1 及 F_2 时，是以最低点 O 为坐标原点，进而找出两个假想的等高悬挂，即把抛物线近似地看成 BOB′ 和 A′OA，然后从 O 点把悬挂分成两部分，再分别对半个悬挂 OA 和半个悬挂 OB 按对称方法进行计算。

将 OA 和 OB 两部分的各力分别取水平投影和垂直投影，之和等于零，得

$$T_A = T, \quad T_B = T$$

$$F_A = gl_1, \quad F_B = gl_2$$

将这两部分对 O 点分别取力矩，即 $\sum M = 0$，得

$$TF_1 + \frac{gl_1^2}{2} - gl_1^2 = 0$$

$$TF_2 + \frac{gl_2^2}{2} - gl_2^2 = 0$$

整理得

$$F_1 = \frac{gl_1^2}{2T} = \frac{g}{8T}(2l_1)^2 \tag{2-31}$$

$$F_2 = \frac{gl_2^2}{2T} = \frac{g}{8T}(2l_2)^2 \tag{2-32}$$

因为悬挂点高度差为

$$h = F_2 - F_1 = \frac{g}{2T}(l_2^2 - l_1^2) = \frac{g}{2T}(l_2 - l_1)(l_2 + l_1)$$

而

$$l_2 + l_1 = l \tag{2-33}$$

$$l_2 - l_1 = \frac{2Th}{gl} \tag{2-34}$$

解式（2-23）与式（2-34）的联立方程，得

$$l_2 = \frac{l}{2} + \frac{Th}{gl} \tag{2-35}$$

$$l_1 = \frac{l}{2} - \frac{Th}{gl} \tag{2-36}$$

将式（2-35）及式（2-36）分别代入式（2-31）及式（2-32），可以求得 F_1 及 F_2，即

$$F_2 = F + \frac{h}{2} + \frac{h^2}{16F} = F\left(1 + \frac{h}{2F} + \frac{h^2}{16F^2}\right)$$

在跨距相同的条件下（跨距为 l），等高悬挂的弛度为 $F=(gl^2)/(8T)$，所以上式可写为

所以
$$F_2 = F\left(1+\frac{h}{4F}\right)^2 \quad (2\text{-}37)$$

同理可以求得 F_1 为

$$F_1 = \frac{g}{8T}\left(l-\frac{2Th}{gl}\right)^2 = F\left(1-\frac{h}{4F}\right)^2 \quad (2\text{-}38)$$

式（2-37）和式（2-38）表明了在悬挂点不等高时，从高、低两悬挂点计算的弛度（在跨距相同条件下）与悬挂点等高弛度之间的关系。

三、斜弛度计算

上面研究了从高低不等的两悬挂点到悬挂最低点的弛度，这里还要讨论一下斜弛度的问题，如图 2.8 所示。连接不等高的两悬挂点 A、B，再引一条与 AB 平行且与导线所形成的曲线相切的直线，并过切点 C 绘一条铅垂线与直线 AB 在 D 点相交，则线段 CD 的长度就称为斜弛度，用 F' 表示。

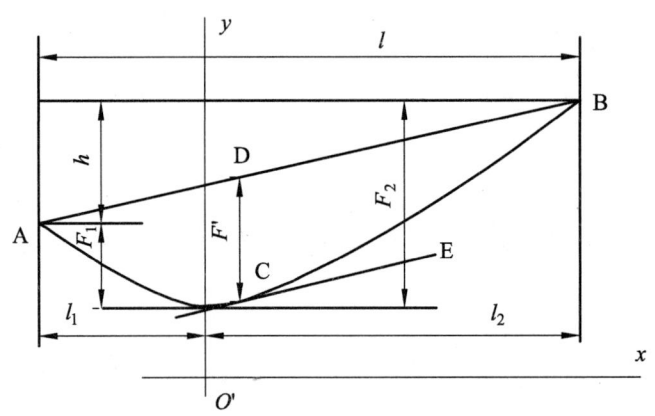

图 2.8　斜弛度

推证过程不再表述，不等高悬挂的斜弛度 F' 等于跨距相同时，等高悬挂的水平弛度 F。这是一个非常重要的关系，它可以把不等高悬挂的弛度计算，转换为跨距相等条件下悬挂点等高时的弛度计算，这一概念将在工程中得以广泛的应用。

不等高悬挂不仅是斜弛度与等高悬挂的水平弛度相等，而且不难证明不等高悬挂点的连线上任意一点，与导线所成曲线的垂直距离只与跨距、导线材质、拉力及该点横坐标有关，而与悬挂点的高度差无关。

四、上拔力的验算

承力索在建筑物与支柱上的两悬挂点以及供电线、捷接线在两支柱上的悬挂点的高差较大时，在低悬挂点处就有可能出现上拔力。在遇到类似的情况时，首先应进行验算，验算的结果若出现上拔力,则应采取相应的措施,如调整跨距或降低高度等,使之符合设计技术要求。

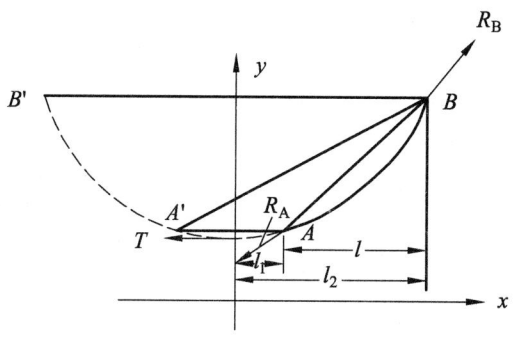

图 2.9　上拔力计算图

如图 2.9 所示。设两悬挂点 A、B,在高度差 h 较大时,其最低点 C 可能不在跨距 l 范围内,此时可以认为曲线 AB 是假想曲线 B′A′AB 的一部分,即

$$l = l_2 - l_1 \tag{2-39}$$

而

$$h = \frac{g}{2T}(l_2^2 - l_1^2) = \frac{g}{2T}(l_2 - l_1)(l_2 + l_1)$$

所以

$$l_2 + l_1 = \frac{2Th}{gl} \tag{2-40}$$

将式(2-39)、式(2-40)和式(2-43)、式(2-34)比较,只不过 l_1 变为 $-l_1$。从图 2.9 可以看出,由于 l_1 为负值,其最低点在 A 点以外。利用这一特点,根据 l_1 的正、负符号,可以判断悬挂线索的最低点是否在跨距范围内。

由式(2-32)可得

$$l_1 = \frac{l}{2} - \frac{Th}{gl} \tag{2-41}$$

所以当 l_1 的符号为正,即 $l_1>0$ 时,线索的最低点在跨距范围内;当 l_1 的符号为负,即 $l_1<0$ 时,线索的最低点在跨距范围之外;当即 $l_1=0$ 时,线索最低点位于悬挂点 A 点上。

此外,当已知悬挂的斜弛度时,可以将 $F' = (gl^2)/(8T)$ 代入式(2-42),其斜弛度和高度差的关系为

$$4F < h \tag{2-42}$$

当式(2-42)的条件得到满足时,也说明悬挂线索的最低点不在跨距内,这时在低悬挂点产生上拔力。

关于上拔力的概念,由式(2-43)能够更清楚地说明,即

$$V_A = T\left(\frac{4F}{l} - \frac{h}{l}\right) \tag{2-43}$$

而 V_A 为低悬挂点的支座反力,它有下述三种情况:

① 当 $\dfrac{4F}{l} - \dfrac{h}{l} = 0$，即 $4F = h$，$V_A = 0$；

② 当 $\dfrac{4F}{l} - \dfrac{h}{l} > 0$，即 $4F > h$，$V_A > 0$ 为正值；

③ 当 $\dfrac{4F}{l} - \dfrac{h}{l} < 0$，即 $4F < h$，$V_A < 0$ 为负值。

在 V_A 为负值时，就说明低悬挂点受一个向上的拉力，此力即为上拔力。

对于链形悬挂，悬挂的均布自重负载为接触线和承力索的换算负载，张力也变成了换算张力。如果用换算负载 W_x 和换算张力 Z_x 分别代替 g 和 T，则式（2-42）可变为如下形式

$$l < \sqrt{\dfrac{2Z_x h}{W_x}} \tag{2-44}$$

式中　h——悬挂点高度差（m）；

　　　l——跨距（m）；

　　　Z_x——链形悬挂换算张力（kN）；

　　　W_x——链形悬挂换算负载（kN/m）。

当式（2-40）得到满足时，在低悬挂点上产生上拔力，此时应加大跨距或降低悬挂点高差，以消除上拔力。

五、悬挂线索实际长度的计算

承力索或接触线（包括供电线、正馈线、捷接线、回流线等）在悬挂后，由于自重负载的影响，会自然形成弛度，如图 2.10（a）所示。这时线索的实际长度必大于跨距长度 l，而实际长度的变化对线索弛度影响很大。因此，决定线索悬挂时的实际长度，在设计和施工中是很重要的。

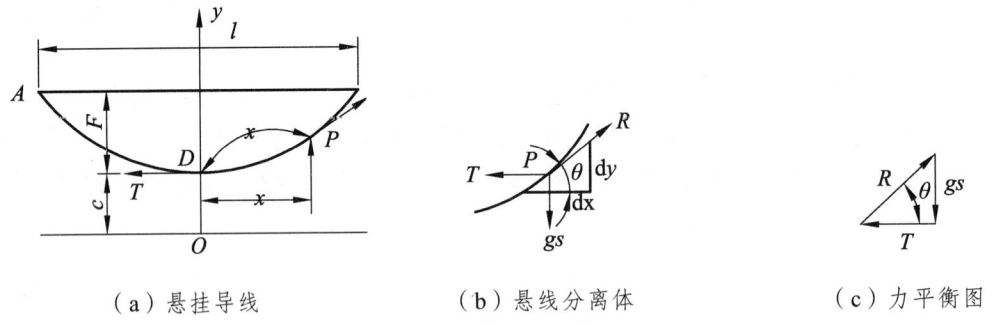

（a）悬挂导线　　　　　　（b）悬线分离体　　　　　　（c）力平衡图

图 2.10　悬挂线索长度微分段

研究线索的实际长度，是假设把悬挂的线索分成无限多的微小线段，若在 P 点取出一个微小线路分离体，如图 2.10（b）中所示的 dL（它是由 dx 和 dy 构成的斜边），在 dL 无限短的时候，可以认为是一直线段，求出每一小段的长度后，再积分，即可得悬挂线索的总长。

在线段长度为 dL 时，其水平增量为 dx，相应线段的挠度为 dy，则

$$dL = [(dx)^2 + (dy)^2]^{1/2} = \left[1 + \left(\frac{dy}{dx}\right)^2\right]^{1/2} dx \qquad (2\text{-}45)$$

同时根据式（2-26）有

$$y = \frac{4F \cdot x(l-x)}{l^2}$$

可得

$$\frac{dy}{dx} = \frac{4F(l-2x)}{l^2}$$

将 $\dfrac{dy}{dx}$ 代入式（2-45），得

$$dL = \left[1 + \frac{16F^2(l-2x)^2}{l^4}\right]^{1/2} dx \qquad (2\text{-}46)$$

根据高斯二项式定理

$$(1+x)^m = 1 + \frac{m}{1!}x + \frac{m(m-1)}{2!}x^2 + \cdots + \frac{m(m-1)\cdots(m-n+1)}{n!}x^n + \cdots$$

将式（2-46）展开，并取前两项，得

$$dL = \left[1 + \frac{1}{2} \cdot \frac{16F^2(l-2x)^2}{l^4}\right]dx = \left[1 + \frac{8F^2(l-2x)^2}{l^4}\right]dx$$

将上式积分可得线索在一个跨距内的实际长度为

$$L = 2\int_0^{l/2}\left[1 + \frac{8F^2(l-2x)^2}{l^4}\right]dx = 2\left[x - \frac{4}{3}\cdot\frac{(l-2x)^3}{l^4}F^2\right]_0^{1/2} = l + \frac{8F^2}{3l}$$

即

$$L = l + \frac{8F^2}{3l} \qquad (2\text{-}47)$$

式中　L——悬挂线索的实际长度（m）；
　　　F——悬挂线索的最大弛度（m）；
　　　l——跨距长度（m）。

对于不等高悬挂，当已知跨距为 l，斜弛度为 F，高度差为 h 时，同样可以用式（2-45）来确定悬挂线索的实际长度。这时将式（2-40）代入式（2-45），并求其积分可得

$$L = l + \frac{8F^2}{3l} + \frac{1}{2}\cdot\frac{h^2}{l} \qquad (2\text{-}48)$$

在不等高悬挂时，如果已知悬挂线索的最大弛度分别为 F_1 及 F_2，由悬挂最低点分别到两悬挂点的水平距离为 l_1 及 l_2，则此跨距内的线索实际长度为

$$L = l + \frac{2}{3}\left(\frac{F_1^2}{l_1} + \frac{F_2^2}{l_2}\right) \tag{2-49}$$

跨距一定时，悬挂线索的实际长度与弛度的大小有很密切的关系，或者说线索实际长度的变化对弛度的影响很大。一般来说，在大弛度的供电线路计算中，其实际长度的计算是不容忽视的。

第四节　接触线受风偏移和跨距许可长度的计算

一、跨距

任何架空导线在风的作用下都要偏离其起始位置，在情况严重时可能会破坏线路的工作条件。如在电力传输线路上，导线的偏移以及由此产生的振动，会导致不同相的导线之间的混线，从而造成短路，并因此而烧坏导线。在电气化铁路接触悬挂上，导线偏离起始位置会导致钻弓事故，刮坏受电弓或拉断导线。这种运行故障会中断或影响行车，是接触网最严重的事故之一。因此应经常注意接触网悬挂导线的偏移，但是，精确计算偏移值有很大困难，目前采用的是近似法。所谓困难，一方面是评定风对导线的作用比较复杂；另一方面是在风的作用下导线的运动状态比较复杂。

严格地说，应该把导线的风负载看成对时间或距离的函数，或同时对时间和距离的随机函数，即可把风负载看成一个与这些值有关的数值。目前还不能对风的作用进行描述，也没有这方面的计算方法。一般来说，如果不能把某一数值的变化看作随机函数的话，那么可以采用较为简单的形式，即不考虑下一个数值与上一个数值之间的关系，把它们看成是相互独立的数值，也就是说把随机函数转化为随机量。

在具有随机性质的风负载作用下，计算导线的偏移值同计算结构的强度一样，不是根据最大可能的风速或长时间观测到的最大风速，而是根据比可能的或观测到的最大风速要小一点的风速进行计算，但是最大风速的超量概率是非常小的。在计算中根据技术条件所取的数值的概率，决定设备有运用的可靠性和经济性，因此应具有严格的科学论证，在强风作用下，接触线距受电弓中心的最大偏移值，在线路直线区段不应超过 500 m，在曲线区段不应超过 450 m。

一般来说，观测风速就是确定某一风速每出现一次的平均周期，也就是所谓某一风速的出现频率。大部分阵风正面的宽度远远超过 20 m，因此各种阵风的持续时间差别大。在阵风作用下导线的偏移值可能要大于按平均风速求的得数值。因此要把导线偏移值看成一个概率值，用动态计算方法计算。

造成钻弓事故还有其他一些原因，如：在线路直线区段，轨面不在一个水平面上；在曲线区段，一根钢轨对另一根钢轨的高度超过了容许值；机车弹簧下沉量不一样；电力机车与受电弓有横向摆动等。因上述原因造成的受电弓中心对导线的偏移同风压一样，也是一个随机量。导线的实际偏移值可能会大于计算值，但是导线在某一点的实际偏移与受电弓在跨距这一点因上述原因造成的偏移，在时间上不一定正好碰在一点。因此在偏移值超过容许值的时候，不一定都会发生运作故障。所以，比较正确的办法不是去规定最大的计算风速和导线的最大容许值偏移值。而是规定允许刮弓概率。遗憾的是现在还没有研究出在风压作用下的导线偏移的动态计算方法，因而还不知道如何去求刮弓概率，所以导线的偏移值要按给定的均匀风速采用静力学行列式的计算方法来确定。

跨距就是两相邻支柱间的距离，其长度的决定涉及一系列经济、技术问题，是接触网设计中的问题之一。跨距有经济跨距和技术跨距两个概念。单从经济观点考虑问题所决定的跨距为经济跨距；而按技术要求的跨距为技术跨距。在一般情况下，经济跨距总是大于技术跨距。因此，技术跨距总是研究的中心。

技术跨距是根据接触线在受横向水平力作用时，对受电弓中心线所产生的许可偏移而决定的。对于简单接触悬挂，弛度也是决定跨度的重要因素。

二、简单悬挂的受风偏移和跨距长度

要使接触线良好地工作，就要保证在受风作用时，接触线对受电弓中心线的受风偏移值不超过其规定的最大许可值。根据受电弓滑板的最大工作宽度，铁路工程技术规范规定，在最大计算风速条件下，接触线对受电弓中心的最大水平偏移值不应超过 500 mm。在接触网设计中，仍按此规定处理。

为了清楚起见，先研究简单接触悬挂的受风偏移状态，并为了简化计算，假设跨距两端是死固定，即不考虑补偿器的补偿作用，同时认为在受风以后，导线内的张力变大，而不考虑张力变大后导线的弹性伸长。此时，接触线的水平偏移值 b_j，如图 2.11 所示。图中表示的是接触线在跨距内任意点的横断面，接触线在水平负载 P_j 的作用下位于斜面内。

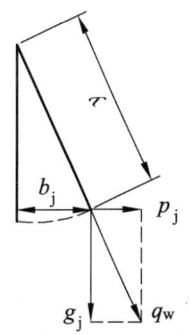

图 2.11 接触线的水平受风偏移

由图中可知 $\dfrac{b_j}{y} = \dfrac{p_j}{q_v}$

即
$$b_j = y \dfrac{p_j}{q_v} \tag{2-50}$$

接触线在跨距内任意点的弛度 y 值可由式（2-51）得

$$y = \dfrac{q_v x(l-x)}{2T_j} \tag{2-51}$$

将 y 值代入式（2-46）中得

$$b_j = \dfrac{p_j \cdot x(l-x)}{2T_j} \tag{2-52}$$

$x = l/2$，具有最大水平风偏移，即

$$b_{j\max} = \frac{p_j \cdot l^2}{8T_j}$$

在直线区段上，当接触线布置成之字形时，对其线路中心（也即是受电弓中心）线的偏移决定于 y_1 及 y_2，如图 2.12（a）所示。其值由下式确定

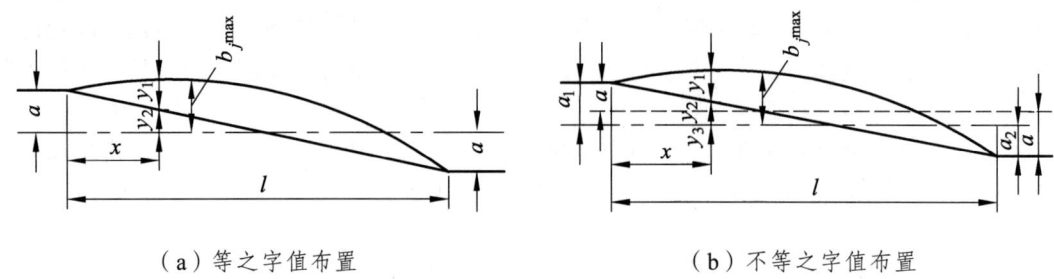

（a）等之字值布置　　　　　　　（b）不等之字值布置

图 2.12　直线区段上接触线的受风偏移

$$y_1 = \frac{p_j \cdot x(l-x)}{2T_j}$$

$$y_2 = \frac{a(l-2x)}{l}$$

式中　a——接触线之字值（mm）；
　　　p_j——接触线单位长度上的风负载（kN／m）；
　　　T_j——接触线张力（kN）；
　　　l——跨距长度（m）。

由此可得接触线在跨距长度内任意点（距左侧支柱为 x）对线路中心的偏移值 b_j 为

$$b_j = \frac{p_j \cdot x(l-x)}{2T_j} + \frac{a(l-2x)}{l} \tag{2-53}$$

令

$$\frac{\mathrm{d}b_j}{\mathrm{d}x} = 0$$

解得

$$x = \frac{l}{2} - \frac{2aT_j}{p_j l} \tag{2-54}$$

将 x 值再代入式（2-53），整理可得

$$b_{j\max} = \frac{p_j \cdot l^2}{8T_j} + \frac{2a^2 T_j}{p_j \cdot l^2} \tag{2-55}$$

在接触线具有不等之字值 a_1 和 a_2 时，如图 2.12（b）所示。其最大偏移值由下式确定

$$a = \frac{a_1 + a_2}{2}$$

由图 2.12（b）可知

$$y_3 = a_1 - a = a_1 - \frac{a_1+a_2}{2} = \frac{a_1-a_2}{2} \quad (2\text{-}56)$$

将不等之字值布置时形成的偏移分量代入式（2-55），并将 y_3 代替式中 a 的值，就可求得接触线在跨距内最大偏移值 $b_{j\max}$，得

$$b_{j\max} = \frac{p_j \cdot l^2}{8T_j} + \frac{(a_1+a_2)^2 T_j}{2p_j \cdot l^2} + \frac{a_1-a_2}{2} \quad (2\text{-}57)$$

如果取式（2-51）中的 $b_{j\max} = b_{jx}$，并求解出 l，即可得到接触线在直线上的最大跨距

$$l_{\max} = 2\sqrt{\frac{T_j}{p_j} + (b_{jx} + \sqrt{b_{jx}^2 - a^2})} \quad (2\text{-}58)$$

式中　$l_{\max}$——最大计算跨距值（m）；
　　　T_j——接触线的张力（kN）；
　　　p_j——接触线单位长度的风负载（kN/m）；
　　　b_{jx}——接触线的许可偏移值（m）；
　　　a——接触线之字值（在曲线区段上为拉出值）（mm）。

接触线在曲线区段上布置成割线的形式，拉出值为 a。其曲线区段上的受风偏移如图 2.13 所示。

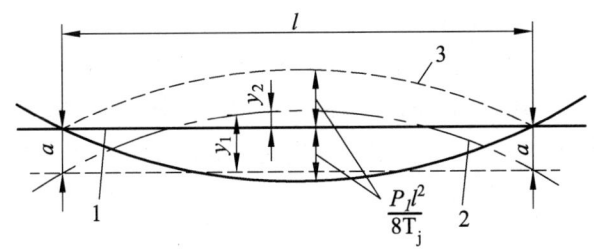

图 2.13　曲线区段上接触线的受风偏移图
1—接触线起始位置；2—受电弓中心线行迹；3—接触线的风偏移值

曲线线路中心的弛距值 y_1 由图 2.13 决定。由图中的直角三角形 △ABC 得

$$y_1(2R - y_1) = \frac{l^2}{4}$$

近似解得

$$y_1 = \frac{l^2}{8R}$$

在无风作用时，接触线距受电弓中心的偏移值由图 8.3 可知，应为

$$y_2 = y_1 - a = \frac{l^2}{8R} - a \quad (2\text{-}59)$$

当风负载作用于接触线时，接触线对受电弓中心线的最大偏移值可按下式决定（见图 2.13）。

$$b_{\mathrm{j}} = \frac{p_{\mathrm{j}} l^2}{8T_{\mathrm{j}}} \pm y_2$$

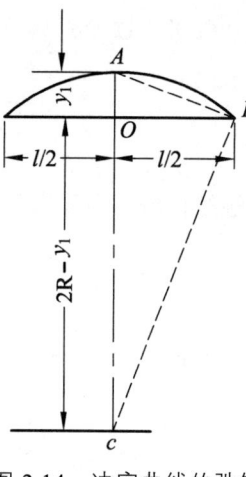

图 2.14 决定曲线的弛矩

式中有正负号,"+"号表示风向曲线内侧吹,而"-"号表示风向曲线内侧吹。从图 2.14 可以看出,在风向曲线内侧吹时,出现最不利的情况。此时,接触线对受电中心线行迹的最大偏移值为

$$b_{\mathrm{j}} = \frac{p_{\mathrm{j}} \cdot l^2}{8T_{\mathrm{j}}} + y_2$$

将式（2-59）中的 y_2 代入上式后可得

$$b_{\mathrm{jmax}} = \frac{p_{\mathrm{j}} \cdot l^2}{8T_{\mathrm{j}}} + \frac{l^2}{8R} - a = \frac{l^2}{8}\left[\frac{p_{\mathrm{j}}}{T_{\mathrm{j}}} + \frac{1}{R}\right] - a \quad （2-60）$$

令式（2-60）的 $b_{\mathrm{jmax}} = b_{\mathrm{jx}}$,并求解 l,即可得在曲线区段上的最大跨距值为

$$l_{\max} = \sqrt{\frac{2T_{\mathrm{j}}}{p_{\mathrm{j}} + \dfrac{T_{\mathrm{j}}}{R}}(b_{\mathrm{jx}} + a)} \tag{2-61}$$

由式（2-60）和式（2-61）可以看出,在曲线区段上,求最大跨距 $l_{\max}$ 时,需先知道拉出值 a,而在求拉出值 a 时,又要知道跨距。因此,一般是先假设一个拉出值 a,求得最大距 $l_{\max}$,然后再验算拉出值 a 是否比假设值大,若基本相等,则 $l_{\max}$ 即为所求;否则需重复计算。但要指出的是,在一般计算中往往是取 a 的经验值,直接求最大跨距,不必反复计算。

在求证 b_{jmax} 和 $l_{\max}$ 时,式中均没有考虑接触线水平面处支柱的受风偏移,若考虑支柱挠度的变化,并令 (γ_{j}) 代表支柱在接触线水平面内受风时的位移,则各式为：

（1）在直线区段上,接触线以等之字布置时

$$b_{\mathrm{jmax}} = \frac{p_{\mathrm{j}} \cdot l^2}{8T_{\mathrm{j}}} + \frac{2a^2 T_{\mathrm{j}}}{p_{\mathrm{j}} \cdot l^2} + \gamma_{\mathrm{j}} \tag{2-62}$$

$$l_{\max} = 2\sqrt{\frac{T_{\mathrm{j}}}{b_{\mathrm{j}}}[b_{\mathrm{jx}} - \gamma_{\mathrm{j}} + \sqrt{(b_{\mathrm{jx}} - \gamma_{\mathrm{j}})^2 - a^2}]} \tag{2-63}$$

（2）在曲线区段上

$$b_{\mathrm{jmax}} = \frac{l^2}{8}\left(\frac{p_{\mathrm{j}}}{8T_{\mathrm{j}}} + \frac{1}{R}\right) - a + \gamma_{\mathrm{j}} \tag{2-64}$$

$$l_{\max} = 2\sqrt{\frac{2T_{\mathrm{j}}}{p_{\mathrm{j}} + \dfrac{T_{\mathrm{j}}}{R}(b_{\mathrm{jx}} - \gamma_{\mathrm{j}+a})}} \tag{2-65}$$

（3）在缓和曲线上

$$b_{j\max} = \frac{l^2}{8}\left(\frac{p_j}{8T_j} + \frac{l_x}{Rl_0}\right) - \frac{a_1 + a_2}{2} + \gamma_j \tag{2-66}$$

式中　l_0——缓和曲线长度（m）；

l_x——由直缓点至观测点的长度（m）；

R——曲线半径（m）。

应该指出，在缓和曲线上时，由于缓和曲线的长度各不相同，且跨距所在缓和曲线上的位置也是千差万别，因此，不可能求出在缓和曲线上固定的最大跨距值 $l_{\max}$。式（2-66）是用来校验已布置好的跨距 l 的，看其接触线的最大风偏移值是否超过许可风偏移值 b_{jx}。若实际的风偏移值大于 b_{jx} 值时，则应调整跨距或者缩小拉出值。

三、链形悬挂的受风偏移和跨距长度

链形悬挂在风负载作用下是处于动态的，而且承力索和接触线是通过吊弦互相作用的，要精确计算其动态下的互相作用力是困难的。

在这里要指出，半补偿悬挂的特点是承力索没有补偿装置，在有风的时候，承力索张力会略微提高，因此此时的承力索弛度要比全补偿悬挂的承力索弛度增加得少一些，其承力索和接触线的受力及其相互作用和全补偿悬挂是完全类同的，不同的是补偿承力索两端是死锚，对全补偿链形悬挂在受风后也会有类似的情况。

1）风偏移值的平均值计算法

根据上述分析知道，对于链形悬挂，接触线的风偏移要受到承力索风偏移的影响，这种动态影响用静态的方法分析计算，存在误差，而且难以给出一个十分准确的量值。更重要的是承力索对接触线的风偏移的影响，还与承力索的材质、形状及张力有关。因此，在计算链形悬挂接触线的风偏移时，要先分别研究承力索和接触线的风偏移，以分析它们间形成的相互影响。从前述公式中可见，接触线与承力索的偏移值为每米导线的风负载与导线张力之比。在求算承力索与接触线的偏移值时假定它们互不相关，则可得

$$b_j = \frac{p_j l^2}{8T_j} \tag{2-67}$$

$$b_c = \frac{p_c l^2}{8T_c} \tag{2-68}$$

由此可以求的比值

$$\frac{b_j}{b_c} = \frac{p_j/T_j}{p_c/T_c} \tag{2-69}$$

式中：p_c、p_j 为承力索和接触线单位长度的风负载（kN/m）；T_c、T_j 为承力索和接触线的张力（kN）。

根据方程式（2-67、2-68）右边分子与分母的比值，可以判断承力索和接触线相互作用

的性质如果 $p_j/T_j > p_c/T_c$，则承力索将会减小接触线的偏移；当 $p_j/T_j < p_c/T_c$ 时，承力索将通过吊弦把接触线拉过来，而当 $p_j/T_j = p_c/T_c$ 时，接触线和承力索的偏移值是相等的。

根据这一概念，我们可以求出接触线最大偏移值的公式为

$$b_j = \left(\frac{p_j}{T_j} + \frac{p_c}{T_c}\right)\frac{l^2}{16} + \frac{4a^2}{\left(\frac{p_j}{T_j} + \frac{p_c}{T_c}\right)l^2} + \gamma_j \tag{2-70}$$

2）风偏移值的当量理论计算法

我国在电气化铁路接触网的设计中，对于接触线的风偏移值的计算曾进行了认真的分析、探讨，做了大量的调查研究，经过实践和反复验算，提出了链形悬挂的当量理论计算公式，即

$$b_j = \frac{m \cdot p_j \cdot l^2}{8T_j} + \frac{2a^2 T_j}{m \cdot p_j \cdot l^2} + \gamma_j \tag{2-71}$$

式（2-71）中，m 为当量系数。对于链形悬挂，一般取 0.85 到 0.90。在 m 值取为 1 时，就成了简单接触悬挂时接触线风偏移值的计算公式。由此可知，链形悬挂接触线风偏移的当量理论公式的实际意义，是把链形悬挂的接触线和承力索通过吊弦连接以后当成一个整体，当量地看成一个简单悬挂。为考虑承力索对接触线的反作用，接触线比单独存在时的风偏移要小。也就是说，链形悬挂接触线风偏移值 $(mp_jl^2)/(8T_j)$ 比简单接触悬挂时接触线风偏移值 $(p_jl^2)/(8T_j)$ 缩小了 m（约为 0.85 到 0.90）倍。也可以这样来理解，链形悬挂由于吊弦的作用，使接触线产生一个与风吹方向相反的作用力，这个力可以当量地看成作用在接触线上的风压减小了 m 倍。

比较式（2-70）与式（2-71）可以知道，实际上

$$m = \frac{1}{2}\left(1 + \frac{P_c T_j}{T_c P_j}\right) \tag{2-72}$$

其 0.85 到 0.90 的取值是根据大量悬挂类型计算出来的经验数据。在利用式（2-71）计算链形悬挂接触线的风偏移时，抛开了与承力索的联系，只考虑接触线的风负载和接触线的张力。因此，大大扩大了式（2-71）的应用范围。

在引用了当量系数 m 值以后，链形悬挂接触线的最大风偏移值及跨距值如下：

（1）直线区段上等之字布置。

$$b_{j\max} = \frac{mpl^2}{8T_j} + \frac{2a^2 T_j}{mp_jl^2} + \gamma_j \tag{2-73}$$

$$l_{\max} = 2\sqrt{\frac{T_j}{mp_j}\left[b_{jx} - \gamma_j + \sqrt{(b_{jx} - \gamma_j)^2 - a^2}\right]} \tag{2-74}$$

（2）曲线区段上。

$$b_{j\max} = \frac{l^2}{8}\left(\frac{mp_j}{T_j} + \frac{1}{R}\right) - a + \gamma_j \tag{2-75}$$

$$l_{\max} = 2\sqrt{\frac{2T_j}{mp_j + \frac{T_j}{R}}(b_{jx} - \gamma_j + a)} \tag{2-76}$$

（3）缓和曲线上。

$$b_{j\max} = \frac{l^2}{8}\left(\frac{mp_j}{T_j} + \frac{l_x}{Rl_0}\right) - \frac{a_1 + a_2}{2} + \gamma_j \tag{2-77}$$

式（2-73）~（2-77）中，l_x 为直缓点至观测点的距离（m）；l_0 为缓和曲线长度（m）；p_j 为接触线单位长度所受的风载（kN/m）；γ_j 为接触线水平面内的支柱挠度（mm）；b_{jx} 为接触线许可风偏移位（mm）。

最后还应指出两点：其一，按照最大风偏移值决定跨距，在某些风压较小的地区或线路区段，其计算跨距可能大于 70 m，但当跨距值过大时，特别是在接触线许用张力偏小的情况下，沿跨距内的弹性格出现较大的差异，故造成跨距中的磨耗加剧，使维修工作量增加，并缩短了接触线的使用寿命，效果是不好的，因而目前我国最大跨距用 65 m；其二，在风压相同的地区或线路区段，当遇有最大曲线半径的时候，由于值较大，其结果计算出的跨距值大于直线区段上的跨距值，在这种情况时最大跨距 $l_{\max}$ 亦不应超过直线区段上的值，一般就取直线区段上的最大值。

第五节　全补偿链形悬挂的锚段长度及张力增量校验

在区间或站场上，为满足供电方面和机械方面的要求，将接触网分成若干一定长度且相互独立的分段，这种独立的分段称为锚段。划分锚段的目的主要是：加补偿器；缩小机械事故范围；使吊弦的偏移不致超过许可值以及改善接触线的受力情况等。划分锚段的主要依据是在气象条件发生变化时，使接触线内所产生的张力增量不超过规定值。锚段长度的决定和跨距长度一样，也必须进行相应的计算。锚段长度主要是由接触线和承力索从中心锚结到补偿器之间的张力差决定的。

张力增量是指当温度变化且在补偿器工作的条件下，吊弦和定位器都发生偏转和移动，使接触线在吊弦和定位器固定点处的张力产生差别。目前在设计中，规定在计算极限温度下，中心锚结和补偿器间的张力差 ΔT_j 不许超过 $\pm 15\% T_j$。

1．吊弦造成的张力增量

在直线区段上，接触线由于温度变化而伸长（或缩短），因吊弦偏移而造成接触线内的张

力变化为

$$\Delta T_{jd} = \frac{L(L-l)g_j(\varepsilon - \alpha \cdot \Delta t)}{2c} \quad (2\text{-}78)$$

式中　ΔT_{jd}——只考虑温度变化时，吊弦所引起的张力增量（kN）；

g_j——接触线单位长度自重负载（kN/m）；

L——由中心锚结至补偿器间的距离（m）；

α——线胀系数；

c——吊弦长度，取平均值，$c = c_{min} + \frac{F_0}{3}$，$c_{min}$ 为最短吊弦，其值为 $c_{min} = h - F_0$。

上式的应用条件是在直线区段上，只考虑吊弦所造成的张力变化和只考虑温度引起的伸长。

2．定位器形成的张力增量

定位器在温度变化时也因接触线产生伸长（或缩短）而沿接触线发生偏转。在直线区段上，由于定位器对接触线张力变化影响小（一般对于1500 m长的锚段，其定位器产生的张力增量只有几十牛顿），可以忽略。因此，对于定位器产生的张力增量，只考虑曲线上的情况。因而，由于定位器的偏移使接触线引起的张力增量为：

$$\Delta T_{j\omega} = \frac{L(L-l)(\varepsilon - \alpha \cdot \Delta t)}{2Rd - 0.5L(L-l)(\varepsilon - \alpha \cdot \Delta t)} \left(T_{jm} + \frac{2\Delta T_{jd}}{3} \right) \quad (2\text{-}79)$$

上式的应用条件为曲线区段，只考虑温度伸长和定位器偏移所引起的张力变化。

实际上，一条线路总是由吊弦和定位器共同作用着，客观上，弹性变形的影响总是存在的。如果引入弹性变形的影响，则接触线因吊弦和定位器共同作用所产生的总张力增量可由下式求得

$$\Delta T_{jE} = \frac{\Delta T_{jd} + \Delta T_{j\omega}}{1 - \frac{2}{3} \cdot \frac{\Delta T_{jd} + \Delta T_{j\omega}}{E \cdot S(\alpha \cdot \Delta t - \varepsilon)}} \quad (2\text{-}80)$$

在直线区段可以忽略定位器的影响，同时考虑接触线弹性变化，其张力张力增量可由下式求得

$$\Delta T_{jdE} = \frac{L(L+l)g_j(\varepsilon - \alpha \cdot \Delta t)}{2c + \frac{2}{3} \cdot \frac{L(L+l)g_j}{E \cdot S}} \quad (2\text{-}81)$$

张力增量是当温度变化且补偿器工作的条件下，吊弦和定位器都发生偏转和移动，使接触线在吊弦和定位器固定点处的张力产生差别。设计时，规定在计算极限温度下，中心锚结和补偿器间的张力差 ΔT 不许超过 $\pm 15\% \Delta T_j$。

对于全补偿链形悬挂来说，除了考虑接触线的张力增量以外，还要考虑承力索因温度变化使承力索的伸长或缩短引起的张力增量。

在直线区段上，承力索沿线路中心布置，在温度变化时，承力索虽有转动，仍可认为承力索不产生张力增量。在曲线区段上，承力索产生曲线水平力。当温度发生变化，腕臂发生偏转时，因腕臂改变方向，在承力索上产生纵向分力，这个纵向分力，就是承力索产生张力增量的主要原因。

当支柱位于曲线外侧，且锚段位于同一曲线半径的曲线上时，可由下式决定承力索的张力增量值。

$$\Delta T_c = \frac{-L(L-l)\alpha \cdot \Delta t}{2Rd_k + 0.5L(L-l)\alpha \cdot \Delta t} T_{cm} \tag{2-82}$$

式中 d_k——水平拉杆长度（m）；

　　　R——曲线半径（m）；

　　　T_{cm}——承力索在补偿器处的张力（kN）。

式（2-82）为只考虑温度变化时，计算承力索张力增量的公式，考虑承力索的弹性伸长时，其承力索张力增量可由下式求得，即

$$\Delta T_{CE} = \frac{\Delta T_c}{1 - \dfrac{2\Delta T_c}{3E \cdot S\alpha \cdot \Delta t}} \tag{2-83}$$

式中 ΔT_c——承力索只考虑温度变化的张力增量由式（2-82）确定；

　　　α——承力索的线胀系数（K^{-1}）；

　　　E——承力索的弹性系数（MPa）；

　　　S——承力索的横截面积（mm^2）；

　　　Δt——平均温度与极限温度之差（°C）。

在确定锚段长度时，承力索的允许张力增量一般是承力索最大张力的 10%，即 $\Delta T_c \leqslant 10\% \times T_{cmax}$。

对于全补偿链形悬挂，接触线和承力索在补偿器的作用下，由于温度的变化，它们往往是向同方向移动的。如果承力索的线胀系数和接触线的线胀系数的量值相等时，则吊弦总是成铅垂状态的，这时吊弦无论是对接触线，还是对承力索都不会产生张力增量。而对接触线起作用的是定位器，而对承力索起作用的是腕臂的拉杆。如果线胀系数不相等，则吊弦对接触线产生一定的张力增量影响，此时，在式（2-78）～式（2-82）中的 α 用 $(\alpha_j - \alpha_c)$ 线胀系数差代替，即可求得接触线的张力增量。同时，在全补偿链形悬挂中，接触线弛度的变化更小，因温度变化而耗损于弛度变化方向的纵向位移也更小。故在计算中 ε 就忽略不计了，即令 $\varepsilon = 0$。

第六节　支柱容量

支柱的负载是支柱在工作状态下所承受的垂直负载和水平负载的统称。支柱负载越大，支柱基底四处所受的弯矩也越大。支柱的负载计算，就是计算基底面处可能出现的最大弯矩

值,其目的是根据计算结果来选择适当容量的支柱。我们通常所说的支柱容量,是指支柱本身所能承受的最大许可弯矩值。一个支柱容量的大小,是指承载能力的大小,它取决于支柱的自身结构。

目前定型的钢筋混凝土支柱,设计时已经将支柱基底面处的力矩折算到了地面,故在接触网设计中,只计算支柱地面处所承受的弯矩,并根据此值来选择支柱类型,而不必再计算支柱基底面处的弯矩值。

支柱的最大弯矩,除了与支柱所在的位置、支柱类型、接触悬挂类型、线索悬挂高度、支柱跨距及支柱侧面限界有关外,还与计算气象条件有直接关系。

进行支柱负载计算时,应根据支柱的悬挂类型,按水平负载和垂直负载分别计算。

一、垂直负载

1)悬挂结构的自重负载 Q_0

包括:腕臂,绝缘子,定位装置及其连接零件的重量,在覆冰时,包括冰重 Q_{b0}。

2)链形悬挂的自重

包括:接触线,承力索,吊弦的自重,即无冰、无风时的合成负载 q_0。在覆冰时,还应包括冰负载。

二、水平负载

1)支柱本身的风负载

支柱本身的风负载由式(2-80)决定。

$$P = 0.615 \times 10^{-3} K \cdot V^2 \cdot F \tag{2-84}$$

式中,F 为支柱受风面积;K 为体形系数。

2)线索传给支柱的风负载

线索传给支柱的风负载包括:

① 接触线的风负载 p_j;

② 承力索的风负载 p_c。

线索传给支柱的风负载由式(2-85)决定。

$$p = 0.615\alpha K d V^2 l \times 10^{-6} \tag{2-85}$$

式中,l 为跨距长度,其实际长度为支柱所在两侧跨距长度之半,即 $(l+l')/2$。为简化计算,在直线区段取跨距最大值,在曲线区段取最大跨距允许值。

3)曲线形成的水平分力

线索在曲线区段布置时呈折线形状。在支柱点处因线索改变方向而产生指向曲线内侧的水平分力,通常简称为曲线水平力(或曲线力)。其值根据式(2-86)计算。

$$P_R = T\frac{l}{R} \tag{2-86}$$

当支柱两侧的跨距值不相等时,根据式(2-87)计算。

$$P_R = T\left(\frac{l'}{2R} + \frac{l}{2R}\right) \tag{2-87}$$

4)之字值形成的水平分力

接触线在直线区段时是"之"字形布置,因而产生水平分力,简称之字力。在支柱两侧的跨距,均以最大跨距考虑,对支柱形成的"之"字力根据式(2-88)计算。

$$P_之 = 4T_j \cdot \frac{a}{l} \tag{2-88}$$

5)下锚分力

接触线或承力索下锚时,锚支对线路垂直方向将产生水平分力,简称下锚分力,当在曲线区段上时,因有曲线力同时存在,与在直线区段上时的求法不尽相同,应分别确定。

(1)直线区段上的下锚水平分力。

若为同侧下锚时,转换柱所承受的下锚分力为

$$P_{M1} = -T \cdot \frac{B_1}{l} \tag{2-89}$$

若为异侧下锚时,转换柱所承受的下锚分力为

$$P_{M2} = T \cdot \frac{B_2}{l} \tag{2-90}$$

式(2-89)与(2-90)中,B_1及B_2的取值视锚段关节的类型确定。

对于非绝缘转换柱

$$B_1 = CX + \frac{1}{2}A + 0.2 \qquad B_2 = CX + \frac{1}{2}A - 0.2$$

对于绝缘转换柱

$$B_1 = CX + \frac{1}{2}A + 0.8 \qquad B_1 = CX + \frac{1}{2}A - 0.8$$

式中,l——转换柱与锚柱之间的跨距值;

CX——支柱侧面限界;

A——表示锚柱地面处宽度。

(1)在曲线区段上下锚支的水平分力。

在曲线区段上,对于转换支柱的受力如图2.15所示。

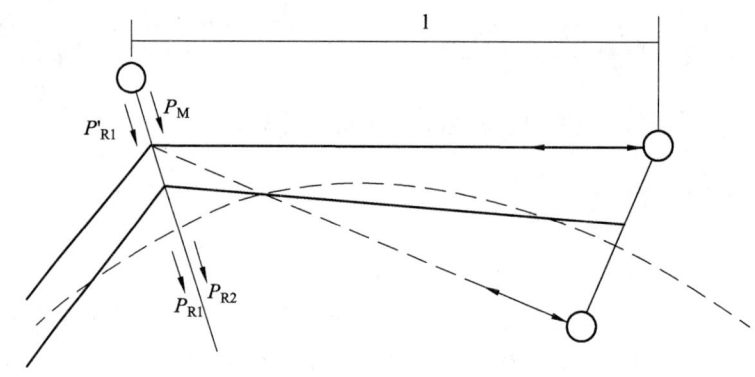

图 2.15　在曲线区段上下锚支的水平分力

P'_{R1}——左侧下锚支因曲线产生的水平分力；
P_{R1}——左侧工作支因曲线产生的水平分力；
P_{R2}——右侧工作支因曲线产生的水平分力；
P_{M}——右侧下锚支因曲线及下锚产生的水平分力。

此时，转换支柱所受的总水平力根据式（10-10）计算。

$$P_{RM} = P_{R1} + P'_{R1} + P_{R2} + P_{M} = \left(\frac{l+l'}{R} \pm \frac{b}{l}\right) \tag{2-91}$$

式中，"－"号表示转换支柱和锚柱同时位于曲线侧的情况；

"＋"号表示因下锚而产生之水平力与曲线力方向相一致。

中间支柱、转换支柱及锚支柱等由于悬挂的数目不一样，受力条件也不尽相同，因此，支柱的计算负载也是不相同的。为了经济合理地使用支柱，应该是承受负载大时使用大容量的支柱；负载小时使用小容量的支柱。各种支柱的负载除与悬挂条件有关外，还受气象条件的影响。在选择支柱之前，对不同类型的支柱应经计算确定其负载。进行支柱负载计算时，一般是先假定一个已知的支柱类型。根据悬挂结构和气象条件，进行各力的分析计算，找出各力的力臂关系，求出各力对支柱地面中点处的力矩之和，则此总力矩即为选择支柱容量的依据。

各类支柱负载计算的方法是基本相同的，只有力的数目和作用点有所差异。具体算法就不再—复述了。

第七节　全补偿链型的安装曲线

随大气温度的变化，承力索和接触线会发生线性伸长或缩短。为了不使承力索和接触线在最高温度时，因补偿器坠砣着地而失去补偿作用及在最低温度时补偿装置因卡住滑轮而发生事故，一般根据锚段长度的不同，计算出在极限范围内坠砣串的安装高度，称为全补偿链形悬挂的坠砣安装高度曲线，如图 2.16 所示。安装曲线通常是受上端和下端两端控制，a_x 表示坠砣顶部至滑轮组的高度，b_x 表示坠砣底部至基础面的高度，计算公式为

$$b_x = b_{\min} + nL\alpha(t_{\max} - t_x) \tag{2-92}$$

$$a_x = a_{\min} + nL\alpha(t_x - t_{\min}) \tag{2-93}$$

式中　$b_{\min}$——坠砣底部至基础面的高度的最小允许距离（m）；
　　　$a_{\min}$——坠砣顶部至滑轮组的高度的最小允许距离（m）；
　　　α——线胀系数（K^{-1}）；
　　　n——补偿滑轮传动比；
　　　L——中心锚结至下锚处的距离（m）；
　　　t_x——安装时的大气温度（℃）。

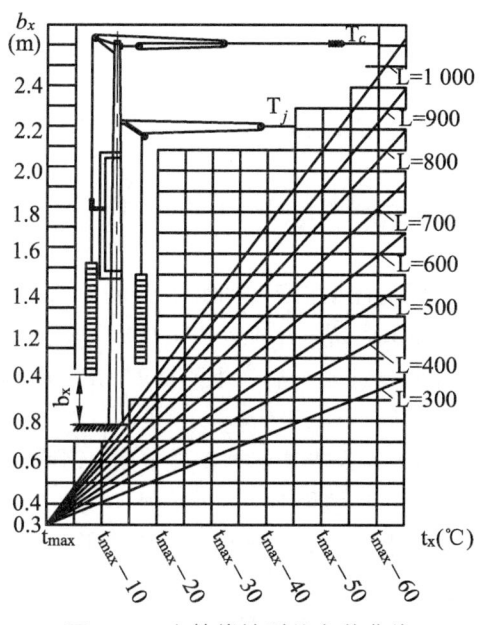

图 2.16　全补偿链型的安装曲线

第八节　软横跨的预制计算

软横跨的预制计算，就是软横跨结构安装尺寸的计算。在计算中，因结构复杂，涉及的因素较多（如横向跨距、股道数目及间距、支柱类型及高差、侧面限界、有无货线及中间站台等），情况千差万别，工程计算结果长期达不到理想程度，给施工带来困难，成为接触网工程建设中的关键问题之一。合理地解决软横跨结构尺寸的计算，既可以提高机械化施工的程度，又可以节省调整时间，既有利于安全，又能大大提高工效和工程质量，对于加速铁路电气化建设具有重要意义。

在电气化工程中，为了解决软横跨的预制计算，已经做过不少有益的探讨，曾采用过抛物线计算法、图解法、实测法等，这些方法具有简单易行的优点，但都存在计算精确度查的不足之处。

负载计算法，它是以实际结构的标准形式为依据，以实际负载为基础，以安装后的受力状态为前提，由负载计算转化为结构尺寸计算的方法。因此，它弥补了上述种种方法的不足，而计算结果具有理想的准确度。负载计算法完全是根据实际条件进行公式化的运算,不仅数据准确而且具有较大的规律性,在大量计算时,便于编制程序和使用计算机。

一、原始结构尺寸数据

软横跨结构如图 2.17 所示,在预制计算中,一般应具有以下原始结构尺寸数据:

(1) CX_1、CX_2 为侧面限界,在正线轨面水平面内,左右侧支柱内缘分别至临近线路中心的距离(m)。

(2) L 为横向跨距,直两支柱悬挂点(支柱顶端内缘向下 100 mm 处,下同)间的水平距离(m)。

(3) l_1、l_2 为不等高悬挂或不对称悬挂,由横向承力索最低点分别至两悬挂点的水平距离(m)。

(4) δ_1、δ_2 为支柱结构的斜率和调整倾斜度之和,即安装后的支柱内缘相对于铅垂线的总斜率(mm/m)。

(5) d_1、d_2 为偏移距离,即支柱结构斜率和调整倾斜率值所形成的偏移距离之和,简称偏距,其值为 $d_1 = H\delta_1$,$d_2 = H\delta_2$,$d_1' = H_s\delta_1$,$d_2' = H_s\delta_2$(其中,d_1'、d_2' 为在上部定位索处的偏移距离)。应该注意,考虑到支柱受力后产生的挠度和因基础返回而内倾,经验取值比一般计算值偏小。

(6) S_1、S_2 为基础面至正线轨面的高差,即支柱地面(钢筋混凝土支柱由地线孔至轨面)至轨面的垂直距离,当支柱底面高出轨面时,S 为正值,反之为负值。

(7) f_1、f_2 为横向承力索的驰度,即由横向承力索最低点分别至两悬挂点铅垂方向的距离,当为等高悬挂时,$f_1 = f_2 = f_{\max}$。

(8) a_1、a_2 …… a_n 为相邻悬挂点间的水平距离,其中:$a_1 = CX_1 + H\delta_1$,$a_{n+1} = CX_2 + H\delta_2$。

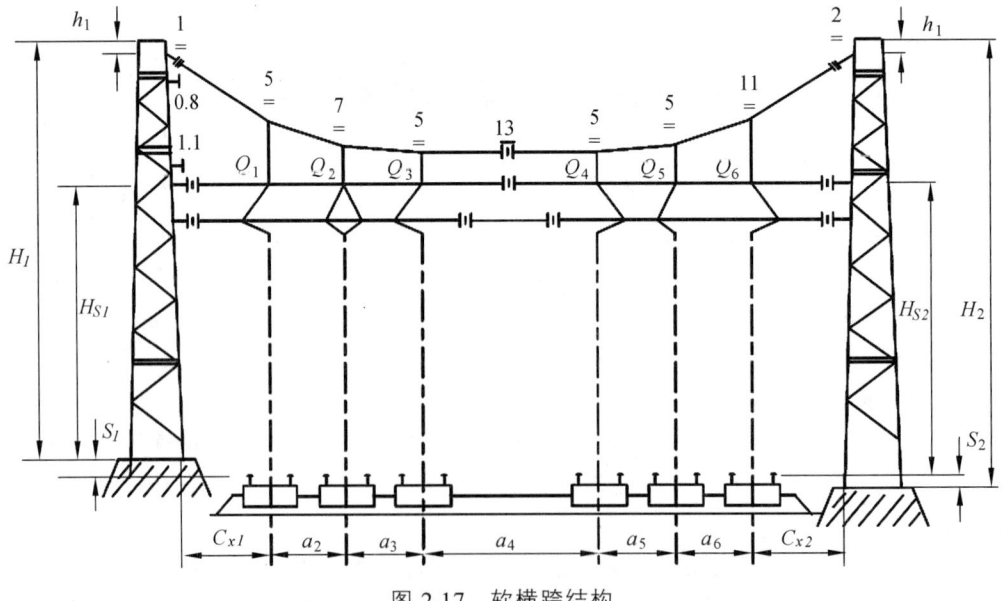

图 2.17 软横跨结构

为了计算方便，必须先将欲计算的软横跨假定一个最低点，并以该拟定的最低点为分界点，将此软横跨的股道分为两部分，以此最低点所在股道设为第 k 股道，由此可以求出横向承力索最低点分别至低悬挂点及高悬挂点的距离，由图 2.17 知，驰度 f_1 及 f_2 值为：

$$f_1 = H_1 - H_s + S_1 - C_{\min} - 100 \tag{2-94}$$

$$f_2 = H_2 - H_s + S_2 - C_{\min} - 100 \tag{2-95}$$

式中　H——支柱高度（mm）；

　　　H_s——上部定位索至轨面的高度，大站取 7860 mm，小站取 7260 mm；

　　　$S_{1,2}(S_1、S_2)$——支柱底面至正线轨面的铅垂距离（mm），高于轨面取正，低于轨面取负；

　　　$C_{\min}$——最短吊弦长度，一般 4 股道以下（含 4 股道）取 400 mm，5~6 股道取 600 mm，7~8 股道取 800 mm。

二、确定垂直负载

确定垂直负载，就是确定各股道悬挂的重力负载。它包括：悬挂自重负载 G_i，结点零件负载 J_i，横向承力索及上、下部定位索分摊于各股道的负载 P_i，分段绝缘子分摊于相邻股道的负载 Z_i，以及下锚分支的重力负载 M_i 等，其表达形式为：

$$Q_i = J_i + G_i + P_i + M_i \tag{2-96}$$

三、计算子力矩

所谓子力矩，它是从拟定的最低点分开，将两侧股道悬挂负载分别对相应侧的悬挂点取力矩值，分别用 M_1 及 M_2 表示，如图 2.18 所示。在 M_1 中不包括 Q_k 及 Y 的力矩值，在 M_2 中也不包括 Q_k 及 $(Q_k - Y)$ 力矩值，其计算式为

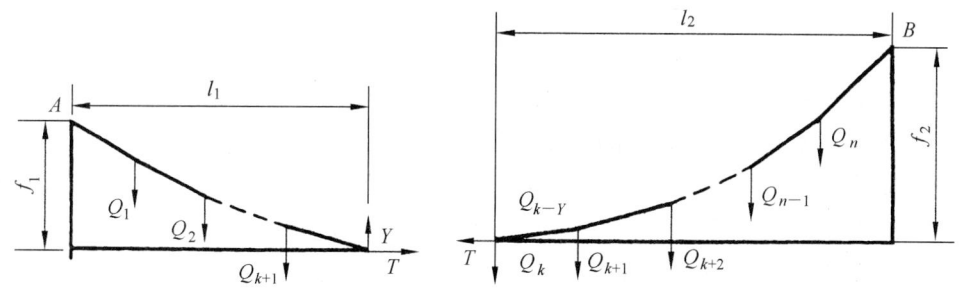

图 2.18　软横跨分离体

$$M_1 = Q_1\alpha_1 + Q_{21}(\alpha_1 + \alpha_2) + \cdots\cdots + Q_{k-1}(\alpha_1 + \alpha_2 + \cdots\cdots + \alpha_{k-1})$$

即

$$M_1 = \sum_{i=1}^{k-1} Q_1 x_1 \tag{2-97}$$

其中　　　　$\chi_1 = \alpha_1,\ \chi_2 = \alpha_1 + \alpha_2,\ \cdots \chi_i = \alpha_1 + \alpha_2 + \cdots + \alpha_i$

$$= Q_n\alpha_{n+1} + Q_{n-1}(\alpha_{n+1} + \alpha_n) + \cdots\cdots + Q_{k+1}(\alpha_{n+1} + \alpha_n + \cdots\cdots + \alpha_{k+2})$$

即

$$M_2 = \sum_{i=k+1}^{n} Q_i \chi_{i+1} \qquad (2\text{-}98)$$

其中 $\chi_{n+1} = \alpha_{n+1}, \chi_n = \alpha_n + \alpha_{n+1}, \ \chi_n = \alpha_n + \alpha_{n+1}, \ \cdots\cdots, \ \chi_i = \alpha_i + \alpha_{i+1} + \cdots\cdots\alpha_{n+1}$

四、求横向承力索水平力及分界力

从求得的子力矩 M_1 及 M_2 连同其他各力分别对悬挂点 A 及悬挂点 B 求力矩，即

$$\sum M_A = 0, \quad \sum M_B = 0$$

$$T \cdot f_1 + Y \cdot l_1 - M_1 = 0 \qquad (2\text{-}99)$$

$$M_2 - T \cdot f_2 - (Q_k - Y)l_2 + Q_k l_2 = 0 \qquad (2\text{-}100)$$

经过对式（2-99）及式（2-100）进行整理可求得水平分力 T，其值为

$$T = \frac{M_2 l_1 + M_1 l_2}{f_1 l_2 + f_2 l_1} \qquad (2\text{-}101)$$

同时，求得最低悬挂点的分界力 Y，其值为

$$Y = \frac{M_1 f_2 - M_2 f_1}{f_1 l_2 + f_2 l_1} \qquad (2\text{-}102)$$

Y 称为分界力。可以用 Y 值来判别原先假拟的最低点的位置是否正确，若原先假拟的最低点的位置是正确的，那么 Y 的值应该大于 0，且小于 Q_k 即

$$0 \leqslant Y \leqslant Q_k$$

若计算出的 Y 值为负值，即 $Y < 0$，则说明应该把最低点向左移；当 Y 值大于 Q_k，即 $Y > Q_k$ 时，则说明应该把最低点向右移。对于这两种结果都需要在重新确定了最低点以后，再重新计算。以此类推，直到找到最低点的合理位置。

另外，还有两个特殊情况：若计算出的 Y 值为 0，即 $Y = 0$，则说明该组软横跨具有两个最低点，除了所选取的最低点以外，另一个最低点在所选最低点的左侧；若计算出的 Y 值等于 Q_k 时，则说明软横跨也有两个最低点，即除所选取的最低点以外，另一点最低点在所选最低点的右侧。

五、求横向承力索的分段长度

1）求横向承力索长度

欲求横向承力索的分段长度，若以 a_1、$a_2\cdots a_{n+1}$ 为已知条件。必须在求出各相邻悬挂结点高差 m_1、$m_2\cdots m_{n+1}$ 之后，才能求出分段长度 b_1、$b_2\cdots b_{n+1}$。

根据图 2.19 所示的计算图，利用静力学平衡方程原理，先求出各个结点（股道悬挂点）的铅垂力 R_{1Y}、R_{2Y}、R_{3Y}、…、R_{nY}。同时，从图 2.19 还可以看出，$m_1 = a_1 \cdot \tan\theta_1$、$m_2 = a_2 \cdot \tan\theta_2$、…、$m_i = a_i \cdot \tan\theta_i$，且知道水平力 T，那么根据结构三角形和力三角形相似的原理，可以求得横向承力索之分段长度：m_1、m_2、m_3…m_{n+1}，即有

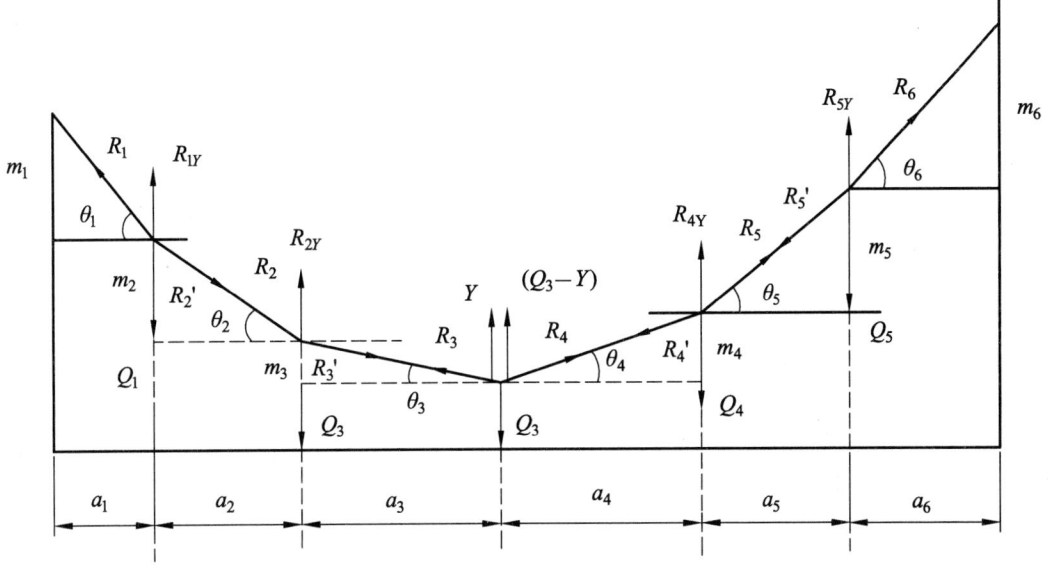

图 2.19 软横跨结点高差

最低点左侧

$$m_1 = \alpha_1 \cdot \frac{Q_1 + Q_2 + Q_3 + \cdots + Q_{k-1} + Y}{T}$$

$$m_2 = \alpha_2 \cdot \frac{Q_2 + Q_3 + \cdots + Q_{k-1} + Y}{T}$$

$$\vdots$$

$$m_k = \alpha_k \cdot \frac{Y}{T}$$

最低点右侧

$$m_{k+1} = \alpha_{k+1} \cdot \frac{Q_k - Y}{T}$$

$$m_{k+2} = \alpha_{k+2} \cdot \frac{Q_{k+1} + Q_k - Y}{T}$$

$$\vdots$$

$$m_{n+1} = \alpha_{n+1} \cdot \frac{Q_n + Q_{n+1} + \cdots + Q_k - Y}{T}$$

根据上面的推导，可以建立通用方程为

最低点左侧

$$m_i = \alpha_i \cdot \frac{Q_i + \cdots + Q_{k-1} + Y}{T}$$

最低点右侧

$$m_i = \alpha_i \cdot \frac{Q_{i-1} + \cdots + Q_k - Y}{T}$$

因而可求得横向承力索分段长度及总长度分别为

$$b_i = \sqrt{\alpha_i^2 + m_i^2}$$

$$B = \sum_{i=1}^{n+1} b_i$$

式中，n 为股道数。

2）求各悬挂点吊弦长度

设定 C_k 为最短吊弦长度，即

$$C_k = C_{\min} = C_3$$

则最低点左侧各吊弦长度为

$$C_2 = C_3 + m_3$$

$$C_1 = C_2 + m_2$$

$$\vdots$$

$$C_i = C_{i+1} + m_{i+1}$$

最低点右侧各吊弦长度为

$$C_4 = C_3 + m_4$$

$$C_5 = C_4 + C_5$$

$$\vdots$$

$$C_i = C_{i-1} + m_i$$

六、求上、下部定位索的长度

求上、下部定位索的长度，要考虑该组软横跨是固定在钢柱上还是钢筋混凝土支柱上，在钢柱上时，应另加在上、下部定位索固定处的支柱宽度，其表达式为

$$L_s = H_{s1}\delta_1 + \alpha_1 + \alpha_2 \cdots + \alpha_n + \alpha_{n+1} + H_{s2}\delta_2$$

$$L_x = H_{s1}\delta_1 + \alpha_1 + \alpha_2 \cdots + \alpha_n + H_{x2}\delta_2$$

式中，δ_1、δ_2——分别为左侧支柱及右侧支柱自然斜度及安装斜度的斜率（mm/m）

H_{s1}、H_{s2}——左侧及右侧上部定位索的安装高度（m）；

H_{x1}、H_{x2}——左侧及右侧下部定位索的安装高度（m）；

a_1、a_2、$\cdots$、a_n、a_{n+1}——分别为线间距离（m）。

七、计算结果效验

为了检查计算结果是否正确,可以用下式进行效验,以检查 l_1 侧及 l_2 侧悬挂点高差之和是否分别等于最大驰度值 f_1 及 f_2,即

$$f_1 = m_1 + m_2 + \cdots + m_k$$
$$f_2 = m_{n+1} + m_n + \cdots + m_{k+1}$$

第三章　接触网设计

第一节　接触网平面设计概述

1．接触网平面设计

接触网的平面设计（平面布置）是接触网设计的重要环节和重要组成部分，是施工工程的重要依据。接触网平面设计包括下述内容：确定接触悬挂类型；支柱的位置、类型及数量；锚段的划分及走向；拉出值的大小及方向；支柱的侧面眼界；支持装置类型及安装图号；地质条件、基础及横卧板的设置情况；道岔群区的放大图；桥隧内的设置及布置；回流线、吸回线、正馈线及其他附加导线的设置及架设状态；接触线高度；供电与分段的情况；吸流变压器（或自耦变压器）、隔离开关及避雷器等设备安装图及所在位置；接地及防护；特殊设计及工程数量统计。

接触网平面设计一般分为三个阶段：室内设计、现场勘测及调整整理。

（1）室内设计。是根据站场平面图及详细线路纵断面图，初步确定支柱位置、划分锚段长度、确定锚段关节位置与中心锚结位置以及其他相关技术设计，同时提出现场勘测需要解决的问题。

（2）现场勘测。根据第一阶段完成的设计图，进一步核对与现场的实际情况是否相符合。因为接触线沿铁路线架设，现场会有许多建筑物的坐标与图纸数据不符，甚至还有相当数量建筑物没有坐标位置，因此进行现场的实际勘测是非常必要的。

（3）调整整理。在原先设计的基础上，结合实测资料，对原设计进行必要的补充、修改、调整，并最后完成全部接触网平面团的设计。

接触网平面设计是一项十分复杂、细致而又技术性很强的工作。

下述主要技术原则：

① 接触网平面设计，应结合近、远期发展目标，综合考虑；

② 接触网设计应符合铁路技术规范及电气化铁路设计规范的技术要求；

③ 接触网设计中要考虑各个专业之间的配合；

④ 接触网应具有良好的经济、技术性能，体现国家的技术政策，并尽量采用先进技术；

⑤ 接触网的设计应以保证安全运营为基本原则，具有良好的质量。

接触网平面设计又分站场、区间、桥梁、隧道建筑物的设计几个方面。

2．接触网设计的主要内容

1）设计计算

接触网是一种复杂的供电设备。为了保证安全运营，使之既有经济性，又有一定得可靠性，所以要进行一系列的计算。包括气象条件及负载计算、悬挂导线的张力与驰度计算、跨距许可长度的计算、锚段长度的计算及安装曲线的计算等。

2）平面设计

平面设计是接触网平面布置的统称，它比平面布置得内容更加广泛，除了平面图的工作以外，还包括设备的选择，一系列的计算及必要的复测，检查及校核，最后得到平面布置图，接触网平面图是工程单位进行施工的依据。平面设计包括许多复杂的内容，如地形、地理、地貌、地质以及错综复杂、变化多端的线路条件。每一条线路、每一个站场都各不相同，有时相差还很大，因此要一个站场一个站场地设计，一个区间一个区间地进行。重复性的劳动中伴随着许多思维性的创造，是一项技术性很强而又非常繁杂的工作，也是一项非常重要的工作。

3）设备选择

接触网电气设备和机械设备的类型很多，应广泛调研，择优购用。电气设备包括隔离开关、避雷器、电分相及分段绝缘器等。机械设备有支柱、支持装置以及定位装置等，除此之外，还有许多线材及其他设备的选择。

4）技术效验

技术效验包括两个方面：其一是强度和稳定性方面的校核，如支持装置强度效验以及定位装置的效验等；另外，还有支柱的稳定性、基础的稳定性的效验等。其二是技术性能方面的效验。如缓和曲线接触线最大偏移值、道岔附带曲线以及特殊区段最大跨距、接触线偏移值的效验，以及线索张力增量及极限温度时吊弦最大偏移值的效验等。

3．接触网设计的原始资料

1）气象资料

大气温度、最大风速、覆冰厚度、雷电活动资料、用于确定设计计算的其他气象资料。

2）线路资料

区间线路平纵断面图、车站平面图、标准横断面图、平剖面缩图、正线轨道类型、轨道标准高度、线路超高及道床厚度、复线区段线距表、既有线（单线）拨距表、沿线电缆、管道埋设位置、道口表及机械化养护平台。

3）地质资料

土壤种类、允许承载力及安息角、地形特点及挖、填方状态、个别路基设计地表段。

4）站场资料

站场表及车站类型、站场平面图、电气化股道表、站线轨道类型及高度、站场横断面图、站场平交道、平过道及地道表。

5）其他资料

新材料、新设备、重大技术成果及特殊设计的有关资料；接触网供电线的接入位置及变压器容量；供电段管辖范围等。

6）向相关专业提供的配合资料

接触网设计除了应有上述资料之外，由于铁路电气化工程是一项很复杂的技术及系统工程，各工种之间的协作与配合是十分重要的。因此。在接触网设计过程中，还应向有关专业提出本专业的技术要求及资料：

（1）既有线电化时，接触网线路对站场及桥隧道建筑物的测量及技术改造的要求；

（2）新线电化线路对桥隧建筑物内接触网预留的要求；

（3）独立供电线、捷接线的径路测量要求；

（4）接触网工区分布、规模、工区使用电负荷及工区电话种类及数量的要求；

（5）对接触网车间、工区生产用房面积及空间限界的要求；

（6）桥上接触网支柱位置、负荷及侧面限界的要求；

（7）供电施工预算单位应具有的接触网单项概算、正线架线公里概算及主要线材表等。

第二节 站场接触网平面设计

1. 平面设计程序

站场接触网的平面设计的依据是站场竣工平面图，除此之外还有其他桥、涵及隧道等图表。接触网平面设计的次序按下述步骤进行：

1）放图

站场的放图一般根据站场的大小，其比例取 1∶1000，对于小站也可取 1∶2000。放图包括下列主要内容：

① 全部电化股道（含远期电化股道）及与架设接触网；

② 道岔型号、类型、编号及其理论岔心的坐标；

③ 曲线起讫点、曲线半径及缓和曲线长度；

④ 桥梁名称、中心里程标、结构类型及总长度；

⑤ 隧道长度、起讫里程；

⑥ 涵管、平交道、地道、天桥、跨线桥、架空渡槽等中心坐标及宽度；

⑦ 站场名称、中心里程标、站台范围及与架设接触网有关的建筑物；

⑧ 进站信号机的位置及里程标。

2）布置支柱

先布置咽喉区支柱，然后布置站中心，最后完成其他部分。

3）划分锚段

确定锚段径路、起讫点与中心锚结位置，并绘出咽喉区放大图。

4）确定接触线拉出值

从咽喉区开始，依次确定出拉出值的大小与方向。

5）确定电分段、电分相及隔离开关的位置

根据站场线路的多少、站线与货线的可靠性及灵活性的要求，以及有无牵引变电所等综合考虑确定。

6）确定支柱类型

根据支柱所在位置、功用，确定钢柱、钢筋混凝土支柱以及软（硬）横跨柱、腕臂柱的类型、容量及编号。

7）选择基础及横卧板类型

根据支柱类型、容量及地质条件选择钢支柱的基础类型及确定钢筋混凝土支柱的横卧板类型及数量。

8）确定软（硬）横跨结点类型及支持结构

对于软横跨结点类型要逐点确认，对于不是软横跨的悬挂点应选择支持装置及定位装置类型。

9）进行校验及校核

在完成上述工作以后，应选择相应的典型支柱及基础进行容量及稳定性校核，对缓和曲线及曲线区段部分选择特殊跨距进行风偏移校验。

10）工程数量统计

对设计好的平面图中的各类设备进行逐一统计，最后还应编写必要的图注及说明。

2．接触网平面设计技术原则

1）一般原则

站场接触网的平面设计就是绘制站场接触网的平面布置图。它是一项非常复杂而细致的工作，特别对某些一等站、特等站等大站，显得更为重要。平面设计的优劣不仅涉及到接触网的运行质量、经济合理，还涉及长期的发展规划。因而，在进行接触网平面设计时，应注意下述原则：

（1）选择硬横跨或软横跨。

目前，在站场咽喉区以内，一般使用绝缘软横跨或硬横跨，尽量不用双线路腕臂柱。因双线路腕臂都是接地的，在维修方面不如绝缘软横跨安全、方便。硬横跨在带电作业方面也会受到限制，但由于硬横跨较软横跨在某些方面具有更优越的性能，对于高速电气化线路应该首先选用硬横跨。

软横跨所跨越的股道数一般不超过八股。如股道过多，横跨距离太大，而股道间距允许时，可在中间加设一软横跨柱，该支柱类型应按较大一侧的容量来决定。

在站场中心区进行支柱布置时，其跨距应尽可能接近最大允许值，以减少支柱数量。特别是注意减少软横跨柱和钢柱等大型支柱的数量。

（2）支柱布置。

先从咽喉区开始设计正线上的道岔柱，道岔定位原则上应尽量采用标准定位。其标准定位最佳位置是两接触线的交点位于两内轨距 745 mm 的中间位置，道岔柱与道岔理论岔心的距离如表 3.1 所示，由于受地形条件限制，道岔柱无法按标准定位设置时，或从经济性考虑，不能实现标准定位时，才采用非标准定位。此时，应使两接触线的交点位于道岔导曲线两线间距为 500～700 mm（两内轨距 935～735 mm）处的中间点的上方。

表 3.1　与道岔理论中心的相对应置

道岔型号	线间距为 700 时定位柱至岔心距离 X（mm）	线间距为 650 时定位柱至岔心距离 X（mm）	线间距为 600 时定位柱至岔心距离 X（mm）	线间距为 550 时定位柱至岔心距离 X（mm）	线间距为 500 时定位柱至岔心距离 X（mm）
1/8	4960	4370	3780	3180	2500
1/9	5640	5070	4350	3670	2970
1/10	6200	5490	4690	4000	3200
1/11	6750	5980	5170	4310	3420
1/12	7500	6030	5720	4840	3870
1/18	11 270	10 050	8790	7470	6080
1/38	20 740	18 060	15 300	12 440	9480

（3）尽量使用最大计算跨距。

接触网支柱布置，其跨距大小应根据悬挂类型、曲线半径、接触线最大风偏移值和运营经验综合考虑确定。在最大计算风速条件下，接触线距受电弓中心轨迹的最大水平偏移值，一般不得大于 450 mm。

设计中尽量采用标准跨距。常用标准跨距定为 5 的整倍数，即 40、45、50、55、60、65 m 六种，最大允许跨距除在个别大站及特殊情况下，一般不超过 67 m。

（4）考虑支柱与信号机的相对位置。

支柱布置时应考虑不要妨碍信号瞭望。在直线区段，支柱应设置在进站信号机和区间信号机的显示前方，同侧接触网支柱要适当加大其侧面限界；在曲线区段，支柱应设置在信号机前方 5 m 以外；单线铁路直线区段在地理条件允许时，支柱应设置于信号机对侧。

（5）站场上支柱布置应考虑各个站场的特点。

支柱设置要尽可能地照顾站场的远期发展，如果将来股道增多，则近期设立的支柱应考虑远期可资利用。对于远期铺设或预留的股道，如果土石方工程已做好，则软横跨支柱的容量及侧面限界，一般均应考虑预留。对于股道延长部分，当设立近期支柱时，以对今后整个支柱布置不产生影响为原则。

（6）支柱设置要考虑站场美观。

站场是客货集散地，在技术、经济合理的条件下，应注意美观；而对于客流较大或有政治影响的特等站或一等站，尤应考虑美观因素，不能因经济上的某些损失而破坏了整体美观条件。靠近站房的支柱，要注意不要正对着门窗，站旁两侧的支柱，要尽量对称布置。基本站台或中间站台上的支柱，其边缘至站台边缘的距离应分别不小于 4 m 或 2 m。

（7）尽量减少咽喉区的支柱数量。

咽喉区聚集着大量的道岔群，各个站场的情况变化不一，对于较大的站场有时相当复杂，一般应提出两个或两个以上的布置方案进行比较，在保证技术条件合理的情况下，应尽量减少支柱数量，选择最优或较优方案。

（8）部分特殊跨距值应缩小。

锚段关节的转换跨距、中心锚结所在跨距以及其他特殊跨距，应较一般跨距缩减 5~10 m，或缩减原跨距的 10%。

在站场上，由于两端咽喉区道岔密集，线路较多，存在有站台、天桥、地道、跨线桥、雨棚等多种建筑，其支柱布置形式多种多样的，但支柱布置所遵循的基本原则是技术合理、节省支柱和便于信号瞭望。

2）划分锚段

划分锚段应注意下述原则：

（1）合理选择锚段起讫点。

站场上的锚段要充分利用锚段长度，原则上应每个独立股道设立一个锚段。在选择确定锚段起讫点的下锚支柱时，应注意下锚支沿前进方向的转角须符合规定，跨越线路股道不宜过多。

（2）张力差不应超过许可值。

对于半补偿链形悬挂，其接触线的张力差不得大于额定张力的 15%；全补偿链形悬挂，承力索的张力差不大于承力索额定张力的 10%，并应满足接触线张力差的要求。

（3）正线锚段长度的确定。

正线上锚段长度应按照下列原则确定：

直线区段。对于全补偿链形悬挂，一般情况不大于 1800 m，困难条件时不大于 2000 m；对于半补偿链形悬挂，一般情况不大于 1600 m，困难条件时不大于 1800 m。

曲线区段。对于全补偿链形悬挂，在曲线半径小于 1500 m、曲线长度占锚段长度的 50% 及其以上时，其锚段长度不得大于 1500 m，直线区段可适当加长。

对于常速线路，当正线作为一个锚段太长时，可以分成一个半或两个锚段。该两个段节的衔接，可以通过锚段关节，或通过道岔后分别转换下锚，如图 3.1 所示。

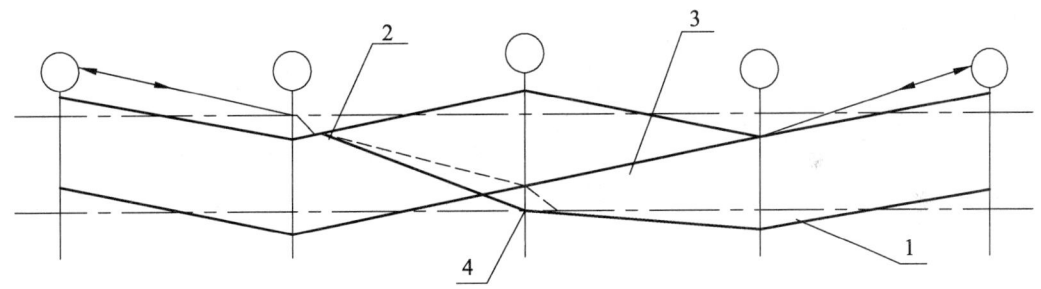

图 3.1　正线锚段通过道岔转换下锚

1—正线；2—站线；3—正线通过道岔下锚；4—道岔定位

对于高速线路，在站场上无论正线或站线都不允许分成两个锚段，必须全线通过，在车站两端下锚。

（4）站线锚段走向。

对于大多数股道，都是在通过道岔以后下锚，但此时应避免在道岔处多次交叉，如图 3.2 所示，图（a）为道岔处接触悬挂是一次交叉，图（b）为道岔处接触悬挂是两次交叉，这种情况不够合理。

在站线下锚，接触悬挂改变方向时，与原方向的水平夹角，一般情况不宜超过 6°，困难情况不宜超过 10°。

在高速线路情况下，不允许站线与正线在站场内相交，应保证正线的相对独立性，使高速列车无障碍通过。

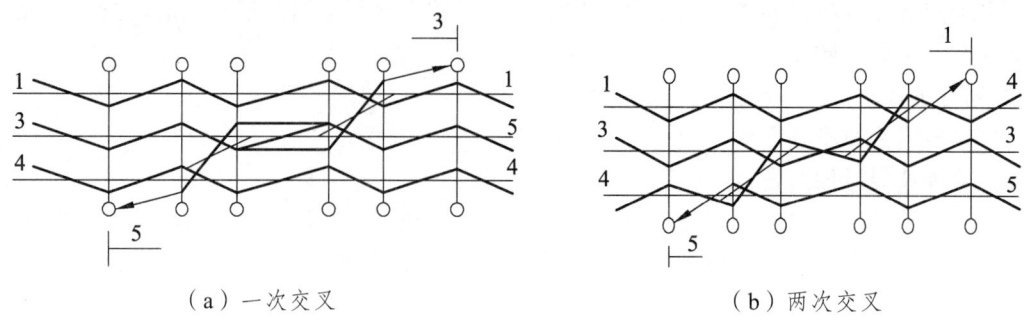

(a) 一次交叉　　　　　　　　(b) 两次交叉

图 3.2　正线锚段走向转换图

(5) 锚段横向穿越线路要少。

在站线下锚时，其横向穿越的线路要尽量少，以利放线。在锚段通过相邻两道岔时，一般把两个接触线布置成平行的比布置成交叉的要好，如图 3.3 所示。

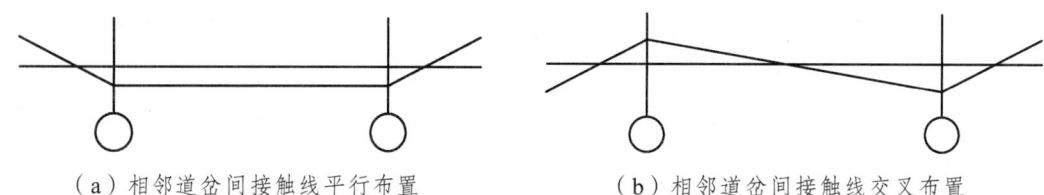

(a) 相邻道岔间接触线平行布置　　　　(b) 相邻道岔间接触线交叉布置

图 3.3　相邻两道岔间接触线的交叉方式

(6) 尽量减少锚段数量。

对于站线，一般一股到发线只设置一个锚段，对于不长的站线、货线、渡线等在锚段长度不超过 900 m 时，可以仅在一端设置补偿器，成为所谓"半个锚段"。

为了简化设备，减少锚段，在划分和设置锚段时，应尽量减少锚段数量，一些渡线、支线尽量合并到别的锚段中去，只有在不得已时，才自成一个小锚段。

(7) 中心锚结位置选择。

中心锚结位置一般设在锚段中部附近。原则上要求从中心锚结到两端补偿器间的张力差应大致相等。全补偿链形悬挂和简单悬挂还应考虑中心锚结绳便于拉出、便于锚柱埋设和设置拉线。

(8) 合理确定锚段关节的形式及位置。

① 在站场与区间的衔接处，一般应设置四跨绝缘锚段关节，高速线路应设五跨绝缘锚段关节。

② 在有牵引变电所及分区亭的车站，变电所及分区亭附近应设置三跨或四跨非绝缘锚段关节，同时设置分相绝缘器，分相绝缘器应避免设在大坡道上。

速度在 160 km 以上的线路，应设置五跨至九跨带（或不带）中性嵌入段的锚段关节，以取代分相绝缘器及三跨或四跨绝缘锚段关节。

③ 车站两端的绝缘锚段关节，应设在最外道岔与进站信号机之间。一般对靠近站场的转换支柱，与出站道岔岔心间的距离不小于 50 m，以利于电力机车转线。

④ 在绝缘锚段关节处，对于设有开关的转换支柱，应把锚支柱放在转换支柱的同侧，以

便连接跳线和保证安全。

⑤ 尽头线的锚支柱，应距车档有一定距离（约 20 m）。条件不许可时，才把锚柱放在车档近旁，同时应尽量不要缩短尽头线的有效长度。

（9）预留锚段关节。

在车站两端与区间衔接处应预留一个锚段关节位置。

3）确定拉出值

在进行接触网平面设计时，在定位点处，应标明接触线拉出值的大小和方向。设置拉出值的目的是使受电弓滑板磨损均匀。因此，拉出值的大小是由受电弓的有效工作长度决定的。拉出值在直线区段一般取±300 mm，在曲线区段上则根据曲线半径大小决定，具体取值如表 3.2 所示。

表 3.2　接触线拉出值选用表

曲线半径（m）	300～1200	1200≤R≤1800	R>1800
区间拉出值（mm）	400	250	150
隧道内拉出值（mm）	300	150	100

在设置拉出值时，一般应注意下述技术原则：

（1）布置和确定拉出值时，一般先从咽喉区开始。在向站场中心布置时，若最后碰到直线股道上相邻定位点向同方向拉出，可找两边较小的跨距，在其定位点处将其拉出值设置为零。

（2）站场上布置拉出值，对于同一组软横跨，各股道拉出值的拉出方向要间隔向相反方向拉，以使软横跨支柱受力状态良好。

（3）在道岔处，若实施交叉布置，接触线处在标准定位时，则在定位点处，其两组悬挂接触线的拉出值应相等，取值为 375 mm，两接触线定位点间距离为 100～150 mm。

（4）在道岔附带曲线末端的支柱处拉出值，是根据曲线半径大小及跨距长短决定的，一般取 400 mm，通常不小于 300 mm。

4）绘制咽喉区放大图

对于站场平面图，因其放大比例有限，特别是大站，一般是道岔密集、悬挂密布，其各组悬挂的走向、定位、跨越及下锚等均不易识别，不利于现场组织放线施工。因此，根据施工需要，每一个站场两端均应绘制咽喉区布线放大图，如图 3.4 所示，以方便工程施工和提高工程建设质量。

绘制咽喉区布线放大图应注意下列各点：

（1）放大图是纵方向上保持比例不变，横方向的线间距扩大到 8～10 mm；

（2）着手绘制放大图时，应从靠近站场中心的道岔，且从两侧站线做起，逐步向两端（与区间衔接处）绘制，保持正线与区间衔接；

（3）为了保证道岔交叉布置的定位和避免悬挂多次交叉，允许两组悬挂在通一跨距内平行且等高布置；

（4）保持两组悬挂的交点位于定位点与辙岔之间；

（5）避免通过道岔下锚的站线悬挂（下锚支）穿越线路过多，又要注意不要多次交叉。

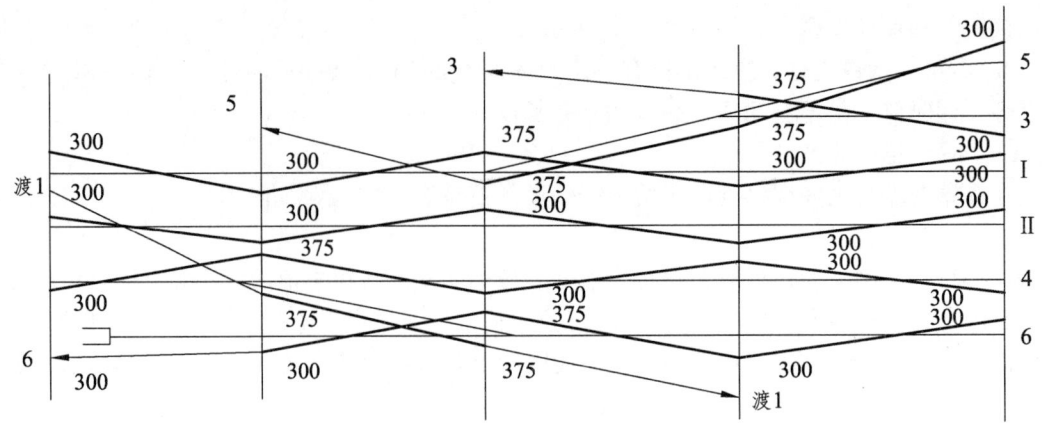

图 3.4 咽喉区布线放大图

在接触线改变方向时,要使该线在水平方向的走向与原方向的夹角不大于 6°,困难时亦不应大于 10°;

(6)放大图要明确地标示出锚段编号、锚段长度及下锚位置,如图 14.4 中,3、5、6 号股道的下锚支柱处都标明了锚段(股道)号和锚段长度;

(7)对于无交叉布置的高速线路,应明确标出定位支柱位置和相应的无交叉布置的标志。

第三节 区间接触网平面设计

1.放图

区间接触网平面布置的主要依据是线路纵断面图,还有桥、涵及隧道的图表资料。区间平面图比例一般为 1∶2000。

2.区间锚段长度的划分

平面布置的次序与站场类似。但区间的锚段划分常常在支柱布置之前进行。

确定锚段长度的原则与车站正线类同。在整个区间要使锚段数尽量少,锚段在许可条件下应尽量长,整个区间各个锚段长度要尽量均匀。为了减小接触线与承力索内的张力增量值,锚段关节尽量要避免设在曲线区段上,特别是不要设在小半径曲线区段上。

决定锚段长度应当根据区间的具体情况,一般情况下,对于接触线应保证张力增量值不超过 $15\%T_j$,对于承力索应保证张力增量值不超过 $10\%T_{cmax}$。但在划分锚段长度时,不要一开始就单纯地追求接触线的张力变化量不超过 ±$15\%T_j$。表面看起来这样似乎符合技术要求,然而结果往往会使得最后一个锚段不是过大就是过小,这种情况是应当防止的,考虑线路的具体情况,可取下列经验数值:

① 锚段所在线路全是直线,锚段长度取 1500~1600 m;
② 锚段所在线路曲线、直线各占 50%,锚段长度取 1200~1400 m;
③ 锚段所在线路曲线占 75%、直线占 25%,锚段长度取 800~1100 m;
④ 全补偿链型悬挂锚段长度比上述取值可适当放大,一般取 1400~1800 m。

划分锚段长度不是一蹴而就，而要达到均匀合理并基本满足张力增量的要求，应当经过多次调整才能实现。

在多隧道和长大隧道地段，在长度不超过 2000 m 的隧道内，尽量避免设置锚段关节；在长度超过 2000 m 时，方可考虑在隧道内下锚。此原则也适用于隧道间无法设置锚段关节的隧道群区段。

3．区间支柱的平面设计

区间的支柱布置，一般先从车站两端的锚段关节处开始。如若区间支柱布置早于站场的支柱布置，此时车站两端应预留锚段关节位置，并且保证该处有调整变动的可能。支柱布置应尽量用最大跨距，且相邻跨距差不大于小跨距的 25%。

在单线区段上，接触网支柱应设置于曲线外侧。缓和曲线属于半径变化着的曲线，支柱也应设在外侧。在直线区段上，支柱应设置于线路下行方向的右侧。因为线路下行方向的左侧往往设有公里标、曲线起讫点桩等设备，以防干扰。为了不妨碍信号的显示，在进站信号机及远方信号机前面的支柱，应设在信号机的另一侧。

在复线区段上，上下行线路的支柱应各沿线路一侧布置，使各正线的接触网在机械上和电气上尽量独立。

在桥上尽量不设支柱，不得已时才在桥墩台上设钢柱。对于下承式桁梁桥、跨线桥、天桥的那个建筑物，接触悬挂的通过方式视具体情况而定。可以在建筑物上设悬挂点，让接触悬挂在其下面通过。也可以不加悬挂点，让整个悬挂在其下带电通过。还可以让承力索在建筑物两端下锚，仅使接触线在其下带电通过。任何通过方式都要保证在最高温度、最低温度及接触线被受电弓抬高情况下有足够的绝缘间隙，冰预留一定的安装误差。接触线在受电弓通过时的最大抬高量按 100 mm 考虑。

承力索、供电线等其他线索在建筑物上的悬挂点与在支柱上的悬挂点间的高差较大时，要检查建筑物最外悬挂点处的线索有无上拔力。当最低悬挂点与相邻支柱间的跨距 $l > \sqrt{(2Z_x h)/(W_x)}$ 时存在上拔力，则要采取相应措施，如调整跨距 l 或减小高差 h，以消除上拔力。

3．缓和曲线区段接触线最大偏移值及跨距值的计算

缓和曲线区段的列车运行速度较高，一般线路在直线与曲线限界地段都设置有长度不同的缓和曲线。其作用是使列车建立向心力逐渐增长的条件，以消除冲击和颠簸，保证列车安全平衡地由直线区段过渡到曲线区段（或由曲线区段过渡到直线区段）。

缓和曲线的特点是曲线半径是变化着的曲线。在确定缓和曲线上支柱的位置时，其跨距值也随其所在缓和曲线上的位置不同而变化。跨距值的确定，没有固定可恪守的计算公式，目前设计中只是凭设计经验认定。其跨距值取得偏小，固然安全可靠，但经济性差；若取值偏大，投入运营以后遇有强风出现时，接触线就可能出现刮弓事故，将中断行车，打乱复杂的运输秩序，造成巨大经济损失。因此，设计中在确定了缓和曲线上的杆位以后，还应逐一验算接触线相对于受电弓中心轨迹的最大偏移值，以便对所选定的跨距进行必要的调整。

接触线相对于受电弓中心轨迹的最大偏移值包括五个组成部分：

① 最大风速出现时的风偏移值；

② 接触线相对于受电弓轨迹的中矢值;
③ 外轨超高引起的受电弓中心相对于线路中心的内偏移值;
④ 由于拉出值造成的负偏移值;
⑤ 最大风速时,支柱挠度变化造成的接触线水平面内的偏移值。

接触线风偏移值的确定,其计算公式为

$$b_j = \frac{l^2}{16}\left(\frac{P_j}{T_j} + \frac{P_c}{T_c}\right)$$

外轨超高引起的受电弓中心相对于线路中心的内偏移值由下式决定

$$m = \frac{H \cdot h}{S}$$

式中,H 为接触线高度(mm);h 为外轨超高值(mm);S 为轨距(mm)。

缓和曲线区段接触线最大偏移值的计算不仅因为缓和曲线的半径 R、外轨超高 h 是变化的,而且更由于支柱在缓和曲线上的位置有多种情况,因而变得十分复杂。有的跨距全部位于缓和曲线区段上;有的跨距跨越直缓(ZH)点;有的跨距跨越缓圆点。下面分别不同情况研究其验算方法。

(1)跨距全部位于缓和曲线上。

跨距全部位于缓和曲线区段上的情况如图 3.5 所示。设缓和曲线长度为 l;在其上设置的跨距长度为 l;在弦长(跨距)为 l 的线段相对于受电弓中心轨迹的中矢值为 Δ,近似地取为 Δy;在跨距首端、末端和中间点处,受电弓中心相对于线路中心的偏移值分别取为 m_1、m_2 及 m_0。

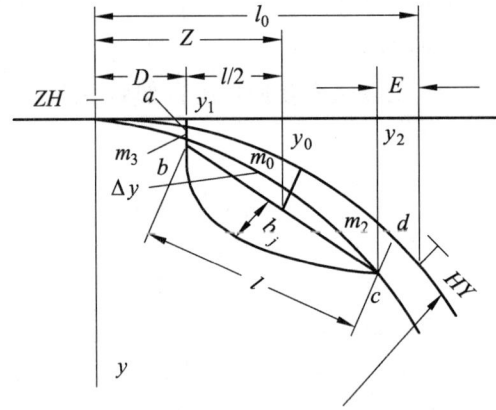

图 3.5 跨距全部位于缓和曲线上的计算示意图

根据前述分析,关键在于确定跨距 l 相对受电弓中心轨迹的近似中矢值 Δy。由于跨距位于缓和曲线上,现在研究缓和曲线上的坐标关系。

在缓和曲线首端的直缓点处,半径 R_x 趋于无穷大;在末端的缓圆点处,半径 R_x 等于圆曲线的曲线半径 R。因此,在工程上常用放射螺旋线或三次抛物线近似代替缓和曲线,其放射螺旋线的笛卡儿坐标方程为

$$y = \frac{x^3}{6R \cdot l_0}\left(1 + \frac{2}{35} \cdot \frac{x^4}{(R \cdot l_0)^2} + \frac{293}{237\,000} \cdot \frac{x^8}{(R \cdot l_0)^4} + \cdots\right)$$

当只取第一项时，可以近似地表示为

$$y = \frac{x^3}{6R \cdot l_0}$$

式中，x 为表示由直缓（ZH）点到计算点的线路长度（m）；l_0 为缓和曲线长度（m）；R 为与缓和曲线相接的圆曲线的曲线半径（m）。

当 $x = D$，即从 ZH 点到跨距首端时，式（5-4）之纵坐标 y 值设为

$$y_1 = \frac{D^3}{6R \cdot l_0}$$

当 $x = D + l$，即从 ZH 点到跨距末端时，式（5-4）之 y 值设为

$$y_2 = \frac{(D+l)^3}{6R \cdot l_0}$$

当 $x = D + l/2$，即从 ZH 点到跨距中点时，式（5-4）之 y 值设为

$$y_0 = \frac{\left(D + \dfrac{l}{2}\right)^3}{6R \cdot l_0}$$

由图 15.1 可知，接触线相对于受电弓中心线轨迹的中矢值 Δ，可近似地视为等于 Δy，则

$$\Delta y = \frac{1}{2}(y_1 + m_1 + y_2 + m_2) - (y_0 + m_0)$$

$$= \frac{1}{2}\left[\frac{D^3}{6R \cdot l_0} + \frac{(D+l)^3}{6R \cdot l_0}\right] - \frac{\left(D + \dfrac{l}{2}\right)^3}{6R \cdot l_0} + \frac{m_1 + m_2}{2} - m_0$$

经整理可得

$$\Delta y = \frac{l^2}{8R} \cdot \frac{Z}{l_0} + \frac{m_1 + m_2}{2} - m_0$$

由此可知，Δy 是由两部分组成的，第一项是弦长为 l 的接触线相对于受电弓中心线轨迹的中矢值，其后两项为因外轨超高使受电弓中心相对于线路中心的偏移而造成的影响。

在跨距两端的悬挂点处，接触线相对于受电弓中心行迹有一个向外拉出的距离，称为拉出值。当悬挂点位于直线区段时，它是交替向两侧拉出的，当向一侧拉出为正值时，另一侧拉出就为负值。在曲线区段上，它的大小是随曲线半径而变化的。因此，跨距首端和末端的拉出值通常是不相等的，若分别用 a_1 及 a_2 表示，则它们对偏移值的综合影响可以认为是其平均值，即为 $(a_1 + a_2)/2$。当位于缓和曲线及圆曲线上时，相对于受电弓中心线行迹是向外侧拉出的，故取为负值。若有相反情况出现时，应取正值。

此外，在最大风速条件出现时，支柱挠度将发生不利于运行状态的变化。因此，应该考虑它的影响。若以 γ_j 表示，则 γ_j 的取值比较复杂，通常取经验值。对于钢筋混凝土支柱取为 0.02 m，而对于钢柱取为 0.03 m。

综上所述，在缓和曲线区段上，跨距内接触线相对于受电弓中心线运行轨迹的最大偏移值为

$$b_{jm} = \frac{l^2}{16}\left(\frac{p_j}{T_j} + \frac{p_c}{T_c}\right) + \frac{l^2}{8R} \cdot \frac{Z}{l_0} + \frac{m_1 + m_2}{2} - \frac{\alpha_1 + \alpha_2}{2} + \gamma_j$$

式中，l 为在缓和曲线上所取的跨距值（m）；Z 为由直缓（ZH）点到跨距中心的距离（m）；γ_j 为在接触线高度水平面内的支柱挠度（m）；m_1、m_2、m_0 分别为跨距首端、末端及中间点处受电弓中心相对于线路中心片移距离（m）；α_1、α_2 为跨距首端、末端的拉出值（m）；R 为与缓和曲线相接的圆曲线的曲线半径（m）。

（2）跨距跨越直缓（ZH）点。

当跨距跨越直缓（ZH）点时，因跨距所在直线和缓和曲线上的长度比例不同，又分为以下两种情况。

① 距主要位于直线区段上。

在跨距跨越直缓（ZH）点，且 $D \geq l/2$ 时，因缓和曲线造成的中矢值 Δy 如图 3.6（a）所示，其值表示为

$$\Delta y = \frac{1}{2}(y_2 + m_2) = \frac{(l-D)^3}{12R \cdot l_0} + \frac{m_2}{2}$$

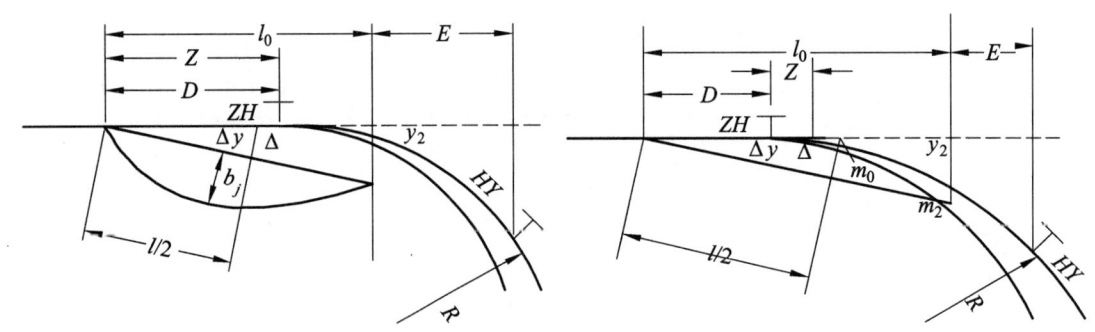

（a）跨距主要位于直线区段　　　　（b）跨距主要位于缓和曲线区段

图 3.6　跨距跨越直缓点（ZH）的情况

这种情况的特点是 m_1 及 m_0 均等于零。另外，由于主要部分在直线区段，跨距首端的拉出值也可能会位于曲线内侧的一方，既可能为负值，而 α_2 一般总是向曲线外侧拉。关于风偏移值的确定方法及支柱挠度 γ_j 的取值不变。因此，接触线相对于受电弓中心线轨迹的最大偏移值为

$$b_{\mathrm{jm}} = \frac{l^2}{16}\left(\frac{p_{\mathrm{j}}}{T_{\mathrm{j}}} + \frac{p_{\mathrm{c}}}{T_{\mathrm{c}}}\right) + \frac{(l-D)^3}{12R \cdot l_0} + \frac{m_2}{2} - \frac{\alpha_1 + \alpha_2}{2} + \gamma_{\mathrm{j}}$$

式中，D 为由直缓（ZH）点到跨距首端的距离（m）。

② 跨距主要位于缓和曲线上。

跨距主要位于缓和曲线上，且 $D < l/2$ 时，如图 5-2（b）所示。这种情况的特点是 m_1 及 y_1 均为零，则弦长为 l 的接触线相对于受电弓中心轨迹的中矢值 Δy 可由下述近似方法求得

$$\Delta y = \frac{1}{2}(y_2 + m_2) - (y_0 + m_0) = \frac{l^2}{8R} \cdot \frac{Z}{l_0} + \frac{D^3}{12R \cdot l_0} + \frac{m_2}{2} - m_0$$

在这种情况下，风偏移值、拉出值及支柱挠度值的确定方法不变，这时其接触线相对于受电弓中心线轨迹的最大偏移值为

$$b_{\mathrm{jm}} = \frac{l^2}{16}\left(\frac{p_{\mathrm{j}}}{T_{\mathrm{j}}} + \frac{p_{\mathrm{c}}}{T_{\mathrm{c}}}\right) + \frac{l^2}{8R} \cdot \frac{Z}{l_0} + \frac{D^3}{12R \cdot l_0} + \frac{m_2}{2} - m_0 - \frac{\alpha_1 + \alpha_2}{2} + \gamma_{\mathrm{j}}$$

③ 跨距跨越缓圆（HY）点。

在跨距跨越缓圆（HY）点时，又因为跨距主要位于缓和曲线区段或是圆曲线上，其计算方法又有所不同，分为两种情况讨论。

（1）跨距主要位于缓和曲线区段。

当跨距主要位于缓和曲线区段上时，其 y_1 及 y_0 都处在缓和曲线区段上，它们的值的确定方法与缓和曲线上一致，分别为

$$y_1 = \frac{(l_0 + E - l)^3}{6R \cdot l_0}$$

$$y_0 = \frac{\left(l_0 + E - \dfrac{l}{2}\right)^3}{6R \cdot l_0}$$

由于 y_2 是位于圆曲线上，一般应根据已知条件来确定。当以 R 为圆曲线半径做一个与圆曲线相接的辅助圆，再由圆心 O 向直线的延长线作垂线，则它将把缓和曲线分为两部分，如图 3.6（a）所示。令由直缓点到交点 P 的距离为 T，其值为

$$T = \frac{l_0}{2} - \frac{l_0^3}{240R^2}$$

当忽略上式第二项时，可近似地认为

$$T \approx \frac{l_0}{2}$$

根据上述关系及坐标位置可以相应确定出 y_2 的值为：l_0 形成的中矢值与由 $l_0/2$ 在圆曲线上形成的中矢值之差，再加以由长度为 $(l_0/2 + E)$ 在圆曲线上形成的中矢值，即

$$y_2 = \frac{l_0^2}{6R} - \frac{\left(\frac{l_0}{2}\right)^2}{2R} + \frac{\left(\frac{l_0}{2}+E\right)^2}{2R}$$

其 Δy 值为

$$\Delta y = \frac{1}{2}\left[\frac{(l_0+E-l)^3}{6Rl_0} + \frac{l_0^2}{6R} - \frac{\left(\frac{l_0}{2}\right)^2}{2R} + \frac{\left(\frac{l_0}{2}+E\right)^2}{2R}\right] - \frac{\left(l_0+E-\frac{l}{2}\right)^2}{6R\cdot l_0} + \frac{m_1+m_2}{2} - m_0$$

经整理得

$$\Delta y = \frac{l^2}{8R}\cdot\frac{Z}{l_0} - \frac{E^3}{12R\cdot l_0} + \frac{m_1+m_2}{2} - m_0$$

在接触线受风以后出现最不利的情况时，其接触线相对于受电弓中心线轨迹的最大偏移值为

$$b_{jm} = \frac{l^2}{16}\left(\frac{p_j}{T_j} - \frac{p_c}{T_c}\right) + \frac{l^2}{8R}\cdot\frac{Z}{l_0} - \frac{E^3}{12R\cdot l_0} + \frac{m_1+m_2}{2} - m_0 - \frac{\alpha_1+\alpha_2}{2} + \gamma_j$$

式中，E 为由跨距末端至缓圆（HY）点的距离（m）。

（2）跨距主要位于圆曲线上。

当跨距主要位于圆曲线上时，如图 3.7（b）所示，其计算方法更为复杂，但其分析方法仍与前述相似，故其推倒过程不再重复。当有最大风速出现时，其最大偏移值为

$$b_{jm} = \frac{l^2}{16}\left(\frac{p_j}{T_j} + \frac{p_c}{T_c}\right) + \frac{l^2}{8R} - \frac{(l-E)^3}{12R\cdot l_0} + \frac{m_1+m_2}{2} - m_0 - \frac{\alpha_1+\alpha_2}{2} + \gamma_j$$

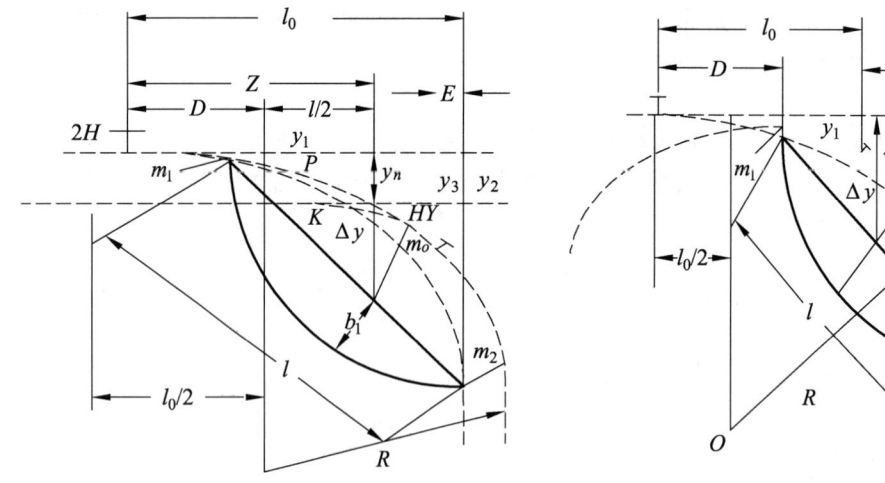

(a) 跨距主要位于缓和曲线区段上　　　　(b) 跨距主要位于圆区线上

图 3.7　跨距跨越缓圆点（HY）的示意图

缓和曲线的另一特点是从直缓点开始，其外轨超高是逐渐增加的，即由零值变化到圆曲线的实际超高值。若以 m 表示圆曲线上因外轨超高而形成的受电弓中心相对于线路中心的内侧偏移，那么在确定上述诸式中的 m_1、m_2 及 m_0 时，可以直接利用 m 乘以与 m_1、m_2 及 m_0 有关的比例系数来求得，如

$$m_i = \frac{x_i}{l_0} m$$

式中，x_i 为从直缓点分别到 m_1、m_2 及 m_0 处的距离（m）；l_0 为缓和曲线长度（m）；m 为圆曲线上因外轨超高而形成的受电弓中心相对于线路中心的内侧偏移，其值可根据下式计算之

$$m = \frac{H \cdot h}{S}$$

式中，H 为接触线悬挂点的悬挂高度（m）；S 为标准轨距值（mm）；h 为圆曲线区段的外轨超高度，可查专用外轨超高表，或在已知列车最大运行速度 v_{max} 时可直接根据下式计算

$$h = 7.6 \frac{v_{max}^2}{R}$$

第四节　隧道接触网平面设计

1．隧道内接触网的悬挂结构

在进行隧道内的平面设计之前，首先要确定悬挂类型及结构设计。确定隧道内接触网悬挂的类型应根据隧道断面、净空高度、行车速度及通过货物的装载高度决定。

符合国标《标准轨距铁路建筑限界》（GB146.2）中的隧限—2A 及 2B 的隧道，是按照铁路电气化接触网所要求的净空标准修建的，在这种隧道内，采用全补偿链形悬挂，特别是对于高速或准高速电气化铁路，其隧道内悬挂类型应和区间相一致，如图 3.8 所示，以保证列车运行速度在隧道内不受影响，其悬挂带电部分和悬式绝缘子接地侧裙边分别应保持 400 mm 和 150 mm 的绝缘间隙。接触线高度不得低于 5700 mm，以保证 5300 mm 超限货物能带电通过。对于高速客运专线线路的接触线高度，应和区间接触线高度相一致。

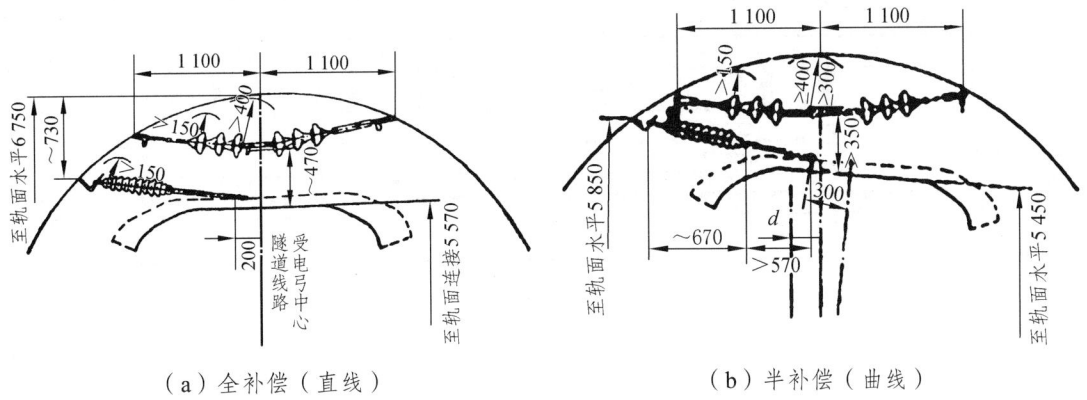

（a）全补偿（直线）　　　　（b）半补偿（曲线）

图 3.8　隧道内链形接触悬挂

2．隧道内接触网平面设计的内容及技术原则

隧道内进行接触网和悬挂的设计，要确定的主要内容有跨距长度、悬挂点的位置及数量、安装埋入孔的位置、定位点的配置、拉出值的大小及方向、锚段关节及中心锚结位置等。在进行设计时，一般要考虑下述技术原则：

（1）跨距应根据线路情况、悬挂类型、既有隧道断面及悬挂安装形式等因素确定。一般来说，隧道内跨距的大小在直线区段取决于允许的接触线弛度，而在曲线区段既取决于接触线的允许弛度，也取决于接触线对受电弓中心的最大允许水平偏移。跨距越大，则接触线弛度越大，因而对隧道净空的要求也高。跨距选用时应综合考虑上述各种因素，进行技术经济比较后确定。

（2）隧道内平面布置应与隧道外的平面布置相配合。隧道口第一个悬挂点的位置及接触线的拉出值应与隧道口外相邻支柱的位置及拉出值相协调。另外，在通常情况下，链形悬挂的承力索在出隧道口后要升高，隧道口第一个悬挂点的位置应考虑承力索升高后，对拱顶的距离不得小于最小绝缘间隙。

（3）跨距布置应尽量均匀。

（4）定位点的配置及拉出值的选定，应考虑外轨超高在一定范围内变化时不需调整，仍能保证接触线对受电弓中心的水平偏移不超过 450 mm。

（5）隧道内锚段关节及中心锚结的位置应根据隧道所在区间的平面布置确定。

图 3.9 为隧道内接触网平面布置图实例。它是某隧道平面布置图的一段，图中圈点为悬挂点，实点既是悬挂点又是定位点。

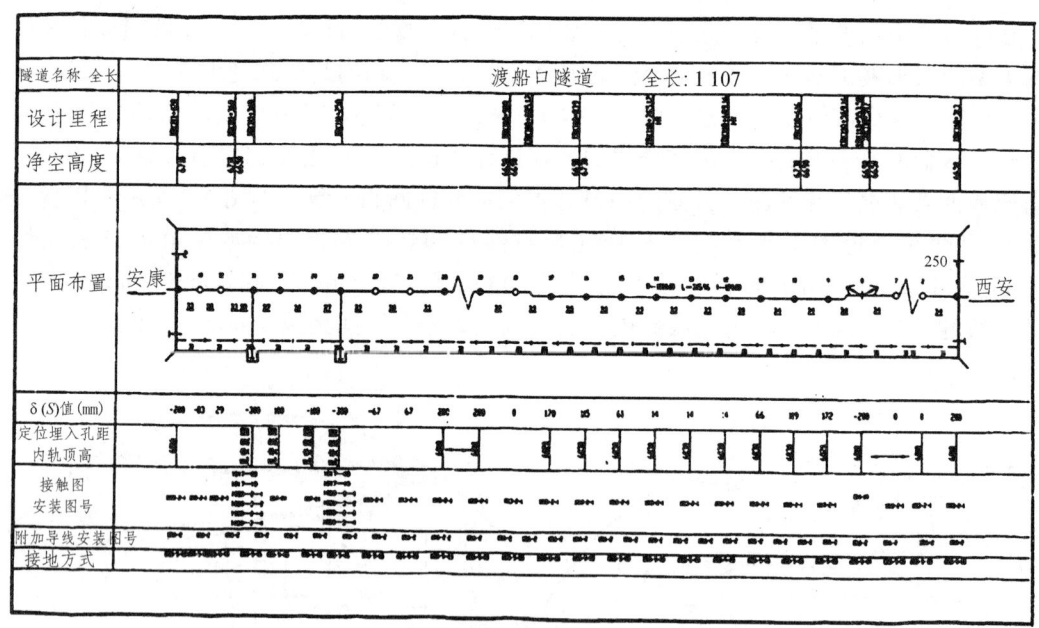

图 3.9　隧道内接触网平面布置图实例

该平面设计图标有隧道全长、设计里程、净空高度、平面布置、δ 值、定位杆埋入孔距轨顶高度、接触网安装图号、附加导线安装图号以及接地方式等诸项内容。在平面布置图栏目内，两端标有衔接方向（也表明了上下方向），在 DK111+689.16 至 DK110+765.12 段是一段曲线，曲线半径 $R=1000$ m、曲线长度 $L=315$ m、缓和曲线长度 $l=120$ m。在 8 号悬挂点处设置有中心锚结，在悬挂点 28～31 号处设置了一个三跨锚段关节。在定位点 2～7 号及悬挂点 19～25 号处设置了两个断链，表明在平面布置图的断链区段内，相关项目与相邻悬挂点（含定位点）的内容、条件及安装图号一致，表示省略。在线路布置中还标明了悬挂点、定位点间距。在锚段关节处布置较复杂，但一般都是定型设计，它列出了众多的安装图号，都是按标准图安装。图中方值表示偏离线路中心（直线为隧道中心）的距离，它的计算及确定方法将在下面阐述。

3．悬挂中心至线路中心距离 δ 的计算

在隧道内，不需要考虑接触线受风偏移影响，所以在隧道中间部分的悬挂可以相应减少。同时，可每隔 2～3 个悬挂点设置一个定位点，但在隧道口处为了与区间相配合，必须定位，其定位方向与隧道外第一个支柱定位方向相反，以使定位器受拉。在设计中应给出悬挂点与定位点相对于线路中心的具体位置，一般要计算出悬挂点中心至线路中心的距离 δ 值。而悬挂点中心至线路中心的距离 δ 与曲线半径、跨距、拉出值及定位点的配置等因素有关。一般情况下，简单悬挂采用的跨距较小，每隔 1～2 个悬挂点才定位一次，半补偿链形悬挂采用跨距较大，每隔 1 个悬挂点定位一次。全补偿链形悬挂采用的跨距更大，每个悬挂点均需定位。

根据不同情况，各类悬挂的方值可按下列各式进行计算。

1．直线区段

1）定位悬挂点

如图 3.10 所示的 1、4 点，既是悬挂点又是定位点时，$\delta = a$，其中 a 为拉出值。

图 3.10　直线区段 δ 值的计算

2）非定位悬挂点

在选择每隔一个悬挂点进行一次定位时，该悬挂点位于 1 和 4 的中间，$\delta = 0$。

若是每隔两个悬挂点进行一次定位时，如图 3.10 中 2、3 点，则 $\delta = a/3$。

2．曲线区段

在曲线区段，因接触线相对于受电弓中心行迹有偏移，必须定位。曲线区段上悬挂点与定位点的布置如图 3.11 所示。

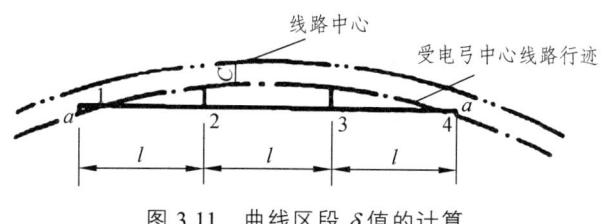

图 3.11　曲线区段 δ 值的计算

1）悬挂定位点

图 3.11 中的 1、4 点，既是悬挂点又是定位点时，其 δ 值为

$$\delta = m - a$$

式中，m 为受电弓中心对线路中心的偏移，其值为

$$m = \frac{H_j}{1500} h$$

式中，H_j——接触线悬挂高度（mm）；

h——在设计速度时的外轨超高度（mm）。

2）非定位悬挂点

图 3.11 中，选择每隔一个悬挂点进行一次定位时，该悬挂点位于 1 和 4 的中间，则

$$\delta = m + \frac{l^2}{2R} - a$$

隔两个悬挂点进行一次定位时（点 2、3）

$$\delta = m + \frac{(3l)^2}{8R} - \frac{l^2}{8R} - a = m + \frac{l^2}{R} - a$$

式中，l——跨距长度（m）；

R——曲线半径（m）。

3．缓和曲线区段

缓和曲线区段的 δ 值的计算方法如图 16.5 所示。

1）定位悬挂点

δ 值的计算与曲线区段相同。

2）非定位悬挂点

如图 3.12 中的 2、3 点，缓和曲线区段隔一个悬挂点定位与隔两个悬挂点定位的计算方法相近。现以隔两个悬挂点定位为例予以说明。

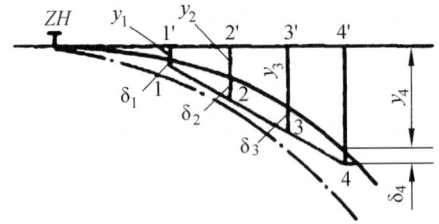

图 3.12　缓和曲线区段的 δ 值的计算

如图 3.12 中的 2、3 点为非定位悬挂点，其 2 和 3 的 δ 值的计算步骤为：

① 求出定位悬挂点 1 和 4 的 δ 值，分别以 δ_1 及 δ_4 表示；

② 根据缓和曲线计算公式，求出悬挂点 1、2、3 及 4 处的支距 Y_1、Y_2、Y_3 及 Y_4；

③ 求出线段 $\overline{11'}$ 和 $\overline{44'}$ 的长度，即

$$\overline{11'} = \delta_1 + Y_1 , \qquad \overline{44'} = \delta_4 + Y_4$$

④ 根据 $\overline{11'}$ 和 $\overline{44'}$，利用几何关系，求出线段 $\overline{22'}$ 和 $\overline{33'}$ 的长度；

⑤ 非定位悬挂点 2 及 3 的 δ 值分别为

$$\delta_2 = \overline{22'} - Y_2 , \qquad \delta_3 = \overline{33'} - Y_3$$

与直线和曲线区段不同的是，直线和曲线区段悬挂点 1 和 4、2 和 3 的 δ 值相等，而缓和曲线区段 $\delta_1 \neq \delta_4$，$\delta_2 \neq \delta_3$。

悬挂点中心至线路中心的距离 δ 是施工中需要应用的重要尺寸。对于简单悬挂来说，根据 δ 的数值，可以直接得出安装埋入孔对线路中心的相对位置，在平面布置中应根据每一悬挂点及所采用的实际跨距逐一标明。对于链形悬挂来说，根据 δ 值及有关安装零件，也可计算出安装埋入孔对线路中心的相对位置。

4．接触线拉出值的确定

隧道内接触线的拉、伸出值是分别为定位悬挂点及非定位悬挂点处接触线对受电弓中心的水平偏移。

直线区段悬挂点处的拉、伸出值即为该悬挂点与中心至线路中心的距离 δ。

曲线区段拉、伸出值设计原则及步骤如下（见图 16.4）：

（1）根据一定的行车速度 v 及相应的外轨超高 h，求出受电弓中心距线路中心的水平偏移 m，即确定受电弓中心的位置。

取定位悬挂点的拉出值 $a_1 = a_4 = a$，则接触线位置已定，此时，非定位悬挂点的伸出值为

$$a_2 = a_3 = \frac{l_2}{R} - a$$

（2）考虑行车速度可能在一定范围内变化，如提高至 v_{max} 或下降至 v_{min} 及相应的外轨超高 h_{max} 与 h_{min}，求出 m_{max} 及 m_{min}，即求出 v_{max} 和 v_{min} 时受电弓中心的位置，但接触线仍维持原设计位置不变（不调整拉出值）。显然，此时接触线对受电弓中心的水平距离，即实际的拉、伸出值已经改变，其最大值的计算式为

对于定位悬挂点 $\quad a_{1max} = a_{4max} = a + (m_{max} - m)$

对于非定位悬挂点 $\quad a_{2max} = a_{3max} = a_2 + (m - m_{min})$

（3）拉出值 a 取定时，应保证在上述所有情况下，接触线对受电弓的最大水平偏移不超过 450 mm。

第五节 表格栏

在已完成的接触网平面设计图上，除了上述的沿线路的支柱布置外，在图的下方设有表格栏。

1. 侧面限界

侧面限界是要确定支柱的横向位置，实际上是在跨距已确定的情况下，确定支柱的绝对坐标。

目前在设计中，由接触网支柱内缘至线路的距离，习惯上被称为"支柱侧面限界"，用符号 CX 表示。为了满足大型养路机械作业，区间直线区段侧面限界一般为 3.0 m，曲线区段侧面限界一般为 3.1 m。

对于软横跨支柱，侧面限界一般取 3.0 m，位于基本站台上时，取 6.0 m。软横跨支柱的侧面限界比腕臂柱大，不是因受建筑物接近限界的限制，而是为了照顾到车站的美观以及客流行人的方便，同时也是因安全检修的需要，其横向承力索及定位绳时的绝缘子串尾端至支柱内缘需保持有 600 mm 以上的距离。

桥墩上的支柱，其设备条件受桥墩台的制约。桥墩台上支柱的侧面限界，一般按表 3.3 选用。

表 3.3　桥上支柱侧面限界选用表

曲线半径（m）	25~1500	>1500	250~350	40~1500	200~4000
曲线外侧限界（m）	2.90	2.70	—	—	—
曲线内侧限界（m）	—	—	3.00	2.90	2.80

2. 支柱类型

在支柱类型栏内要标明每一个支柱的材质、型号、容量、高度及数量。支柱的类型及型号参考第一部分第一章。

3. 地质情况

在接触网设计的平面图上要清晰的标明沿线路的地质情况。因为支柱埋设地点、基础的稳固程度与地质情况有密切关系，不同的地质情况表明其承压力不同。因此，选择钢柱基础的类型及钢筋混凝土支柱的横卧板类型和数量都与该支柱埋设的地质情况有关，即和该地段的土壤类型（砂性土、粘性土、碎石土和岩石地段等）及线路状态（挖方、填方）等有关。不同的土壤种类，其承压力不同。在相同支柱容量情况下，所选择的基础类型（或横卧板的类型与数量）也有差异。土壤的承压力有以下两种表示方法：

（1）允许承压力[R]

土壤的允许承压力，表示土壤基本力学性质，也就是土壤承载能力的大小。如±150 kPa，其中负号"–"表示该区段挖方，正号"+"表示填方。

（2）安息角[φ]

土壤的安息角 φ 是表示砂性土的自然坡度角，它与砂性土的内摩擦角相接近，在一定程度上可以表示土壤的抗剪强度，所以在习惯上也可以用安息角表示土壤承压力，如±30°，其中正、负号与前述意义相同。在接触网下部工程中，也常用安息角 φ 表示地质条件，因而，允许承压力和安息角 φ 二者均可以表示（有时候混合使用）土壤承受外界负载的能力。它们的对应关系如表 3.4 所示。

表 3.4 承压力[R]与安息角[φ]的对应表

允许承压力[R]（kPa）	100	150	200	250	300
安息角[φ]（°）	17~20	30	35	40	40 以上

4．基础类型

（1）钢柱基础。

钢柱是立于用混凝土浇注而成的基础上的。基础的作用是稳定支柱，使其不倾覆、不歪斜及不下沉。

钢柱基础的选择主要是根据支柱类型、容量、地质条件等因素确定。土壤的种类不同，其承压力不同；又由于承压力与土壤的物理状态有关，所以即使对于同一种土壤，承压力也有差异。一般硬粘土的承压力在 100~300 kPa，软石类在 300 kPa 以上。工程上为了保证土体正常工作而不致发生破坏，通常用允许承压力[R]表示，允许承压力[R]值是表示土体承受外界负载的能力。

（2）横卧板。

为适应我国电气化的发展，并根据我国的实际情况，广泛地应用钢筋混凝土支柱。在使用钢筋混凝土支柱时，为了增大支柱地面以下部分与土体的接触面积，提高土体对支柱的抗倾覆能力，使支柱具有良好的稳定性，因此，对于钢筋混凝土软横跨校和设置在土质松散地段的钢筋混凝土腕臂支柱，应根据支柱容量和地质与线路情况加设横卧板。

横卧板的类型分为Ⅰ型及Ⅱ型。Ⅰ型为 600×800×80，孔距为 310 mm，孔径为 35 mm；Ⅱ型为 600×1000×100，孔距为 410 mm，孔径为 35 mm。

对于钢筋混凝土软横跨支柱及锚支柱，为了增大基底接触面积，防止支柱下沉，一般还加设底板。

对于下锚支柱，需承受很大的顺线路方向的拉力，为了减小支柱容量，通常用打拉线的办法以平衡顺线路方向的张力，这样可以使锚支柱结构简化、减轻重量和节省材料。显然，打拉线的作用是平衡承力索及接触线下锚张力对锚柱产生的影响。因此，打拉线及其作用点和承力索及接触线作用点应尽可能在同一铅垂平面内。

5．软横跨结点或拉杆、腕臂、定位管、定位器

（1）软横跨结点见结构部分。

（2）拉杆、腕臂、定位管、定位器。

这一项表明腕臂柱的装配。这些选择与多种因素有关，其选择方法是根据悬挂类型（全、半补偿）、结构高度、支柱类型、侧面限界 CX、支柱高度、接触线高度、定位方向、悬挂数量、曲径半径大小以及支柱所在位置的不同而有所不同。其表达形式与意义如下：

$$\frac{18+1\frac{1}{2}-2.75}{\frac{1}{2}-700+\frac{1}{2}} \qquad \frac{Y19+TG}{1\frac{1}{2}-3200+2\times\frac{3}{4}A}$$

式中，18——拉杆类型，长度为 1800 mm；

$1\frac{1}{2}-2.75$——腕臂类型，管径为 $1\frac{1}{2}$ 英寸，长度为 2750 mm；

$\frac{1}{2}$——定位器类型；

Y19——压管类型，长度为 1900 mm；

TG——腕臂类型，材质为双筒钢管；

$1\frac{1}{2}$-3200——主定位管类型，管径为 $1\frac{1}{2}$ 英寸，长度为 3200 mm；

$2 \times \frac{3}{4}$A——定位器类型，2 表示两个 $\frac{3}{4}$A 型定位器[5]。

6．安装图号

接触网支柱装配是十分繁杂和细致的工作，使用构件稍有不当，将不能满足技术要求，甚至于在运营阶段会出事故。为避免类似的人为故障，一般设计单位都根据支柱工作状态的要求，绘制了各类支柱装配定型图，每一张装配图都编有相应图号。为便于施工参考及进行工程数量统计，在接触网平面示意图中都标有相应支柱装配图的图号。

7．接触网高度

在接触网平面图表格栏内或者在图注内部标有接触线高度，或对接触线高度的附加说明。接触线高度是接触网设计的重要技术参数之一，它对于工程投资及投产后的运营效果都有重要影响。接触线高度有最高高度、最低高度。

1）最高高度

接触线最高高度是指在接触线最大负弛度时，接触线与两轨顶面连线的垂直距离。接触线最高高度为 6500 mm。

接触线最高高度是根据电力机车受电弓的工作范围确定的。国产韶山型电力机车 TGS 型受电弓的工作高度为 5183～6683 mm。考虑到接触线可能出现的最大负弛度及保证弓线间必要的接触压力，规定接触线最高高度不得大于 6500 mm。

2）最低高度

接触线最低高度是指在最大正弛度时，接触线与两轨顶面连线间的垂直距离，它是由货物列车最大允许装载高度及接触网带电部分距最高装载货物的绝缘空气间隙等因素决定的。

我国机车车辆限界高度为 4800 mm。超限货物列车装载高度分为三级，一级超限装载货物高度为 4950 mm；二级超限装载货物高度为 5000 m；货物列车的最大装载高度为 5300 mm。

3）接触线正常高度

接触线正常高度是指在悬挂点处，接触线与两轨顶面连接间的垂直距高。它考虑了接触线弛度对接触线高度产生的影响，一般接触线正常高度比最低高度略高，保证在最大正弛度时接触线不低于最低高度；同时它又比最高高度略低，是为保证在最大负弛度时，接触线不高于最高高度。

根据上述要求．设计中采用的接触线高度（悬挂点高度）为：

① 一般区间及中间站为 5800～6000 mm；

② 编组站、区段站及配有调车组的中间站为 6200 mm，特等站、大站为 6400～6450 mm。

4）高速接触网的接触线高度

高速接触网的接触线高度，综合国内外的运行经验，基于减小空气阻力及从动力学观点考虑。接触线高度偏低为好，一般不应高于 5500 mm，取 5300～5500 mm 为宜。

我国也曾考虑过采用 5500 mm。当然，时速超过 200 km/h 的高速铁路，是不考虑满足通过 5300 mm 扩大货物的要求的。

除了建设时速为 300 km/h 的高速电气化铁路外，我国还将要大面积推广大城市之间的高速客运专线，其接触线高度更是以采用 5500 mm 为宜。

在接触线高度取值上，为减少坡度，改善受流状态，在站场、区间及隧道内，原则上应取同等高度，这样对于改善弓线间的接触压力不均匀系数是极为有利的。

5）结构高度

在悬挂点，承力索与接触线的垂直高差称为结构高度。

确定一个技术、经济都合理的结构高度，一般应考虑几个方面的因素：

① 最短吊弦长度不要过小，在极限温度时，其顺线路方向的偏角不超过 30°；

② 在条件许可时，尽可能减少支柱高度；

③ 选择适当的悬挂类型，全补偿比半补偿要求较低的结构高度；

④ 考虑适当的调整范围，如起道的影响；

⑤ 设计中所指的结构高度是指接触线无弛度时，在悬挂点处承力索至接触线的垂直距离，一般取 1100 mm，可由下式表示

$$h = F_0 + C_{\min} \tag{17.1}$$

式中 h——结构高度（mm）

F_0——接触线无弛度时承力索的弛度（mm）

$C_{\min}$——最短吊弦长度（mm）

由式（17.1）可知，结构高度与承力索的弛度有关。在已知 F_0 时，就可以确定结构高度 h。最小的结构高度必须满足最短吊弦（一般不小于 250 mm）在最高温度时，其顺线路方向的偏角不超过 30°（全补偿链形悬挂不超过 20°）。最短吊弦的计算是以选择最长的锚段为依据的，在满足上述条件的情况下，结构高度的取值以偏大为好。

隧道内的结构高度一般为 450~550 mm，不得低于 300 mm。结构高度过小，会在吊弦处形成硬点，甚至在受电弓通过时，在跨中使接触线与承力索相碰撞。同时，结构高度偏低，欲改善悬挂工作状态，必然会增加滑动吊弦的使用数量。因此，在条件许可时，增大结构高度会相应地改善悬挂的运营条件。

8．工程数量统计表

在接触网平面设计图中，除了表格栏以外，在标题栏上都有工程数量统计表，以便于组织施工和工程备料。在工程数量统计表中，应附有主要设备，线材，部件及构件的数量及规格型号，其主要内容包括避雷器、隔离开关、接触线及承力索长度，以及各类支柱、横卧板、基础、拉杆、腕臂、分相绝缘器绝缘子的数量及类型。

9．说明与附注

在完成接触网设计图以后，总有一些未尽事宜，或者在平面图上不易标注清楚，或者为避免重复和繁琐，或者在设计中有特别要遵守的协议、约定、规定，以及已采用的新产品或新设备的技术政策，诸如接触线高度及变坡率；接触线拉出值及道岔定位形式特殊地段及距带电体 5 m 以内金属结构的接地方式；悬挂类型；支柱安装的特殊条件；悬挂零部件的改型某些特殊设计以及不符合常规设计的技术要求等，都应予以说明。一般讲，在一张完整的接触网平图上不准许有似是而非或不确定或无法辨识的问题。

第四章　高速电气化接触网

高速电气化铁路必须具有的三大要素：
（1）具有很高强度的铁路线路及轨道；
（2）具有能适应高速铁路速度性能的机车和车辆；
（3）具有能适应高速运行条件的接触网及与之相适配的受电弓。

由此可知，高速接触网是构成高速电气化铁路的基本条件之一。接触悬挂的要求很高，概括起来有如下诸点：
（1）具有能够传递强大的牵引电流的能力；
（2）沿跨距内，接触线对轨面的高度相对保持一致，受电弓沿接触线的运行轨迹基本呈水平状态；
（3）在受电弓的抬升力作用下，甚至在双弓或冲击力作用下，接触悬挂不发生较大振幅的低频振动。

因此，高速接触网在基本结构、基本参数及线材材质[6][9]等诸方面都有特殊的要求和鲜明的特征，以下就对此进行简要介绍。

第一节　高速接触网基本特性

1．接触网弹性

接触悬挂的弹性是表示接触悬挂结构性能好坏的重要标志之一。所谓弹性，就是接触悬挂在受电弓抬升力的作用下所具有的升高性能，即在受电弓压力的作用下，每单位垂直力使接触线的升高，常用 η 表示，单位为 mm/N。接触悬挂的弹性，对于受电弓的受流质量是一个重要的因素。衡量弹性好坏的标准有二：一是弹性的大小，它取决于接触线张力（链形悬挂包括承力索）的量值；二是弹性均匀程度，它取决于悬挂结构、悬挂类型和某些附在接触线上的集中负载的集中程度等。确定弹性的方法有三种：弹性计算法、静态测量法及动态实测法。

静态测量法及动态实测法都是在高速电气化铁路建成以后才能进行，无法预见接触悬挂的弹性性能。

在建设高速电气化铁路的过程中，必须进行接触悬挂的性能计算，其中就有关于接触悬挂弹性的计算。

简单链形悬挂跨距中心处的弹性由下式确定

$$\eta_{\max} = \frac{l}{4(T_m + T_F)}$$

其弹性链形悬挂跨距中心处的弹性由下式确定

$$\eta_{\max} = \frac{l}{3.5(T_m + T_F)}$$

式中，l——跨距长度（m）；

T_m——承力索张力（kN）；

T_F——接触线张力（kN）。

2．接触网坡度

接触线从一个高度过渡到另一个高度时，会有一个过渡区域。在这个区域内，接触线要完成从高到低或由低到高的变化，即形成一定的倾斜度，这个倾斜度就是所谓的坡度。接触线坡度对机车运行速度有很大影响。如果坡度选择不当，会在该区段内发生离线、起弧等不正常情况。

在讨论接触线的坡度计算时，假设接触悬挂具有均匀的弹性，受电弓在通过坡度区段时没有摆动，且沿水平方向等速运动。

在列车以速度 v 行驶时，接触线的最大许可坡度为

$$i = \frac{y_1 + nh_0}{S_1} = \frac{y_1 + nh_0}{vt_1} = \frac{4n \cdot P_0}{v}\sqrt{\frac{n}{15m}}$$

3．弓线间的接触压力

接触线与受电弓之间的可靠接触，是保证电力机车良好受流的重要条件。在运行中，接触悬挂的运行状况与受电弓的运行状况密切相关。在受流过程中，受电弓和接触线在机械方面和电气方面都是紧密地互相作用着的。这两个装置之一若发生不正常情况，都可能破坏它们之间的正常接触状态，甚至导致弓线间的脱离，即离线。

1）弓线间的相互作用

受电弓的抬升力对接触悬挂产生机械作用，使接触线升高，其升高的数值决定于接触悬挂的弹性和受电弓给予它的抬升力，也决定于接触悬挂的结构及受电弓在跨距内的位置。

当受电弓沿接触线高速运行时，其受电弓高度的变化（指对每一个跨距而言）大为加剧。因为在这种情况下，受电弓的惯性力显著增加，所以受电弓对接触线的压力就与静态特性所决定的压力大为不同。

在接触线上的集中负荷（如定位器、线夹和分段绝缘器等），对弓线接触压力的变化有很大的影响。

在高速运行时，还存在很大的空气动力作用，这是在机车运行中，因风力作用和气流流过受电弓时发生的，这个力可能向上也可能向下，它是与受电弓抬升力合成的结果，在不同程度上改变着弓线间的接触压力。

风力对弓线间的接触状态也产生着一定的影响。当风速不太大（6～10 m/s）时，它作用于悬挂上，使接触线发生长时间的稳定的振荡，称为自振荡或跳跃。接触线的自振荡，会使

受电弓不能追随接触悬挂的振荡而破坏正常受流,甚至发生大离线。在强劲风的作用下,也会改变弓线间的接触条件,有时还会脱离接触线而发生刮弓事故。

除此之外,在隧道与区间及站场与区间的衔接处,接触线高度发生变化,当受电弓通过这些区段时,由于惯性的影响,弓线间的接触状态也会发生相应的变化,在一定条件下,因速度较高,或因坡度较大,都会使弓线脱离,破坏正常受流,这是运行中所不允许的,设计时必须考虑。

综上所述,在电力机车运行中,受电弓与接触线之间的接触压力是变化的,也就是说,弓线之间的接触压力是不稳定的,而是时大时小,有时甚至是零值或者离线。近年来,为了提高列车运行速度,弓线之间的接触状态就成了研究的中心问题。欲想定量地分析这种弓线之间的接触压力是困难但又是有意义的。

2)弓线间的接触压力

弓线之间的接触压力与接触线的高度变化、悬挂特性、线路状态、运行速度等多种因素有关。在低速运行时,由于受电弓高度变化的速度较慢,受电弓与接触线之间的接触压力可以近似地看成是受电弓的静态压力。

(1)高速运行时受电弓的受力状态。

在高速运行时,受电弓将受到各种外在及内在、有形及无形的力的影响。受电弓的高度变化迅速,因而产生较大的惯性力 P_a,它对接触压力产生较大的影响。除此之外,还有加于受电弓上的空气动力 P_k。在受电弓发生高度变化时,它的自身结构还产生相应的摩擦力 P_m,受电弓在高速运行时的受力状态如图18.1所示。要保证机车良好地受流,就要使弓线之间接触压力的变化尽量小,且处于规定的范围内。压力太小时,可能发生离线现象,伴随着产生电弧、烧损接触线;压力过大时,使接触线产生较大升高,因而使弓线间增加摩擦和损伤。

综上所述,在动态过程中,弓线间的接触压力可由下式表示

受电弓向上运动时 $\quad P = P_0 - P_m - P_a - P_k$

受电弓向下运动时 $\quad P = P_0 + P_m + P_a + P_k$

式中 P_0——受电弓的抬升力(N);

P_m——受电弓铰接处的摩擦阻力(N);

P_a——受电弓压力的动力分量,由受电弓的归算质量及垂直加速度决定(N);

P_k——受电弓压力的空气动力分量(N)。

受电弓在较高速度的运行中,即在以速度作水平方向运动的同时,因接触悬挂的弹性不同,又随接触线的高度变化作垂直方向的运动,这种复合运动的过程,即接触悬挂的变化(或弓线之间的接触压力)相对于时间的变化曲线,称为接触悬挂的动态特性。

在动态过程中,接触压力还与受电弓质量及其他因素有关,特别是受电弓的动力分量对接触压力产生着重要影响,其值可由下式决定

$$P_a = ma$$

式中 m——受电弓归算质量(kg);

a——归算质量的垂直加速度(m/s^2)。

所谓受电弓归算质量,就是把整个活架式的受电弓归算到接触线高度的一个质量,它与受电弓滑板具有相等的加速度 a,且此质量所产生的动力与受电弓产生的实际动力相等。归

算质量不是常数，是随受电弓的升高程度而变化的。

空气动力分量 R 对弓线之间的接触压力也有较大的影响。在高速运行时，有时它可使接触压力增至静态压力的一倍以上，有时又可使接触压力趋于零。影响空气动力分量的因素很多，但主要有：受电弓结构、运行速度、风速大小和方向以及电力机车顶部的形状等。由于影响空气动力分量有许多不定因素，因此，要精确地计算它的量值是困难的。一般可用试验方法确定。法国和德国的试验资料表明，空气动力分量 P_k 随机车运行速度的不同，其值变化范围很大。在速度很高时，往往会因为空气动力的作用，造成接触线和受电弓滑板的损伤。

（2）高速运行时接触压力随速度的变化。

在高速运行时，惯性分量 P_a 和空气动力都是在变化的，速度越高，量值越大，在速度为 100 km/h 左右，其接触压力较小；在大于 200 km/h 时，接触压力将接近上限值。在高速时，空气动力 P_k 及惯性力 P_a 是接触压力的主要组成部分。

在讨论动态接触压力时，为了简化计算，经常先忽略变化较大的空气动力 P_k 及始终起作用的受电弓各关节的摩擦力 P_m，把与速度有关的只作为主要的研究目标，于是有下式

$$P = P_0 - P_a = P_0 - ma$$

在机车运行速度较低时，动力分量只和空气动力分量 P_a 就趋近于零，这时受电弓的压力等于

$$P = P_0 \pm P_m$$

弓线之间的接触压力往往成为衡量受流质量的标准。接触压力的最佳值应保证接触线和受电弓滑板只有最小的机械磨耗，同时还要保证滑板和接触线间有一定标准的过渡电阻，以排除在停车时发生接触线过热或烧熔的可能性。

（3）高速运行时接触压力的变化曲线及压力分布。

在高速运行中，受电弓与接触线处于复杂的接触状态，其动态接触力的变化，是静态值叠加了空气动力和惯性力的部分，它围绕着平均值波动，就其相互作用的机理原因，可以有三种因素：其一，是由于与振动有关的各种激振因素；其二，是运行速度与波动速度变化的因素；其三，是弓与网两个系统部件的结构因素。因此，在各种外界条件相同的条件下，通过接触力的变化可以评价出接触网的结构形式和受电弓的结构质量。评价的标准依然是：算术和的平均值，标准偏差值和极限值。

图 4.1 为接触压力随速度变化的关系曲线，它是德国 Rel60 型、Re200 型和 Re250 型三种接触悬挂类型的接触压力与速度关系的实例整化曲线。图中说明，随着运行速度的增加，最大值 P 快速增加，最小值 $P_0 t$ 在减小，但是这种波动都在上限值 $P_{上限}$ 至下限值 $P_{下限}$ 的范围内，中间有一条曲线（点画线），它是最大值 P_{max} 与最小值 P_{min} 的平均值 P_p。这里还给出了标准偏差值 S 的概念，它的定义为

$$P_{max} = P_p + 3 \cdot S, \qquad P_{max} = P_p - 3 \cdot S$$

图 4.1 的曲线都是由实测数据绘制的曲线．大量的实测结果统计表明：其接触压力数值的频率分布为：接触压力全部值的约 68.30% 位于 $P_p - S \sim P_p + S$ 之间；全部值的约 95.50% 位于 $P_p - 2S \sim P_p + 2S$；全部值的约 99.70% 位于 $P_p - 3S \sim P_p + 3S$。所以 $P_p - 3S \sim P_p + 3S$，实际上

限制着动态范围，其中 P_p 为平均值，S 为标准偏差值，将它们作为总体的受流评价，是有实际意义和价值的。

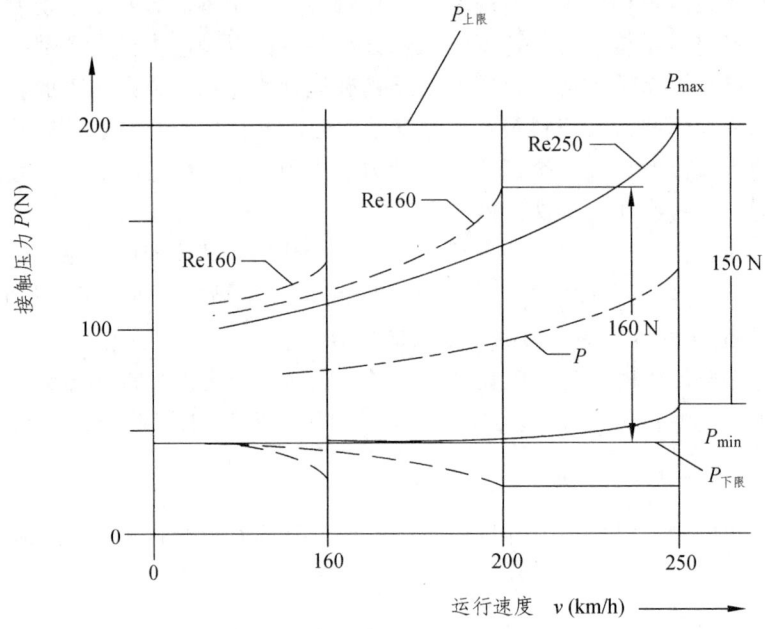

图 4.1 接触压力与运行速度的关系曲线

一次的测试记录虽不能作为判别的主要依据，但是，从统计学的观点看，其一系列的测量量值的统计、积累和分析表明，受流质量良好的弓和网运行时，其各种接触压力值的统计规律符合正态分布曲线，如图 4.2 所示。它确定了动态接触压力量值的分布。正态分布曲线确切地表征了最大值、最小值以及 $P_p + S$、$P_p + 2S$、$P_p + 3S$ 与 $P_p - S$、$P_p - 2S$、$P_p - 3S$ 的含义，同时，也有零星的超限极大值及极小值出现。

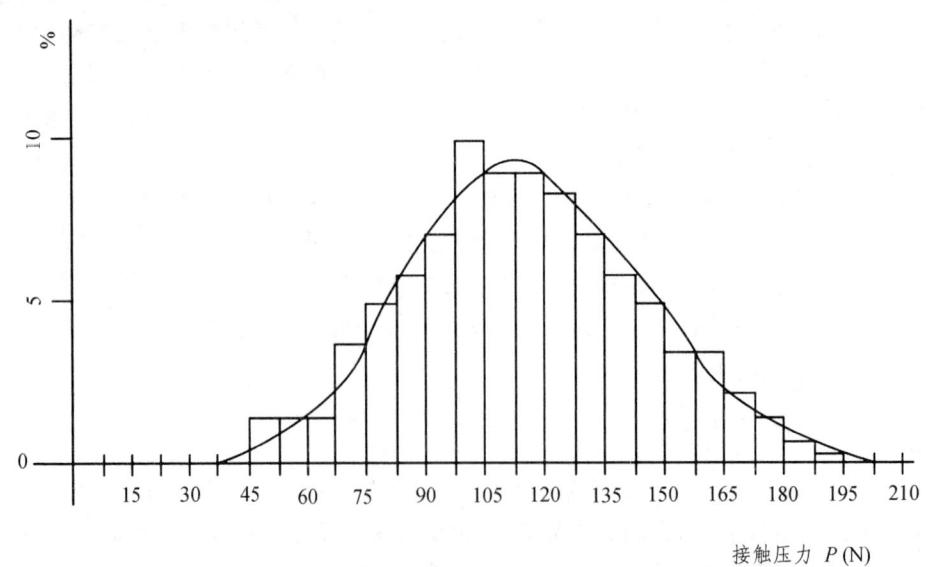

图 4.2 高速运行时接触压力数值的正态分布曲线

标准偏差值是以平均接触压力为基准，上下波动的接触压力量值。例如，平均接触压力为 120 N，其标准偏差值应不超过平均值的 20%，即 24 N，这就说明接触压力在 $P_{\min}=120-3\times24=48$（N）及 $P_{\max}=120+3\times24=192$（N）的范围内变化是属于良好受流状态，超过 192 N 及低于 48 N，将不属于良好受流状态。

第二节　高速接触网受流理论分析

1．高速接触网的技术特征

1）全补偿悬挂结构

由于接触悬挂是露天装置，因此，大气温度对它将产生较大的影响，在温度发生变化时，线性伸长不应影响张力的变化。为保证良好受流，在设计时根据线索的材质、强度和截面积，一般张力选取为 10~25 kN，综合张力不宜超过 40 kN（应力：铜导线为 120~30 N/mm²，青铜导线为 150~160 N/mm²）。

为保证接触线和承力索的恒定张力，通常采用全补偿的链形悬挂结构。计算表明，综合张力过大，其弹性性能变低，受流质量下降。

2）整体吊弦

在高速接触网接触悬挂中，吊弦是其中的主要环节，为适应高速的要求，吊弦向整体式和轻型化发展，过去采用的环节吊弦逐步被淘汰，而改为采用整体式吊弦，同时相应地加大了吊弦的密度。根据计算和试验，吊弦密度太疏了效果不好，因为接触线存在自重负载的影响，在两根吊弦之间要产生寄生弛度，这种寄生弛度和吊弦的支持作用，造成受电弓运行的不平滑性。但是吊弦密度过大，吊弦支持点过密，将会破坏接触悬挂的柔性状态。经过计算机的优化，其吊弦间距一般以 8~2 m 为宜。但在支柱点处，距悬挂点处两侧的简单支柱吊弦相距越近，则悬挂点处的弹性性能将显著变差。

3）设置附加预弛度

弹性链形接触悬挂尽管在支柱点处增加了弹性吊弦（索），但是在悬挂点处和跨中，弹性仍然有一定的差异，使受电弓不能沿距轨面等高的水平线运行。同时，这种差异是使受电弓在高速运行时产生垂直加速度的重要原因之一。为了克服这种弊病，在进行接触网设计时，使接触线根据跨距的大小，设置必要的预弛度。其目的是期望受电弓在高速运行时，其轨迹为距轨面等高的水平线。高速受流研究证明，高速接触网除需要使用带自动张力补偿的承力索外，还要对接触线设一个附加预弛度，其值根据跨距长度可取为 $l/500$~$l/1000$。不同的试验表明，不同的接触网悬挂，其张力和材质不同，在受电弓抬升力的作用下，会产生不同的抬高。由此可知，在采用附加预弛度时，应该经过计算确定。有的悬挂也可以不设附加预弛度，这是因为在设计时就考虑了受电弓的运行轨迹。一定跨距的接触线弛度和技术参数，都有一个最佳值，接触线附加预弛度大于或小于其最佳值都会降低受流质量。一般选定值与计算最佳值比较，其误差范围不应大于 10%~15%。诚然，附加预弛度值过大不仅会影响受流质量，而且会增加跨中的摩擦阻力，加大磨损量，减小接触线的使用寿命。实践证明，在一定的速度段，附加预弛度对改善受流状态有明显的效果，但随着速度的提高，接触线张力需相应提高，接触悬挂的特性反应不明显，附加预弛度的效果也减小了。

4）锚段关节

随着列车速度的提高，在锚段关节处，有一个区段是受电弓同时接触两组悬挂，这时悬挂重量相对加大，在高速运行时，受电弓的抬升量就要减小，相应地会增加接触线和受电弓的磨损，缩短其使用寿命。因而不同的运行速度，其锚段关节的结构参数也应有相应改变。

5）轻型定位器

在每个定位点处，都必须设置定位器。显然，定位器是集中负载的汇集点，在低速运行时，影响很小；在高速运行时，该处就是一个集中的硬点。而且，速度越高，所反应的硬点越明显。为了解决这个问题，各国都采用铝合金的轻型定位器，这样，既减小了硬点，又提高了定位器的灵活性。同时，由于速度的提高，接触线也会产生相应的动态抬高，为了不产生打弓，有些线路还采用弓形定位器。根据不同线路，多数是加设限位装置和防风装置，以便在高速运行时，防止过多抬高和保持相对稳定。

6）减小接触线坡度

在高速运行时，若接触线的坡度较大，在变坡点必然会引起火花对受流的破坏，影响十分明显，高速接触网对坡度值要求是较为严格的，其值不应大于 0.3%，一般应控制在 0.15% 以内。

7）采用自动过电分相装置

高速电气化铁路接触网的电分相装置，是保证安全、可靠运行的一个关键性因素，为了使高速接触网能良好运行，各国都根据自己国家的实际情况，采用了相应的自动过电分相的装置，只不过其形式不完全相同。日本采用了地面自动切换式过电分相装置，瑞士采用柱上切换式过电分相装置，德国、法国和英国均采用车上切换方式。采用车上切换方式的三个国家也不完全相同。德国、法国的地面传感系统采用轨道电路式，而英国的地面传感系统则采用电磁传感方式。

可以想象，运行速度在 200～300 km/h 时，18～40 m 的电分相中性区仅需 0.018～0.030 s 的时间，靠人工断/合闸，是无法实现的。

2．高速受流技术的质量性能指标

在高速电气化铁路中，其接触悬挂向电力机车传递电能的过程，称为高速受流

高速受流是指高速运行的电力机车通过受电弓与接触线的滑动接触取得电能并传给电力机车的过程。此间，受电弓与接触线在电气方面和机械方面都是相互依赖、相互作用、相互制约的。实际上，动态受流性能是受电弓在高速滑动接触中所具有的导电能力，它受许多因素的影响，诸如接触悬挂的弹性系数、接触线坡度、接触悬挂类型、接触线材质、受电弓定抬升力、抬升量、滑板材质、归算质量以及列车运行速度、加速度、车辆类型和线路条件等。

由于接触悬挂是一个三维架空机械系统，当受到外界干扰动力时，会产生一系列周期性或非周期性振动。显然，这种与固有频率有关的接触悬挂的振动以及这种振动所形成的振动波的传播，都会使受电弓与接触线之间的接触压力产生变化。理论研究证明，对于**接触悬挂受电弓系统**而言，其间的接触压力变化幅度越小、变化率越低，则动态受流质量越高；反之，则变坏。当其间的接触压力过大时，则导线和滑板的磨耗加剧，寿命缩短；压力过小或趋近零值时，则使弓线间接触不良，造成离线，甚至引起拉弧，烧损接触线和滑板，形成受流状

态恶性循环。除了上述原因外，接触悬挂与受电弓在性能上的良好匹配也是动态受流的一个重要因素。不同的接触悬挂，它只适配相应性能的受电弓，反之亦然。一旦受电弓的性能决定之后，只有与它相适配的接触悬挂类型，才能得到满意的受流结果。

在低速线路上，由于受电弓滑板与接触线接触较平稳，通常能够得到正常受流。在高速线路上，受电弓的垂直振动加剧，接触线的抬升量也加大，受电弓与接触线均发生与自身固有特性相关的振动。因而，接触线与受电弓产生机械性脱开的现象是不可避免的，这就是所谓的动态受流被破坏或恶化。

高速接触网最主要的任务是保证良好受流，但如何评价接触网的受流性能及其优劣，也就是根据什么标准和内容来评价接触悬挂的优良程度，这个问题是一个综合的问题。各国从不同的角度出发，历来认识就有所差别，尽管条件和标准不甚一致，但从总体讲，一般是从以下几个技术方面来评价和评述的。

1）接触网悬挂的弹性和弹性系数

接触悬挂的弹性，不仅是评价高速接触网受流质量的重要指标，而且是对高速受流质量产生重要影响的因素，其值用下式表示

$$\eta_{(x)} = \frac{Y_{(x)}}{P}$$

式中　P——抬升力（N）；

　　　$Y_{(x)}$——由抬升力 P 在 x 处引起的升高（mm）；

　　　$\eta_{(x)}$——接触线在 x 处的弹性值（mm/N）。

弹性和弹性系数仅表示点对点的接触悬挂的弹性性能，不具备悬挂的整体概念，因而对一个跨距或对一个锚段的悬挂来说，一般用弹性不均匀系数表示

$$\mu = \frac{\eta_{\max} - \eta_{\min}}{\eta_{\max} + \eta_{\min}}$$

为了研讨问题的方便，最大值 $\eta_{\max}$ 一般指跨距中部的数值，最小值 $\eta_{\min}$ 一般指悬挂点的数值。当然不同的运行速度，要求具有不同的弹性不均匀度。

为了便于进行系统的理论研究，通常用弹性系数 K 表示弹性的性能，弹性系数是弹性的倒数。

在研究中，常用平均弹性系数 K_0 表示弹性的总体性能，它代表一个跨距内弹性系数的大小，是最大值及最小值的平均值，即

$$K_0 = \frac{K_{\max} + K_{\min}}{2}$$

式中，$K_{\max}$、$K_{\min}$ 分别表示检测或指定跨距内的弹性系数（N/mm）的最大值及最小值。

如同弹性不均匀度的概念一样，弹性差异系数表示悬挂弹性的均匀程度，其表达式为

$$\varepsilon = \frac{K_{\max} - K_{\min}}{K_{\max} + K_{\min}} \times 100\%$$

弹性差异系数分为静态和动态两种情况，它表示接触网悬挂的均匀程度及性能，适应

200 km/h 及以上速度的接触悬挂，其值应控制在：静态值 $\varepsilon < 10\%$，动态值 $\varepsilon < 25\%$。

为了减小弹性的差异，必须尽量使跨距中部和悬挂点的弹性均匀一致，一般采用弹性链型悬挂。弹性链型悬挂的特点是在悬挂点加弹性索。弹性索的长度一般为 12～18 m。而且，计算结果和实验均表明，弹性索的长度对悬挂点处的弹性有较大影响，如果将靠近支柱吊弦与悬挂点的距离增加 6～15 m，则悬挂点处的弹性将增大 25%～30%。一般认为加大悬挂的综合张力，会改善悬挂弹性的均匀程度，但实践证明，增加承力索的张力对悬挂点的弹性影响较小，然而，如果将接触线张力从 10 kN 增加到 15 kN，则能使悬挂点处的弹性系数减少 15%～20%。

2）弓线间的接触压力

弓线间的额定静态接触压力经计算确定为 (70±10) N，动态时，接触线与受电弓一起组成一个阻尼很小的振动系统，随着运行速度的提高，受电弓会产生振动（垂直加速度），从而使接触线和受电弓之间的接触压力产生变化。这样，除了接触线的固有特性以外，所用的受电弓对接触压力也产生很大影响。弓线间的接触压力是描述在高速运行下，受电弓与接触线之间的接触程度与状态，它是评价与控制受流质量的重要条件及内容。

在高速运行时，弓线之间的接触压力是随速度变化的。通常的规律是：在相同条件下，运行速度越高，接触压力随之增大。IEC 规定，接触压力最大值在 $v = 100$ km/h 时，为静态接触压力的 1.5 倍；$v = 140$ km/h 时，为静态接触压力的 2 倍；$v = 200$ km/h 时，为静态接触压力的 3 倍。因此，在高速情况下接触压力的最大值是评价受流的重要指标。接触压力过大，磨耗加重；过小将破坏受流。在通常情况下，接触压力的平均值越接近静态检测值，其质量越好。

（1）接触压力的平均值：

$$P_\mathrm{p} = \frac{1}{n}\sum_{i=1}^{i} P_i \quad \text{或} \quad P_\mathrm{p} = \frac{P_\max + P_\min}{2}$$

式中　P_i——采集点 i 处的接触压力（N）；

$P_\max$、$P_\min$——分别为一个跨距内最大值及最小值（N）；

P_p——平均接触压力值（N）；

n——一个跨距内采集的总点数。

（2）接触压力不均匀系数。

为了获得稳定的受流，在高速动态过程中，受电弓与接触线之间保持稳定的接触压力是十分重要的。这就要求接触悬挂在整个跨距内有相同的弹性和相同的单位质量，即在跨距内各点弹性不应有较大变化，也不应有较明显的集中质量。在高速运行中，用动态接触压力不均匀系数表征弓线间动态接触压力状态，其值为

$$\mu = \frac{P_\max - P_\min}{P_\max + P_\min} \times 100\%$$

在高速运行中，弓线间的接触压力，除了直接受悬挂和受电弓的影响以外，还受车辆、线路各种因素及激振源的影响，因此用动态接触压力不均匀系数能够确切地表达弓线间接触状态，它可以较为准确地评判动态过程中接触压力的变化状态及弓网匹配的效果与性能。在

静态时，μ 的数值不大于 10%；在高速状态下，μ 的数值应控制在 25% 左右。

3）受电弓的归算质量与最大振幅

（1）受电弓的最大振幅。

受电弓在高速运行时，应具有良好的平稳性，也就是受电弓的最大振幅及最小振幅，其差值不可过大，一般用下式描述

$$2e = H_{max} - H_{min}$$

式中，H_{max}、H_{min} 分别表示为受电弓在高速运行时，其滑板距轨面高度的最大值及最小值，这两个数值表明受电弓的动态特性，即在外界干扰的作用下，受电弓所具有的平稳性能。在通常情况下，e 值控制在 150 mm 的范围内。

（2）受电弓的归算质量。

受电弓的最大振幅与受电弓的归算质量有关，也就是说，减小受电弓的归算质量，能够相应减小受电弓的动态振幅，即受电弓的归算质量越小，它对接触网的适应能力越好。归算质量越小，受电弓的追随性能越好，其运行轨迹越平缓。

4）离线率及持续时间

离线是指受电弓和接触线产生的机械性脱开。离线时受电弓失压，接触线和受电弓间产生电弧；同时，离线时电压波形产生畸变，引起对无线电及通信线路的干扰。因此，离线是牵引供电中一种十分有害的现象，它可以造成不稳定运行及弓线间的异常磨损、烧熔接触线等多方面的危害，因而，应尽量减小这种现象。离线是衡量高速受流的重要方面和重要指标，这个指标可以从三个方面去考虑，即限定时间或限定距离的离线次数、一次离线的时限及离线率。

离线时间是表明弓线间机械性脱开的频率，显然，在同等条件下，离线次数越多，其受流性能越差，这是一个相对的指标。

离线时间是表明每一次机械脱开的持续时间，按时间分，离线时间在 0.1～60 ms 为小离线，大于 100 ms 时为大离线。一般而论，小离线大多因为导线材质、工艺及施工技术存在问题；大离线多为高速的振动发生谐振及导线污染与覆冰等方面的原因造成的。

离线率是表示离线的综合指标，可用下式表示

$$s = \frac{\sum t_i}{T} \times 100\%$$

式中，t_i、T 分别为弓线机械脱开的时间及运行检测的总时间。

离线率是表示弓线间的接触状态，对于 200 km/h 及其以上的高速电气化铁路，离线率一般控制在 5%，其最大离线时间应小于 100 ms。其实，离线及离线时间均不易提出明确的数值界限，法国和日本新干线的离线率甚至高达 20%，只不过在上述数值范围内其受流状态将大为恶化。

5）接触线平均抬升量及最大抬升量

接触线在静态（低速）状态下，由于受电弓抬升力的作用产生抬高，这时抬升量称为静态抬升量。受电弓在高速运行时产生振动，由于接触线的振动形成的抬升量，称为振动抬升量。高速运行时，在受电弓的作用下，接触线的静态抬升量和振动抬升量之和形成动态抬升

量。当振动抬升量波峰值与静态抬升量呈现正叠加,就出现接触线动态抬升量的最大值。

在通常情况下,振动抬升量小于静态抬升量,所以在低速状态下,一般是不会发生离线的;相反,若在高速运行情况下,振动抬升量波峰值出现大于静态抬升量时,也会产生离线的情况。在正常情况下高速运行时,总是限制接触线的动态抬升量,一般情况平均抬升量限制在 100~150 mm 范围内,最大允许抬升量为 200 mm。至于法国在试验中其抬升量曾达到 400 mm,这只能视为特例,不能作为抬升量的允许界限。

6)接触线磨耗比与导线寿命

(1)磨耗。

在受流系统中,受电弓和接触线高速滑动接触,必然产生磨耗。从成因上讲,可以分为电气磨耗、化学磨耗和机械磨耗。

电气磨耗是指电离子转移和电弧烧损。电离子转移是金属离子沿着电流方向转移产生粘结磨耗的因素;电弧烧损是因电弧烧熔而引起的磨损。

化学磨耗是指在腐蚀环境下溶解、锈蚀。因表面粗糙而造成导线的加速磨损,越易产生锈蚀的导线(如钢铝接触线),呈现化学磨损。

机械磨耗又分为粘结磨耗和硬粒磨耗。粘结磨耗是导线凸现部分经滑板摩擦,其原子间相互结合造成的,不同金属接触易生成合金,因此,容易合金化的金属就容易引起粘结。硬粒磨耗是导线凸现部分在滑动接触过程中相互切削或第三种硬质粒子夹在界面之间引起的切削磨耗。

电气磨耗、化学磨耗与机械磨耗是互相有关联的。化学磨耗会加重电气磨耗,同样,电弧的烧熔作用会加剧机械磨耗,同时,电弧的烧熔使表面粗糙形成锈层,它又会恶化及加速化学磨耗。

高速接触网的运行特点是运行速度高,电流强度大,如若离线率增大,电气磨耗必然加大。从磨耗机理中知道,电气磨耗是磨耗的主要成因。

(2)磨耗比。

接触线通过万架弓次后,被磨去的横截面称为磨耗比,磨耗比是直接反映运行状态的参数,磨耗比大,则直接表明了弓线间的接触情况不好,或者接触线与滑板的材质不匹配,使接触线磨损加速;反而磨耗比小,则客观表现弓线间具有良好的匹配关系,也说明接触悬挂和受电弓都具有良好的性能。

我国 TCG-100 型铜接触线,在过去几十年运营中,寿命基本上达到 25~30 年。法国 RiS120 型银铜接触线目标寿命为 200 万弓架次,折合约 30 年。

(3)接触线寿命。

接触线寿命是评价受流质量一个重要因素,如果一个接触悬挂磨耗严重,寿命达不到应有的指标,那么其受流质量也一定存在严重的问题。因而接触线的寿命与受流质量有直接关系,寿命的直接原因是磨耗及导线疲劳。

机械磨耗是弓线间直接接触的机械摩擦造成的,机械磨耗随着动态接触压力的增加成比例地增加,但机械磨耗在投入运营初期较为严重,一旦过了磨合期,逐渐趋于稳定。机械磨耗在导线的总磨损中占非主要地位。

电气磨耗是由于受电弓和接触线在接触压力偏小或趋于零值时,接触电阻增大,产生过热,加大磨耗,尤其是离线时,产生电弧,电弧产生高温,将导线烧成斑点及麻面,形成电腐蚀,甚至使某些区段退火,从而降低导线的耐磨损性能。国外运营经验证明,动态接触压力增加,有利于减小电气磨耗,电气磨耗是导致导线寿命缩短的主要原因,因而,实现高速稳定受流,是延长接触线寿命的主要途径。导线的疲劳程度也与导线寿命有关,接触线的振动频率和振幅越大,导线越易疲劳,寿命也就越短。

7)接触线坡度

接触线坡度是指一个跨距两端的支柱悬挂处,接触线距轨面高度的高差与跨距值的千分比,其表达式为

$$i = \frac{H_A - H_E}{\ell} \times 1000‰$$

关于接触线坡度的技术要求,随着运行速度的提高,接触线坡度要求越来越小。根据运行速度的不同,其坡度值也不一样,在 200~300 km/h 时,接触线坡度应控制在 1‰~3‰ 以内,在坡度区段将不会产生弓线脱离和突变性的接触压力增加及接触线的局部磨耗的增大。在设计时,应尽量考虑限制接触线坡度。

3. 设计参数对高速受流的影响

许多设计参数对高速运行的接触悬挂的受流性能都有重要意义。接触悬挂和受电弓共同作用的理论及检测方法建立了一个评价接触网压力的一系列标准,用这些标准也可以评价各设计参数对受流的影响。此外,现已用测量技术建立了检验两个子系统共同作用的方法,这些方法实施的结果较为充分地说明了各参数对运行质量的影响。所获得的认识构成了设计电气化铁路高速接触网的理论基础。

主要的影响参数有以下几个方面:

1)接触线和承力索的张力

接触线和承力索的张力对高速运行时的接触悬挂的性能有重要影响。对于高速接触悬挂的要求是弹性小而且均匀,根据关系式 $\eta = \iota/\kappa \cdot (T_j + T_c)$,这就要求接触线和承力索的张力尽可能大,加大线索张力有两种途径:其一是增大其横截面;其二是提高使用拉力(或拉引力)。关于接触线横截面尺寸,考虑在空间敷设的可能性及可行性,规定了相应的极限值,即允许采用的最大横截面积为 150 mm²,就是这样的横截面积在安装过程中也会形成硬弯,甚至出现断裂点的危险性,这些硬弯和断裂点会导致接触线局部磨损加快。在拉引力恒定时,接触线和承力索横截面积的增大会相应减少弹性。为了保持较小的弹性,因此力求用尽可能大的横截面的接触线和承力索。

当然,随着横截面积的增大而费用也增加,从经济方面的原因考虑,横截面积应维持尽可能小。

若横截面积相等,提高拉引力会减小链型悬挂的弹性,并会提高接触线上的波动速度。提高接触线的拉引力也会对反射因数产生影响。

提高接触线拉引力会改善接触悬挂的特性参数,这种改善在动态性能方面是很重要的。

2)跨距长度

接触悬挂的弹性是很重要的参数,关系式 $\eta = \iota/\kappa \cdot (T_j + T_c)$ 说明跨距长度与弹性的关系,即跨距中心的弹性与跨距成正比。跨距的减少也降低了链型悬挂的弹性,因此小跨距适合于

高速,但跨距小使得支柱和基础的数量增大而造成工程费用增加,由于经济原因跨距应尽可能大,但不得对运行性能产生负面影响,这里有一个经济性和技术性比较与优化问题。

3)结构高度

在悬挂点处,接触线和承力索之间的铅垂距离称为结构高度,它是接触网一个很重要的技术参数。在设计中,一般隧道区段的结构高度为 1.10 m(指新建路段),对于区间,无论跨距为 44 m 或 65 m,其结构高度均为 1.80 m。很显然,结构高度大具有较好的动态性能。

4)弹性辅助索的长度及张力

变 Y 形弹性辅助索的作用,是改变悬挂点区域内的弹性性能,使整个跨距内的弹性趋于均匀一致,以满足高速受流的需要。变 Y 形弹性辅助索的长度及其张力是经过设计计算确定的。不同长度的弹性辅助索,所产生的技术效果是不一样的。一般而论,弹性辅助索的长度越长,所改变弹性区域越长,越使整个跨距内弹性趋于一致。德国在设计 Re 系列悬挂类型时,使用了 12 m、14 m、18 m 三种长度,这三种辅助索长度对于改变悬挂点区域的弹性也是不一样的。对于辅助索长度为 12 m 及 14 m 时,其悬挂点处的弹性可达跨中弹性的 25%和 50%,而采用 18 m 长度时,可达跨中弹性的 90%。

弹性辅助索的张力也应该经过计算确定,弹性辅助索的张力与接触线和承力索的张力都有关系,当接触线的张力较大时,弹性辅助索的张力也应该相应加大,其辅助索张力的取值,是以使悬挂点区域的弹性和跨距中心部位的弹性基本趋于一致为主要依据的。

4. 高速接触网的控制参数及理论分析

高速接触网的控制参数,就是接触网自身影响高速运行的基本因素,研究这些参数的最终目的是保证良好、稳定地受流及使接触线具有较长的使用寿命。研究和探讨的内容包括以下诸多方面。

1)波动速度

当列车在较低速度运行时,其弓线脱开的现象不严重,受流质量能够得到保证。但是随着列车运行速度的提高,影响受流质量的一个至关重要的因素是振动波的传播速度,其意义和概念可以理解为:当受电弓在高速运行时,受电弓就给接触悬挂一个外界抬升力。这个波按接触悬挂的固有频率所形成的波动速度沿接触线向受电弓前、后两方向传播,同时,随着时间的推移,振动波的幅值在衰减;另外,从这种振动波的传播中可以知道,在有多个受电弓同时在线路上运行时,后续受电弓在遇到前弓形成的振动波时,会产生对受流不利的影响。

我们将接触悬挂视为一个柔性悬索,则其柔性索的波动速度 C_p 值可视为

$$C_p = \sqrt{T/m} = \sqrt{\sigma/\rho}$$

式中　T——接触线的张力(N);

　　　m——接触线的单位长度质量(kg/m);

　　　σ——接触线的应力(N/mm^2);

　　　ρ——接触线线密度(kg/m·mm^2)。

波动速度一直认为是控制运行速度的重要条件,并表示为

$$v = \beta \cdot C_p$$

式中　v——实际运行速度（km/h）；

　　　C_p——波动速度（km/h）；

　　　β——无量纲系数，国外一般取为 0.65～0.70，根据我国实际取为 $\beta=0.55$。

2）振动波的反射与反射因数

理论分析表明，接触网适应高速的性能与接触线、承力索及吊弦三者之间的耦合及参数因素有关，即接触线的振动波在遇有非均质点（如吊弦点、线夹点、分段绝缘器处）时被反射，这种反射的影响用反射因数 r 表示，反射因数 r 越小，表明接触悬挂的耦合性能越好，其波动速度会大为提高。

在链形悬挂中，接触线和承力索通过吊弦相连，在吊弦处将产生反射横向波。接触线振动波的反射因数计算式：

$$r = \sqrt{T_C m_C}/(\sqrt{T_C m_C} + \sqrt{T_J m_J})$$

3）多普勒因数

受电弓在高速运行中，会受到接触悬挂等各种结构因匹配及参数不同造成的干扰及影响，其被扰动力激发的接触悬挂形成的振动波与高速运行的受电弓形成了非常复杂的振动状态，是相互影响及制约的。这种相互影响、制约及其相互作用的关系称为多普勒效应，用多普勒因数 α 表示。它是一个与波动速度及运行速度有关的系数。

对于链形悬挂，处于静止状态时，其固定质量或其他非均匀性硬点处有横向波的反射，振幅不会变大。振幅放大是发生在移动的受电弓上的，受电弓以速度 v 沿着接触线移动，而在吊弦或定位器上的横向波在反射后迎着受电弓的方向又回去了，则多普勒因数表示为：

$$\alpha = (C_p - v)/(C_p + v)$$

4）增强因数

受电弓在高速运行中，在通过定位点或跨距内等距吊弦点时，还会周期性地激发接触线的振动（以波动形式表现），这种接触线被激发的振动波在传播和反射中时而被增强，振幅的增强程度用增强因数 γ 表示。

反射因数 r、增强因数 γ 与多普勒因数 α 的关系可用下式表示为：

$$\gamma = \frac{r}{\alpha}$$

通过长期的研究和实践证明，受电弓的离线率是和接触线振动波的传播速率密切相关的，随着受电弓运行速度与接触线振动波传播速度的比值逐渐提高而接近于 1，受电弓的离线率将显著提高，因此提高接触线振动波的传输速率是减小受电弓离线率提高机车运行速度的有效途径。

如果想提高极限速度 v_a，就必须选择相应的接触线和承力索的张力和单位长度质量，从而可得到理想的极限速度

$$v_a = C_p/(1 + 2\sqrt{T_C m_C / T_J m_J})$$

式中　v_a——列车实际运行速度（km/h）；

C_p ——波动速度（km/h）；

T_C、T_J ——承力索、接触线张力（kN）；

m_C、m_J ——承力索、接触线单位长度重量（kg/m）。

在选择接触线和承力索的参数时，必须满足 $C_p^2 \leqslant T_J m_J$ 的条件。

5．几种悬挂类型的综合比较

高速接触网目前所采用的简单链形悬挂、弹性链形悬挂及复链形悬挂在相同运行速度及线路条件下，综合比较有以下结论：

（1）从高速受流质量、波动传播速度、多普勒效应、波状磨耗、离线率比较，弹性链形悬挂优于复链形悬挂，简单链形悬挂较差。

（2）从结构复杂程度、工程造价、维修工作量比较，是简单链形悬挂优于弹性链形悬挂，复链形悬挂较差。

（3）从弹性均匀度、受流稳定性、动态抬升量比较，复链形悬挂优于弹性链形悬挂，简单链形悬挂较差。

（4）运行速度为 300～350 km/h 的高速电气化铁路，其复链形悬挂、弹性链形悬挂及简单链形悬挂等三种类型都不具有排他性，选用时只是考虑的侧重面不同。

（5）接触线的材质（抗拉度及线密度）在高速接触网的组成中占有特别重要的地位，在确定接触线线型时，应注意选取抗拉强度大、重量较轻的优质线材。

（6）高速接触网具有整体（含弹性吊弦和普通吊弦）效果及耦合性能，应注意消除不均质质点及不均匀张力的现象，除结构问题以外，优良的施工工艺会带来意想不到的受流效果。

第五章　高速铁路接触网检测技术

随着电气化铁路的发展，高速铁路以其独特的优点被许多国家作为大力研究和重点发展的目标。接触网是高速铁路牵引供电系统的重要设备，接触线与受电弓之间的良好接触是保证电力机车取流质量的关键；接触网工作环境恶劣，是整个牵引供电系统最为薄弱的环节；接触网是一个无备用的设备，一旦接触网发生事故，将会造成运营中断甚至是重大的安全事故，因此，不断研究接触网在线检测技术，对提高牵引供电系统的安全性和可靠性，满足高速铁路的运营和发展，具有重要的实际意义。

第一节　供电安全检测监督系统

一、高速铁路接触网检测监测系统建设的必要性

高速铁路的快速发展和对运营品质追求的不断提升，对铁路牵引供电设备的安全运行提出了更高的要求。电气化铁路发展和运营品质的要求。高速铁路因其输送能力大、速度快、能耗低、舒适方便、正点率高等优势，在我国得到了快速发展、成熟、创新。与普速相比高速铁路供电系统对安全、可靠性方面的要求有质变，所以建设确保供电设备安全的检测监测系统十分必要。

信息化智能化技术发展应用的驱动。随着信息和智能技术日新月异的发展，并在供电系统设备检测和检测中的不断应用和发展，为我们建立供电安全检测监测系统提供了技术支撑。

减低安全风险提高检测质量的内需。在接触网安全管理规程中规定"160 km/h 及以上的线路点外禁止人员上线"，特别是高速铁路要求对"以人为主"的供电设备检测和检测方式进行变革，急需建设"信息化、智能化"的供电安全检测监测系统。

为确保动车组运营秩序和提高供电安全性和可靠性，构建了供电安全检测监测系统。其目的是对牵引供电系统进行全方位、全覆盖的综合检测，其功能包括对接触网悬挂参数和弓网运行参数的检测，对接触网悬挂、腕臂结构、附加导线和零部件的检测，对接触网参数的实时检测，对动车组受电弓滑板状态及接触网特殊断面和地点的实时检测，对接触网运行参数和供电设备参数的实时在线检测等。

从供电设备维护检修环节来看，由于供电设备在长期振动、大张力负荷作用下，以及施工、设计、检修等原因，会逐渐产生"松、脱、卡、磨、断、裂以及几何尺寸超限"等问题，如果不及时发现，都有可能造成不可估量的后果。先进的检测技术和现代化的检测设备是提

高牵引供电系统维修质量的保证,是实现电气化铁路状态检测和状态维修的重要手段。

第二节 高速铁路接触网检测监测项目及原理

1. 接触线几何参数的检测

1)检测的意义

在电气化铁路上,为了延长受电弓的使用寿命,使滑板磨耗均匀,接触线在直线区段被布置成"之"字形,在曲线区段被布置成折线的形式。显然,拉出值如果设置过小,达不到均匀滑板磨耗和延长使用受电弓的目的;如果拉出值设置的过大,如遇到大风,接触线就会在某些部位超出受电弓的有效工作长度,而造成刮弓或钻弓的事故。同时,在接触网架设以后,有时也会因为金具零件的松动、气温的变化以及支柱倾斜等,使得接触线的拉出值超出标准值,为了避免上述现象的产生,需要经常检测接触线拉出值的大小及变化。

2)检测的原理

拉出值的测量采用非接触式检测方式。系统采用激光雷达来检测拉出值及其导线的高度等参数,激光雷达安装在车顶上,测得激光雷达中心与车顶面的中心的偏离值为 C(大小区分方向性,一般规定左为负,右为正)。

通过连续发射激光束的方式对被测量的物体或背景进行二维平面测量。如图 5.1 所示激光雷达以角分辨率 0.25° 对背景做扇面扫描,得到以安装平面为横轴的距离的轮廓曲线。激光雷达可以很容易的获得包括接触悬挂在内的距离信息,因而只要加上角度限定,便可获得接触悬挂的位置信息,从而获得所需的接触网几何参数。激光雷达输出数据格式为:每个角度对应一个距离值,所以只要判断出哪个距离值或角度值是被测量物体所产生的,即可得到导线及计算出相应的拉出值。

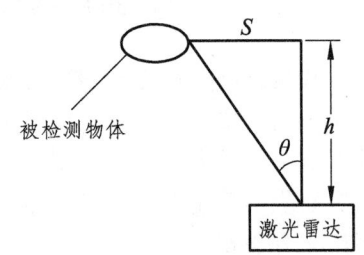

图 5.1 计算原理图

如图 22.1 所示,接触导线离激光雷达最近的物体,可以通过范围限定及最低点判别,获得接触线的位置。软件通过数值滤波等处理算法后,判断出导线的位置对应的角度及高度,分别为 θ、h,根据图可得到导线高度及拉出值的计算式:

$$S = h/\tan(\theta \cdot \pi/180) + C$$

$$H = h + h_0$$

式中,S 为拉出值,π 为圆周率,C 为激光雷达偏离中心距离,θ 为角度,H 为导线高度,h 为高度,h_0 为激光雷达距离轨面的高度。

2. 接触压力的检测

1)检测意义

在高速铁路中,与列车速度直接相关的一个重要参数是受流质量。受电弓与接触线之间的可靠接触和相互作用,是保证电力机车良好受流的重要条件,即受电弓与接触线之间要有一定的接触压力。当接触压力过大时，会增加受电弓和接触线的异常磨损，缩短其使用寿命；接触压力过小时，会使它们之间接触不良，使供电时断时续，甚至引起火花或电弧，以致烧损接触线。因此，为发展我国的高速铁路接触网技术，经常检测受电弓和接触线间的接触压力是十分必要的。

2）检测原理

接触导线呈"之"字形布置，接触力的作用点在滑板的工作范围内左右的移动，加之车体的晃动，不仅接触力的作用位置随机变化，而且接触力的方向也是变化的，这无疑增加了测量的难度，但任何方向的接触力都可以分解为2个相互垂直的力，其中一个力与滑板面垂直。接触压力检测装置的任务是在带电的情况下，正确测量导线在任意位置时垂直方向的接触力。4个力传感器分别安装在弓头滑板的两端，测量出的力分别用 F_1, F_2, F_3, F_4 表示，则欲测量的弓网间接触力 F 为（包括了静接触力、受电弓惯性力及空气动力等）：

$$F=F_1+F_2+F_3+F_4+ma-W$$

式中，W 为滑板质量，m 为滑板的当量质量，a 为受电弓加速度。

W 和 m 为固定数值，不需要测量，只要测量出 4 个传感器的 F_1, F_2, F_3, F_4，用加速度计测量出 a，则接触力 F 就可以计算出来。

3．硬点检测

1）检测意义

接触悬挂的一个重要指标就是弹性均匀。如果在接触悬挂或接触线上的某些部分有附加重量时，在列车高速运行的情况下，这些部位都会出现不正常升高，甚至出现撞弓、碰弓现象。形成这种客观现象的本征状态，称为硬点。所以，硬点是一种结构的本征欠缺，并且是相对的，越是高速时，表现越明显。硬点是一种有害的物理现象，它会加快导线和受电弓滑板的异常磨耗和撞击性损害。同时，破坏弓线间的正常接触和受流，常在这些部位造成火花或拉弧。所以对于高速电气化铁路接触网，对于硬点的检测是十分重要的。

2）产生原因

（1）线夹倾斜过大，会对受电弓滑板造成较大冲击；

（2）线岔叠压关系反向；

（3）分段器磨损变形，也会形成硬点；

（4）定位器的倾角不够，接触网的振动较大，可能与受电弓滑板发生撞击；

（5）动车组在弯道上行驶时，受电弓滑板平面和接触导线"之"字形平面不平行，引起弓网撞击。这些所谓的硬点在车速不高时，一般不会表现出来，当动车组高速运行时，动车组、受电弓和接触网都大幅振动，接触网硬点就可能激发出来，从而引发弓网故障。

3）检测原理

目前，传统用于评价接触网硬点加速度就是受电弓滑板质心的垂向加速度。要从理论上来研究接触网硬点加速度的合理值，首先分析受电弓滑板在运行过程中的受力状态。假设动车组匀速运行，受电弓不存在沿运行方向的加速度，只有沿垂向的加速度。实际上动车组在加速与减速过程中沿运行方向产生的加速度与弓网状态接触过程中产生的垂向和横向加速度相比是很小的，故可忽略不计，其所受力之间的相互关系为：

$$ma = P + G - T - N$$

式中，m 为受电弓滑板归算质量，a 为受电弓滑板质心垂向加速度，P 为弓网接触压力，G 为受电弓滑板重力，N 为受电弓滑板所受空气抬升力。

受电弓滑板质心垂向加速度与滑板质量、滑板弹簧的支撑力、弓网接触压力、滑板重力、滑板所受空气抬升力都有关系，故 $a = (P + G - T - N)/m$。

加速度 a 的值与受电弓的质量成反比，加速度 a 的值与弓网接触压力值 P 不是严格的成正比关系，这是因为，当弓网撞击时，不仅撞击力 N 是变化的，而且滑板的空气抬升力也是变化的。从上述计算结果来看，利用加速度来判别接触网硬点是不完善的。国际先进的检测方法是基于检测弓网的接触压力。弓网接触压力从根本上反映了弓网接触的本质。与检测弓网撞击加速度不同，检测弓网撞击压力需要综合考虑受电弓滑板质量、支架的支撑力、空气动力和受电弓的加速度，这样才能全面的反映弓网的运行状况，是一种更合理的检测方法。

4．离线的检测

1）检测意义

所谓离线就是指运行中的受电弓与接触线机械脱开。这就意味着断电，因而伴随着就有火花电弧产生，这种现象会加剧受电弓滑板与接触线的磨耗，严重时甚至会中断接触线对电力机车的供电。

2）检测原理

离线的检测是根据离线时弓网间的电阻变大的原理制成的，如图 5.2 所示。构成检测电路原理图。弓网接触时，电流 I 通过 C_1 —受电弓—接触线—C_2—钢轨构成回路，使流入 J 的电流变小，一旦产生离线，弓网间电阻变大，电流流入 J 内，从而检出离线信号。为减小 C_1 和 C_2 的阻抗，I 采用了 120 kHz 的谐振放电器。

图 5.2 中，I 为电流源，J 为离线信号检测回路，C_1 为 2000 pF 的高压电容，C_2 为接触网对地分布电容。

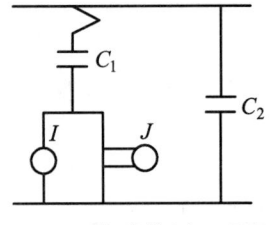

图 5.2 离线检测原理图

第三节 供电安全检测监测系统

高速铁路和客用专线的快速发展，对牵引供电系统运行安全提出了更高要求，为提高铁路供电的安全性和可靠性，构建了供电安全检测监测系统（以下简称 6C 系统），6C 系统作为铁路供电系统的组成部分，是保障供电设备安全可靠运行的必要手段，是保证铁路运输安全畅通的重要技术装备。6C 系统各装置包括：高速弓网综合检测装置（CPCM）、接触网安全巡检装置（CCVM）、车载接触网运行状态检测装置（CCLM）、接触网悬挂状态检测监测装置（CCHM）、受电弓滑板状态检测装置（CPVM）、接触网及供电设备地面监测装置（CCGM）。系统组成框图如下图 5.3 所示。

第五章 高速铁路接触网检测技术

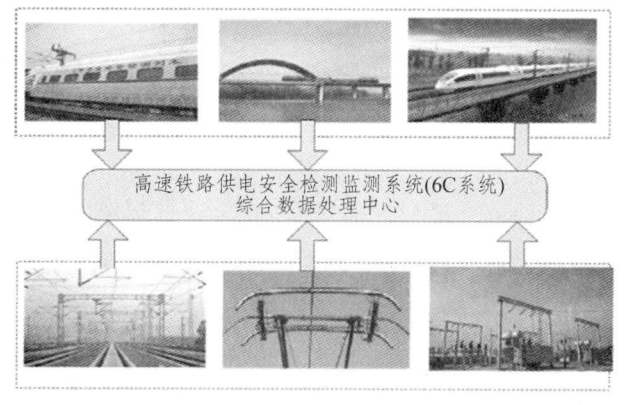

图 5.3　6C 系统总体组成框图

1．高速弓网综合检测装置（1C）

高速弓网综合检测装置（简称 2C 装置）是安装在接触网综合检测车或高速综合检测列车（如图 5.4 所示）上的车载式固定接触网检测设备。在检测列车运行中，对接触网的参数和状态、高速弓网关系进行综合性检测。

接触网检测车

图 5.4　高速综合检测车

- 161 -

1）基本组成

高速弓网综合检测装置由以下八大系统组成：接触网几何参数测量装置、弓网受流参数测量系统、接触网网压、网流测量系统、检测信息定位定标系统、高压侧电源装置、高低压侧信号的传输系统、数据采集系统及检测信息分析系统。

2）装置功能

弓网检测设备要根据综合检测车对设备的安装和布置要求对各种参数的测量技术进行专门的研究和设计。其检测目的主要对接触网悬挂参数和弓网受流参数进行高速车载检测，检测参数包括：弓网接触力、接触网网压、接触线高度、接触线动态拉出值、硬点、弓网离线火花、检测速度和里程等，检测装置配备完善的电源系统、测量信号传输系统、弓网运行视频系统、数据采集系统、检测数据传输系统、检测信息数据库等，检测显示如图 5.5 所示。

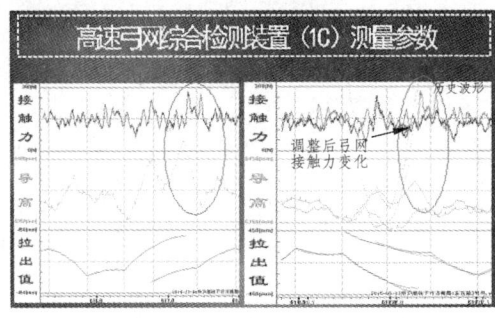

图 5.5　1C 装置检测显示

3）主要技术指标要求

高速弓网检测装置的主要技术指标如表 5.1 所示。

表 5.1　高速弓网检测装置技术指标

测量项目	测量范围	精度
硬点（垂向加速度）	0～100 g	1 g
接触导线高度	5000～7000 mm	<10 mm
弓网接触力	0～500 N	5 N
离线火花	0～100 ms	1 ms
拉出值	-600～+600 mm	25 mm
接触网电压	0～40 kV	1%
距离定位	0～5000 km	5 m
速度测量	0～500 km/h	0.1 km/h

4）现场实施

高速弓网综合检测装置配置于综合检测列车上，对新建高速铁路进行联调联试及动态检测，对运营高速铁路和提速线路每 10 天一个周期进行检测。弓网检测数据直接指导施工单位及供电设备维护单位进行故障消缺并建立信息反馈系统。

2. 接触网安全巡检装置

接触网安全巡检装置（简称 2C 装置）如图 5.6 所示，为完成指定区段的接触网状态检测，通过在运营的动车组（或机车）司机室内临时架设便携式视频采集设备，对接触网的状态及外部环境进行视频采集，采集结果用于指导接触网运行维护的一种安全检测监测装置。

图 5.6　接触网安全巡检装置

1）基本组成

装置包括高清摄像机、照明设备、图像处理设备等。

2）装置功能

接触网安全巡检装置采用便携式视频采集装置，对接触网的状态进行视频采集，事后统计分析接触网悬挂部件技术状态，该装置具有以下功能：

① 装置为便携式采集系统，便于安装在机车的司机台上进行视频图像采集。

② 装置能有效判断接触网设备有无脱、断等异常情况，有无可能危及接触网供电的周边环境因素，有无侵入限界、妨碍机车车辆运行的障碍。

③ 装置具有高清图片输出、图像处理和分析功能。

安全巡检装置检测发现缺陷如图 5.7 所示。

3）主要技术标准

① 装置采用高清摄像机在动车组上记录行车沿线接触网设施全景，对接触网的关键区域进行采集并能输出高清图片。

（a）螺帽脱落　　　　　　　　　　　（b）号牌松动

（c）鸟窝　　　　　　　　　　（d）吊弦断

图 5.7　2C 检测缺陷图

② 全景视频画面应达到高清标准，覆盖行车沿线接触网设施；成像图片的清晰度应能分辨定位器区域零部件的松动、脱落、裂损等故障现象。

③ 成像图片采用 JPEG 压缩编码标准压缩，图像分辨率不低于 1024*1024。

④ 适应线路上隧道、桥梁、弯道情况，在轨道超高区段依然对定位器区域成像。

⑤ 在无强烈雨雪、能见度良好的天气条件下工作

4）现场实施

接触网安全巡检装置配备在各铁路局供电部门，可在每条时速 200 公里及以上的运营线上按固定周期担当巡检任务，统计分析接触悬挂部件技术状态。

高铁无日间天窗，对接触网与周边环境的检查依赖人工添乘与沿线徒步巡检，效率低、强度大，在运营动车组或机车上临时安装便携式视频设备对接触网状态进行检测，如，鸟窝、树害、接触悬挂的变化等，统计分析接触悬挂部件技术状态，指导接触网状态维修

3．车载接触网运行状态检测装置

车载接触网运行状态检测装置（简称 3C 装置）如图 5.8 所示，指在运营的动车组（电力机车）上加装的接触网检测设备，根据车辆的运行自动完成检测及数据的无线发送，实现接触网状态的动态检测。

图 5.8　车载接触网运行状态检测装置

1）基本组成

车载接触网运行状态检测装置包括以下部分：测量装置、信息定位系统、数据采集系统、

检测信息传输系统、检测信息分析系统。

2）装置功能

车载接触网运行状态检测装置采用红外成像技术、高清视频技术、图像处理技术、模式识别技术、传感器技术实现非接触式实时检测受电弓及接触网运行的温度分布，在线分析接触网运行状态下的几何参数，及时发现弓网缺陷及故障隐患等信息；采用综合定位技术对缺陷进行准确定位；通过无线通讯技术进行远程监测和缺陷报警。

为实现高铁接触网状态的动态检测，根据动车组的安装条件，车载接触网运行状态检测装置可具备下列单一功能和组合功能：

① 能测量接触网动态几何参数：如动态拉出值、接触线高度、线岔和锚段关节处接触线的相互位置。

② 能定量测量接触网的主要弓网受流参数，包括：弓网离线、硬点等。

③ 能对弓网运行状态进行视频录像，录像资料中能叠加里程标数据。

④ 检测系统应用简单，无需人为干预，系统自动完成参数检测和数据发送。检测数据也可在车上转存。

图 5.9 所示为 3C 装置拍摄到动车经过分段绝缘器的拉弧现象。

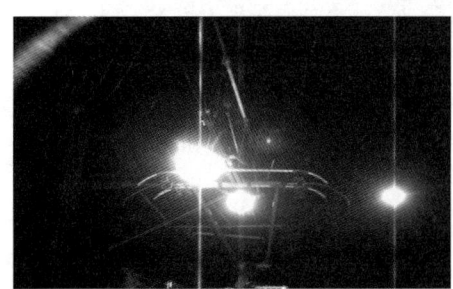 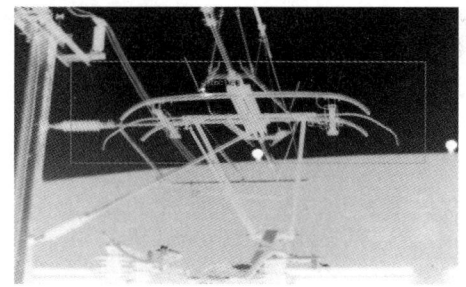

图 5.9　3C 监测缺陷图

3）主要技术标准

车载接触网运行状态检测装置的主要技术指标如表 5.2 所示。

表 5.2　车载接触网运行状态检测装置的主要技术指标

测量项目	测量范围	精度	备注
硬点（垂向加速度）	0～100 g	1 g	
接触导线高度	5000～7000 mm	<10 mm	
接触线相互位置	0～800 mm	25 mm	线岔、锚段关节
离线火花	0～100 ms	1 ms	
拉出值	-600～+600 mm	25 mm	
绝缘检测	-	准确检测	

4）现场实施

每条时速 200 公里及以上运营线上的动车组按一定比例加装车载接触网运行状态检测

装置，做到每条局管高速铁路区段，每天至少有一列加装车载接触网检测装置的动车组在运行，以实现高速铁路接触网状态的动态检测。

4．接触网悬挂状态检测监测装置

接触网悬挂状态检测监测装置（简称4C装置）如图5.10所示。指安装在接触网作业车或专用车辆上的接触网检测监测装置，能够周期性地对接触网主要零部件、结构及相关位置参数进行高分辨率成像，对接触网的技术状态进行检测。

图5.10　接触网悬挂状态检测监测装置（简称4C装置）

1）基本组成

本装置包括多组高清晰摄像机、相阵相机、图像采集、分析处理设备等。

2）装置功能

接触网悬挂状态检测监测装置对接触网悬挂系统的零部件实施高精度成像检测，在检测数据的自动识别与分析的基础上，形成维修建议，指导接触网故障隐患的消缺，实现了巡视接触网设施功能，主要对接触线几何参数，接触网接触悬挂、绝缘部件、线路开关、附加导线、硬横跨及软横跨、上跨桥及交叉跨越、线夹、吊弦、定位管等状态检测。如图5.11所示为4C检测装置检测缺陷。

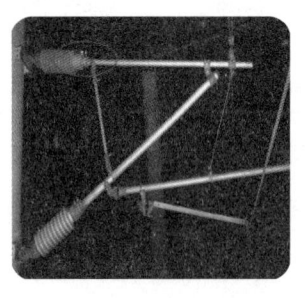  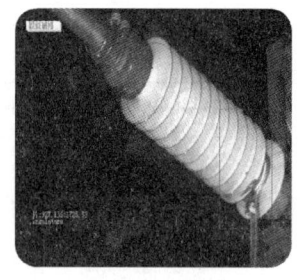

（a）螺帽松动检测　　　　（b）旋转双耳裂纹检测　　　　（c）绝缘子破损检测

图5.11　4C监测缺陷图

3）主要技术标准

① 该装置应采用高清摄像机记录行车沿线接触网设施全景,对关键的接触网定位器区域进行采集,输出能够分辨定位器区域故障的高清图片。

② 覆盖行车沿线接触网设施；成像图片质量高,清晰度足够分辨定位器区域零部件的松动、脱落、裂损等故障现象。

③ 成像图片采用 JPEG 压缩编码标准压缩后存储,腕臂部分图像分辨率不低于 2448×2048,接触线部分图像分辨率不低于 1024*1024。

④ 适应线路上隧道、桥梁、弯道情况,在轨道超高区段依然对定位器区域成像。

4）现场实施

接触网悬挂状态检测监测装置配置在铁路局管内,按固定周期担当巡检任务,统计分析接触几何参数及悬挂部件技术状态。

5．受电弓滑板监测装置

受电弓滑板监测装置（简称 5C 装置）如图 5.12 所示。安装在电气化铁路的车站、车站咽喉区和动车段出入库及局界等处所,监测运营受电弓滑板状态。

图 5.12　受电弓滑板监测装置

1）基本组成

本装置主要是视频监视系统,包括高清摄像机、摄像云台、视频传输系统、视频显示系统、视频分析处理系统、视频储存系统。

2）装置功能

受电弓滑板监测装置监测运营动车组受电弓滑板的技术状态,装置采用高清摄像机采集受电弓滑板区域的图片,对受电弓滑板技术状态进行分析处理,能够分辨出受电弓滑板的损坏、断裂等。如图 5.13 所示为 5C 检测装置拍摄照片。

图 5.13　5C 装置拍摄受电弓图片

3）主要技术指标

① 高清摄像机的技术要求

摄像机应采用可调焦距、具备夜视能力的高速摄像机。应配置可全方向调整的、调整后可自动闭锁的云台功能。

② 视频传输系统技术要求

视频传输系统可利用高速铁路已有的数据传输系统，经过处理分析过的图片可采用无线方式传输。

③ 监测装置技术指标

a. 该装置应采用高清摄像机采集受电弓滑板区域的图片。

b. 该装置能对受电弓滑板技术状态进行分析处理，能够分辨出受电弓滑板的损坏、断裂等。

c. 成像图片采用 JPEG 压缩编码标准压缩后存储，图像分辨率不低于 2448×2048。

4）现场实施

在高速铁路的车站、车站咽喉区和动车段出入库线加装受电弓滑板监测装置。

6．接触网及供电设备地面监测

接触网及供电设备地面监测（简称 6C 装置）如图 5.14 所示。在接触网的特殊断面及供电设备处设置地面监测装置，监测接触网及供电设备绝缘状态和温度等运行状态参数。

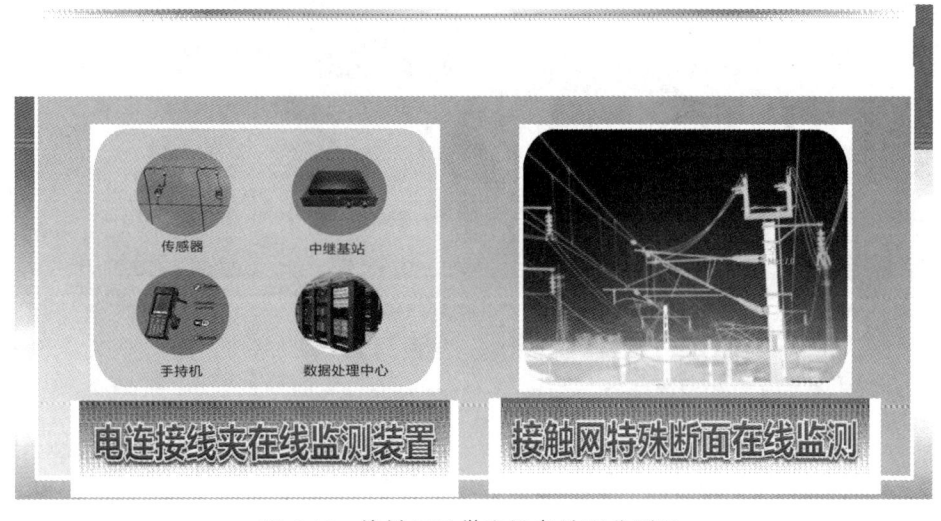

图 5.14　接触网及供电设备地面监测图

1）基本组成

接触网及供电设备地面监测装置主要包括测量传感器、数据采集装置、数据传输装置、电源系统等。

2）装置功能

接触网及供电设备地面监测装置监测接触网的张力、振动、抬升量、线索温度、补偿位移及供电设备运行状态参数，指导接触网及供电设备维修。如图 5.15 所示为紫外成像仪监测网隔开运行状态，图 5.16 为绝缘子污秽在线监测装置，图 5.17 为电连接温度监测装置。

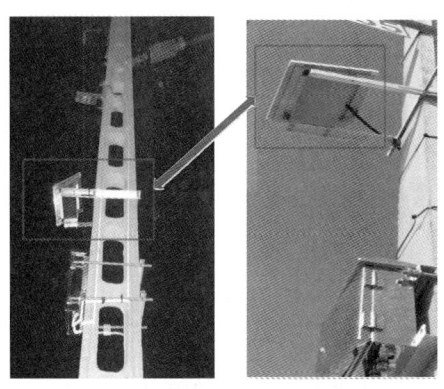
图 5.15 绝缘子污秽在线监测

图 5.16 紫外成像仪监测网隔开

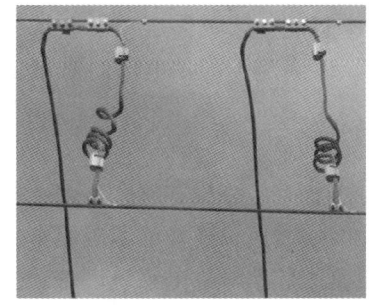
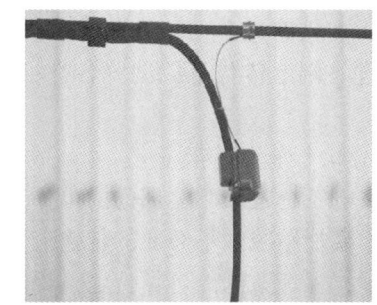

图 5.17 电连接温度监测

3）主要技术标准

其主要技术标准如表 5.3 所示。

表 5.3 主要技术标准表

测量项目	测量范围	精度/分辨率
接触线抬升量	0～200 mm	1 mm
接触导网张力	0～50 kN	0.1 kN
温度	−40 ℃～+200 ℃	1 ℃
补偿位移	0～2000 mm	10 mm
振动	0～50 g	1 g
电阻	0～10 Ω	0.1 Ω
绝缘检测	—	准确检测

4）现场实施

① 在高速铁路的特殊断面监测接触线的振动，监测接触线的抬升量，如隧道的出口和进口、接触网的线岔处、锚段关节处等。

② 在长大隧道内监测接触网承力索和接触线的张力。
③ 在接触网下锚处监测承力索和接触线的张力，计算张力补偿效率。
④ 监测接触网特殊断面的线索温度、接触网线夹温度、电缆头温度等。
⑤ 在变电所、AT 所、分区所内加装供电设备绝缘监测装置。

7．高速铁路供电安全检测监测系统综合数据处理中心

1）数据中心与网络通道

在铁路总公司建立高速铁路供电安全检测监测系统综合数据处理中心，在铁路局建立数据处理中心，为整个高速铁路供电安全检测监测系统提供数据处理、信息展示、数据交换的平台，完成对高速铁路供电设备综合检测监测数据的集中存贮和统计、数据融合和挖掘、预测预警、以及应急指挥等功能，为调度管理及供电运营维护人员提供维修、抢修的作业依据。在铁路总公司、铁路局、各基层站段及车间设立用户终端，供电系统管理、检修人员通过终端上传与下载浏览各类检测监测数据，以满足不同供电部门对设备进行管理维修的需求。

2）数据分级管理构架

结合供电系统各级职能部门的工作及对数据的要求，采用分级存储、处理、传输的数据管理构架，既能够减少不必要的传输流量、高效使用网络通道，还能够明确职责，实现数据的有序管理，保证数据的可靠传输，以充分发挥检测监测数据对供电系统设备维护检修的作用。高速供电设备数据分级管理构架如下图 5.18 所示。

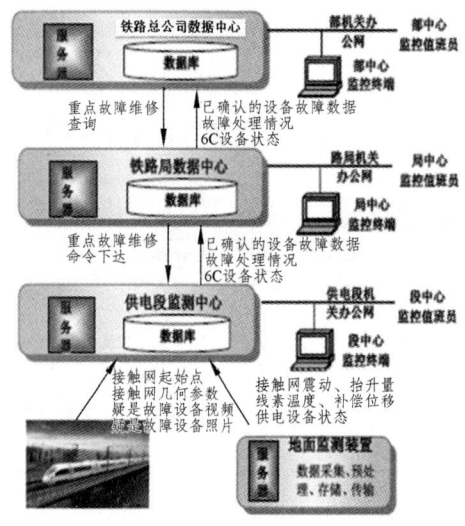

图 5.18　高速供电设备数据分级管理构架

3）综合数据处理中心

高速铁路供电安全检测监测系统综合数据处理中心对全国电气化铁路牵引供电设备检测和监测（6C）系统取得的海量数据进行综合管理、数据挖掘和预测性分析的大型分布式数据管理和分析平台；通过对检测监测的原始数据进行处理分析，全面掌握电气化铁路供电设备的运行状态，为设备的维修提供技术依据，其工作流程如图 5.19 所示。

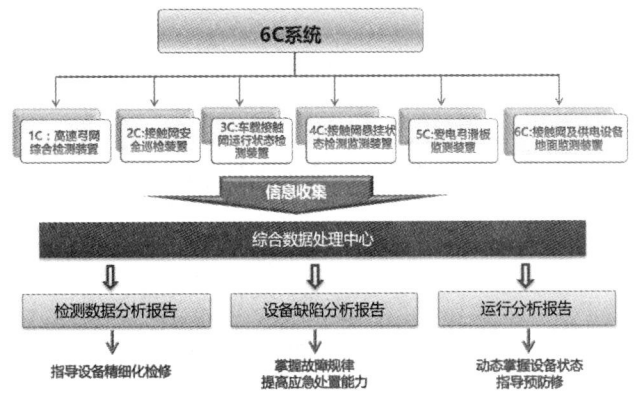

图 5.19 数据中心工作流程

第四节 供电安全检测监测系统发展方向

1．实现检测数据的智能识别分析

研究对接触网零部件典型缺陷自动识别分析技术，供电安全检测监测系统生成大量的图片数据，人工检索分析劳动强度大、工作效率低、检索分析的准确性不能得到完全保证，智能识别分析技术能有效克服这一难题。

2．各子系统间的信息相互关联

这种关联性信息具有相互对比、相互印证的优势，恰当地运用这种关联性分析，对判断设备运行状态、预防设备故障有一定的指导意义。

3．数据信息的挖掘

供电安全检测监测系统生成大量数据信息，通过数据的分析挖掘技术将其与设备运行状态、设备事故故障等信息关联起来，为供电设备的寿命管理提供可靠的支持数据，从而降低运行成本，提高投资效率。

第六章 接触网施工

第一节 施工模式

目前，国外先进国家的高速电气化铁路接触网的施工模式是：施工人员专业化、施工作业标准化、施工机具专用化、施工计算电脑化、施工检测科学化和施工组织合理化。

1．施工人员专业化

根据施工项目，分别组成测量组、计算组、预配组、安装组、架线组、悬挂调整组、设备安装和检测组等七个专业化作业小组。

专业化作业小组的作业人员经过长期的反复实践，熟能生巧，操作技能和作业效率均能得到逐步提高，从而提高工程质量和施工安全，减少返工。此外，随着越来越多的新技术在高速铁路接触网工程中的应用，客观上要求更高的施工作业精度和更小的作业误差离散性，也迫使接触网施工人员走专业化道路。

2．施工作业标准化

要达到施工作业标准化，理论培训是基础，首件首段样板定标是关键。通过理论培训，施工技术人员可以理解掌握高速铁路接触网的设计思想和设计理论，从而为贯彻执行具体工程项目的设计意图奠定基础。首件首段样板定标，尤其是关键工序和特殊工序的现场实际操作培训，可以为在接触网工程中严格遵守施工工艺和作业指导书，为达到高速铁路接触网工程所要求的高标准提供技术方面的支持和保证。

3．施工机具专业化、施工计算电脑化及施工检测科学化

在施工方面，保证受电弓良好受流的前提是：接触线架设的质量，施工计算软件（尤其是吊弦计算软件）的先进性和适用性，检测结果的正确性和支柱基础的稳定性，这些都离不开先进的施工机具和检测工具。没有他们做保证，人们将极其困难，甚至不可能施工出所设计要求的质量高和寿命长的高速铁路接触网。

接触网下部工程应主要配备如下施工机具：液压抓斗式挖土机、打桩机（设计采用桩基础时）、带液压吊臂和卡箍的汽车吊（设计采用混凝土圆杆时）、轨道式安装列车（简称安列）、混凝土搅拌及运输汽车、电动振捣机、整杆器、空压机、螺杆式钻机、载重汽车、电锯（用于切割混凝土杆），等等。

接触网上部工程应主要配备如下施工机具：带液压升降和旋转平台的接触网安装作业车、能实现恒张力放线的车组、带库房式（材料、工具）的安装作业车、带液压升降斗框的轨行车辆、腕臂预配专用制作工具及作业台、载流式整体吊弦专用制作台、链条式手板葫芦、紧

线器、带刹车装置的梯车、电动压接钳、手动液压钳、断线钳、扭矩扳手、梅花扳手、弹性吊索安装专用拉力计（若接触悬挂采用弹性链形悬挂）、附加导线机械展放装置、铜接触线煨弯器、铜铝过渡护套压接钳，等等。

检测仪器仪表主要应配备：数字式拉力计、经纬仪、水平仪、水平尺、拉出值光学测量仪、伸缩式侧高杆、测量十字架（伸缩式）、接触网静态检测车与动态检测车、吊弦间距测量仪，等等。

4．施工组织合理化

接触网工程施工具有点多线长受外界干扰大（如先期技改或土建工程、设计文件、线路封闭点和物资供应）等特点，因此，以往接触网工程施工采用综合性班组的施工组织管理形式，即多个综合性班组分别承包若干个车站和区间，实行"游击战术"，打一枪换一个地方，遍地开花，根据先期技改、设计文件、线路封闭点和物资供应等情况，见缝插针、灵活机动的进行施工。这种施工组织管理形式的特点使接触网工程人员普遍得到综合素质的锻炼。

借鉴先进国家的电气化铁路接触网施工组织管理经验，并结合我国目前既有线电气化改造的实际情况，电气化局在哈（尔滨）—大（连）线接触网工程施工中，消化、吸收德国的施工组织管理经验，摸索出具有中国特色的接触网施工组织管理模式，以下是该接触网施工组织合理化的主要内容：

1）大循环、小流水

大循环是指一段时间内，一个工程队将人力、机械和物资等资源集中在一个作业面上（一个作业面为一个区间或多个区间、车站，但最好是相邻区间、车站），直到该作业面的所有接触网工程完成，检测合格并达到竣工验交程度后，转线到下一个作业面。这样，与综合性班组施工组织模式相比较，一个接触网单位工程（即一个区间或一个车站的接触网工程）可以在较短时间内完成初验。

小流水指施工人员分成测量组、计算组、预配组、安装组、架线组、悬挂调整组、设备安装和检测组等七个专业化作业组。作业组人员及其工作分工相对稳定，但实施动态管理，不合格者将被更换（尤其对弹性吊索安装调整等关键工序的作业人员）。在一个作业面内，若干个专业化作业组采取类似工厂流水线的作业方式平行作业。腕臂以一个锚段为单位安装，从而能立即形成施工作业面，为后续的接触网架设、安装调整和检测奠定基础。

2）严密的施工计划

在人员、机械数量和质量相对稳定不变的情况下，可进行接触网施工的施工作业面的计划和分割，它对完成施工计划起着十分重要的作用。为确保施工作业面的实现，一是必须做好铁道有关部门和建设单位的工作。例如，在哈（尔滨）—大（连）铁路电气化项目合同中明确规定哈（尔滨）—大（连）全线工开六个接触网施工作业面，每个作业面为单方向（上行或下行）20~30 km，每天每个作业面的施工"天窗"时间为1.5 h。二是必须做好铁路运输部门的工作，将每月施工"天窗"计划纳入铁路分局以文件形式下发到施工方案中，争取多开作业面，增加夜间封闭点和时间较短的自然"天窗"。三是必须制定严密的施工计划并通过细致的组织落实来保证封闭点利用率，不砸点，以取得行车调度人员的高度信任。

业主（有关铁路局）一般规定，每月15日前各施工单位向有关铁路分局上报下月的施工"天窗"计划。为确保该计划的可行性，各施工单位根据各自施工管段的先期技改、物资供应和设计图纸等情况，提前每月10日前向有关铁路分局申请下月的施工"天窗"计划。

同时,各施工单位向中心仓库提交下月份区间(分站)、分锚段的施工"天窗"挂网计划及下月腕臂加工计划进行调整。

3)现代化的物流管理

接触网物资应按内资料和外资料分别进行管理。哈(尔滨)—大(连)线的物流管理首次在我国接触网施工中采用了物资配送中心的现代化物资管理模式,即哈(尔滨)—大(连)全线在沈阳设立中心仓库,中心仓库负责物资的采购、预配尺寸计算、加工预配、仓储和将物资运送到指定地点等管理。在中心仓库按腕臂加工月计划,技术人员对全线的腕臂和吊弦进行计算,预配工人进行腕臂预配和其他零件(如棘轮补偿装置等)的配套组装,这样就可以有效的检查控制腕臂预配的质量。腕臂和吊弦计算、预配和其他零配件(如棘轮补偿装置)组装均以锚段为计算、生产、存放和发货单位,站场接触网配件则以车站或站场作为发货单位。物资严格按照施工计划和封闭点计划发放和及时组织运输到个施工单位材料库。中心仓库采用计算机进行物资管理,发货时不考虑材料消耗系数,从而可实现材料设备的零损耗。

第二节　高速铁路接触网的施工原则

高速铁路接触网工程与路基、桥梁、隧道等专业间的配合度很高,下部工程大多与站前工程同期进行,应做好协调和相互配合工作,在任何情况下,线路设备的变动或新设备的建立都不得侵入建筑基本限界。

高速铁路接触网工程的关键项目实行专业化、实名制安装制度,建立腕臂、吊弦(含吊索)、电连接、棘轮、线岔等安装和调整的专业班组。实行接触网腕臂安装、吊弦(吊索)安装的程序化和数据化,建立专门的腕臂和吊弦安装测量、计算、预配班组,确保接触悬挂安装的精度。建立接触网零部件物流及预配中心,严格执行零部件入库检验管理规定,实行零部件使用可追溯管理制度。严格按《安装手册》要求使用安装工具,接触网上部安装施工严禁使用活口扳手,应采用呆扳手、梅花扳手和力矩扳手。接触网配件中所有螺栓必须采用力矩扳手紧固,紧固力矩应符合《安装手册》要求;上部安装及悬挂调整不应给接触线施加外力,任何情况下严禁踩踏接触线。

高速铁路接触网工程实行螺栓安装紧固、防松终检制度,接触网精调完成后必须由专门班组对所有接触网零部件的螺栓实行防松措施和紧固力矩的全面检查。

由于高速接触网的技术要求较高,为保证施工精度,必须在施工前对相关的施工参数进行准确计算,对装配结构进行预装配,做到:施工作业标准化和工厂化,简化现场作业内容,缩短现场作业时间,要实现以上目标,应重点研究和解决以下几项内容:

(1)研制新型测量仪器设备,提高施工定测的准确度和精度。

(2)重视基础工程的施工,消除因基础位移或偏斜对接触网的影响。

(3)研究支持装配计算及安装调整计算,提高支持结构的调整速度和精确度。

(4)研究软硬横跨的安装调整及其计算,提高软横跨的调整速度和精确度。

(5)研究整体吊弦预制及施工技术,将因整体吊弦长度引起的接触线高度和弛度变化控制在最小范围内。

（6）研究高速接触网线岔布置技术，消除线岔处的硬点。
（7）研究恒张力放线的技术特点和施工工艺。
（8）研究组合定位装置施工技术。
（9）研究接触线高度偏差的控制技术。

第三节 高速铁路接触网的施工流程与施工准备

1．接触网的施工流程

接触网工程可分为下部工程和上部工程两大部分，下部工程是指支柱及以下工程，这些工程大多为隐蔽性工程，其余工程为上部工程。

从施工进程上看，接触网工程可分为七个阶段：施工准备、施工测量、下部工程施工、上部工程施工、试验、送电开通、竣工验收等，如图 6.1 所示。随着高速铁路的发展，各专业间的配合度越来越高，高速接触网工程施工流程未必尽然如此，特别是下部工程，大多与站前土木工程同期进行。

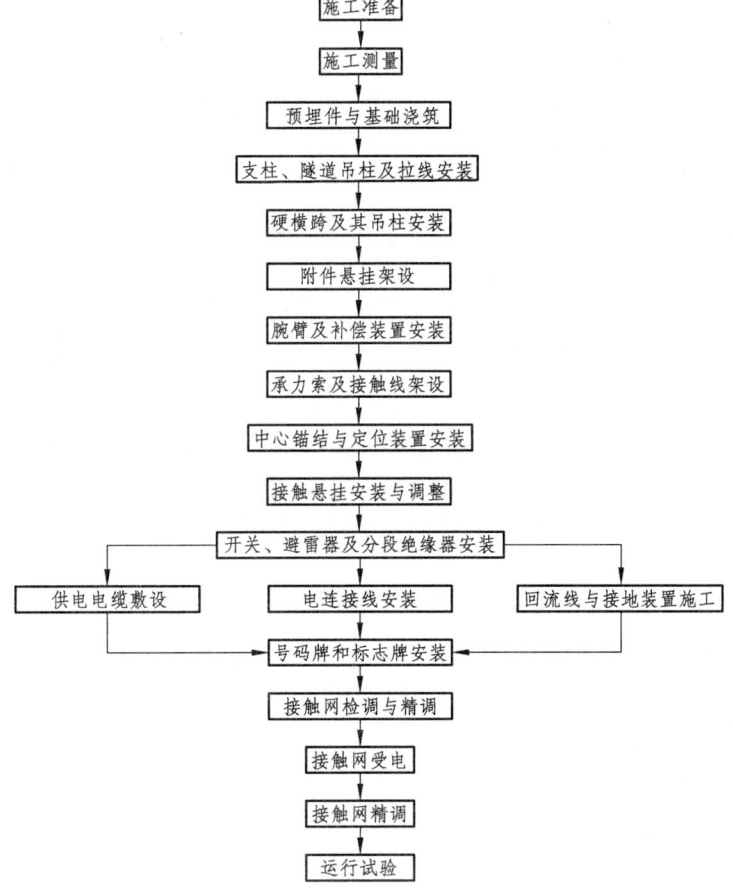

图 6.1 高速铁路接触网施工流程示意图

从施工安装调整项目上看，接触网工程主要有：施工测量、预埋件检查、基础与支柱安装、隧道吊柱安装、硬横跨及吊柱安装、拉线安装、附加悬挂安装、腕臂安装、补偿装置安装、承力索及接触线放线、中心锚结安装、定位装置调整、接触悬挂调整、电连接线安装、线岔调整、锚段关节式电分相开关安装、避雷器及分段绝缘器安装、接触网接地及回流引线安装、供电电缆安装、标志牌安装、接触网检测及精调。

2．接触网的施工准备

施工准备是施工全过程的首要环节，它直接影响开工日期，工程进度，工程质量和施工安全，关系到工程效益的好坏。

接触网工程施工开始之前，应做好人员、物资、设备、技术、外围环境（包括人文环境和施工环境）等各个方面的准备工作。施工准备的内容很多，简而言之，可归纳为：

（1）熟悉工程合同、工程设计文件及与工程有关的各类规范、标准性文件。

（2）开展实地施工调查，与施工有关单位签订各项合同或协议，建立协作关系。

（3）编制实施性施工组织方案和施工计划，编制施工预算。

（4）准备施工所需的技术、物资、生活设施、施工机具、施工队伍。

（5）临时设施的建设及拆迁。

（6）各项管理制度的制定，如劳动工资、定额、奖惩制度、分配办法等。

3．施工调查

施工调查前施工单位根据工程合同、设计文件和相关资料，制定调查提纲，组织人员进行现场调查，调查结束后，根据调查情况编写书面的调查报告。

施工调查应包括下列内容：

（1）工程概况，包括工程环境、气候特征、工程地质、水文地质、工程数量和特点，并应在特殊地质情况调查的基础上，制定详细的施工方案。

（2）工程的施工条件，包括施工运输、施工用水源、供电电源、通信、场地布置、征地、拆迁、青苗补偿，施工便道起止里程、上桥通道的位置及数量等情况，设备、器材的运输、储存和保管应符合产品技术文件的要求。

（3）营业线及有关技术设备现状及稳定情况，相关工程对电气化施工的制约和要求，各枢纽铁路的行车组织等与施工有关的资料。

（4）施工材料调查，包括当地原材料及半成品的品种、质量、价格及供应能力等供应条件及料源的分布情况。

（5）与铁路线路交叉跨越或接近的通信、信号、电力线路、其他建筑物及设备的迁改工程应有妥善安排或有协议。

（6）影响施工的站前工程进展情况，专业之间施工接口、预留质量及施工配合问题；施工范围内既有地下管、线、缆等设备径路。

（7）施工前应对电缆线路路径走向及过轨、桥、涵、隧、站台、公路、水沟、路基等具体数量、长度和防护方式进行定测，定测完毕应做好记录。

（8）施工生活保障调查，包括生活供应、医疗、卫生、防疫、民族、风俗及工地周边社会治安情况等。

（9）当地生态、环境保护的一般规定和特殊要求，工程对环境可能造成的近、远期影响。
（10）相关防雷设施和综合接地条件。
（11）其他尚待解决的问题。

4．设计文件的核对

对设计文件的核对应做好以下工作：
（1）国家和行业相关工程建设的技术标准、技术条件、设计原则。
（2）设计文件组成与内容，施工图与既有线设备实际情况、有关图纸的一致性。
（3）设计文件中选用的主要设备的生产落实，新设备图纸及安装、检查验收技术标准。
（4）各设计专业的接口及相互衔接的相关文件。
（5）影响电气化施工的迁改工程协议落实。
（6）主要设备的图纸及相关技术资料。
（7）设计提供的施工过渡指导性方案。
（8）施工方案、方法和技术措施，对设计响应性的优化。
（9）施工单位应全面熟悉设计文件，并进行现场核对，当与实际情况不符时，应及时提出修改意见。
（10）在设计文件核对后，应将结果及存在的问题，呈报业主、监理和设计单位。

5．实施性施工组织设计

编制实施性施工组织设计应通过全面的调查研究，按照建设项目的工期要求和投资计划，有计划地合理组织和安排好工期、施工方案、施工方法、施工顺序，并提出劳动力、材料、机具设备等生产资源的合理配置。实施性施工组织设计应包括下列内容：
（1）工程概况、地区特征、气候气象、工程地质、工程设计概况、工期要求、质量要求、主要工程数量等。
（2）工程特点、施工条件、施工方案、交通运输，任务分工，各工程的衔接与配合，施工队伍部署，运输与施工的配合。
（3）临时场地布置，水、电、燃料供应方法。临时工程修建规模、地点、标准及工程量。
（4）安全、质量控制目标。
（5）施工进度安排、施工形象进度。
（6）关键施工或特殊施工过程的施工方案。施工测量、基坑开挖方法及工程检测等。对通信、信号、电力工程的配合技术要求及措施。拆迁、干扰处理工作量及措施。
（7）机械设备配备、劳动力配备、主要仪器仪表配备、主要材料供应计划、当地材料供给等。
（8）施工管理、工程质量和施工安全保证措施等。
（9）施工过程中对环境的直接影响和潜在影响，对各种影响因素所采取的环境保护措施。
（10）施工地区发生自然灾害、施工中发生紧急情况时的应急预案。

实施性施工组织设计应在开工前作为开工报告的一部分呈报监理工程师，经业主批准后实施；在实施过程中应根据客观条件、生产资源配置的变化情况及时调整施工组织设计，并呈报监理工程师批准，实行动态管理。

6．施工机械准备

（1）施工机械应根据实施性施工组织设计的要求，应配备污染少、能耗小、效率高的机械。

（2）施工机械应机况良好，零配件、附件及履历书齐全，施工机械的准备应适应施工进度的要求迅速而及时地分期完成，确保正常施工。

（3）施工机械的安装应选择适宜的地点，机械运转时的废气、噪声、废液、振动等应尽量减少对周围环境造成污染和影响。在靠近居民区时，各项排放指标均应达到现行《建筑施工场界噪声限值》（GB 12523—2100）、《污水综合排放标准》（GB 8978—1996）、《环境空气质量标准》（GB 3095—2012）等有关法规规定。

（4）施工机械配套应针对铁路的特点，以实现机械化均衡生产为目标，配套的生产能力应与施工能力相匹配。

（5）应根据铁路电气化的特点，配备工程必需的施工、试验及检测设备。

（6）使用铁路自轮运转特种设备必须执行铁路总公司现行规定和规则，使用轻型车辆及小车执行铁路总公司《铁路技术管理规程》规定。

7．施工场地与临时工程

（1）施工场地布置应符合下列要求：

① 有利于生产，文明施工，节约用地和保护环境。

② 事先统筹规划，分期安排，便于各项施工活动有序进行，避免相互干扰。

（2）施工场地布置应确定下列内容：

① 汽车运输道路的引入和其他运输设施的布置。

② 水、电设施的位置。

③ 大型机具设备的组装和检修场地。

④ 混凝土拌和站及砂、石等材料的布置。

⑤ 各种生产、生活等房屋的位置。

⑥ 场内临时排水系统和临时用电设施的布置。

（3）临时工程施工应符合下列要求：

① 运输道路应满足运量和行车安全的要求。

② 电力线路和通信线路应按有关规定统一布置及早建成。

③ 各种房屋应符合相关的安全消防规定。爆破器材库、油库的位置应符合有关规定。房屋区内应有通畅的给排水系统，并避开高压电线。

④ 严禁将住房等临附设施布置在易受洪水、泥石流、落石、雪崩、滑坡等自然灾害威胁的地点。

⑤ 临时工程及场地布置应采取措施保护自然环境。

⑥ 临时设施的布置应考虑突发性自然灾害，并制定相应的紧急预案。

（4）施工场地布置时，在水源保护地区内不得取土、弃土、破坏植被等，不得设置拌和站、洗车台、充电房等，并不得堆放任何含有害物质的材料或废弃物。

（5）工程竣工时，应修整、恢复受到施工破坏或影响的植被、自然资源等。

8．作业人员

（1）施工应遵循以人为本、响应招标文件。根据工程特点、在施工前和施工过程中，对管理人员、作业人员经常进行安全教育，提高自我保护意识。

（2）施工项目经理和项目总工应选派具有相应资格人员担任。

（3）要点指挥人员应由具有既有线施工要点经验、经历，胜任施工组织指挥的人员担任。

（4）配备的项目经理、总工程师、副经理，安全、技术、质量等主要负责人，应经过铁路总公司（或铁路局）施工安全培训。施工安全员、防护员、带班人员和工班长必须经过铁路局等有关部门培训。未经培训或培训不合格，不得担任上述工作。

（5）施工单位必须对劳务人员进行安全培训和法制教育，培训合格后方可上岗。参加施工的劳务人员应由具有带班资格的企业员工带领。劳务人员不得单独上道作业，不得担任爆破员、防护员及带班人员，不得单独使用各类作业车辆。

（6）从事轨道车驾驶等特种作业人员。必须经过专业培训、考试合格，取得相应资格，方可上岗。

（7）施工过程中应对员工加强安全技术交底，对施工人员进行铁路新技术、新设备，新工艺、新机械以及安全管理办法等进行再培训和再教育。

（8）根据施工情况，应对作业人员进行定期健康检查，并归入档案进行管理。

9．专项施工技术方案

（1）铁路接触网工程，施工单位可根据工程特点应对技术复杂、质量关键过程编制专项施工技术方案。

（2）专项施工技术方案应符合设计文件、规范和质量标准。编制深度应与施工等级划分相适应，与风险控制目标要求相一致。

（3）专项施工技术方案主要应包括：

① 工程概况、设计要求、技术难点、过程重点。

② 质量标准、关键技术。

③ 施工方法、工艺、流程。

④ 中、高度危险源、危害因素。

⑤ 施工中应特别注意、重点控制的事项。

（4）专项施工技术方案审查应按照铁路总公司相关规定执行。

（5）国家铁路既有线工程一、二级施工的专项施工技术方案，应经铁路局审批；地方铁路既有线工程重要专项施工技术方案应执行地方铁路局审查批准程序；铁路专用线工程重要专项施工技术方案应经处级单位审查批准。非铁路工程进入铁路既有线施工范围的重要施工技术方案必须报经铁路局审批。

（6）审查批准的专项施工技术方案，施工单位应认真组织落实和实施。对原方案进行优化、变更应执行原方案审批程序。

10．安全质量管理计划

（1）施工单位应按照业主要求，建立健全安全、质量管理措施。

（2）施工单位应按规定设置安全生产管理机构，配备安全员，履行施工安全管理和日常检查的职责；要经常对全员进行教育，建立内部全面的安全责任制，制定施工安全措施，并认真执行。

（3）施工单位是施工安全的主体，承担施工安全的主体应严格执行铁路既有线施工的各项规章制度，科学制定并完善施工安全责任制度，落实施工安全措施和责任，严格按审定的方案执行。规范组织施工，认真落实施工安全措施。

（4）施工单位必须依据施工等级划分、综合分析排查出的；关键工序，逐一确定其风险施工方案，据此编制保证铁路行车质量的管理计划。

（5）铁路既有线和施工质量管理计划的编制，必须落实责任和目标。质量管理计划一般应包括：质量管理过程的策划，有效文件的管理，质量记录的控制，技术、质量、进度、特殊过程和关键工序的控制，供产品的控制，施工产品标识和可追溯性控制，监视和测量装置控制，工程产品的防护，工程交付，交付后服务，保证措施、所需资源及投入，责任人和责任，起止时间或过程，监督、检查等。

（6）国家铁路既有线工程一、二级施工，地方铁路营业线重要级别施工，项目部编制质量管理计划后，应报请其上级单位审查批准。施工单位应对项目部质量管理计划实施情况进行监督、检查。铁路既有线工程施工质量管理计划应按照相关规定上报备案。

11．施工协议

（1）进入铁路既有线工程施工范围的各项施工，施工单位应与设备管理单位和行车组织单位分别签订施工安全协议书。未签订施工安全协议及施工安全协议未经审查的严禁施工。

（2）安全协议书应由施工单位上级铁路局主管业务处和安全监察室审查。经审查同意后，施工单位报铁路建设管理部门、监理单位备案（非国家铁路按其管理机构要求办理）。

（3）同一施工区段有两个以上单位同时施工或不同专业交叉作业、接续施工时，应共同拟定安全协议，做好协调共同执行。

（4）安全协议书的基本内容应包括：

① 工程概况（施工项目、作业内容、地点和时间、影响范围）。

② 施工责任地段和期限。

③ 双方所遵循的技术标准、规程和规范。

④ 安全防护内容、措施及专业结合部安全分工（根据工点、专业实际 情况，由双方制定具体条款）。

⑤ 双方安全责任、权利和义务（包括共同安全职责和双方各自安全职责）。

⑥ 违约责任和经济赔偿办法（包括发生铁路交通责任事故时双方所承担的法律责任）。

⑦ 安全监督和配合费用。

⑧ 法律法规规定的其他内容。

12．开工报告

① 电力牵引供电施工准备工作完成后应按规定提交开工报告。

② 开工报告应包括建设项目名称，单项工程名称，工程地点施工单位，申请开工日期，实际开竣工日期，开工项目的主要内容，准备工作情况以及存在的问题。

③ 工程开工应具备下列条件：

a. 设计文件、施工图纸经会审通过,已满足施工要求;
b. 实施性施工组织设计和施工图预算已经批准;
c. 各专业工程的分段承包合同已全部签订;
d. 施工队伍、施工机械设备、施工材料等已满足开工需要;
e. 施工复测、定测工作已满足开工要求,达到连续作业的条件;
f. 施工现场的安全技术措施符合规定要求。

第四节　施工测量及精密测控网

1．施工测量

施工测量的主要目的是核定接触网设计平面图与现场实际情况是否相符,判定基坑土质条件,检验设计是否正确、合理,有无遗漏、缺陷和错误;确定支柱(基础)位置;确定隧道内悬挂点、定位点位置;新建线和高速线路的桥隧接触网悬挂点和支持点基础的施工一般应纳入相应的土木工程中,与桥隧主体工程同步施工。因此,接触网设计部门应事先向桥隧设计施工部门沟通,并提交相应设计文件和接口标准、条件。施工测量时,确认隧道内悬挂点、定位点位置是否符合设计文件要求。

施工测量应提交下列各项资料:
(1)基坑土质资料,按杆号列表说明;
(2)杆位变更资料,支柱型号或基础型号变更资料;
(3)需加固的支柱或基础杆号及加固方案;
(4)需作排水沟改造的杆号及处理方案;
(5)需作特殊设计处理的构筑物位置表;
(6)工程数量变更统计表;
(7)其他需说明的情况。

测量前应熟悉待测区段的接触网平面图,搜集线路的有关资料,了解线路情况,并与通信、信号、电力、供水、工务、车务、机务等设备管理单位取得联系,弄清地下埋设物,如电缆、管道等的埋设情况,调查跨越、平行铁路的通信、电力线路情况,核定接触网设计平面图与现场实际情况是否相符,明确工程量。在定测阶段,检验和判定基坑地质条件是否正确合理、有无遗漏、缺陷和错误,确定支柱(基础)位置。定测中的问题解决后,再进行复测,为施工提供依据。测量时,使用钢卷尺随时参照线岔、桥梁等控制点校核测量结果,防止产生累积误差。

纵向测量起测点的选定方法有两种:当线路具备交桩条件时,以工程的设计起点为起测点;或者按桥系里程标记、选用大型建筑物、桥梁、车站的最外端道岔处作为测量起点。实际测量工作中,可分别选用上述两种方法进行测量,以便相互验证。

直线区段,沿支柱侧钢轨测量;曲线区段,沿曲线外侧钢轨测量。重点校核支柱悬挂点的纵向位置,测量中要注意施工设计图纸与现场支柱位置的误差,并做好记录,上报监理单位。要不断地与沿线的里程标进行复核,发现测量数据不闭合时,须进行复测和调整。为提高测量精度和速度，宜采用激光检测仪对上跨桥梁悬挂位置进行测量定位。

对已铺设轨道的线路，应用红色油漆在钢轨的轨腰上标明支柱编号、支柱型号、侧面限界、基础型号、基础限界等。对未铺设轨道的线路，测量标记主要标在桥梁上线路的侧面。因地形、地物的干扰，需调整支柱位置时，其支柱所在跨距的调整幅度为 -2 ~ +1 m，调整后的跨距不得大于设计允许最大跨距；道岔定位柱的位置需根据设计图纸的具体要求进行测量定位。

站场横向测量时，同组硬软横跨支柱中心的连线与正线中心线垂直，偏差角不大于2°。

2．精密测量控制网的基本知识

为满足高速铁路的精确度、平顺性、稳定性、可靠性、高安全性等五大要求，《高速铁路电力牵引供电工程施工技术指南》首次要求高速铁路电力牵引供电工程施工从开工测量到开通运营的全过程都必须充分应用精密工程测量技术——精密测量控制网。

为了对高速铁路工程建设各阶段控制测量的精度、方法进行规范，使之满足高速铁路工程建设勘测设计、工程施工、轨道施工及运营维护各阶段对测量成果的需求，《高速铁路工程测量规范》（TB 10601-2009）把高速铁路工程测量平面、高程控制网按施测阶段、目的及功能分为：勘测控制网、施工控制网、运营维护控制网。精密测量控制网是对以上测控网的总称。

勘测控制网是勘测设计单位在勘测设计阶段为满足高速铁路工程勘测设计和向施工单位进行交桩而建立的平面、高程控制网，它包括框架控制网CP0、基础平面控制网CPⅠ、线路平面控制网CPⅡ和线路水准基点控制网。

施工控制网是为高速铁路工程施工提供控制基准的各级平面高程控制网，包括基础平面控制网CPⅠ、线路平面控制网CPⅡ、线路水准基点控制网，以及在此基础上加密的施工平面、高程控制患和为轨道铺设而建立的轨道控制网CPⅢ。

运营维护控制网是在高速铁路工程竣工后，施工单位交给运营单位，为运营阶段对高速铁路工程进行变形监测、运营维护的平面、高程控制网，它包括基础平面控制网CPⅠ、线路平面控制网CPⅡ、线路水准基点控制网、轨道控制网CPⅢ以及轨道维护基标。

基础平面控制网（CPⅠ）主要为勘测设计、施工、运营维护提供坐标基准。线路平面控制网（CPⅡ）主要为勘测设计和施工提供控制基准。轨道控制网（CPⅢ）主要为轨道提供控制基准。

高速铁路高程控制测量的目的是为线下工程施工和轨道施工、营运维护提供高程控制基准，为了满足线下工程施工的要求，需建立全线统一的高程控制基准，即线路水准基点。在轨道施工和营运维护阶段，线路水准基点的密度不能满足轨道施工和营运维护的要求，因此在线路水准基点控制网基础上建立第二级永久性的轨道高程控制网CPⅢ。以上有关学术名词的基本意义如下：

工程独立坐标系：采用任意中央子午线和高程投影面进行投影而建立的平面直角坐标系。

框架控制网CP0：采用卫星定位测量方法建立的三维控制网，作为全线（段）的坐标起算基准。

基础平面控制网CPⅠ：在框架控制网CP0的基础上，沿线路走向布设，按GPS静态相对定位原理建立，为线路平面控制网CPⅡ提供起闭的基准。

线路平面控制网 CPⅡ：在基础平面控制网 CPI 基础上沿线路附近布设，为勘测、施工阶段的线路测量和轨道控制网测量提供平面起闭的基准。

轨道控制网 CPⅢ：沿线路布设的平面、高程控制网，平面起闭于基础平面控制网（CPI）或线路平面控制网（CPⅡ）、高程起闭于线路水准基点，一般在线下工程施工完成后进行施测，是轨道铺设和运营维护的基准。

3．精密测量控制网与接触网施工的关系

普速铁路测量主要根据线下工程施工控制要求而制定，路基设计基本不考虑路基沉降控制，路基沉降通过补充道砟等方式补救。轨道铺设和运营不以控制网为基准按设计坐标进行绝对定位，而是按线下工程施工现状采用相对定位。这种铺轨方法因测量误差的累积，往往造成轨道几何参数与设计参数相差甚远。例如，某时速 200 km 铁路提速改造工程的某圆曲线半径与设计半径相差几百米，大半径的长曲线变成了多个不同半径圆曲线的组合，缓和曲线、夹直线长度不够，曲线五大桩位置与设计位置相差很大，纵断面整坡变成了很多碎坡等。秦沈客运专线铁路工程开始重视路基沉降控制，但其标准比无砟轨道低得多，其工后沉降不能满足无砟轨道铺设要求。

高速铁路是一项集多种先进技术于一体的庞大系统工程，各施工专业间有着内在紧密联系和大量信息交换。高速铁路无砟轨道测量控制网的精度在满足线下工程施工控制测量要求的同时必须满足轨道铺设精度要求，无砟轨道的绝对定位由各级平面高程控制网组成的测量系统来实现，从而保证轨道与线下工程路基、桥梁、隧道、站台等的空间位置坐标、高程互相协调匹配。接触网工程的接触线高度、拉出值等大量几何参数是以轨道几何参数为基准。由于工期紧张等原因，中国普速铁路接触网施工不可能在轨道工程竣工后才开始，这经常造成接触网几何参数随轨道几何参数变化而大量、反复重新调整。高速铁路接触网工程施工需迫切解决的主要问题是：如何运用系统工程的思想和方法，研究优化施工组织设计方案和施工工艺工法，在工期紧张、轨道未达到竣工状态（甚至轨道未铺设）的情况下就开始接触网基础施工、腕臂安装和悬挂调整，并避免发生以往普速铁路接触网随轨道几何参数变化而大量反复调整的现象。

高速铁路接触网工程从支柱基础定位测量、腕臂测量计算安装、吊弦测量计算触网检测精调等均应以线路轨道横、纵断面设计图为依据，接触网和线路轨道专业；采用统一的坐标——精测网，并作为双方施工和运营期间共同遵守的依据。

高速铁路桥梁及隧道地段的轨道控制网（CPⅢ）基桩通常分别设置在桥梁防撞道电缆槽的线路侧面；路基地段的轨道控制网（CPⅢ）基桩一般在接触网支柱基础时，由设计院勘测人员设置在接触网支柱基础或轨道专业特设的混凝土基础上。通过高速铁路精测网基桩参数及其对应的线路参数、曲线桩位置坐标值及曲线参数值，可以确定接触网支柱侧面限界、支柱基础面相对于低轨面的高差、外轨超高等，作为复核站前专业施工的接触网基础工程质量的依据。根据线路控制网（CPⅡ）数据接触网车站、区间分段测量起点，可测量隧道内接触网的预埋槽道、锚栓、下锚断面核查路基、桥梁上接触网支柱及拉线基础位置是否符合设计要求。根据轨道控制数据，可测量核定接触网支柱垂直线路中心线偏差及上部孔位的准确性、隧道内吊柱及锚栓的施工偏差，可测量并计算吊弦长度。在接触网联调联试过程中，根据 CPⅢ精测线路拟合参数，可进一步分析判定轨道与接触网耦合是否符合相关标准要求。

第五节　高速铁路接触网施工方法

一、高速铁路接触网下部施工

接触网下部工程施工的主要内容有：基坑测量定位、基坑开挖、基础浇制、桥梁隧道打孔及其灌注、钢筋混凝土支柱安装及调整、钢柱安装与整正、锚板与拉线安装、水沟清理等。

1．基坑测量定位

其工艺流程如图 6.2 所示。

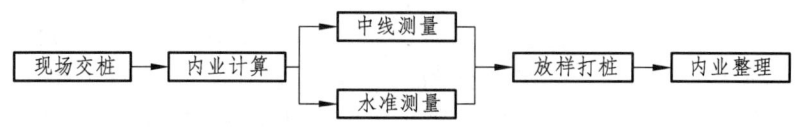

图 6.2　基坑测量定为工艺流程

接触网施工测量与定位的主要任务是杆位、基础的测量，依据设计图纸上规定的跨距和侧面限界，将施工图纸上的支柱、基础等接触网建筑物的位置落实到施工地点。

纵向测量的主要任务是将接触网平面图中有关支柱跨距的设计尺寸通过测量确定到线路上去，它决定着顺线路方向各个支柱之间的相互位置。根据接触网设计平面图，找出测量起点，并作出标记。区间和站场的纵向测量均从测量起点出发，沿钢轨外侧丈量。

横向测量的主要目的是依据纵向测量的中心线标记来确定支柱或基础的基坑位置。

隧道测量有两种方法，一种是利用隧道打孔作业车直接测量孔位，另一种是人工测量，先用钢轨尺测量出每个悬挂点的纵向位置，在轨腰上写明标记，并同时写在隧道一侧墙壁上的相对位置距轨面高度处，以便今后查找。

交柱测量是在线路未达标和未稳定时，根据线路有关资料和基桩表，通过测量、计算等来确定支柱限界和埋深的一系列工作。

2．基坑开挖

根据土壤的稳定特性，采用合理的开挖形式和防塌措施，按照"快挖（挖坑）、快立（立杆）、快浇（浇注基础）"的原则，消除隐患。对石质基坑，硬土类基坑采取挖小坑，一般不需要防护；碎石类采取挖小坑，局部木板箱式沉井法支撑防护；坚石坑采用小药量控制爆破，用小型压风机带风枪打炮眼，用电雷管引爆，爆破时坑口覆盖防护网，四周派专人防护，离公路较近的地方还要到公路上进行人员、车辆的防护，引爆后及时清理施工现场，在距离电缆、房屋、桥涵很近的地方不得进行爆破，采取人工开挖法施工。

对处于流砂类地质或高水位地质段的支柱基础，应首先采用整体打入桩基础，尽量不采用明挖方法，当地质条件或施工条件不允许，可采用沉井法、围栏支撑法和板桩支撑法施工。

3．钢柱基础浇注

混凝土基础的浇筑，可采用挖大坑搭模型板和挖小坑就地浇筑两种方法，但无论哪种方法，都要保证这个基础的结构尺寸和方向满足设计要求，基础预留螺栓的位置复合法兰盘连接需要和支柱侧面限界的要求。其工艺流程如图 6.3 所示。

混凝土所用材料符合规定，需通过试验得出水泥、砂、碎石和水的配合比，对施工用水需进行检测，经检验合格后方可使用。

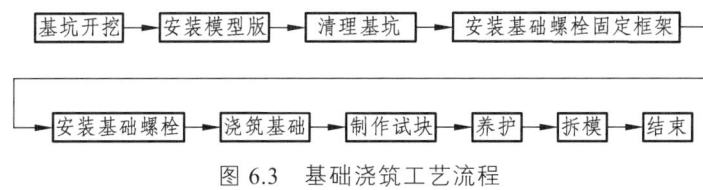

图 6.3 基础浇筑工艺流程

基础浇注前，请监理工程师对基坑的断面尺寸进行检查，合格后方可进行浇注施工并填好隐蔽工程记录。安装模型板时，用经纬仪确定方向，水准仪确定标高，钢尺确定限界，确保安装质量。为减少钢柱整正工序，宜先将支柱的倾斜度换算成基础顶面坡度，并用水准仪控制基础顶面标高，实现"无垫片整正"。

浇注时，宜采用钢模型板进行作业；粗细骨料、水灰比、配合比按施工前试验确定的要求，用专用量具计量进行施工。为防止混凝土发生离析，在混凝土浇注自由下落高度大于 3 m 时采用设置斜槽或竖向吊桶等工具。灌注混凝土时，连续进行，如必须间断，间歇时间不超过 2 h。

在浇注中，灌注分层进行，逐层捣实，每层振捣厚度不大于振捣棒有效工作部分的 1.25 倍，布点采用梅花插点，每捣固一次随时复核基础地脚螺栓尺寸；振捣器在振捣时与模板或坑壁保持 100 mm 的净距，并不得触及地脚螺栓；基础边角处进行人工捣固；同时按照要求制作试块，按时送检。振捣器的振动时间以混凝土不再下沉，不出现汽泡，表面开始泛浆为止，防止振动过量。在边角处要用人工重新捣固一次。浇注完成后必须将表面抹光滑。

基础混凝土填入片石的数量不大于混凝土结构体积的 25%，片石尺寸不大于所在位置基础结构最小尺寸的 1/3，与模型板的距离不小于 150 mm，使用前用水冲洗干净，片石间距大于 100 mm。

浇注完毕 12 h 后，在基础表面覆盖草袋或其它物品对基础进行覆盖并加水养护。天气炎热、干燥有风时，在灌注后 3 h 进行覆盖并浇水，浇水次数以保持混凝土表面湿润为原则。日平均气温低于 5 ℃ 时，不浇水。混凝土的养护用水与搅拌时的用水相同。基础初凝期，根据天气情况，保持基础湿润为原则，养护周期为 28 天。

对于高速接触网，基础施工应与站前专业的线路、桥梁一并进行的。接触网立杆前，对螺栓位置不合适的基础进行了复验；对侧面限界偏差大于 100 mm 的基础采取了整体移位，保证工程质量。

4．支柱安装

支柱安装的程序为：支柱外观检查、装杆、坑位尺寸复核、吊立、整正、回填。

混凝土支柱的外观检查包括：外表面是否光洁平直，有无麻面和粘皮（局部麻面和粘皮面积不应大于 24 cm）。支柱下翼缘不应漏浆，翼缘下不应有硬伤掉角，非翼缘处不应有碰伤，翼缘不得有裂纹。1 根横腹杆最多出现两条裂纹，且未贯通，最好是无裂纹。支柱翼缘实体部位和其他裂纹不得多于两条，裂纹宽度不应大于 0.2 mm，且受拉、受压面不得贯通。

钢支柱的外观检查包括：不应有弯曲、扭转现象；焊接处无裂纹。钢柱底脚的基础螺栓孔距尺寸偏差不大于 ±2 mm。钢柱主角钢弯曲度不大于 1/750。分节组装的钢柱连接紧固密贴，中间不得加钢垫片，且中心线与中间法兰联接平面不垂直度不应大于H/1000。热浸镀锌钢柱，锌层应均匀、光滑，连接处不得有露铁、毛刺、锌瘤和多余结块，不得有过渡酸洗造成的蚀坑、泛酸等缺陷。

吊装支柱前，技术人员应根据《铁路电力牵引供电施工规范》（以下简称施规）的有关要求，对支柱进行外观检查，不合格的严禁装车。施工人员应根据《立杆施工表》吊装支柱，遵循"先入后出"原则，先立的支柱放于平板车最上层，防止和避免倒杆作业。

混凝土支柱采用两点支承法（支承点分别在支柱根部第一腹孔和支柱上部第二腹孔处）装卸和起吊，并遵循"轻起轻放"原则，起吊用的钢丝绳应套上胶皮管；起吊时支柱翼缘的侧面应朝上；1次起吊支柱数量不超过2根；软横跨支柱吊装时应将主筋少的翼缘侧面朝上。

钢柱在起吊装卸时，用一个短钢丝套子连接在支柱重心处的主角钢上。钢柱立杆前，应对基础埋深、基础地脚螺栓除锈、除污情况及螺栓间距误差是否小于±2 mm等情况进行检查，合格后方进行安装施工。用水准仪测量基础每个地脚螺栓在基础面处的标高，计算出每个点的高差，确定调整支柱时所需垫片的型号、数量，记录有关数据。

混凝土支柱立杆前，应对支柱基坑的埋深、侧面限界以及锚柱底板的安放、电缆防护情况进行复核；采用轨道作业车组实施立杆作业。轨道作业车组由1台轨道车，1台16 t轨道吊车，2台60 t平板车组成。

在安装H90及以上容量混凝土支柱时，注意核对支柱受拉面和受压面，尤其在缓和曲线区段、道岔柱处、中心锚结中心柱处，直线转换处，应有专人把关，确保施工质量。

钢柱安装好后，应按下述要求及时整正：

① 调整钢柱的倾斜度，用薄厚不同的钢垫片，垫在钢柱主角钢下面，每块钢垫片面积不小于50 mm×100 mm。每个主角钢下的垫片数不多于3片。紧固基础螺栓的螺帽时，对角循环进行。位于曲线外侧和直线上的13 m钢柱的外倾斜率为0.5%~1%，15 m钢柱的外倾斜率为1%~2%。

整正混凝土支柱时，支柱应直立，锚柱端部应向拉线侧倾斜，其斜率不大于2%；曲线外侧和直线上的腕臂柱外倾斜率为0~0.5%，软横跨混凝土支柱外倾斜率为0.5%~1%；曲线内侧支柱和安装隔离开关的支柱均应直立，施工偏差为0.5%~1%；支柱埋深不小于设计值，施工偏差为±100 mm。

采用斜率测量仪控制支柱倾斜，铝合金丁字尺控制支柱扭转，钢尺测量限晃，确保支柱整正后，侧面限界（允许施工偏差–60 mm~+100 mm）、倾斜、扭转等各项指标均符合《施规》和设计规定。

混凝土支柱整正完毕后，立即进行回填，填土要分层夯实，每层厚度0.3 m，其坡度与路基相同，高填土路基上的支柱按设计进行培土，培土困难时采用浆砌片石加固，浆砌片石的砂浆应饱满；对有横卧板的支柱还需进行加固，横卧板应与支柱贴紧，不允许有空隙和夹土。回填时遇有炉碴、碎石、块石或砂质土壤，须掺有粘土拌合回填。应保证回填土层厚度不小于支柱有效埋深，否则支柱需砌护墩台，支柱地面以上部分应适当培土，以免下雨沉降。完成回填后，应清理施工现场，并及时填写隐蔽工程记录。

在下部工程的施工中，因开挖基坑损坏的路肩、侧沟、加砌的护坡，在支柱立整完毕后应立即予以恢复，确保路基稳定、安全、达标。

对于高速接触网，混凝土支柱基坑深度的施工允许偏差为±50 mm。侧面限界的施工允许偏差为 0~100 mm。支柱顺线路方向中心直立，施工允许偏差 ±30 mm；锚柱柱顶向拉线侧倾斜 30 mm；曲外及直线腕臂柱向受力反侧倾斜 0~40 mm；中心锚结，曲线内侧及转换柱中心直立，施工偏差 30 mm；在未铺轨道区段，利用站前公路将支柱运至坑位，用汽车吊吊立支柱，利用四腿螺旋整杆器校正支柱；对已铺轨区段，则可用安装列车运输和安装支柱。支柱倾斜采用经纬仪测量，埋深及倾斜均严格控制在允许范围内。回填按设计要求用 C20 混凝土回填，在回填强度达到 70% 时取掉木楔，用 C20 混凝土封口。

5．拉线基础施工及拉线安装

基坑开挖结束后，完成立模、下钢筋骨架。浇注前，复核钢筋骨架距坑壁的间距是否符合混凝土保护层厚度的要求，检查拉线锚环的高低、水平位置，检查拉线环是否在下锚支的延长线上；不符合要求的应现场调整。其余施工方法与钢柱基础浇注相同。

拉线基础浇注完毕，并至养护期限后，安装支柱下锚固定角钢，进行拉线长度测量，并根据测量长度预制好拉线，施工工艺流程如图 6.4 所示。

施工准备 → 校核支柱顺横线路倾斜度 → 拉线安装 → 结束

图 6.4 拉线安装施工工艺流程

安装拉线时，一定要先将拉线 LX 线夹安装在下锚固定角钢上，然后才能用手拉葫芦将拉线与拉线棒连接，通过调整手拉葫芦使支柱倾斜至规范值，将 UT 型楔形线夹与拉线 NUT 线夹连接，拧紧后松开手拉葫芦。

二、高速铁路接触网上部工程施工

接触网上部工程主要有：腕臂柱装配、软（硬）横跨装配、隧道悬挂装配、大型建筑物装配、承力索架设、接触线架设、供电线、捷接线架设、接触悬挂（中心锚结、补偿器、吊弦、线岔、电连接、导线）的调整、承力索涂油、设备（地线、隔离开关、避雷器、分段绝缘器及分相绝缘器、限界门）等的安装。

在上部工程施工中，应坚持："先测量计算，后预配安装"的总体思路，将大量准备调试工作放在工厂或车间内完成，尽量减少现场作业的内容和时间，减少高空作业量，提高施工效率和施工安全性。

1．支持装置装配

施工前，应采用计算软件绘制出《软横跨预配施工图、表》和《腕臂柱预配施工图、表》。

（1）硬横梁的吊装。

吊装硬横梁的工艺流程如图 6.5 所示。

施工准备 → 硬横梁组装 → 安装硬横梁 → 结束

图 6.5 吊装硬横梁的工艺流程

吊装 GQ400 圆杆硬横梁时，根据设计要求，按照梁上的编号，在平整场地放置 4 根高度相同的方木，将端梁和中梁用螺栓组装在一起，复核检查硬横梁型号、密贴状况，无误后吊到平板上。为减少占用封锁时间和提高安全系数，将临时托架安装到支柱的适当位置。利用安装列车的轨道吊车将硬横梁吊起放在临时托架上，待梁稳定后，吊车摘钩，列车退出现场。施工人员登上支柱，按设计规定的型号、位置先将抱箍与弦杆用螺栓连接好，然后再将抱箍与支柱连接好。一组硬横梁安装完毕后，卸下临时托架，用C18级混凝土将另一根支柱与基础的间隙填充密实。

吊装钢立柱硬横梁时，根据设计要求，按照梁上的编号，在便于测量的位置设置水准仪测量各支架顶面高度，并用垫木调整水平。吊车将硬横梁各段分别吊起，放置在两支架上，落下时，梁的中线与支架中线重合，用螺栓将两节梁连接紧固。用轨道吊车将梁稍稍吊起，撤除下边的支架，用水准仪测量硬横梁的预留拱度。为减少占用封锁时间和提高安全系数，将临时托架安装到钢立柱的适当位置。35～42.5 m硬横梁运输时需在平板上放置特制的旋转底盘，确保列车顺利通过小半径曲线和岔区，吊装时增加一扁担梁。吊车和装有硬横梁的车组分别进入待装硬横梁的中间两股道，吊车停在距硬横梁安装位置约7 m处，硬横梁车组与吊车组并行，在硬横梁的两端各拴一条大绳，控制梁起吊后的旋转，吊车先起吊扁担梁，待横梁高度高于钢立柱时，利用大绳转动硬横梁至两钢立柱正上方停下，徐徐放下横梁，套在钢柱上，落在临时托架上，在杆上人员指挥配合下，插入临时销钉，安装螺栓。架好经纬仪测量钢立柱顺线路和垂线路方向是否直立，确认钢立柱在两个方向均直立后拧紧地脚螺栓，吊装安装工艺如图6.6所示，硬横梁吊装示意图如图6.7所示。

施工准备 → 吊柱测量 → 安装上下弦杆 → 安装吊柱 → 结束

图6.6 吊装安装工艺流程

图6.7 硬横梁吊装示意图

硬横跨安装后，根据复测的线路参数安装吊柱及腕臂，为保证测量精度，用经纬仪测量支柱倾斜率，用高精度激光测距仪测量支柱侧面限界和底座安装位置，严格控制测量偏差。

吊柱安装时，先测量吊柱距所在股道的轨面的距离和吊柱内排螺栓的位置，根据测量数据对照设计要求编制吊柱预配表。根据吊柱预配表，将固定杆吊柱连接紧固，预配腕臂上、下底座。通过一组滑轮组，利用人工将吊柱吊起并临时紧固。用水平尺调整吊柱的斜率，合格后进行对角循环紧固。

当采用接触网安装作业车施工时，作业车的转动作业平台不得侵入邻线建筑限界，吊柱垂直度利用经纬仪测量，施工偏差不得大于1°。安装后，在任何情况下不得侵入建筑限界。

（2）腕臂柱装配

接触网施工的基准点（轨面标高和线路中心线）是保证腕臂柱装配质量的关键。应随时了解线路施工情况，按《施规》要求与站前施工单位共同确定线路中心线和轨面标高，作为上部施工基准点。将现场实测的原始数据输入计算程序，得到《腕臂柱预配施工图、表》。根据《腕臂柱预配施工图、表》，在预配车间将各支持零件进行组合预装配，并标明支柱号，对于双腕臂柱，注明工作支或非工作支，并同时注明安装在支柱的哪一侧。预制完毕，复核尺寸，对绝缘子进行包扎、防护。装配前，需按要求对绝缘子分批按比例抽查，做交流耐压试验，试验标准满足规范的规定。

腕臂预配时，应检查各部零件是否紧固好：注意悬式绝缘子瓷裙方向不能朝上，以免积水，影响其绝缘性能；并检查其它各零件活动部分，保证其灵活。腕臂预配工艺流程如图6.8所示。

提料及下料 → 组装腕臂 → 预配组合定位组装 → 加工定位管斜拉线 → 组装 → 检验

图6.8 腕臂预配工艺流程

腕臂安装时应分工明确，采用轨道车或施工便道汽车送料，使运料辅助作业、高空作业有序进行，并保护好棒式绝缘子，防止运装过程中损坏。腕臂底座的安装符合设计规定，底座与支柱密贴，底座槽钢（或角钢）呈水平，横平竖直。

腕臂安装工艺流程如图6.9所示。

施工准备 → 安装腕臂底座 → 安装绝缘子，组装腕臂 → 安装腕臂 → 结束

图6.9 腕臂安装工艺流程

腕臂安装后应满足承力索悬挂点距轨面的设计高度，允许偏差±20 mm。腕臂上各部件处在同一垂直荷上（不包括定位装置），铰接处转动灵活，顶端管帽密封良好，雨水不得进入其中。

为控制腕臂预配加工偏差，应在现场料库设预配间，根据腕臂预配表提供的数据，把腕臂的各部分零件在腕臂预配专用平台上组装，组装时考虑棒式绝缘子制造长度等各种偏差。腕臂预配时，先全面核实检查各部分尺寸是否满足设计要求，后使用扭力扳手检测。把高空作业放在地面预配车间完成。腕臂预配好后，对腕臂进行标识，使用作业车对号入座进行机械化安装。

2．接触悬挂的架设与调整

（1）承力索和接触线的架设。

承力索和接触线按设计锚段长度，由生产厂家配盘供应，架设时对号入座。为确保导线架设完毕后平整、光滑、有弹性，无硬弯、扭曲变形和表面硬伤等现象，应采用恒张力架线设备和技术。因为导线张力与导线弛度密不可分，架线张力波动越大，线索弛度变化就越大，另外，架线过程中的张力波动还会导致导线在悬挂点处沿架线张力方向来回移动，形成较多且不易矫正的波浪型硬弯，使导线受流质量恶化。

实践证明，架线张力波动越大，导线产生的波浪型硬弯就越多。因此，架线施工中，除采用必要措施（如跨中增加临时悬挂点，以缩小跨距等）外，接触线必须采用恒张力架线技术，承力索可视具体情况而定。恒张力架线的工艺流程如图6.10所示。

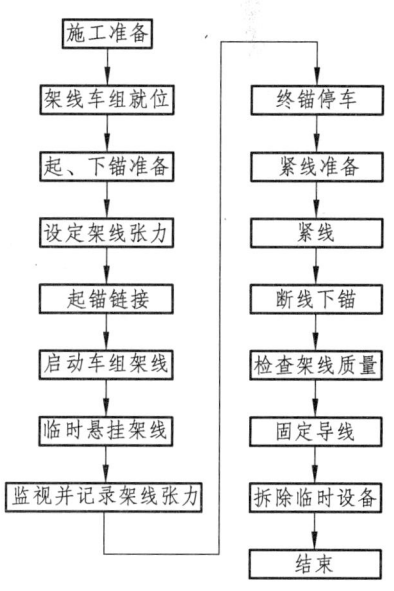

图6.10 恒张力架线工艺流程图

恒张力架线对人员和设备都有严格要求：

① 设备操作人员必须经过技术培训，经考试合格后持证上岗。

② 架线车组的运行必须严格遵守《铁路技术管理规程》、《轨道车管理规则》、《铁路行车组织规则》等规定。

③ 提前排除架线锚段内的施工障碍。在曲线区段、转换柱处的支持结构应采取临时加固措施，将腕臂临时固定并与线路方向保持垂直。调整好锚柱拉线，使锚柱在保持中心直立。

④ 架设承力索、接触线时，应根据线材规格选用相应材质、型号的放线滑轮和 s 钩滑轮，并保证各滑轮对轨面的悬挂高度基本一致，每个跨距内均匀悬挂 2～3 组。

⑤ 应根据导线的硬度、弹性和线路的曲线半径等因素设定架线张力的大小，曲线半径大，架线张力也应大；导线弹性越大，架线张力也应越大，但一般不超过导线额定张力，以 5～10 kN 为宜。

⑥ 架线时张力保持恒定，允许静态张力在设定放线张力的 ±1% 以内，动态张力在设定放线张力的 ±3% 烈内变动（包括放线车组的起动和制动过程）。

⑦ 架线车组的速度一般在 3～5 km/h 范围内。

⑧ 紧线时用力均匀，避免产生冲击性破坏。

⑨ 按照图 6.11 拉接触线，以便保持接触线在线盘上原有的弯曲方向。不允许接触线相反方向的弯曲，那样会导致波浪弯和扭结。线索架设工法有："单根单车小张力落锚线索架设法"和"双线并列线索架设法"两种。一般车站和区间采用"双线并列线索架设法"，如图 6.12 所示。当车站各锚段下锚处非支翻线工作量太大，线索架设宜采用"单根单车小张力落锚线索架设法"，如图 6.13 所示。

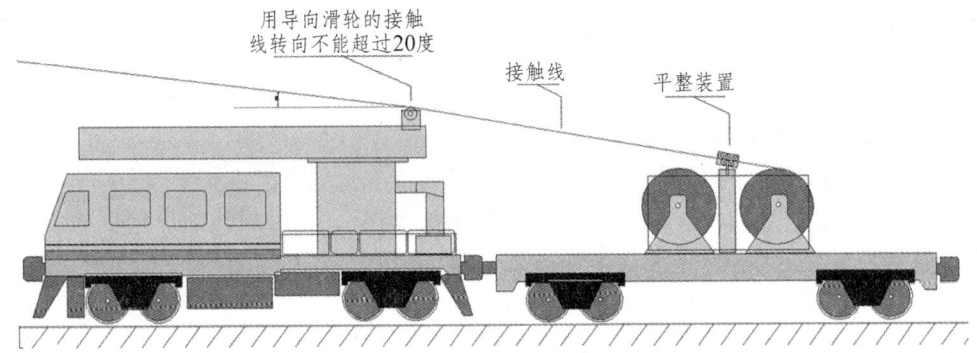

图 6.11 恒张力放线作业时，接触线的正确放置示意图

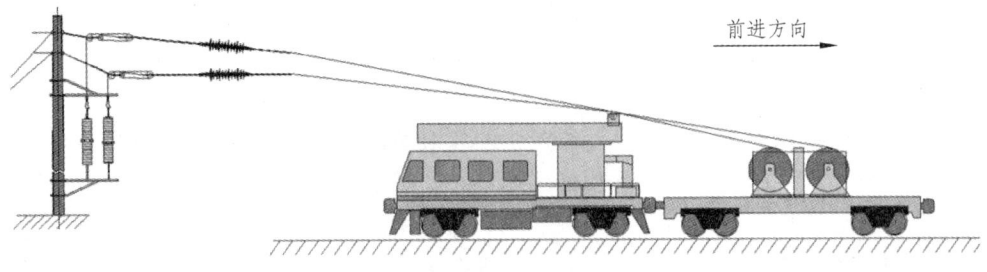

图 6.12 双线并列线索架设图

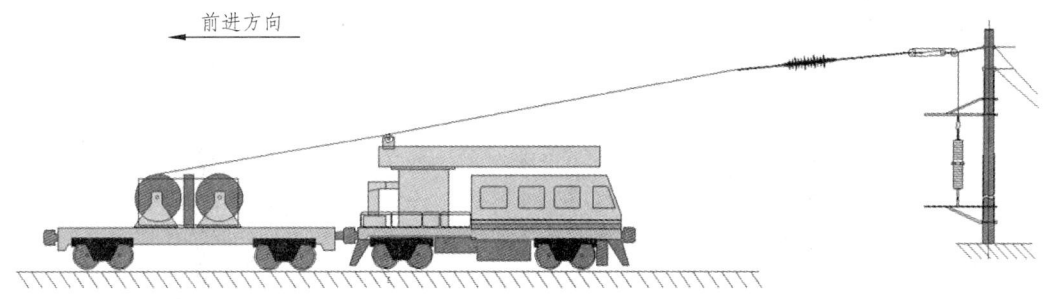

图 6.13 单根单车小张力落锚线索架设图

架线前检查本线路跨越线、其他建筑物是否拆除、上部支持安装是否完成、锚柱偏斜方向是否正确、拉线是否符合施工规范要求。

架线施工时，使用闭口滑轮，使线盘匀速转动，并保持恒定的张力。施工人员和机具就位后，在起锚处将线索锚挂在起锚支柱上，架线车开始向锚段另一方向行驶，在每一中间柱处，将线索放入滑轮内悬挂在装好的腕臂上（在曲线处采用铁线绑扎双保险）。当到达锚段终端，放线车在线盘加足张力后，通知起锚处人员注意坠砣的情况，开始紧线，当起锚处坠砣离地 1.5 m 左右时，停止紧线，开始落锚。落锚完成后，派专人对所放线索每一悬挂点进行检查，确保安全。架设承力索、接触线过程中，如发现有损伤、断股，应有明显标志，并及时按照施工规范要求进行处理。承力索、接触线每个锚段内接头数量须满足施工规范的规定，接触线接头处平滑、不打弓。

下锚装配时，补偿滑轮应完好无损，转动灵活，补偿绳在滑轮中无偏磨现象，补偿绳无散股、断股等缺陷，更不能有接头。承力索和接触线均架设后，注意承力索的补偿绳不得磨擦接触线的双环杆，如有这种情况发生，应利用作业车及时处理。下锚处，悬式绝缘子须等线索超拉后安装，以保证承力索与接触线下锚瓷瓶上下对齐、工艺美观。

为防止施工时磨损承力索，在跨线建筑物处、悬吊滑轮处，除按照规范要求对承力索作必要的防护外，还要在跨线建筑物处承力索上加装绝缘套管或预绞式保护条和悬吊滑轮处承力索处安装防磨防护条。架设完后按设计标准对承力索和接触线进行超拉。

（2）中心锚结安装。

承力索架设后，未安装中心锚结前，在两侧下锚处做临时固定。中心锚结绳按现场测量长度预制、下料，并作好锚结绳一端的回头，调整好承力索两侧的补偿距离，取消承力索两端的临时固定，然后按设计弛度安装中心锚结，中心锚结线夹两端锚结绳长度及张力相 0~40 mm 结线夹处接触导线的高度应根据最高设计速度作相应抬升，一般比相邻吊弦点高出 0~40 mm，速度越高，张力越大，抬高的量越小。

（3）定位装置安装。

定位装置的施工关键有 4 个：定位支座的安装高度、拉出值、限位间隙和定位器的允许抬升值。

定位装置安装前应按设计规定调整定位管的斜率，保证定位管与定位器的夹角或定位器的抬升量。定位器的限位间隙应严格按照定位器型号和拉出值选取对应的 d 值。拉出值采用接触网多功能激光测量仪检测，螺栓紧固力矩用力矩扳手检测。安装基本完成后用定位器坡度测量尺进行坡度校核，检查定位器的允许抬升量是否符合要求。

定位器安装前，先对腕臂柱定位环进行复核测量，以保证定位管及定位器安装后的有效坡度；在高度无误的情况下，记录定位环到线路中心的距离，作为计算定位器在定位管上安装位置的依据。向计算机输入定位环到线路中心距离、外轨超高、拉出值、定位器有效长、正定位或反定位等原始数据，计算输出《定位器安装施工表》，按照该表进行预配，并用油漆做好标记。按照《定位器安装施工表》由中心锚结向下锚方向安装，安装的同时校正导线线面。顺线路的偏移量与吊弦的偏移量一致。

在上部安装过程中，紧固件时应全部采用力矩扳手，严禁使用活口扳手，力矩紧固标准严格执行《施规》规定的力矩紧固标准。

（4）悬挂调整。

接触悬挂的调整工作分两步：先粗调，后细调。对于一个锚段的调整工作，从中心锚结处向两端下锚方向进行。

接触网粗调包括：接触线中心锚结安装，定位器安装，铜合金整体吊弦的安装，线岔安装，电连接安装，关节调整，补偿装置调整。

接触线中心锚结安装：调整工作的第一步是安装中心锚结，只须将接触线对承力索进行临时固定，以保证后续工作的进行，在定位器、吊弦安装后，按设计及施工规范要求对中心锚结进行调整。接触线中心锚结所在的跨距内不得有接触线接头，中心锚结补偿绳内不得有吊弦。

（5）附加导线架设。

根据设计图，预配附加导线安装肩架，按杆号将肩架和零部件预配成套，每一根杆为一个单位，将杆号用红色油漆标写在肩架上。

肩架安装时，以地面为基准测出肩架安装高度：挂单滑轮，穿吊绳，地面人员绑晃绳。起吊肩架安装，为保证工艺统一，安装螺栓穿向一致；按设计安装平直，单肩架端部允许稍抬高；起吊绝缘子须加晃绳，防止绝缘子损坏。

附加导线在放线前应先进行配盘，在线盘上用油漆标明区间、锚段号。放线时，组织若干名劳动力，拉线速度力求均匀、严禁忽快忽慢，线盘看守人员应使导线展放均匀，不散盘，必要时用木棍制动线盘。导线在展放过程中不能使其落地拖拉，防止磨伤、刮伤，落锚时，跳线处的耐张线夹要留有足够长的导线余头。附加导线不得有断股、交叉、折叠、硬弯、松散等现象，如出现上述情况应按照施工规范的要求及时处理。

（6）整体吊弦的制作与安装。

整体吊弦的测量、计算、预配和安装执行四个一次到位的国家级工法，保证其安装精度。整体吊弦预配、安装工艺流程分别如图6.14和图6.15所示。

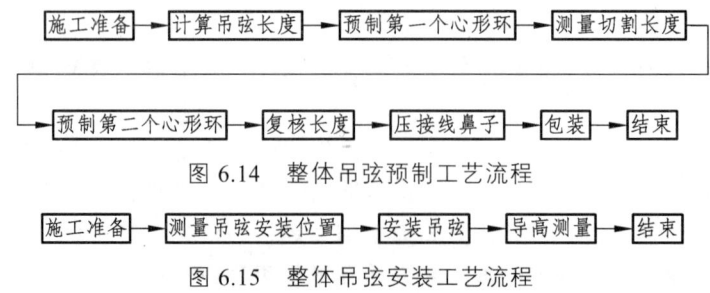

图6.14 整体吊弦预制工艺流程

图6.15 整体吊弦安装工艺流程

在承力索、接触线超拉完成后，精确到毫米级测量悬挂点承力索高度，精确到厘米级测量实际跨距；精确计算补偿坠砣的实际重量，保证坠砣实际重量误差小于1%，以此来保证张力计算值。转换柱双腕臂考虑1200 mm的间距；承力索和接触线的单位自重采用实际重量。

根据实际测量数据，利用计算软件，自动生成"吊弦预配表"。依据该表在预配车间内完成吊弦线预张拉和吊弦制作。预配车间应配备：下料台、电动液压钳及各种压接模具、检验台等专用设备。整体吊弦预制长度误差为±2 mm（引进吊弦为+1.5 mm），其耐伸工作荷重不小于3.6 kN。

应严格控制吊弦预制过程中的线长误差，零件偏差以及各种因素引起的累计误差，复检达标后，应对每根吊弦标注清楚锚段、跨距和安装序号，并以跨距为单位成捆打包。安装人员利用接触网作业车安装，对号入座，从跨距的悬挂点向跨距中间安装。吊弦间距采用吊弦间距测量仪按设计布置图测量，最大允许安装误差为±50 mm。螺栓紧固力矩采用力矩扳手检测。安装时严禁踩踏导线和给导线施加外力，线夹一次安装到位，以免产生冲击与振动影响弓网受流质量。安装后，整体吊弦垂直，处于受力状态。

（7）线岔安装。

交叉线岔的施工安装和施工工序按以下步骤进行：检查→调腕臂→调承力索→调拉出值、导高→检查安装交叉吊弦→安装线岔→检查始触区→模拟冷滑。

对于交叉线岔，在两接触线相距500 mm处，两工作支对轨平面等高，施工偏差小于±10 mm。非工作支比工作支接触线抬高不小于50 mm，接触线在线岔处能随温度变化自由移动。在受电弓始触区范围内不得安装线夹（电连接线夹、吊弦线夹），以免线夹打弓。对于单开道岔标准定位两接触线，相交于道岔导曲线两内轨轨距为630～760 mm的横向中间位置处，施工偏差为±50 mm。复式交分道岔标准定位两接触线相交于道岔对称中心正上方。对于无交叉线岔，由于国内还没有完全定型的标准结构，因此，应根据设计原理和相应技术要求进行安装调整。

（8）电连接安装。

对关节、股道、线岔处的电连接进行测量，测量数据包括导线水平间距、相邻承力索高差和相邻接触线高差等，作为电连接线长度计算的原始数据。

对于股道电连接，根据电连接设计位置，在《吊弦施工表》中查出左右两根吊弦长度，直接计算出横向电连接有效长；对于关节、线岔电连接，将测量原始数据输入电脑，按一定的预留弛度，通过不等高链形悬挂曲线方程求出水平间距有效长，输出《电连接安装施工表》，内容包括站场或区间、杆号、电连接类型、工作支、非工作支横向电连接有效长、水平有效长、安装位置、电连接线夹安装方向、及总下料长度。根据《电连接安装施工表》，由专门预配班组进行加工，并标明编号；施工人员按施工表所标位置进行现场安装。电连接要安装在设计规定的位置，施工偏差为±500 mm。电连接线与导线接触面要平整、光洁、牢靠，并涂电力复合脂以加强导电性能。电连接线无松散、断股现象。电连接线夹螺栓受力均匀，安装时逐个拧紧，螺栓的拧紧力矩符合施工规范要求。多股道的电连接在平均温度时，垂直于正线，电连接做成弹簧形状，弹簧圈为三圈，每圈直径为80 mm，圈底距接触线为250 mm，股道间的电连接做成弧形。

（9）关节调整。

锚段关节的调整主要包括承力索高度、导线高度、拉出值以及工作支与非工作支的相互位置。对于绝缘锚段关节，则必须先作电分段。在转换柱处，首先在保证工作支高度、拉出值的情况下，调整非工作支，非工作支抬高 500 mm，两支悬挂水平间距 500 mm。在中心柱处，远离支柱的悬挂定位管根部可适当抬高，承力索的位置与接触线在同一垂面下。对于非绝缘锚段关节在转换柱处保证工作支的情况下，非工作支抬高 200 mm，工作支与非工作支水平间距为 200 mm，承力索的位置与接触线在同一垂面下。

采用锚段关节布置方式时，关节式分相结构的调整与锚段关节的调整方法相同。以绝缘锚段关节为例，其施工工艺流程如图 6.16 所示。

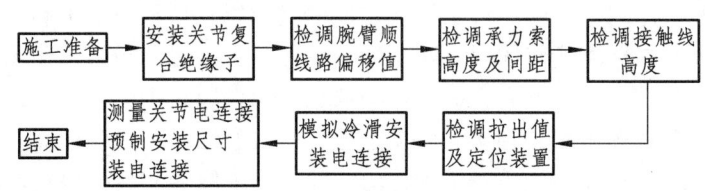

图 6.16　绝缘锚段关节施工工艺

补偿装置调整：补偿装置的调整主要是对动滑轮间距即 a 值调整、最低坠砣距地面高度即 b 值调整。a 值调整标准为：动滑轮与定滑轮间距大于 1500 mm，且下锚补偿绳不与双环杆相摩擦，承力索、接触线下锚绝缘子串对齐；b 值调整标准为：坠砣距地面高度值根据实际温度线索安装曲线表的查出值，坠砣在限制架上来回自由活动且无卡滞，坠砣完整，表面光洁平整，坠砣串排列整齐，其缺口相互错开 180°。

细调主要包括：在接触悬挂粗调过后，全面检查调整导线高度、弛度、拉出值、定位器坡度、整正导线面、消除硬点及调整补偿等。接触悬挂经细调后，达到冷滑试验的要求。

3．设备的安装与调试

（1）隔离开关安装。

安装前，对隔离开关进行仔细检查：绝缘瓷柱光洁、无裂纹、破损等缺陷；铁件防护层良好；零配件齐全；分闸时角度为 90°，触头接触良好，瓷柱转动灵活；接地刀闸分、合闸角度符合要求，联锁可靠，转动灵活；操动机构配套，操作灵活省力。

安装时，先安装踏脚底座，在田野侧支柱顶部安装临时吊臂，随后安装开关托架，并将隔离开关吊装在托架上，当隔离开关固定好后，开始安装操作机构托架，最后安装操动杆。隔离开关安装完毕后，进行调试，安装电连接引线，并用钥匙固定好操作机构。

（2）消弧分段绝缘器安装。

根据设计图纸到现场确认安装位置，并用油漆标注在轨枕上，地点最好选在跨中央，且接触线和承力索处在轨道中心 ±50 mm 范围内；渡线上分段绝缘器尽量安装在垂直连接渡线的两股道的正中间。使用水平仪或轨道尺确定该分段绝缘器安装点处轨道的倾斜角（超高）。

依据分段绝缘器安装图，利用作业车在选好的分段绝缘器安装位置中心处的承力索上安装承力索绝缘子、鞍型线夹和吊弦。在分段绝缘器的安装处，用弹簧秤提起接触线，并记下弹簧秤指示 120～150 N 时，接触线到作业平台的高度，此为安装分段绝缘器的最佳高度。

把分段绝缘器的零部件放在一起。松开接头线夹的螺母和紧线器的上下螺母，拆下紧线器上的不锈钢丝、U 形螺栓（如果有）、专用螺母、单孔线夹和 L 形支撑架的连接件，并保存好这些拆下的零件。把上述结构骑跨在安装点的接触线上，并使接头线夹的齿形角嵌入到接触线的沟槽内，再用扭力扳手按合理的顺序将接头线夹的螺母逐步拧紧，最好重复拧三次，最终力矩达到 50 N·m，使线夹的齿形角与接触线的沟槽紧紧钳牢。

在距两端接头线夹约 100 mm 处，用剪线钳截断两端接头线夹之间的接触线。用弯线钳或 3/4″ 的钢管（约 400 mm）将接头向上弯曲，使之与水平线成 45°角。如果接头线夹为带 U 形螺栓的形式，则应将接触线的线头向上弯曲与水平线成 120°角，使接触线紧贴入接头线夹斜面的凹槽内，安装上 U 形螺栓、压线板、弹垫和螺母，并以 25 N·m 的扭力矩拧紧螺母，以使接触线牢牢地被卡紧在线夹上。

按照装配图的要求，把吊弦的下端连接在紧线器的套环上，并使吊弦初步拉紧分段绝缘器，稍拧紧吊弦的螺栓卡子。将四支铜滑道（两长、两短）、单孔线夹和两个 L 形支撑架安装上去，使达到分段绝缘器的全部重量，但暂不扭紧专用螺母和单孔线夹，也不拧紧 L 形支撑架的螺栓通过抬升分段绝缘器和向上提升四根吊弦粗略调整分段绝缘器的高度，使分段绝缘器的中央处的高度比计算出的高度 H 高出 50~70 mm。通过紧线器的微调精确地调整分段绝缘器的高度，使负弛度达到规定的数值 50~70 mm，并使分段绝缘器与轨道平面保持平行，而后穿上紧线器的螺杆上的不锈钢丝。

用水平仪调整铜滑道的安装位置，使两根铜滑道的下表面和接触线的下表面在同一平面上并与轨道平面平行。而后以 30 N·m 拧紧单孔线夹的螺柱。调整两根长铜滑道，调整的位置在引弧角的一端靠近下陷的内侧处，使两根长铜滑道的下表面在同一平面并处于绝缘滑道下表面以下 2~5 mm，然后稍微拧紧专用螺母。调整两根短铜滑道，调整的位置也在引弧角的一端靠近下陷的内侧处，使两根短铜滑道的下表面与两长铜滑道的下表面的对称点等高，并稍微拧紧专用螺母。

用水平仪检查铜滑道安装的结果，如果发现安装位置不正确，应重新调整。确定位置正确之后，用 30 N·m 的扭矩拧紧专用螺母，使螺母的齿完全抓住铜滑道。再用 10 N·m 的扭矩拧紧薄螺母。用水平仪细调绝缘滑道与铜滑道在分段中间处应始终保持 2~5 mm 的高度差。

将 L 形支撑架的支撑臂的长卡槽嵌入到铜滑道上，并用 20 N·m 的扭矩拧紧六个 M10×15 的螺栓。用受电弓模型从头到尾的滑动检查，要求实现平滑的滑动。再一次检查拧紧所有的螺母，特别注意拧紧紧线器的上下螺母。把穿在紧线器螺杆的不锈钢丝缠绕并拧紧。把吊弦的多余部分缠绕在自身成环状，并把四根吊弦上的螺栓卡子上的薄片折弯、压在螺母上。重新调整分段绝缘器两侧吊弦（直至定位线夹处）的松紧度，但不能影响已经调整好的分段绝缘器高度，以保证负弛度不变。

（3）氧化锌避雷器安装。

避雷器安装时避雷器角钢呈水平状态，不得低头，棒式绝缘子呈垂直状态，安装位置、尺寸及引线方式、接地电阻符合设计规定，各连接处的金属接触表面除去氧化膜及油漆，涂一层电力复合脂，并调整好放电间隙。引线连接不应使端子受到超过允许的外加应力。

（4）接地装置安装。

混凝土柱、钢柱地线安装：用皮尺测量所需安装地线尺寸，绘制草图，按尺寸下料。安装时地线密贴支柱，接地钢筋用软聚乙烯管套设（地下部分要挖沟），螺栓连接牢固，安装火花间隙时，火花间隙安装表面光洁、无裂纹，无破损，外形尺寸符合技术条件。

接地极安装：按设计焊接接地体、挖接地沟，依次将接地体垂直打入沟底正中，与电缆水平距离保证在 1 m 以上，扁钢贴地，角钢头露出 50 mm，回填土，夯实，用接地电阻测试仪测接地电阻，并填写隐蔽工程记录。当阻值达不到要求时，采用接地模块方式处理。

混凝土支柱上安装的接触网金具、设备底座与支柱接地线相连，采用钢筋连接并涂刷防腐漆和面漆。

（5）标志牌的安装。

接触网中常见的标志牌有：支柱号码牌、"高压危险"标志牌、电力机车禁停标、机车过分相的"断""合""禁止双弓"预告牌、"接触网终点"标志牌等。各种标志牌必须牢固、可靠，字迹清晰明显、便于观望。标志牌不得侵入基本建筑限界，与行车有关的标志牌设置在列车运行方向的左侧。

① 支柱号码牌采用正反两面反光标牌，区间、站场编号方向与线路公里标一致，安装位置应尽量统一、协调、美观。

② "高压危险"标志牌设置于安装电气设备及行人经过较多的支柱上，牌为白底黑字、黑框、红闪电。支柱上设的"高压危险"牌用厚 2 mm 的钢板制成，尺寸为 400 mm×300 mm，牌下沿距轨面为 2 m，牌的背面刷成白色。当"高压危险"标志牌安装于站台上的钢柱时，标志牌下沿距站台面为 2 m。

③ 电力机车禁停标，设在站场、区间接触网不同供电臂间的电分段两端，电力机车在该标志提示的禁停区域内不得停留（图 6.17）。

图 6.17　电力机车禁停标

④ 在接触网电分相前方设断电标（图 6.18），断电标设置在电分相中性区段起始位置前第 2 根支柱上（该支柱距电分相中性区段起始位置不小于 80 m）；在接触网电分相后方设合电标（图 6.19），合电标设置在电分相中性区段终止位置后 400 m 处附近的接触网支柱上（该支柱距电分相中性区段终止位置不小于 400 m）。设置位置如图 6.20 所示。线路反方向按上述规定设置断电标、合电标。

图 6.18　断标

图 6.19　合标

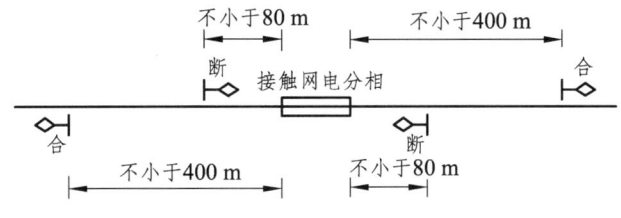

图 6.20　接触网电分相示意图

⑤ 接触网终点标，设在接触网边界（图 6.21）。

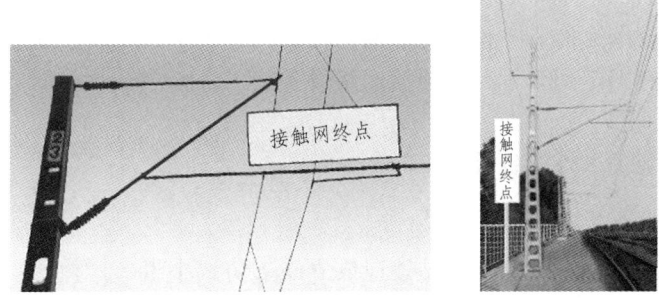

图 6.21　接触网终点标、接触网边界示意图

第六节　高速铁路营业线施工简介

高速铁路营业线施工是指影响营业线设备稳定、使用和行车安全的各种施工作业，按组织方式、影响程度分为施工和维修两类。

邻近营业线施工是指在营业线两侧一定范围内，新建铁路工程、既有线改造工程及地方工程等影响或可能影响铁路营业线设备稳定、使用和行车安全的施工作业。

高速铁路相关联络线及动车走行线、新建设计速度 200 km/h 的铁路及相关联络线和动车走行线按高速铁路管理。邻近高速铁路营业线施工纳入营业线施工安全管理范畴。

高速铁路营业线施工必须把确保安全放在首位，坚持"安全第一、预防为主、综合治理"的方针，建设、设计、施工、监理、行车组织、设备管理等单位和部门必须严格执行高速铁路施工管理有关规定。

高速铁路实行天窗修，必须严格遵守"行车不施工、施工不行车"的原则，影响设备稳定、使用和行车安全的各项施工和维修作业，必须在图定的天窗时间内进行，不得利用列车间隔进行。

高速铁路营业线施工必须坚持运输、施工兼顾的原则，加强施工计划管理、施工组织以及施工期间的运输组织，按计划、有组织地进行各项施工，积极推广使用技术先进的施工机具和施工方法，提高施工作业效率和质量。

1. 高速铁路营业线施工等级划分

高速铁路营业线施工等级划分为三级，分别为Ⅰ级施工、Ⅱ级施工、Ⅲ级施工。

1）Ⅰ级施工

（1）超出图定天窗时间且需要调整图定跨局旅客列车开行（含确认列车）的大型站场改造、新线引入、全站信联闭改造、CTC中心系统设备及列控系统设备改造、换梁、上跨铁路结构物等施工。

（2）中断跨局行车通信业务且影响范围内有图定列车运行的GSM-R核心网络设备施工。

2）Ⅱ级施工

（1）不需要调整图定跨局旅客列车开行（含确认列车）的站场改造、新线引入、全站信联闭改造、CTC中心系统设备及列控系统设备改造、整锚段更换接触线或承力索、换梁、上跨铁路结构物施工。

（2）中断跨局行车通信业务且影响范围内没有图定列车运行以及中断本铁路局行车通信业务且影响范围内有图定列车运行的通信网络设备施工。

3）Ⅲ级施工

除Ⅰ级、Ⅱ级施工以外的各类施工。

2．高速铁路营业线施工组织领导

为加强施工组织领导，铁路局、站段应成立施工协调小组。

（1）Ⅰ级施工由铁路局分管运输副局长、有关分管副局长担任施工协调小组正、副组长，成员由行车组织、设备管理、建设、设计、施工、监理、安监等有关部门和单位负责人组成。

（2）Ⅱ级施工由铁路局运输处、施工主体项目业务处室分管副处长担任施工协调小组正、副组长，成员由行车组织、设备管理、建设、设计、施工、监理、安监等有关部门和单位主管人员组成。

（3）Ⅲ级施工：

① 普速铁路Ⅲ级施工和高速铁路在车站登记的Ⅲ级施工由车务段（直属站）分管副段长（副站长）担任施工协调小组组长、设备管理单位分管副段长担任施工协调小组副组长（建设项目由建设项目管理机构分管负责人担任施工协调小组副组长），成员由行车组织、设备管理、建设、施工等有关单位成员组成。

② 高速铁路在调度所登记的Ⅲ级施工，按照施工主体项目专业，由设备管理单位分管副段长担任施工协调小组组长（建设项目由建设项目管理机构分管负责人担任施工协调小组组长、设备管理单位分管副段长担任施工协调小组副组长），成员由行车组织、设备管理、建设、施工等有关单位成员组成。

③ 施工协调小组组长（副组长）因Ⅲ级施工较多等原因不能亲自到现场组织时，可委托车间副主任及以上级别胜任人员。

3．高速铁路施工计划审批权限

（1）营业线施工实行铁路总公司、铁路局、车务段（直属站）分级管理，逐级审批制度。

（2）营业线施工实行铁路总公司、铁路局、车务段（直属站）分级管理，逐级审批制度。

（3）铁路总公司负责审批的施工计划

① 影响高速铁路和普速铁路跨局旅客列车（含高速铁路确认列车）停运、变更运行区段、改变始发终到时刻和局间分界站运行时刻的施工。

② 影响繁忙干线和干线跨局货物列车停运的施工。

③ 调整繁忙干线和干线跨局货物列车编组计划的施工。

④ 调整繁忙干线和干线跨局车流运行径路，实行迂回运输的施工。

⑤ 变更繁忙干线和干线跨局货物列车牵引定数的施工。

⑥ 编制跨局施工分号列车运行图的施工。

⑦ 繁忙干线封锁正线180分钟及以上、影响全站（全场）信联闭240分钟及以上的施工。

⑧ 因特殊原因，繁忙干线慢行处所超过相关规定时。

⑨ 中断跨局行车通信业务的施工。

⑩ 中断繁忙干线6h及以上或干线7h及以上且同时中断两站以上行车通信业务的通信网络设备施工。

（4）铁路总公司审批的施工，由铁路局进行施工方案审核和施工计划编制，并制定运输调整方案和安全措施。铁路总公司运输局组织相关部门进行审批，运输调整由运输部门负责，施工方案由各专业部门对口负责。铁路局依据铁路总公司批复，编制具体施工计划并组织实施。

（5）维修计划和铁路总公司负责审批以外的施工计划，全部由铁路局负责审批。正线、到发线以外的对运输影响较小的施工计划审批权限，由铁路局界定。

（6）大型客运站、枢纽、高速铁路、繁忙干线和干线影响较大的Ⅰ级施工，按规定须铁路总公司审批时，由铁路局分管领导组织研究，提出施工方案、运输组织和安全措施等报铁路总公司运输局。根据施工对运输的影响情况，运输局组织相关铁路局及施工单位进行专题研究审定。

（7）影响行车或影响行车设备稳定、使用的施工项目未经申报批准严禁施工，擅自施工或擅自扩大施工内容和范围的，一经发现立即停工并追究施工单位责任。

第七节　高速铁路接触网的验收与开通

高速铁路接触网工程应与相关工程同步建成，并按《铁路基本建设工程竣工验收交接暂行办法》，《高速铁路电力牵引供电工程施工质量验收标准》的相关规定及时组织验收和交接。

1. 高速铁路接触网工程验收

高速铁路接触网工程验收一般分为静态验收和动态验收。静态验收是对接触网工程单方面检测和验收，用于评价接触网施工质量是否达到设计文件要求，如果静态验收结果不满足设计文件要求，应对不满足要求的接触网工程或参数进行调整，直至静态验收测量合格。

静态验收完成后才能进行接触网动态验收。动态验收是对受电弓和接触网（实际上暗含线路工程）两个系统动态相互作用性能进行测量，利用实测数据评价一定结构形式的弓网系统的动态性能，并检验设计方案中的弓网仿真结果。动态验收检测还能对受电弓和接触网缺陷进行识别。

进行高速铁路接触网工程验收之前，弓网系统设计者应将设计资料准备齐全，尤其应包含接触网验收要求的全部内容，便于验收工作的顺利进行。项目工程师应提供能反映接触网材料和尺寸内容的竣工文件,并在工程正式验收后移交给用户。竣工文件通常是在施工设计文件的基础上修订而成,能够反映接触网的最终状态。

1)高速铁路接触网工程验收方式

(1)人工徒步验收。

验收人员沿接触网徒步行走,对接近地面的接触网设备施工状况进行检查,如图 6.22 所示。检查的范围主要包括支柱与基础、张力自动补偿装置的下部、接地与回流设施以及防接触保护措施等。

接触网的各种设备均应按设计要求安装,如张力自动补偿装置的坠砣在上升和下降过程中均应活动自如,没有阻滞现象。坠砣高度应与设计安装曲线对应条件下的高度值相符,隔离开关操作机构箱安装正确,开关编号、状态和锁定保护符合设计要求等。

(2)作业车验收。

验收人员使用接触网作业车,对距地面较远的接触网设备进行检查,如图 6.23 所示,检查的范围主要包括支柱、接触网线索、张力自动补偿装置的上部、接触悬挂以及防接触保护措施等。

作业车验收时,应重点确认:

——所检测的各种净空尺寸符合对应的接触网设计规定;

——由于温度、张力、荷载及横断面尺寸的变化而引起导线运动后,空气绝缘间隙仍与相应的设计文件相符;

——温度变化后,线索、支持装置、定位装置顺线路方向的移动/摆动,在验收时应是正确无误的;

——环境条件发生变化后,接触网线索的张力处于设计张力的允许范围之内。

在作业车的旋转平台上,也可以使用简单的测量设备对接触网的弹性进行抽样检测,并与设计值进行对比。

(3)车载设备测量。

利用安装在车辆上的专用设备对接触线的空间位置参数进行测量,如图 6.24 所示,车辆移动速度应控制在一定范围内,以便尽可能减小车辆晃动对测量结果的影响。测量记录中的高度、坡度和拉出值等参数应符合设计规定,施工偏差不应超出弓网系统设计所规定的允许范围,如表 6.1 所示。还可以用测量接触网弹性的方法对施工质量做进一步的检验,因为接触网的理论弹性是由设计参数决定的,而实际弹性与施工精度(尤其是与接触网线索的张力偏差)有关。

图 6.22 徒步验收

图 6.23 作业车验收

图 6.24 车载设备验收

表 6.1 高速接触线空间位置的施工允许偏差

项　目	允许误差
拉出值（mm）	±30
导线高度（mm）	±30
相邻定位点间的接触线高度差（mm）	20
相邻吊弦间的接触线高度差（mm）	10
接触线坡度	1∶3000

2）高速铁路接触网竣工验收

竣工验收是指按设计要求建成后，由验收机构对其进行检查评价的过程。高速铁路竣工验收分为静态验收、动态验收、初步验收、安全评估、正式验收等五个阶段。

静态验收是对建设项目的工程按设计完成且质量合格、设备安装调试完毕且质量合格进行检查确认的过程。

动态验收是在静态验收合格后，通过联调联试、动态检测对列车运行状态下工程质量全面检查和确认，并通过运行试验对整体系统在正常和非正常运行条件下的行车组织、客运服务以及应急救援等进行检验的过程。

初步验收是在动态验收合格后，对工程建设情况，以及静态验收、动态验收情况进行确认的过程。

安全评估是经初步验收合格后，且初步验收发现的影响运营安全的问题得到解决后，对安全管理、设备设施、规章制度、人员素质等是否具备开通安全运营条件进行检查评价的过程。

正式验收是在开通初期运营一年以上由国家主管部门或委托铁路国家级主管部门组织对建设项目整体情况进行检查和评价的过程。

初步验收合格后进行安全评估，安全评估通过后可开通初期运营；正式验收合格后投入正式运营。

（1）工程验收的主要依据。

国家有关法律、法规；经批准的可行性研究报告；经批准的初步设计（含变更设计）文件；审核合格的施工图；设备技术说明书；国家和铁路国家级主管部门颁布的设计规范、工程施工质量验收标准。

（2）验收组织。

竣工验收采用先期验收、专家检查、政府验收的组织方式。先期验收包括铁路局和建设单位组织的静态验收和动态验收；专家检查包括对静态验收、动态验收结果进行评审，为初步验收、正式验收提供专家意见；政府验收包括初步验收和正式验收。

静态验收由铁路局组织，建设单位配合，在施工单位自检合格、监理单位确认的基础上进行；动态验收由铁路局组织、建设单位配合，在静态验收合格后进行；初步验收由铁路国家级主管部门初步验收委员会组织，在动态验收合格后进行；安全评估由铁路国家级主管部门负责组织，在初步验收合格后进行；正式验收由正式验收委员会组织，在初期运营一年后进行；正式验收委员会由国家主管部门或铁路国家级主管部门按相关规定成立。

建设项目跨越两个及以上铁路局的，各铁路局负责管内部分的静、动态验收工作，以及初步验收、正式验收的配合工作；铁路国家级主管部门工程管理中心指定一个牵头铁路局。

可以委托铁路局对建设项目的单位工程先行组织初步验收，初步验收报告报铁路国家主管部门备案。成立由国家主管部门总工程师为组长的高速铁路验收专家组；验收专家组下设工务工程、供电工程、电务工程、信息工程、房建工程、客服设施、环水保专业专家组。验收专家组对静态、动态验收情况及验收报告进行审查，对是否进行下一步工作提出意见。

（3）静态验收。

① 静态验收条件。

a. 主体工程及其配套工程、辅助工程已按设计文件建成。

b. 环境保护设施、水土保持设施与主体工程同步建成。

c. 劳动、安全、卫生及消防设施与主体工程同步建成。

d. 承包单位按有关规范、标准对工程质量和系统功能自检合格。

e. 精测网复测已经完成，复测资料完备，复测成果已移交。

f. 辅助工程（含公路立交桥）已经移交完毕。

g. 监理单位对工程质量评定合格。

h. 建设用地经依法批准。

i. 竣工文件已按规定的编制内容和标准基本完成。

② 静态验收程序。

a. 施工单位按照施工图和合同约定完成除第八条外的全部工程施工和设备安装、调试并经自检合格，经监理单位同意后，向建设单位申请验收，并报送《工程验收申请表》。

b. 静态验收领导小组审查达到验收条件后，铁路局和建设单位向工管中心申请开展静态验收；申请报告内容包括项目完成情况、验收方案、验收组织（根据建设情况，可分段分专业安排验收），以及零星土建工程和少数非行车设备未完成施工情况等；工管中心审查后向建设单位下达开始静态验收通知，通知抄送建设司、运输局。

c. 接到同意验收通知后，静态验收领导小组组织专业验收组按照有关规定进行验收。

d. 专业验收组应在确定的时间内完成检查，对检查发现的问题提出处理意见、整改期限、复检时间等，建设单位组织相关责任单位进行整改，专业验收组对整改问题进行复查，复查合格后填写专业工程验收记录。静态验收领导小组协调专业间接口验收。

e. 静态验收领导小组完成验收工作后编制静态验收报告。静态验收报告报建设司，抄送计划司、安监司、运输局、信息办、工管中心。《静态验收报告》应包括静态验收过程、验收人员组成、验收程序、存在问题及整改情况、遗留的零星土建工程和少数非行车设备、验收结论等容，并附相关数据和试验报告。

f. 建设司将静态验收报告分送总公司专业专家组正副组长单位。专业专家组对静态验收情况及报告进行审查，审查意见送铁路局和建设单位，抄送建设司、工管中心。铁路局和建设单位按照审查意见进行整改。整改结束后，铁路局和建设单位编写整改报告，整改报告报建设司，抄送计划司、安监司、运输局、信息办、工管中心。

（4）动态验收。

① 动态验收条件。

动态验收必须制定验收过程相关运输管理规定，以及相关安全标准和设备操作规程，涉

及既有线的还应执行既有线相关运输规定,除此以外,还必须满足:

a. 静态验收存在的问题整改完毕,静态验收合格。

b. 联调联试、动态检测和运行试验大纲已经批准。

c. 工机具、常备材料、交通工具已按设计文件配备到位。

② 动态验收程序。

a. 建设单位组织编写联调联试、动态检测和运行试验大纲,在静态验收完成 30 日前报铁路局;铁路局组织初审,初审后报工管中心;跨铁路局项目,由工管中心指定一个铁路局作为牵头单位,牵头铁路局会同其他铁路局对大纲联合初审后上报工管中心。工管中心牵头、有关部门参加,对大纲进行集中审查,由铁路国家级主管部门总工程师签发铁工管函批复。

b. 铁路局根据批准的大纲、既有线和高速铁路管理相关规定.组织编制动态验收期间的行车和施工作业管理细则。跨铁路局的建设项目,由牵头铁路局组织编制。

c. 铁路局确认具备动态验收条件后,动态验收领导小组按照批准的大纲和管理细则启动动态验收。跨铁路局的建设项目,各铁路局分别负责管内部分的动态验收工作,牵头铁路局负责组织全线拉通调试和运行试验等工作。由工管中心牵头、运输局等相关部门参加,对动态验收工作进行协调指导。

d. 动态验收领导小组就动态检测中发现的问题进行研究,由建设单位组织整改;整改问题复查合格后,填写《动态验收记录表》,检测单位编制动态检测试验报告。

e. 动态验收完成后,铁路局和建设单位编制动态验收报告;动态验收报告报建设司,抄送计划司、安监司、运输局、信息办、工管中心。《动态验收报告》应包括动态验收组织及人员、存在问题及整改情况,验收结论等内容,并附相关数据和检测试验报告。建设司将动态验收报告分送专业专家组正副组长单位,专业专家组对动态验收情况及报告进行审查,审查意见送铁路局和建设单位,抄送建设司、工管中心。铁路局和建设单位按照审查意见进行整改,工管中心对整改工作进行监督;整改结束后,铁路局和建设单位编制整改报告,整改报告报建设司,抄送计划司、安监司、运输局、信息办、工管中心。

(5) 初步验收。

① 初步验收条件。

a. 静态验收、动态验收合格。

b. 环境保护设施、水土保持设施经主管部门检查认可。

c. 劳动、安全、卫生及消防设施经相关部门检查认可。

d. 竣工文件按规定编制达到档案验收标准。

② 初步验收程序。

a. 动态验收合格并到初步验收条件后,建设单位会同铁路局向建设司报送初步验收申请报告。

b. 工程质量监督机构向建设司提交《建设项目工程质量监督报告》。

c. 建设司组织部内相关部门进行研究,认为达到初步验收条件的,向铁路国家级主管部门提出初步验收建议及初步验收委员会组成建议。

d. 初步验收委员会组织检查资料和现场确认,召开初步验收会议,提出《初步验收报告》,明确验收结论。

初步验收合格且初步验收发现的影响运营安全的问题得到解决后,按照铁路国家级主管部门有关规定进行安全评估,形成《安全评估报告》。

(6) 安全评估。

① 安全评估条件。

a. 基础工程设备设施经初步验收合格,达到安全运营的标准;

b. 初步验收中存在的影响运营安全的问题全部得到解决;

c. 运营(临管运营、试运营)的各项准备工作已经完成;

d. 铁路局组织的安全预评估合格。

② 安全评估程序。

安全评估程序一般包括:提出安全评估申请、编制安全评估方案、现场实地安全评估检查、形成安全评估报告等四个阶段。

a. 提出安全评估申请。新建铁路具备安全评估条件后,由建设单位向建设项目所在区域的铁路局提出进行安全预评估的申请。铁路局依据本办法进行安全预评估,预评估合格后,向铁路国家级主管部门提出安全评估申请,同时提报《安全预评估报告》和《初步验收报告》、《初步验收中影响运营安全问题解决情况的报告》、《运营(临管运营、试运营)各项准备工作完成报告》等有关基础资料。

b. 编制安全评估方案。铁路国家级主管部门接到铁路局安全评估的申请报告后,经铁路国家级主管部门批准,安监司牵头组织编制安全评估方案,各评估小组根据安全评估方案和评估主要内容,编制本小组评估细化方案。

c. 现场实地安全评估检查。各评估小组依照法律法规和有关标准,按照安全评估方案和确定的评估内容,对照《安全评估检查细化表》,对评估对象进行现场检查,逐项评估评定。安全评估组应对现场检查及评估中发现的隐患或存在的问题提出改进措施及建议,责成建设单位、接管运营单位进行整改,完善安全措施。

d. 安全评估报告。各评估小组形成安全评估分报告,提出评估意见。由综合组汇总提出评估结论和意见,形成安全评估报告,作为新建铁路开通运营的依据之一上报铁路国家级主管部门。

(7) 正式验收。

① 正式验收条件。

a. 初步验收合格且初期运营·年后。

b. 初期运营中发现的问题整改完毕,初期运营状态良好。

c. 《国有土地使用证》已经全部领取。

d. 环境保护、水土保持经相应行政主管部门验收合格。

e. 建设资金已全部到位,按合同与建设各方完成费用结算。

f. 竣工决算已经编制完成并上报主管部门审查。

g. 档案验收工作已完成。

② 正式验收程序。

a. 具备正式验收条件后,建设单位会同铁路局向铁路国家级主管部门上报正式验收申请报告。

b. 建设司组织部内相关部门进行研究,经确认符合正式验收条件的,向铁路国家级主管部门报告申请正式验收。

c. 国家主管部门或铁路国家级主管部门组建高速铁路项目正式验收委员会。

d. 高速铁路项目正式验收委员会检查资料和文件，组织现场检查，召开正式验收会议，对工程质量、初步验收结论以及初期运营情况进行整体评价，形成正式验收结论，出具《正式验收证书》。

初期运营期间，建设项目设计、施工、设备安装单位和设备供应商在建设单位组织下，配合运营单位做好设备维修和应急处理工作，及时处理可能出现的问题，共同保证初期运营工作顺利进行。所需人员、设备、时间根据需要确定，因责任方引起的各项修理、返工等费用和损失由责任方承担，正常维修和应急处理费用纳入运营成本。具体各方权利和责任在运营配合合同中明确。

（8）竣工文件。

竣工文件是指由施工单位编制的，反映工程建设实际情况的一整套的技术资料。这是接管单位掌握工程实际情况，实施运营维护的第一手资料。竣工文件对于运营单位来说是必不可少的，是运营单位维修和管理电化设施的依据。因此，竣工文件的整理与移交也是验收交接的重要一环。一般情况下，竣工文件不完整、不齐全不能交接。

竣工资料是综合反映已完工程的实际状况、检查已完工程内在质量的技术资料，一般由以下几部分组成：

① 设计文件及变更设计文件各一份。

② 竣工图表：

a. 接触网平面布置图；

b. 接触网供电分段示意图；

c. 接触网主要工程数量表。

③ 工程施工记录：

a. 钢柱基础隐蔽工程记录；

b. 支柱埋设隐蔽工程记录；

c. 接地装置隐蔽工程记录；

d. 绝缘子、分段绝缘器、分相绝缘器、隔离开关、避雷器、吸流变压器试验记录。

④ 主要器材的技术证书：

a. 钢筋混凝土支柱、钢柱的产品合格证；

b. 接触线、承力索及其他线条的产品合格证；

c. 绝缘子、分段绝缘器、分相绝缘器的产品检验合格证及试验报告；

d. 隔离开关、避雷器、吸流变压器的出厂检验报告和产品合格证。

2．高速铁路接触网开通

1）试验

试验包括冷滑试验和热滑试验两大项，冷滑试验是在接触网工程完工之后，送电之前进行的低速动态试验，由专用冷滑检测车对接触网进行动态检查，图 6.25 和图 6.26 分别为测试车及测量设备，检查的主要内容有：拉出值、悬挂弹性（硬点）、导线线夹（如定位线夹、接头线夹、电连接线夹、中心锚结线夹）有无歪斜，有无打弓，与导线是否贴切；导线有无弯曲或扭转；定位管是否水平、定位器坡度是否合适；线岔处受电弓过渡是否平稳，有无脱弓或刮弓的危险；受电弓离绝缘子裙边及接地体的距离是否符合规定；导线高度变化是否平滑，有无突变。

图 6.25　CRH2-061 动车组测试

图 6.26　安装在测试车 CRH2-061 顶部的测量设备

根据《施工规范》的规定。与正线直接相连的站线（或渡线）线岔、锚段关节、特殊悬挂在送电开通前应进行受电弓动态包络线检查、接触网静态检测和动态检测。

受电弓动态包络线检查利用受电弓动态包络线检查尺（该尺按照设计给定的受电弓最大抬升量和左右摆动量制作，直线和曲线均显示在一个检测尺上，一半是直线受电弓动态包络线轮廓，另一半是曲线受电弓动态包络线轮廓，检查尺标明拉出值）检查受电弓动态包络线，检测作业在接触网作业车上进行。

根据受电弓动态包络线检查、接触网静态检测和动态检测结果，组织人员将涉及到拉出值、导高、硬点、坡度和接触压力等方面超标的缺陷逐项克服掉。

2）送电

送电开通前应做好以下准备工作：

（1）完成冷滑试验，对等待送电的接触网再次进行全面安全质量检查，确认工程质量符合设计要求，影响安全送电的因素均已清除，方可申请正式送电。接触网送电开通前，采用 2500 V 兆欧表，进行各供电臂的绝缘电阻测试和导通试验。送电开通的前一天，应按调度命令进行绝缘测试。

（2）送电前 3 天，将所有绝缘子清洗完毕，但不得早于送电前 1 个月，隧道内绝缘子清洗后仍需简易包扎好。绝缘子表面应全面清洗，不留污迹，不得划伤表面釉质或涂料层。发现有裂纹、损伤等问题应立即更换。

（3）配备齐送电工具，配备情况依施工范围而定。一个供电臂范围内，一般配备 2~3 套。所有送电工具均需在送电前进行检查，并经试验部门进行绝缘耐压试验，实验合格后方可使用。除上述准备工作之外，还应包括：实施性送电开通方案的编制；抢修组织、机具及材料；对岗位职工进行送电开通常识教育及沿线各站、各居民点的安全宣传工作等。送电开通是接触网工程的最后一道工序，送电开通工作是否顺利，是评定、检验整个接触网工程设计和施工质量的重要依据，其开通流程如图 6.27 所示。

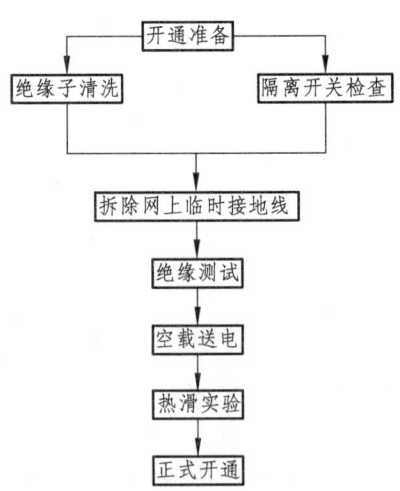
图 6.27　接触网送电开通流程

成立以项目经理为组长的开通领导小组，制定实施性开通方案。采用通告、标语、广播等多种形式加强对沿线居民的舆论宣传，确保安全开通。

安全质量部加强开通送电前的教育培训，明确开通领导小组的职责，做到周密组织，严明纪律，分工负责，统一指挥。安排专人分段负责，加强沿线接触网设备的巡视，消灭一切可能影响送电的隐患。送电前，在规定时间内，安排专人对全段进行分段绝缘测试，在此期间严禁网上作业，绝缘有问题及时处理；首次测试绝缘后到送电前所有网上作业均需征得送电领导小组同意，按规定申请经批准后方可进行上网作业。接触网的送电开通工作在牵引变电所空载试运行24小时合格后进行。接触网送电当日，各送电小组人员按计划提前进入工地，试验联络电话或其他通信设备，确认畅通完好。拆除临时接地线后，进行绝缘测试，合格后向开通领导小组汇报，领导小组组长牵头审核无误后通知电力调度所调度员发布各项合闸、验电等命令。

接触网受电后，加强巡视。发现有异常情况，立即报告各事故抢修小组。开通24小时后，各送电机构及人员撤离，移交接管单位运营。

第七章　接触网运营管理信息化

目前，铁路运营管理的信息化建设已成为铁路发展的一大热点和技术发展趋势。在铁路牵引供电信息管理方面，接触网检修工作是一项长期的工作，其运行和维修应坚持"预防为主，修养并重"的方针，按照"周期检修，状态维修，寿命管理"的原则，遵遁精细化，机械化，集约化的检修方式。因此，借鉴云计算、大数据挖掘分析的先进经验，结合现行的运营管理模式和信息化管理现状，实现供电生产运营管理过程以人员和设备为管理对象，以设备问题库（缺陷）为管理核心，集成不同数据来源的设备运行信息，充分利用和挖掘 6C 系统各检测监测装置的检测数据，达到信息有效共享、综合分析、及时处理目的，实时掌握设备运行状态，有效管控各个作业过程，从发现问题、分析问题、解决问题的思路出发，实现接触网设备的健康管理，形成一套对供电生产能够有效管控的供电运营维护信息化管理系统非常必要。

第一节　接触网设备的健康管理

1．接触网设备健康概念

设备健康由三个方面的要素构成：

（1）自身素质强健：接触网设备应具有良好的零件材料的耐用性、系统配合的平衡性、持久运用的稳定性、高强度运用的可靠性。

（2）防御治愈机能完善：通过全面持久的监测、静态与动态检测、检查、零部件检验对设备进行诊断分析。

（3）运用和管理科学：实施健康管理和动态养护维修，使设备的稳定性、经济性、可靠性、安全性在全寿命周期中始终保持或优于设计质量。

"设备健康管理"把设备分为三类状态：健康——亚健康（缺陷）——故障。设备使用寿命是一个由健康——亚健康（缺陷）——故障——报废，即设备形态与性能由量变到质变的动态过程。

2．接触网设备健康管理定位

原先的接触网设备管理和维修的理论、模式、制度是一种被动式滞后性管理。它以设备的缺陷管理与维修为核心，重点关注设备的缺陷阶段，以被动临修、全面修、精测精修为基本模式，缺乏对设备在"亚健康（缺陷）"阶段的形态与性能的动态劣化和系统平衡紊乱的控制对策。其结果势必造成无可挽回的零部件、人力、时间、生产、设备质量的损失和安全隐患。

设备健康管理和维修的理论、模式、制度是人与设备（主动与被动）结合的前瞻性管理。它以设备的健康管理为核心，重点锁定设备的"健康和亚健康"阶段，以保持健康状态的持久性和稳定性为评价标准。设计和实施设备的检测监测制度。其结果必然是设备全寿命周期保持健康、高效、低成本的运用，创造显著的能源、备件、人力、时间的节约效益，安全和环保事半功倍，生产效率倍增。

"设备健康管理"，通过为接触网设备建立检测监测系统，有效地解决了设备"健康状态"长期的自主保障和"亚健康"状态的自主监控，建立了人与设备双向自主结合的设备管理形式。

3. 接触网设备的寿命预警管理系统

系统通过录入接触网的检修时间、检修记录等参数，与相关检修标准进行比较运算对设备进行预警管理。按照设备缺陷成因和缺陷类别将缺陷库进行分类，自动生成形象直观的柱形图、饼状图指导设备检修，进而总结设备运行的规律实现设备寿命管理。

按照接触网设备的检修周期对设备进行相应的预警管理，它与一杆一档相连接，对每个支柱进行精细化管理，通过相应区段设备的查询，可以明显的看到失修设备、超检修周期设备和正常设备。并可以查看最后一次检修记录和测量记录，为班组管内整体设备的检修提供可靠的依据，具有十分重要的指导意义。

第二节　牵引供电综合管理系统

1. 系统概述

牵引供电综合管理系统的开发与应用，可以为铁路跨越式发展提供全新的思路和技术支持，可以大大缩短管理距离、增强管理透明度、提高管理的实效性和效率，可为建立标准、规范、科学、高效的管理体系提供技术支持。

牵引供电综合管理系统可以实现供电段各种技术资源和运营数据管理的现代化，为管理决策者提供及时准确的辅助信息和决策依据，实现铁路供电管理科学化、规范化和标准化。根据系统的实际运行情况，生产管理人员（工长）结合人员在岗情况和目前生产能力资源状况，利用系统可以完成作业任务分配，使作业人员了解工作内容和技术标准；依据信息化的检修工艺、安全和质量管理要求，监控作业过程，实施一体化作业进度控制、安全卡控和质量管理，规范作业人员行为。提供电子化检修作业记录和记名检修管理，采集工时量、安全质量等信息，为作业任务量化管理、绩效评估与考核、技术管理、安全质量分析、维修工艺流程改进等提供初始数据和分析资料。

2. 系统设计

1）设计原则

在牵引供电管理系统进行总体方案设计时，基于对铁路牵引供电管理现状及业务分析，考虑铁路总公司对供电管理信息化应用的要求，充分结合云计算、物联网和"互联网+"的技术，遵循如下原则：

（1）整体性：供电综合管理系统的建设应根据实际情况，作为一个整体进行考量，建立一个具备统一软硬件平台，遵循"统筹规划、分步实施"的原则。

（2）扩展性：各个子系统采用模块化的设计方式，并可以在线配置和升级，具有良好的可扩展性。系统无论在硬件架构及系统功能上都能够根据铁路供电信息化技术的发展而方便灵活地进行容量、功能扩展。

（3）标准化：系统无论是在接口定义、数据传输、通信协议，还是软、硬件平台配置等方面应遵循相关的国际标准、国家标准或行业标准，兼容不同厂家的现场设备，并能与其它相关系统互连互通和信息共享。

（4）可靠性：系统无论是在软、硬件配置，还是在产品的性能方面，都必须满足高可靠性、高安全性的要求。

（5）先进性：采用先进的控制技术、计算技术、网络技术等，建立云平台，为大数据分析提供技术支持。

（6）安全性：整个系统平台，将内网和外网功能进行分离，中间需要数据通信的采用安全隔离网闸进行数据单向通信，保障数据的安全。

2）系统总体结构

依据铁路信息化标准化体系、统一信息编码规范，构建一套先进适用的供电综合信息管理平台。整个平台建设包括牵引供电运营辅助管理系统、供电安全生产指挥系统、四会管理系统以及"互联网+铁路供电"智能移动平台，各子系统通过网络实现联动，完成实时沟通、联动指挥、决策分析等功能。

3）软件架构设计

系统架构采用 B/S 与 C/S 相结合的模式，以 B/S 架构为主，底层是提供数据存储和查询服务的业务数据库，业务逻辑层和数据访问实现用户操作与数据库之间的响应与处理回发，以及各种业务逻辑的处理，最顶层的 Web 客户端收集用户录入的各种数据并向显示请求的数据，以丰富的界面元素作为表现形式。B/S 模式最大的优点是不需要在客户机安装额外的软件。

另外，系统将班组四会管理部分使用 C/S 模式进行独立分割，通过 C/S 形式将本地数据同步到系统服务器，大大减轻了各级用户直接访问系统时网络的负担。实现了牵引供电综合管理系统与四会管理系统数据共享和交互，这种结构使得系统各部分相互独立，结构更为严谨，相对减轻了各个服务器的任务，使系统运行更为高效、快速。

4）系统关键技术

（1）云计算。

云计算是通过使计算分布在大量的分布式计算机上，而非本地计算机或远程服务器中，企业数据中心的运行将与互联网更相似。这使得企业能够将资源切换到需要的应用上，根据需求访问计算机和存储系统。

按照云计算的服务层次可以把云计算服务分为基础设施即服务（IaaS），平台即服务

（PaaS）和软件即服务（SaaS）。

IaaS：基础设施即服务 IaaS（Infrastructure-as-a-Service）：基础设施即服务。消费者通过 Internet 可以从完善的计算机基础设施获得服务。

PaaS：平台即服务　PaaS（Platform-as-a-Service）：平台即服务。PaaS 实际上是指将软件研发的平台作为一种服务，以 SaaS 的模式提交给用户。因此，PaaS 也是 SaaS 模式的一种应用。但是，PaaS 的出现可以加快 SaaS 的发展，尤其是加快 SaaS 应用的开发速度。

SaaS：软件即服务　SaaS（Software-as-a-Service）：软件即服务。它是一种通过 Internet 提供软件的模式，用户无需购买软件，而是向提供商租用基于 Web 的软件，来管理企业经营活动。

云计算的先进特点：

① 超大规模："云"具有相当的规模，Google 云计算已经拥有 100 多万台服务器，Amazon、IBM、微软、Yahoo 等的"云"均拥有几十万台服务器。

② 高可靠性："云"使用了数据多副本容错、计算节点同构可互换等措施来保障服务的高可靠性，使用云计算比使用本地计算机可靠。

③ 高可扩展性："云"的规模可以动态伸缩，满足应用和用户规模增长的需要。

④ 硬件投入低：由于"云"的特殊容错措施可以采用极其廉价的节点来构成云，"云"的自动化集中式管理使大量企业无需负担日益高昂的数据中心管理成本。

⑤ 虚拟化：云计算支持用户在任意位置、使用各种终端获取应用服务。所请求的资源来自"云"，而不是固定的有形的实体。应用在"云"中某处运行。

⑥ 通用性：云计算不针对特定的应用，在"云"的支撑下可以构造出千变万化的应用，同一个"云"可以同时支撑不同的应用运行。

按需服务："云"是一个庞大的资源池，根据不同的用户可以定制不同的服务。

（2）互联网+。

"互联网+"是指以互联网为主的一整套信息技术（包括移动互联网、云计算、大数据技术等）在经济、社会各个部门的扩散，本质在于传统行业的在线化和数据化。利用信息通信技术以及互联网平台，让互联网与传统行业进行深度融合，创造新的发展生态。

互联网+的先进特点：

① 跨界融合。+就是跨界，就是变革，就是开放，就是重塑融合。敢于跨界了，创新的基础就更坚实；融合协同了，群体智能才会实现，从研发到产业化的路径才会更垂直。融合本身也指代身份的融合，客户消费转化为投资，伙伴参与创新，等等，不一而足。

② 创新驱动。中国粗放的资源驱动型增长方式早就难以为继，必须转变到创新驱动发展这条正确的道路上来。这正是互联网的特质，用所谓的互联网思维来求变、自我革命，也更能发挥创新的力量。

③ 重塑结构。信息革命、全球化、互联网业已打破了原有的社会结构、经济结构、地缘结构、文化结构。权力、议事规则、话语权不断在发生变化。互联网+社会治理、虚拟社会治理会是很大的不同。

④ 尊重人性。人性的光辉是推动科技进步、经济增长、社会进步、文化繁荣的最根本的力量，互联网的力量之强大最根本地也来源于对人性的最大限度的尊重、对人体验的敬畏、

对人的创造性发挥的重视。例如 UGC，例如卷入式营销，例如分享经济。

⑤ 开放生态。关于互联网+，生态是非常重要的特征，而生态的本身就是开放的。我们推进互联网+，其中一个重要的方向就是要把过去制约创新的环节化解掉，把孤岛式创新连接起来，让研发由人性决定的市场驱动，让创业并努力者有机会实现价值。

⑥ 连接一切。连接是有层次的，可连接性是有差异的，连接的价值是相差很大的，但是连接一切是互联网+的目标。

5）数据库选型

Oracle 提供了一套应用程序编程接口和库，可以与非 Oracle 数据源及服务器集成，允许在多个数据库之间复制数据，适于创建多层应用。系统具有完备的触发器、存储过程、规则以及完整性定义，支持优化查询，具有较好的数据安全性。

3．系统的应用

1）牵引供电运营辅助管理系统

主要是完成各种供电设备设施的技术档案、维修规程、点检和维护记录以及关键设备的运用记录的管理，支持设备设施的使用、维护及更新改造；合理安排设备维护计划，及时实施状态修，确保设备运行经常处于受控状态，并保持良好的技术状态，减少设备故障停时；跟踪和监控关键设备的运用状态，管理和控制设备停机时间，适时安排设备的报废、改造和补充更新，满足生产能力要求，保障生产稳定、有效进行，系统主要设置接触网设备管理、接触网设备巡视管理、接触网检修管理等子系统。

（1）接触网设备管理。

设备管理包含接触网专业履历管理。系统主要以接触网"一杆一档"信息为基础，通过系统可方便调阅任何类型支柱的实景照片、设备技术参数、规格型号、安装投运日期等基础信息，并且每个支柱配备多张照片，通过系统可全方位放大详细查看。凡是与设备相关的记录台帐都可以通过网络在系统中进行填写保存，便于各级管理人员对设备记录检查调阅，实时掌握设备运行情况。实现了现场设备的网络化管理，方便快捷。

（2）接触网设备巡视管理。

以接触网巡视按照巡视计划、巡视任务、巡视作业、巡视报表的步骤最终实现了缺陷的系统管理。将繁杂、大量的设备缺陷精细化、简约化，为班组日常检修计划提供依据。系统缺陷库按照不同缺陷等级进行分类管理，班组依据不同缺陷等级按照时限进行消缺，确保了现场供电设备的安全可靠运行。缺陷来源主要有巡视、质检、考核、设备鉴定、6C 检测等方面，最大的优点就是和 6C 综合检测系统的缺陷库相链接，6C 检测分析出的缺陷自动进入巡视管理系统缺陷库，便于班组日常检修下达任务书时安排消缺。班组通过检修作业对相应区段的缺陷进行整治，并在缺陷库中消除记录，对现场运行设备存在的缺陷实现了动态管理。

（3）接触网检修管理。

根据兑现的检修天窗，系统自动将天窗信息、兑现次数、兑现时间、完成情况等进行分析，然后对检修进度、检修质量有一个直观的分析和认识，可以指导车间、班组合理申报计划，改善检修方式和质量。接触网检修系统中嵌入接触网检修标准和参数，班组检修作业结束后由班组的信息员根据设备标准和参数在牵引供电管理系统中填写检修记录。为了更加方便的填写检修记录和设备巡视记录,可以配备 Android 智能移动终端,作业人员现场就可以将检修记录、巡视记录录入检修系统,并且可以对设备缺陷处理前后进行拍照以图文并茂的方式导入系统。日常检测、静态测量等也按照作业实际内容如填写填写,不但实现了检修系统信息化、网络化管理,而且大大提高了班组的日常检修效率。

2)铁路供电安全生产指挥系统

供电安全生产指挥系统主要目标是建立一套预防和处理管内牵引供电设备发生的各种应急事件,及保障牵引供电作业安全的生产指挥中心系统。结合现有的生产运营管理系统、作业车远程监控系统、3G 远程指挥、抢修辅助管理系统等,实现各系统的资源共享,通过一个平台界面输出,实现集中呈现各类生产信息,为生产指挥人员提供一个集中的信息平台,而信息的管理和设备的控制通过各子系统完成。大大加强牵引供电部门业务管理能力以及业务处理能力,将牵引供电部门管理能力提升到一个新台阶。

(1)供电生产指挥地理信息平台。

① 建立管内铁路线路二维电子地图,并标注实现接触网工区、变电所以及供电设备在二维电子地图上的分布。

② 实现二维电子地图上标注的各设备与供电设备管理、检修管理、动态检测监测管理等的信息关联,可通过二维电子地图直观查询设备的静态、动态信息。

③ 实现管内铁路沿线关键区域 360° 全景成像,形成铁路沿线关键区域地理环境信息的实景可视化管理。

(2)接触网抢修管理系统。

接触网抢修辅助管理设备主要用于接触网事故抢修前后综合各种信息查看和分析,为事故抢修决策提供辅助依据,同时,对事故现场进行可视管理和抢修过程进行远程在线指导,接触网抢修辅助管理平台需要对大量数据进行收集和处理,这些信息中既有静态的设备台账、设计资料,也有各种实时采集的抢修现场动态信息,此平台能监视、记录和处理抢修信息,以保证抢修工作的正常运作。

① 抢修辅助决策平台。提供抢修预案基础数据库,通过事故关键字快速检索事故抢修预案。建立抢修专业人员信息库,通过事故关键字快速自动建立抢修组织方案。关联抢修料具管理,通过事故关键字快速自动生成抢修料具配备及用量参考。建立作业制度、作业安全规范文档库,指导抢修安全作业。采集各工区管辖线路到各区段的路径的 GPS 坐标,建立抢修路径信息库,包括线路名称、区段、起止公里标、路径描述等。

② 抢修数据管理。记录从事故报告、抢修准备、现场情况、故障处理、故障原因、处理决定、资料汇总等抢修全过程的信息记录管理。

③ 在线抢修演练。通过建立标准的抢修预案,以及抢修制度、规则等基础数据。利用抢修演练平台,随时可以模拟抢修,为事故抢修做好充分准备。

(3)"互联网+铁路供电"智能移动平台。

伴随着 APP 客户端应用的不断普及,越来越多的行业通过应用移动 APP 客户端实现业务的经营与管理,比如电商行业之手淘 APP,即时通讯行业之微信,金融行业之支付宝及各个银行 APP,交通行业之滴滴出行等等。越来越多的智能终端系统不断改变着我们的工作和生活方式。

随着我国电气化铁路建设的快速发展,电气化铁路供电技术的应用日臻成熟,日常运营维护管理方面取得了丰富的经验,特别是随着各种检测监测设备及信息化管理系统的逐步应用,通过信息化手段对采集的各项数据进行综合分析,掌握供电设备的在线运行状态,指导设备的维护、维修已得到广泛应用。但是在移动信息化方面,铁路供电系统方面尚未有应用,因此,通过移动信息技术,建立起一套基于即时通讯、移动办公及预报预警的移动信息平台,关联即有管理信息系统,方便各个业务科室、车间、班组更好的协调,更好的沟通,更好更快更便捷的查询资料,更好的传送资料,提高工作效率和管理水平具有非常重要的现实意义。

（1）接触网设备巡视。

① 实现巡视任务及巡视范围的支柱及设备信息离线下载。

② 实现在线巡视和缺陷图文采集功能。

③ 实现支柱缺陷的查看与管理。

④ 实现根据支柱 GPS 坐标,生成巡视地图。

⑤ 实现巡视轨迹的保存。

⑥ 实现基础数据同步。

⑦ 实现巡视数据的上传,并生成巡视轨迹。

⑧ 实现人员巡视位置在地图上的实时显示（需要设备连接网络）。

（2）接触网设备检修。

① 实现检修任务（检修作业、作业范围、工作票、缺陷、设备）等信息的下载。

② 实现在线查看检修标准及作业指导书。

③ 实现自动加载上次检修记录,实现检修记录的快速录入。

④ 实现检修轨迹的采集。

⑤ 实现现场缺陷的图文采集和缺陷处理登记。

⑥ 实现检修数据、缺陷数据和基础数据的同步。

⑦ 实现检修人员位置在地图上的实时显示（需要设备连接网络）。

（3）路径导航。

供电系统的运行要求必须具有连续性、实时性和可靠性,在供电系统的运行中,快速掌握接触网设备的实时状态信息是保证供电系统的安全运行和指导运营维护的有效依据。接触网设备的正常运行是接触网正常工作的重要保障,而接触网设备的及时维修是保障接触网正常工作的重要依据。目前,接触网抢修主要靠有经验的司机人工识路,难免会有走错路和前方路况不清楚的情况,这将影响接触网设备抢修的及时性,大大降低了抢修人员的工作效率。

目前,接触网各关键地理位置信息保存在 CAD 图纸上,不能直观的在地图上显示,而且不能根据设备故障地点的公里标,快速进行路线规划和导航,给抢修带来了一定的阻碍,影响抢修的及时性。接触网抢修路线导航系统的研究,将实现接触网设备在地图上直观显示,并根据设备故障地点的公里标,快速实现路线规划和导航,保障抢修人员准确到达设备故障地点,为抢修作业节约时间和人力。

基于 android 平台的接触网抢修路线导航系统,致力于 GPS 技术、高德地图技术和路线规划导航算法技术的研究,并结合 3G 移动数据传输技术,实现接触网设备地理位置信息、路线导航可视化管理,保障接触网发生事故时及时迅速抢修,保证铁路安全运营。

第三节　高速铁路接触网一杆一档管理系统

高速铁路接触网一杆一档系统以现场设备实景照片、设备技术参数、规格型号、安装投运日期等为基础信息，让现场设备在这套系统中真实精准呈现，实现现场设备的网络化、信息化管理。

1．系统组成

一杆一档系统是铁路牵引供电管理信息系统的重要应用组成。依据中国铁路总公司信息化总体规划，基于铁路设备资产管理平台，建设牵引供电管理信息系统，统一系统架构和技术标准，满足业务应用功能，实现信息共享。一杆一档系统以接触网支柱为基本单元，全面记录接触网设备生命周期内的基本参数及变化情况，准确反映接触网设备运行状态，便于统计分析、检索查询历史数据，指导日常运营维护。供电段是一杆一档系统的建设主体，系统采用铁路总公司、铁路局和供电段三级构架，供电段、车架、班组三级使用。

2．基本内容

一杆一档系统包含接触网设备的基本参数，接触网设备参数内容应完备，并且具备编辑、查询、统计分析和缺陷管理功能，能够全面反映接触网设备的技术状态变化和维护历史记录。一杆一档系统应按照线路、区间、支柱分层次管理接触网设备。系统通过基于 TCP/IP 网络传输规约或 WebService 规范，关联铁路接触网牵引供电管理信息系统中安全检测监测系统（6C）、履历簿、人员管理系统等生产系统，可实现信息互联共享。

3．功能描述

一杆一档系统初始化时将支柱基本信息和其他设备数据导入到系统中作为初始数据。包括编辑、查询、统计分析、输入输出和缺陷管理功能。

1）编辑功能

主要是编辑支柱基础信息和其他设备信息。通过选择相应的线路、区间查询相应的支柱列表，进一步通过支柱号、公里标、数据信息变化时间等条件确定相应的支柱进行编辑。

（1）新增支柱信息：填写相应数据，产生一根支柱基本信息。

（2）在一杆一档信息中可通过三种方式对支柱信息进行编辑：

① 直接修改，通过启动编辑模式后直接修改支柱的设备信息；

② 整杆导入，通过 Excel 导入功能，将编辑好的 Excel 表格导入批量修改支柱的设备信息；

③ 接口数据同步，可实现相关系统数据同步到一杆一档系统的设备信息。

（3）在一杆一档图纸资料中添加对应的全景图、安装图等图纸资料，同时具备上传视频资料信息功能。

2）查询功能

主要通过不同的方式查询支柱信息，包含实时数据查询和历史数据查询。可通过线路、区间、支柱号、公里标等条件对支柱信息进行查询。

（1）单杆显示：可通过检索定位查找单杆，页面显示该杆的当前和历史信息，包括数据、图纸、图片、视频等。

① 能够显示当前信息，准确标注编辑修改的数据、与前次相比发生变化数据、超限数据、存在问题数据等。

② 显示界面应简洁实用，能够隐藏非常用数据，合理划分模块，能够利用菜单便捷地查找到编辑模块。

③ 能够通过筛选条件查找相应模块，能够通过模糊查询查找到相应模块。

通过支柱信息可反向检索查询工作票、检修记录、检测记录等信息。

（2）单杆查询：根据检索条件显示出该杆的历史编辑记录，供查询者调用。

（3）多杆查询：根据下述查询条件（包括但不限于）显示所有满足条件的支柱。

① 可根据作业时间范围检索出支柱的历史信息列表。

② 可根据检修和巡视记录检索查询到对应支柱信息列表。

可根据工作票检索查询到支柱信息列表。

3）统计分析功能

（1）可根据线路、区间、支柱号、公里标等条件统计出详细设备数量、缺陷数量及检修完成情况。

（2）可根据时间范围统计分析出设备检修作业完成情况。

（3）可根据单杆一杆一档的历史信息进行多个历史数据的对比。

（4）可根据供电安全检测监测系统（6C 系统）的检测数据与一杆一档数据进行对比和分析，进行风险预警。

（5）可根据设备数据自动生成履历簿相关数据。

4）输入输出功能

（1）输入功能主要包括玉面输入和表格输入。

页面输入：可以直接在系统中录入和修改支柱信息。

表格输入：通过 Excel 模板对接触网设备参数的设计值、阀值进行输入，或通过设备检测、检修项目的空白 Excel 模板和附加设备可选数据 Excel 表格，录入数据后输入到系统。

（2）输出功能主要包括数据导出和输出。

数据导出：是指导出含有设备检测、检修项目的空白 Excel 模板，用于现场检测检修记录数据的录入。

数据输出：可对支柱信息和其他设备信息整体输出，形成设备档案，并可导出含有汇总统计、趋势分析等数据的 Excel 表格。

5）缺陷管理功能

主要检索系统中有问题的支柱信息，主要包括：异样采集、缺陷查询、失修清单和闭环管理。

异样采集：根据一杆一档的实测值和阀值对待确定的异样支柱，系统能够自动提示，便于现场及时准确复核、确认和处理。

失修清单：在规定的检修周期内未按期检测或检修的支柱，可形成失修清单，提示技术人员进行检测、检修处理。

闭环管理：针对系统中的异样、缺陷和失修问题经现场处理反馈后，数据更新后形成闭环管理。

4．软硬件技术要求

一杆一档系统主要依托于铁路信息网络。系统采用 B/S 架构建设，通过浏览器客户端访问使用。为确保系统网络安全和稳定，应具备硬件防火墙和网关等安全设备，相关硬件设备应具备高性能、高可靠性、可扩展性、安全性和可管理性。相关软硬件设备应具备安全日志查询、导出功能，便于查询软硬件及网络故障，能够及时采取有效措施改善、优化系统的结构，提高安全等级。

第八章　高速铁路接触网运营维护

第一节　高速铁路接触网运营维护概述

如果将弓网关系归结为几何、电气、机械、材料四大关系的话，则几何关系是弓网安全运行的基础，电气关系是弓网运行的核心，机械关系是弓网运行的关键、材料是弓网运行的保障。只要在几何关系上不出问题，普速弓网系统就可完成电能输送，而高速弓网系统仅此一点是远远不够的，还必须有良好的电气关系和机械关系。这种变化要求维修工作的理念应由粗放型向精细型转化，应以动态的观念来重新审视接触网的几何参数。比如，接触线坡度及其变化率，在低速时就不是一个特别需要强调的技术指标，但在高速弓网系统中，为保持受电弓的平稳性，这一参数就成为控制性参数。

精细化要求静止上网作业，上网作业对接触网的弹性以及接触线的平顺度会造成无法弥补的损失，因此，高速铁路接触网维修作业应有相应配套的维修车辆和检测设备。除此以外，材料腐蚀也是应当重点关注的问题，接触网材料是用于制造接触网设备与零部件物质的统称，主要包括铁、铜、铝等金属材料以及橡胶、陶瓷等非金属材料，是接触网赖以存在的物质基础。接触网使用的金属材料主要从矿石或氧化物中提炼出来，在一定的环境条件下，如合适的水分、温度，或存在酸、碱、盐等化学物质时，这些金属材料就开始产生回归到稳定状态的趋势，即再度变成金属化合物，这种现象可以认为是发生腐蚀的根本原因。另外，在阳光作用下，接触网使用的复合绝缘子等非金属材料也会出现老化、龟裂等腐蚀现象。

接触网是高速电气化铁路重要的行车设备。对于工频、单相、交流 25 kV（含 2×25 kV）、列车运行速度 200 km/h 及以上和 200 km/h 以下仅运行动车组的铁路接触网设备的运行维修，应坚持"预防为主、重检慎修"的方针，按照"定期检测、状态维修、寿命管理"的原则，遵循专业化、机械化、集约化维修方式，依靠铁路供电安全检测监测系统（6C 系统）等手段，建立信息资源共享平台，实行"运行、检测、维修"分开和集中修组织模式，确保接触网运行品质和安全可靠性。

接触网运行维修是通过对设备定期检测、分析诊断、质量评价和鉴定，并依据结果实施修理，恢复设备正常运行状态的循环管理过程。主要包括运行、检测、维修等管理工作。

第二节　高速铁路接触网的运行管理

供电段应设置接触网运行、检测、维修管理机构，配齐相关机具和材料，建立健全技术资料，实行维修成本预算管理，制定设备抢修预案及相关管理制度，不断提高接触网运行管理水平。

接触网设备应充分利用铁路供电安全检测监测系统（6C系统）等手段，定期进行检测，开展即时、定期分析诊断，按照标准值、警示值、限界值界定设备状态，划分缺陷等级（两级缺陷），为设备维修提供依据。

维修是指在接触网系统实际运行状态出现不允许的偏差或发生故障时，对接触网系统进行必要修复，恢复正常功能，以及通过精确检测、调整修理，恢复设备标准状态的过程。接触网维修分为一级修（临时修）、二级修（综合修）、三级修（精测精修）三级修程。

达到或超出限界值的一级缺陷纳入一级修（临时修），由运行工区及时组织修理；达到或超出警示值且在限界值以内的二级缺陷纳入二级修（综合修），由维修工区按计划修理；达到一定条件的开展三级修（精测精修），恢复设备标准状态。

铁路局、供电段应定期组织接触网动态运行质量评价和设备整体技术状态质量鉴定，不断提高接触网运行管理水平。

1．管理机构及职责

1）接触网运行管理的原则

接触网运行管理工作实行统一领导、分级管理的原则，充分发挥各级管理组织的作用。

铁路总公司：贯彻执行国家有关法律、法规和行业标准；负责全路接触网运营管理工作，确定运行维修方针、原则；制定、批准有关标准、规范和规章；统一指导、规划接触网维修方式和手段；监督、检查铁路局和供电段接触网运行维修情况。

铁路局：贯彻执行上级有关规程、规范和标准；组织制定本局有关标准、制度和办法；制定供电段管理职责和范围；监督、检查、指导、协调全局接触网运营管理工作；审批局管新产品试运行和重要设备变更；定期开展设备运行质量评价，安排更新改造工程，增强供电能力，改善设备技术状态，适应运输发展需要。

供电段：贯彻执行上级有关规章、标准和制度；补充制定相关管理标准、工作标准；制定接触网作业指导书；制定生产计划并组织实施，定期检查、分析、鉴定设备运行状态，组织评比和考核；组织技术革新和职工培训，保证设备运行质量和安全可靠供电。

2）供电段供电车间、检测车间和维修车间及工区设置原则

供电车间管辖运营里程宜为200千米左右，枢纽地区宜单独设置，有砟线路区段可适当缩短。供电车间下设运行工区。

运行工区管辖运营里程宜为60千米左右，有砟线路区段、站间距较小的城际铁路、山区、高原和严寒地区可适当缩短；枢纽站、动车段（所）宜单独设置。

检测车间一般设置在供电段所在地。检测车间可按照6C系统的运用、维护和数据分析等职能设置检测工区。

维修车间承担的维修任务以1200~1500延展条公里为宜。接触网维修车间下设维修工区，一般设在维修车间所在地，根据管辖范围可在异地增设。

3）供电车间、检测车间和维修车间主要职责

供电车间：负责日常运行管理和应急处置，组织接触网一级修（临时修），跟踪验收维修质量。

检测车间：负责供电段6C系统综合数据处理中心工作，以及供电段6C系统检测装置的

维护、运用、管理和检测数据分析。

维修车间：负责接触网二级修（综合修）工作，采用集中修方式组织实施。

4）接触网运行工区、检测工区、维修工区主要职责

运行工区：负责接触网设备日常运行管理，主要是一级修（临时修）、巡视检查、单项检查、非常规检查、施工配合和应急处置等，对二级修（综合修）结果进行质量验收。

检测工区：负责 6C 装置的运用、维护，并对 6C 系统检测数据进行分析，为设备维修提供依据。

维修工区：按照月度维修计划，负责接触网设备全面检查、二级修（综合修）和专项整治。

2．设备接管

接触网设备开通运行前，应按规定进行检查验收，符合下列条件方可接管运行：

（1）接触网设备经过验收具备送电条件。

（2）危及供电安全的树木清理完毕、35 kV 及以下跨越线迁改完毕，已采取必要的防鸟措施。

（3）供电段、车间及工区（包括车站应急值守点）的房屋、水电、通信、道路等生产、生活设施已竣工，并交付使用。

（4）供电段、车间、工区开展监测检测、检查检修以及抢修工作所需的工机具、材料等配备齐全。车间、工区主要工机具配置见附录 3、附录 4。

（5）供电段应配备接触网抢修车列、绝缘子水冲洗车。车间、运行和检修工区应修建车辆停留线及配套的车库。停留线具备接触网作业车、检修车列日常保养、维护、检修条件，具备随时出动抢修的能力。

（6）铁路局、供电段收到开通所需的竣工文件和技术资料。

接触网设备开通前，资产管理单位（或建设单位）应组织设计、施工、供应商等相关单位向设备运营接管单位提供下列书面和电子版技术资料：

（1）竣工工程数量表。

（2）接触网图纸。主要包括供电分段示意图、接触网车站、区间平面布置竣工图、接触网装配图、设备零件图及安装曲线，接触线磨耗换算表等。

（3）工程施工记录。主要包括隐蔽工程记录、化学锚栓拉拔试验记录、有砟区段确认后的轨面标准线、无砟区段精测网提供的轨面高程、侧面限界、外轨超高记录、电缆径路、不同电压等级的附加导线、引线、接触悬挂等线索交叉时的最小间距及对地距离等。

（4）施工装配计算结果。主要包括含定位、支持装置、吊弦等。

（5）各种线索、零部件、设备安装档案，主要包括生产厂家、批次、安装地点和安装时间。

（6）设备、零部件、金具、器材的技术规格、合格证、出厂试验记录和试验报告、安装维护手册（使用说明书）；承力索、接触线、绝缘部件及接触网零部件抽样检验报告；电缆的相关资料（主要包括电缆及附件的合格证、出厂试验报告、现场试验报告、电缆清册、电缆路径图等）。

（7）施工项目可研、初步设计及其批复文件，设计文件（含变更设计资料）、图纸及审核

意见资料。

（8）设备招标技术规格书和采购的产品供应合同以及施工单位工程质量保证合同。

（9）跨越接触网的架空线路（主要包括架空线路名称、位置、电压等级、导线高度、产权单位及联系方式等）、跨越接触网的构筑物（主要包括构筑物名称、位置、最近的构筑物墩距线路中心的距离，构筑物净高、接触网带电部分距构筑物最小距离、产权单位及联系方式等）有关资料。

（10）开通前最后一次非接触测量参数的精测数据、波形图，动态检测波形图及检测报告。

接触网设备投入运行前，供电段要做好运行准备工作，配齐并培训运行检修人员，组织学习有关规章制度，熟悉即将接管的设备；配合有关部门共同做好电气化铁路安全知识的宣传教育工作。为保证高速铁路接触网设备的可靠供电，禁止由供电线、正馈线和接触网上引接非牵引负荷。

为保证有砟轨道区段接触网与线路的相对位置，应在接触网支柱的线路侧或隧道一侧的边墙上标出轨面标准线。实际轨面标准线与标明轨面标准线高差不得大于 30 mm；实际侧面限界与标明的侧面限界之差不得大于 30 mm，且实际侧面限界不得小于《技规》规定的最小值；实际超高和标明的超高之差不得大于 7 mm。以此作为线路和接触网维修时共同遵守的标准。工务线路大修、改造必须变更轨面标高、超高以及接触网支柱侧面限界者，相应的工务、供电设计文件必须经铁路局批准。施工前供电和工务部门应共同按批准文件测量复核，竣工后供电和工务部门共同重新标定轨面标准线，测量资料经双方签认各持一份，长期保存。新建电气化铁路，由施工单位标出轨面标准线及相关参数，开通前由供电、工务部门共同确认。供电段负责轨面标准线的日常管理，保持其清晰醒目。供电段每年与工务部门共同对轨面标准线复核一次，轨面标准线、侧面限界、外轨超高每次测量后应填写《轨面标准线测量记录》（格式各铁路局自定），共同签认。

位于轨道侧的回流装置维修分工规定如下：吸上线与扼流变压器连接时，连接钣（端子）由电务段负责，连接钣（端子）上的螺栓和吸上线由供电段负责。供电部门作业，必要时电务段派人配合。

远动接触网隔离开关维修分工规定如下：被控站的光纤配线盒（含）至通信机房的光缆及光纤配线盒由通信段负责。光纤配线盒至供电设备的跳纤、尾纤由供电段负责。

根据线路等级、专业技术力量、生产力布局、劳动力现状、设备运行状态、经济技术效益等实际情况，供电段可对部分设备、作业项目实施委托维修或管理。缺乏维护必需的技术能力、不具备相关的检测手段和修复能力的设备、器材，可委托相应的厂家（供应商）进行维修。部分作业项目可委托有资质的专业队伍实施委托维修。

3．技术管理

（1）在接触网投入运行时，供电段应建立正常生产秩序，制定并落实各项制度，备齐技术文件和资料，建立各项原始记录，按时填报台账报表。供电段技术主管部门应有下列技术文件和资料：

① 国家铁路局、总公司、铁路局有关规章和制度。

② 接触网设备有关标准（企标、铁标和国标）和作业指导书。

③ 接触网零部件技术条件、试验方法及图册。

④ 一杆一档管理台账和设备技术履历。
⑤ 与相关单位设备分界协议，管内车间、工区之间设备分界及各专业分工规定。
⑥ 供电 LKJ 数据和设备建筑限界资料，自动过分相地面磁感应装置，电分相断电标、合电标的位置，关节式电分相无电区、中性段长度，电力机车、动车组禁停标位置资料。
⑦ 设计、施工、供应商等相关单位提供的相关技术资料。
⑧ 供电段有关制度、办法和措施。

（2）接触网车间、工区应分别备有下列技术资料如表 8.1 所示。

表 8.1　技术资料表

序号	技术资料名称	供电车间	运行工区	检测车间	检测工区	维修车间	维修工区
1	供电分段示意图	√	√	√	√	√	√
2	管辖范围内的接触网平面布置图、装配图、安装曲线	√	√	√	√	√	√
3	接触网"一杆一档"	√	√	√	√	√	√
4	作业指导书	√	√	√	√	√	√
5	电分段、电分相结构图	√	√	√	√	√	√
6	上跨接触网电线路、构筑物有关资料	√	√				
7	隔离（负荷）开关、避雷装置、绝缘器等设备安装调试、使用说明等	√	√			√	√
8	设备和工具试验记录	√	√			√	√
9	有机绝缘部件寿命管理记录	√					
10	接触网外部环境有关资料（防洪重点处所、周边污染源、危树等）	√	√	√	√		
11	接触线磨耗换算表	√	√			√	√
12	轨面标准线记录	√	√				
13	接触网隐蔽工程记录	√	√				
14	管内设备改造情况记录（包括时间、地点、改造内容、质量评定等）	√	√				
15	供电 LKJ 数据和设备建筑限界资料	√	√				
16	自动过分相地面磁感应器资料	√	√				
17	接触网几何参数静态测量数据、波形图	√	√	√	√	√	√
18	接触网设备履历	√	√				
19	作业门、可调用视频资料的探头位置	√	√	√	√	√	√

（3）接触网运行维护应根据环境、气候特点，针对风、洪（雨）、雷、冰、污（雾）闪、锈蚀、鸟害、异物、危树等影响供电安全的外部环境因素，建立有效机制，减少对接触网设备运行安全的影响。

（4）供电段技术主管部门、车间、工区相关人员应定期对技术资料进行检查，并不断修订完善，确保技术资料完整准确。

（5）接触网使用的工器具、仪器仪表，应由具有资质的机构按规定进行检定或校准。

（6）接触网设备统计项目包括运营里程、正线公里、接触网延展公里、接触网换算公里。

运营里程指线路起点至终点之间的距离，为起、终点公里标之差。单位：千米。

正线公里指正线线路的延展长度之和。单位：千米。

接触网延展公里指接触网接触导线长度之和。单位：条公里。

接触网换算公里指将接触网不同设备按照系数换算为线条公里的数量总和。单位：换算条公里。

换算公里数量＝Σ（设备数量×换算系数）。各设备及部件的换算系数如表 8.2 所示。

表 8.2 设备换算条公里表

序号	设备及部件名称	单位	换算系数
1	正、站线接触网延展公里	条公里	1.00
2	隧道内（含桥梁）悬挂延展公里	条公里	1.30
3	附加导线延展公里（供电线、回流线、架空地线、避雷线）	条公里	0.20
	附加导线延展公里（正馈线、保护线）	条公里	0.40
	附加导线延展公里（双正馈线、保护线）	条公里	0.60
4	高压电缆	千米	0.80
5	限界门	处	0.15
6	线岔（交叉）	组	0.12
	线岔（无交叉）	组	0.25
7	隔离开关（手动）	台	0.12
	隔离开关（电动）	台	0.20
	隔离开关（负荷）	台	0.30
8	分段、分相绝缘器	台	0.12
9	避雷器	台	0.05
10	软（硬）横跨	组	0.13
11	中心锚结	组	0.10
12	锚段关节	组	0.25
13	补偿装置（含下锚拉线）	组	0.10
14	关节式分相	组	0.45
15	隔离开关远动控制系统	套	5.00

（7）运行接触网有变更者，应按以下规定逐级报批：

① 属下列情况之一者，由铁路局报总公司审批：

a. 由于接触网变化而降低带电或停电通过超限货物列车的高度和宽度；

b. 变更接触网局界。

② 属下列情况之一者，由供电段报铁路局审批：

a. 变更悬挂类型；

b. 变更接触线、承力索、附加导线材质和截面；

c. 拆除或长期停用接触网；

d. 变更绝缘水平；

e. 变更接触网分段（相）位置和开关操作方式；

f. 非铁路产权专用线架设接触网的供电和开通方案；

g. 改变供电方式或供电单元。

4．计划与天窗

1）接触网生产计划管理

（1）接触网生产计划包括年度检测、维修计划和月度维修计划三部分。

年度检测和维修计划，由供电段于前一年 11 月底以前分别下达到车间，同时报铁路局。月度维修计划由供电段编制后下达维修车间。

鉴于各地区设备性能及运行条件不尽相同，铁路局可调整检测的项目、周期和范围，并报总公司核备。

（2）为保证定期检查和及时处理设备缺陷，在列车运行图中须预留接触网维修"天窗"。

接触网三级修（精测精修）或改造时，天窗计划原则上应逐日连续安排。对较大车站（如枢纽、区段站等）和必须利用垂直"天窗"作业的区段，应根据设备状况定期安排"天窗"停电维修。

（3）列车调度员和供电调度员要密切配合，按"天窗"时间组织接触网停电维修。如因运输需要等原因必须取消"天窗"时，应按照有关规定执行。遇有危及安全的故障或缺陷必须立即停电维修时，供电调度员应于停电前通知列车调度员，列车调度员根据供电调度员停电通知及时发布相关行车调度命令。

（4）供电段要做好检测、维修组织工作，实施周期不宜超过规定周期的 20%（按天计算）。

（5）供电段各工区、各工种（包括变电、电力等）在同一停电范围、同一封锁区段内作业，应尽量安排同时进行。

2）接触网天窗管理

（1）天窗是指列车运行图中不铺画列车运行线或调整、抽减列车运行线为施工和维修作业预留的时间，按用途分为施工天窗和维修天窗。高速铁路天窗规定如下：

① 高速铁路天窗时间原则上不应少于 240 min。

② 高速铁路天窗时间和位置在编制列车运行图时确定。铁路局因施工、维修需要临时调整高速铁路天窗时，必须报铁路总公司运输局批准。

③ 不影响跨局运输的线路，根据施工和维修需要，可适当增加天窗时间。

（2）高速铁路天窗的安排按以下规定办理：

① 施工时可连续安排施工天窗。

② 每日安排维修天窗。

③ 各项施工、维修作业要采用平行作业的方式，维修天窗在时间安排上应与施工天窗重叠套用，综合利用天窗，提高天窗的利用率。要严格按照运行图预留的慢行附加时分控制线

路慢行处所，各项施工要按规定控制慢行速度和慢行距离。针对施工需要，编制施工分号运行图时，可依据慢行附加时分，适当增加施工慢行处所。

（3）各项施工作业点前不得安排慢行。大机清筛、换轨、更换道岔、路基处理车施工时，在运行图条件允许的情况下，应适当增加天窗时间。增加天窗时间影响图定跨局旅客列车开行时，必须报铁路总公司运输局批准。

5．新产品试运行

在运营高速铁路接触网线路上进行新产品试运行时，研制单位应事先提出书面申请报告，按规定权限报有关部门，经批准并与承接试运行任务的供电段签订协议后方可实施。新产品试运行申请报告应包括下列内容：

（1）产品生产及管理条件。
（2）产品研制报告。
（3）产品技术条件及型式试验报告。
（4）安装维修及使用说明。
（5）拟安装地点、试运行期限，以及试运行中需检测内容。

承力索、接触线试运行由总公司审批，其余设备及零部件试运行申请报告应报送供电段、资产管理单位审查，由铁路局批准。

供电段承接试运行任务后应及时组织实施。试运行期间要按规定加强监测、检查和维护，认真记录分析运行情况。试运行期满后提交新产品试运行报告。供电段出具的试运行报告需经铁路局审批后，方能交给研制单位。未经铁路局审批的试运行报告无效。

新产品试运行期一般不少于1年。遇有产品质量缺陷危及安全时必须立即拆除，同时做好记录并通知研制单位。

第三节　高速铁路接触网的检测与诊断分析

1．高速铁路接触网的检测

检测是指利用仪器、设备或人工等方式，对接触网进行检查和测量，掌握设备内在质量及运行状态的过程。包含监测、静态与动态检测、检查、零部件检验四部分。检测后必须进行诊断分析，并以此作为编制维修计划的依据。

1）高速铁路接触网的监测

监测是对接触网外观、零部件状态、主导电回路、绝缘状况及外部环境等运行状态进行监测，包括移动视频监测及定点监测两部分。

（1）移动视频监测。利用安装在检测车辆、机车或动车组上的摄像机对接触网设备进行外观检查。

（2）定点监测。利用安装在接触网关键处所、特殊地点的监测设备，监测列车通过时接触网或受电弓状态，监测接触网设备绝缘状态、温度、位移变化及外部环境是否存在异常。

2）高速铁路接触网的静态与动态检测

静态检测是指利用运行检测车辆在接触网静止状态下进行的非接触式测量，或人工使用测量仪器和工具测量接触网的技术状态。

动态检测是指利用弓网综合检测装置、车载接触网运行状态检测装置等手段，在列车运行中受电弓与接触线正常工作状态下测量接触网的技术状态及弓网接触取流状态。

3）高速铁路接触网的检查

检查分为巡视检查、全面检查、单项设备检查和非常规检查。

巡视检查是对接触网外观、外部环境及电力机车、动车组的取流情况进行的目视检查，分为步行巡视检查和登乘巡视检查。

全面检查、单项设备检查是利用天窗近距离对接触网设备及零部件状态进行的检查，可在接触网作业车的作业平台上、车梯或支柱上进行。

全面检查和单项设备检查的内容包括无法或不易通过静态和动态检测、监测手段掌握设备运行状态的所有项目，具有检查、测量和试验等多重职能。要检查零部件及螺栓是否齐全、是否有松动现象、安装方式是否正确、有无裂纹、变形、烧伤，检查线索有无锈蚀、断股、烧伤，对设备技术状态进行测量和试验等。

全面检查是对所有设备进行检查；单项设备检查是对个别设备进行的专项检查。在进行全面检查的同时，还应对设备进行必要的防腐处理、注油、清扫和零部件的紧固、调整、更换等。

非常规检查是指在特殊情况下所进行的状态检查。一般用于在接触网发生跳闸、故障或在自然灾害（暴风、洪水、火灾、冰凌、极限温度、地震等）出现后，对相应接触网设备的状态变化、损伤、损坏情况进行检查。非常规检查的范围和手段根据检查的目的确定。

4）高速铁路接触网的零部件检验

零部件检验是指对拆卸送检的接触网零部件进行外观检查、补充特殊试验等，确认其质量状态的工作。零部件性能下降、状态劣化、判定即将或基本达到寿命时，应进行更换。当接触网零部件接近预期寿命或日常检查发现接触网零部件存在质量隐患、无法确认其能否在预期寿命周期内安全运行时，应对该类批零部件抽样进行质量检验。

对满足下列情况之一，应根据分析结果，对接触网零部件进行专项或抽样质量检验：

（1）发现同一处所或部位重复发生磨损、裂纹、腐蚀、烧损等异常现象时；

（2）特殊环境（大风、严寒、沿海、潮湿、隧道、周边有严重污染源等）区段检查发现接触网零部件状态劣化，表面腐蚀或磨损明显，需确认其是否能够继续安全使用时；

（3）检测发现接触网参数与初始参数对比变化较大，经分析确认其与连接的零部件性能关联性较大时；

（4）区段内接触网零部件脱落、裂损、烧伤等原因故障多发时；

（5）需要检验判断确认零部件运行状态或预期残余寿命时。

零部件质量检验应送获得国家计量认证和实验室认可的专业检验机构进行，检验机构出具检验报告。零部件检验结果纳入诊断分析和质量鉴定报告，作为接触网设备检修的依据。

2．高速铁路接触网的诊断分析

诊断分析是根据接触网检测结果，判断设备运行状态、判定缺陷等级，为维修提供依据。

诊断分析包括即时诊断分析、定期诊断分析。

1）即时诊断分析

即时诊断分析是检测监测设备报警、故障发生后立即进行的分析。当检查发现设备缺陷时，由发现班组当时分析并纳入维修处理。当零部件检验发现质量缺陷时，供电段技术主管部门应立即分析零部件质量缺陷对接触网运行产生的影响，并安排修理。当接触网设备发生跳闸、中断供电、打碰受电弓等故障时，供电段技术主管部门应立即组织对故障区段接触网检测资料进行诊断分析，查找原因并修理。

2）定期诊断分析

定期诊断分析是周期检测工作完成后，在一定时限内进行的分析。

（1）对受电弓滑板监测装置（5C）、接触网及供电设备地面监测装置（6C）监测资料，供电段供电检测分析室 1 日内完成诊断分析，填写分析记录下发分析结果，供电车间安排维修。

（2）对接触网安全巡检装置（2C）监测资料，检测工区应在 1 日内对季节性、关键性问题进行初步分析，运行工区应在 3 日内对监测资料进行全面分析；接触网悬挂状态检测监测装置（4C）监测资料，检测工区应在 3 日内对季节性、关键性问题进行初步分析，运行工区应在 20 日内对监测图片进行全面分析。接触网检测工区、运行工区分别填写分析记录并将结果上报，供电车间安排维修。

（3）对接触网静态和弓网综合检测装置（1C）、车载接触网运行状态检测装置（3C）动态检测数据，由检测工区在 7 日内完成诊断分析；对接触网及供电设备地面监测装置（6C）现场取样检测时，由检测工区在 1 日内完成诊断分析；分析完成后，检测工区应及时填写相关记录并将结果上报，供电车间安排维修。

3）设备运行状态的界定

根据检测结果，对设备的运行状态用三种量值来界定。

标准值：该值为标准状态目标值，一般根据设计规定的技术条件及本规程规定的标准值来确定。

安全值：该值为安全运行状态值，一般根据技术条件规定的允许偏差来确定。

限界值：该值为一临界值，当设备运行状态超过安全值，但仍在限界值内运行时，其出故障的概率应小于事先规定的值。在没有充分依据的条件下，该值一般根据运行实践来确定。

标准状态：该状态为设备在标准值允许偏差范围内的运行状态，一般根据设计和施工允许误差确定。

4）设备缺陷的划分

根据设备运行状态值，设备缺陷分为两级。

（1）静态设备缺陷等级划分

一级缺陷：达到或超出限界值。

二级缺陷：达到或超出安全值且在限界值以内的。

（2）动态检测的缺陷等级划分如表 8.3 所示。

表 8.3 高速铁路接触网动态检测评价标准

项目			一级缺陷	扣分标准	二级缺陷	扣分标准	评价单位
接触网几何参数	接触线拉出值 a（mm）		$a \geq 550$	40分	$450 \leq a < 500$	5分	跨
			$500 \leq a < 550$	10分			
	接触线高度 H（mm）		① $H \geq 6600$ ② $H <$ 该区段允许的最低值	40分	① 标准值 +100 $\leq H <$ 标准值 +150 ② 标准值 −100 $\leq H <$ 标准值 −50	1分	跨
			① $6500 \leq H < 6600$ ② $H \geq$ 标准值 +150 ③ $H <$ 标准值 −100	5分			
接触线平顺性参数	硬点 A_v（m/s²）	200~250 km/h	$A_v \geq 588$	5分	$490 \leq A_v < 588$	1分	跨
		300~350 km/h	$A_v \geq 686$	5分	$588 \leq A_v < 686$	1分	跨
	一跨内高差 $2A$（mm）		$2A \geq 150$	5分	$100 \leq 2A < 150$	1分	跨
弓网受流参数	弓网接触力 F（N）	最大接触力 F_{max} 200~250 km/h	$F_{max} \geq 250$	5分	$200 \leq F_{max} < 250$	1分	跨
		最大接触力 F_{max} 300~350 km/h	$F_{max} \geq 300$	5分	$250 \leq F_{max} < 300$	1分	跨
		最小接触力 F_{min}	$F_{min} < 20$	5分	$20 \leq F_{min} < 40$	1分	跨
	燃弧	最大燃弧时间 T_{max}（ms）	$T_{max} \geq 100$	5分	$50 \leq T_{max} < 100$	1分	跨
		燃弧率 μ	$\mu \geq 5\%$	5分	$1\% \leq \mu < 5\%$	1分	千米
		燃弧次数 n（次）	$n \geq 6$	5分	$4 \leq n < 6$	1分	千米
	接触线抬升量 ΔH（mm）		$\Delta H \geq 120$	5分	$80 \leq \Delta H < 120$	1分	跨
网压	接触网电压 U（kV）		① $U > 29$ ② $U < 19$	5分			千米

第四节 高速铁路接触网的检修

1. 高速铁路接触网的维修

维修是指在接触网系统的实际状态与安全运行状态之间，出现不允许的误差或发生故障时，对接触网系统进行的必要修复，重新建立接触网系统的正常功能，以及通过精确调整修理，恢复设备标准状态的过程。维修分为临修（一级修）、全面修（二级修）和精测精修（高级修）三个级别。

1）高速铁路接触网的临修

临修是为了使设备状态保持在限界值以内，对导致接触网功能障碍的故障立即投入的、无事先计划的临时性维修。主要包括对一级缺陷的临时性修理、对危及接触网供电周边环境因素的处理、对导致接触网功能障碍的故障修复（必要时采取降弓、限速、封锁等处置措施）。

2）高速铁路接触网的全面修

全面修是为了使设备状态保持在安全值以内，对定期监测发现后未处理的缺陷有组织、有计划的计划性维修和对设备进行全面维护保养。主要包括对二级缺陷的集中性修理、对设备进行全面维护保养（必要的防腐和注油等）。全面修可结合全面检查进行，或根据缺陷情况有计划的安排。

对同一批次的某一项设备技术性能不能满足运行要求且需尽快恢复接触网安全状态的，可开展专项整治。

3）高速铁路接触网的精测精修

精测精修是指通过检测动态条件下弓网作用参数，精确测量接触网的静态几何位置，检验零部件质量状态，依据检测、测量数据分析与质量检验结果，对接触网进行精确调整修理，使之恢复标准状态的过程。

满足下列条件时，应开展精测精修工作。

（1）运行时间5~7年或接触网运行弓架达40万次以上；

（2）动态检测发现弓网动态作用特性成区段持续不良故障多发以及线路纵断面发生调整的区段。

精确检测和分析工作一般应由具有高速铁路接触网综合检测设备、具备高速铁路接触网检测数据和设备质量分析诊断能力的专业单位承担。铁路局应依据诊断分析报告和零部件质量检验报告确定精修范围和项目，委托具有资质的设计单位完成精修施工设计，并组建专业队伍或委托具有高速铁路接触网施工业绩的专业队伍实施。

精确检测接触网几何参数检测的输出结果至少应包含接触线高度、拉出值等接触网静态几何参数，并能输出静态参数波形图。弓网动态检测参数至少应包括弓网动态接触力、受电弓弓头垂直加速度（硬点）、动态接触线高度、动态拉出值、离线、接触网电压等，并输出弓网动态检测参数波形图。 精确检测单位依据检测数据和结果，综合接触网运行状态监测结果、日常维护情况等，诊断分析接触网质量状态，编制接触网检测分析报告。铁路局依据零部件检验机构出具的检验报告，结合接触网线路运行条件、设计结构特点、零部件工况、样本比例等组织综合分析，判断相同运行条件下同批次接触网零部件质量状态，编制接触网零部件运行状态分析报告。设计单位应根据接触网检测分析报告和零部件运行状态分析报告，确定精修范围和项目，编制施工设计文件，作为精修实施的依据。根据交付的施工设计文件，精修实施单位完成精修实施方案的编制。

接触网精修结束后，铁路局依据有关标准和精修方案的目标要求组织验收。精修实施单位应将相关检测复核数据、试验分析报告、接触网调整及零部件器材更换记录等资料移交设备管理单位存档。供电段每年对接触网线路周围5km以内的所有污染源进行调查。根据污染源变化情况，绘制出污秽区分布图。按照污秽等级，明确绝缘部件监测监控及清扫维护要求。

绝缘部件清扫周期如下。根据运行经验确定的特殊区段，应缩短周期，适时安排清扫。

（1）Ⅰ、Ⅱ级污秽等级区段，每3年至少安排一次绝缘清扫。

（2）Ⅲ级及以上污秽等级区段，每年至少安排一次绝缘清扫。潮湿隧道的绝缘部件参照Ⅲ级及以上污秽等级管理。

（3）分段、分相绝缘器，周期6个月。

2．高速铁路接触网的大修

大修系恢复性的彻底修理，主要是对整锚段更换接触网（含附加导线），并通过新设备、新技术的采用，改善接触网的技术状态，增强供电能力，适应运输发展的需要。

（1）整体大修周期一般为 25～30 年。各零部件的耐久性使用年限与外界环境和工况引起的疲劳或腐蚀有关，接触线使用年限应根据磨耗确定，一般不小于 200 万弓架次。

（2）达到整体大修周期，铁路局组织状态评估，评估合格或经局部修理更换后达到质量要求的，可适当延长 10%～20%。

第五节　高速铁路接触网的质量管理

为保证维修质量，接触网用料入库前，验收部门应对接触网重要零部件和线材进行检查，确认出厂合格证、检验报告与产品一致后实施验收，向供电段提供验收报告，否则不得上线使用。接触网运行、检测、维修工区应分别建立相关记录（见附件 4），实现网络化管理和数据共享。接触网运行维修要落实记名制度。每次作业完成后应及时填写相应记录并签认。工长和车间主管人员要定期检查各项任务完成情况并签认。

运行工区一级修（临时修）或单项设备检查完成后，由当日工作领导人负责检查验收，确认作业质量。维修工区进行的所有作业，运行工区应进行质量检查验收。检测车间应及时将相应区段的即时分析、定期分析以及缺陷通知单报供电段技术主管部门，由技术主管部门下达至供电车间、维修车间；维修工作完成后，供电车间、维修车间应将缺陷反馈单反馈技术主管部门，维修记录留存备查。

接触网三级修（精测精修）、更新改造竣工后，由施工单位向铁路局提报验收申请，铁路局组织设计、施工、监理单位和供电段进行验收。更换线索、零部件、支柱、绝缘部件后，应记录所更换设备的名称、材质、型号、厂家等信息，并修订相关技术资料。

1．质量分析

供电段技术主管部门和车间每月、铁路局主管专业部门每季度应组织开展接触网运行质量分析，并分别编制质量分析报告。

质量分析应根据接触网检测和运行过程中存在问题，对接触网质量状态进行综合诊断，找出设备在运行中出现的特殊性、普遍性问题及质量状态变化规律，针对反映出的质量问题，制定整治措施，纳入维修计划。质量分析报告主要内容包括：

（1）检测、维修计划完成情况。

（2）检测、维修及设备运行中发现的具体问题。

（3）产生问题的原因分析及采取的措施。

（4）接触网质量状态的变化规律和趋势。

铁路局组织供电段定期对接触网动态运行质量进行评价，每年 10 月底前对设备整体技术状态进行质量鉴定。对季节变换、故障频繁发生等特殊情况可不定期组织质量评价。

2．质量评价

质量评价是通过对接触网动态几何参数、接触线平顺性参数、弓网受流性能参数等进行综合分析，掌握设备动态运行功能。

质量评价一般以正线公里为单元，根据每公里接触网扣分数进行评价。质量评价等级分为优良、合格、不合格三种。具体评价标准见附件5。总扣分 $t<10$ 为优良，$10 \leqslant t<40$ 为合格，$t \geqslant 40$ 为不合格。区段质量评价根据区段内每公里接触网评价结果确定，优良、合格、不合格公里数为相同质量等级公里数之和。优良率、合格率、不合格率分别按下列公式计算：

$$优良率 = \frac{优良设备数量（正线公里）}{设备评价总数量（正线公里）} \times 100\%$$

$$不合格率 = \frac{不合格设备数量（正线公里）}{设备评价总数量（正线公里）} \times 100\%$$

3．质量鉴定

质量鉴定主要是通过静态方式对接触网几何参数、设备及零部件状态进行综合统计分析，掌握设备整体技术状态。质量鉴定可采用静态检测、接触网悬挂状态监测检测图像分析、人工检查的方式，按单项设备和整体设备分别进行。接触悬挂、附加导线以条公里为单位，隔离（负荷）开关、避雷器等以台为单位；线岔、绝缘器（含关节式分相）等以组为单位；整体设备以换算条公里为单位。质量鉴定以跨距为鉴定单元。若在被鉴定的跨距内有一处不合格，即视为该跨距不合格（在悬挂点及定位点处，跨距长度按相邻跨距的平均值计算）。对一个锚段的接触线、承力索、附加导线等，当接头及补强数量超过规定值后，该锚段即视为不合格设备。整根高压电缆有一项不合格的，即视该根电缆为不合格设备。

质量鉴定等级分为三种：

（1）优良：绝缘部件（含空气绝缘间隙）、接触线几何参数和主导电回路的设备状态未超过警示值者。

（2）合格：设备状态未超过限界值者。

（3）不合格：设备状态达到或超过限界值者。

优良率、合格率、不合格率分别按下列公式计算：

$$优良率 = \frac{优良设备数量（换算条公里）}{设备评价总数量（换算条公里）} \times 100\%$$

$$不合格率 = \frac{不合格设备数量（换算条公里）}{设备评价总数量（换算条公里）} \times 100\%$$

合格率 = 1 - 不合格率

质量鉴定结果应详细记录，并作为当年设备质量运行状态填入接触网设备履历。供电段要针对鉴定存在的问题进行分析总结，提出整改措施并组织实施。对鉴定不合格的设备按照责任进行考核。

质量鉴定范围应包括所有接触网设备，但下列设备可不作鉴定：

（1）已封存的设备。

（2）本年度新（改）建或已列入当年大修计划的设备。

对本年度新（改）建或大修设备的质量状况，可按工程竣工验收质量评定结果统计。

质量鉴定发现缺陷在鉴定期间已处理的，可按处理后的质量状态进行评定。

第六节　高速铁路接触网检修作业制度

按照作业性质的不同，将高速铁路接触网的检修作业分为三种：

（1）停电作业——在接触网停电设备上进行的作业。

（2）间接带电作业——借助绝缘工具间接在接触网带电设备上进行的作业。

（3）远离作业——在距接触网带电部分 1 m 及其以外的处所进行的作业。

1．停电作业制度

1）一般规定

双线电化区段，接触网停电作业按停电方式分为垂直作业和 V 形作业。

垂直作业——双线电化区段，上、下行接触网同时停电进行的接触网作业。

V 形作业——双线电化区段，上、下行接触网一行停电进行的接触网作业。

停电作业时，作业人员（包括所持的机具、材料、零部件等）与周围带电设备的距离不得小于下列规定：330 kV 为 5000 mm；220 kV 为 3000 mm；110 kV 为 1500 mm；25 kV 和 35 kV 为 1000 mm；10 kV 及以下为 700 mm。检修各种电缆及附件前应对电缆导体、铠装层及屏蔽层两端进行安全接地，并充分放电。当断开电缆导体、铠装层、屏蔽层以及检修上网隔离开关时，应采取防止感应电及穿越电流人身伤害措施。不能采用 V 形进行的停电检修作业，须利用垂直作业方式，其地点应在接触网平面图上用红线框出，并注明禁止 V 形作业字样。

2）V 形天窗作业

（1）进行 V 形作业应具备的条件：

① 一行接触网设备距离另一行接触网带电设备间的距离大于 2 m，困难时不小于 1.6 m。

② 一行接触网设备距离另一行通过的电力机车（动车）受电弓瞬时距离大于 2 m，困难时不小于 1.6 m。

③ 上、下行或由不同馈线供电的设备间的分段绝缘器其主绝缘爬电距离不小于 1.2 m。

④ 上、下行或由不同馈线供电的横向分段绝缘子串，爬电距离须保证在 1.2 m 及以上，污染严重的区段应达到 1.6 m。

⑤ 同一支柱（吊柱）上的设备由同一馈线供电。

（2）利用 V 形停电作业时，应遵守下列要求：

① 接触网停电作业前，须撤除向相邻线供电的馈线开关保护重合闸，断开相应可能向作业线路送电的所、亭开关。

② 作业人员作业前，工作领导人（监护人员）应向作业人员指明停、带电设备的范围，加强监护，并提醒作业人员保持与带电部分的安全距离，确保人员、机具不侵入邻线限界。

③ 为防止动车组（电力机车）将电带入停电区段，列车调度员（车站值班员）应确认禁止动车组（电力机车）通过的限制要求。

④ 在断开导电线索前,应事先采取旁路措施。更换长度超过 5 m 的长大导体时,应先等电位后接触,拆除时应先脱离接触再撤除等电位。

⑤ 检修吸上线、PW 线、回流线（含架空地线与回流线并用区段）、避雷线等附加导线时不得开路,如必须进行断开回路的作业,则须在断开前使用不小于 25 mm 铜质短接线先行短接后,方可进行作业。在变电所、分区所、AT 所处进行断开吸上线、电缆及其屏蔽层的检修时应采用垂直作业。吸上线与扼流变中性点连接点的检修,不得进行拆卸,防止造成回流回路开路。确需拆卸处理时,须采取旁路措施,必要时请电务部门配合。

⑥ V 形作业检修支柱下部地线、避雷引下线等,可在不停电情况下进行,但须执行第三种工作票并做好行车防护,不得侵入限界；开路作业时应使用短接线先行短接后,方可进行作业。遇有雨、雪、雾、风力在 5 级及以上恶劣天气一般不进行 V 形作业。必须利用 V 形作业进行检修和故障处理或事故抢修时,应增设接地线,并在加强监护的情况下方准作业。

⑦ 检修隔离开关、电分段锚段关节、关节式分相和分段绝缘器等作业时,应用不小于 25 mm 的等位线先连接等位后再进行作业。

（3）V 形停电作业接地线设置还应执行以下要求：

① 两接地线间距大于 1000 m 时,需增设接地线。

② 一般情况下,接触悬挂和附加导线及同杆架设的其它供电线路均需停电并接地。但若只在接触悬挂部分作业,不侵入附加导线及同杆架设的其它供电线路的安全距离时,附加悬挂及同杆架设的其它供电线路可不接地。

③ 在电分段、软横跨等处作业,中性区及一旦断开开关有可能成为中性区的停电设备上均应接地线,但当中性区长度小于 10 m 时,在与接地设备等电位后可不接地线。

④ 接地线应可靠安装,不得侵入邻线限界,并有防风摆措施。

（4）命令程序。

每个作业组停电作业前,由工作领导人指定一名安全等级不低于三级的作业组成员作为要令人员,向供电调度员申请停电命令,并说明停电作业的范围、内容、时间、安全和防护措施等。几个作业组同时作业时,每一个作业组必须分别设置安全防护措施,分别向供电调度申请停电命令。

供电调度员在发布停电作业命令前,要做好下列工作：

① 将所有的停电作业申请进行综合安排,审查作业内容和安全防护措施,确定停电的区段。

② 通过列车调度员办理停电作业的手续,对可能通过受电弓导通电流的部位采取行车封闭或限制措施,防止来电的可能。

③ 确认有关馈电线断路器、开关均已断开。

④ 进行接触网上网电缆、上网隔离开关停电作业时,确认上网电缆在变电所（亭）GIS 柜侧已接地。

供电调度员发布停电作业命令时,受令人应认真复诵,经确认无误后,方可给命令编号和批准时间。在发、受停电命令时,发令人要将命令内容等进行记录,受令人要填写"接触网停电作业命令票"（格式见附件 6）。

（5）验电接地。

作业组在接到停电作业命令后须先验电接地,然后方可进行作业。使用验电器验电的有关规定：

① 必须使用同等电压等级的验电器验电，验电器的电压等级为 25 kV。

② 验电器具有自检和抗干扰功能，自检时具有声、光等信号显示。

③ 验电前自检良好后，现场检查确认声、光信号显示正常（有条件的，还要先在同等电压等级有电设备检查其性能），然后再在停电设备上验电。

在运输和使用过程中，应确保验电器状态良好。

接地线应使用截面积不小于 25 mm 的裸铜绞线制成并有透明护套保护。接地线不得有断股、散股和接头。接地线应可靠接在钢轨上，且不应跨接在钢轨绝缘两侧、道岔尖轨处，必须跨接在钢轨绝缘两侧时，应封闭线路。地线穿越或跨越股道时，必须采取绝缘防护措施。当验明确已停电后，须立即在作业地点的两端和与作业地点相连、可能来电的停电设备上装设接地线。如作业区段附近有其它带电设备时，按照停电作业时作业人员（包括所持的机具、材料、零部件等）与周围带电设备满足的最小距离执行，并在需要停电的设备上也装设接地线。在装设接地线时，先将接地线的一端接地；再将另一端与被停电的导体相连。拆除接地线时，其顺序相反。接地线要连接牢固，接触良好。装设接地线时，人体不得触及接地线，接好的接地线不得侵入未封锁线路的限界。装设或拆除接地线时，操作人要借助于绝缘杆进行。绝缘杆要保持清洁、干燥。当作业内容不涉及正馈线、回流线（保护线），及其它停电线路及设备时，对这些不涉及的线路和设备可不装设接地线，但要按照有电对待，保持规定的安全距离。停电天窗时间内，使用接触网作业车或专用车辆进行接触网巡视或检测作业，可不装设接地线。不装设接地线时，作业过程中禁止攀登平台、车顶和支柱。验电和装设、拆除接地线必须由两人进行，一人操作，一人监护。接地线位置应处在停电范围之内，作业地点范围之外。在停电作业的接触网附近有平行带电的高压电力线路或接触网时，为防止感应电压，除按规定装设接地线外，还应增设接地线。关节式分相检修时，除在作业区两端装设接地线外，还应在中性区上增设地线，并将断口进行可靠等位短接。

（6）作业结束。

工作票中规定的作业任务完成后，由工作领导人确认具备送电、行车条件，清点作业人员、机具、材料等，确认没有遗留后全部撤至安全地带，拆除接地线，通知要令人请求消除停电作业命令。停电命令消除后，人员、机具必须与接触网设备保持规定的安全距离；作业车辆驶出封锁区间（站场）或人员及机具撤离至铁路防护栅栏以外后，方可消除行车封锁（邻线限速）命令。几个作业组同时作业，当作业结束时，每个作业组须分别向供电调度申请消除停电作业命令。

供电调度送电时按下列顺序进行：

① 确认整个供电臂所有作业组均已消除停电作业命令。

② 按照规定进行倒闸作业。

③ 通知列车调度员接触网已送电。

2．间接带电作业制度

1）一般规定

遇有雨、雪、重雾、霾等恶劣天气，或空气相对湿度大于 85% 时，一般不进行间接带电作业。间接带电作业人员在接触工具的绝缘部分时应戴干净的手套，不得赤手接触或使用脏污手套。间接带电作业时,作业人员(包括其所携带的非绝缘工具、材料)与带电体之间须保持的最小距离不得小于 1000 mm,当受限制时不得小于 600 mm。

2)命令程序

每次作业前,由工作领导人指定安全等级不低于三级的作业组成员作为要令人员向供电调度员申请作业命令。在申请作业命令时,要说明间接带电作业的范围、内容、时间和安全防护措施等。几个作业组同时作业时,每一个作业组须分别设置安全防护措施,分别向供电调度申请作业命令。

供电调度在发布间接带电作业命令前,要做好下列工作:

(1)将所有的间接带电作业申请进行综合安排,审查作业内容和安全防护措施,确定作业地点、范围和安全防护措施。

(2)撤除有关馈线断路器的重合闸。

(3)在发布间接带电作业命令时,经受令人认真复诵并确认无误后,方可发布命令编号和批准时间。每次进行间接带电作业时,发令人将命令内容填写在"作业命令记录"中,受令人要填写"接触网间接带电作业命令票"(格式见附件 7)。

在作业过程中如果发现馈电线的断路器跳闸,供电调度员在未查清作业组情况前不得送电。作业组如果发现接触网无电时,要立即向供电调度报告。

3)作业结束

作业任务完成,清点全部作业人员、机具、材料并撤至安全地带后,由工作领导人宣布结束作业,通知要令人向供电调度员申请消除间接带电作业命令。几个作业组同时作业时,要分别向供电调度申请消除间接带电作业命令。

供电调度员确认作业组已经结束作业,不妨碍正常供电和行车后,给予消除作业命令时间,双方均记入记录中,整个间接带电作业方告结束。供电调度员确认供电臂内所有的作业组均已消除间接带电作业命令,方能恢复有关馈线断路器的重合闸。

4)安全技术措施

间接带电作业工作领导人不得直接参加操作,必须在现场不间断地进行安全监护。工作领导人在作业前检查工具良好,确认联络员和行车防护人员已全部就位,通讯联络工具状态良好,间接带电作业命令程序办理完毕,所采取的安全及防护措施全部落实后,方能向作业组下达作业开始的命令。

3. 工作票制度

1)工作票种类

根据作业性质的不同,工作票分为三种:

(1)接触网第一种工作票,用于停电作业。

(2)接触网第二种工作票,用于间接带电作业。

(3)接触网第三种工作票,用于远离作业即距带电部分 1 m 及其以外的高空作业、较复杂的地面作业、未接触带电设备的测量及铁路防护栅栏内步行巡视等。

2)工作票的要求

(1)工作票是进行接触网作业的书面依据,填写时要字迹清楚、正确,需填写的内容不得涂改和用铅笔书写。工作票填写 1 式 2 份,1 份由发票人保管,1 份交给工作领导人。

事故抢修和遇有危及人身或设备安全的紧急情况，作业时可以不签发工作票，但必须有供电调度批准的作业命令，并由抢修负责人布置安全、防护措施。

（2）工作票有效期不得超过 3 个工作日。作业结束后，工作领导人要将工作票和相应命令票（格式见附录 6、7）交工区统一保管。在工作票有效期内没有执行的工作票，须在右上角盖"作废"印记交回工区保管。所有工作票保存时间不少于 12 个月。

（3）工作票签发人和工作领导人安全等级不低于四级。同一张工作票的签发人和工作领导人必须由两人分别担当。

（4）发票人一般应在作业 6 h 之前将工作票交给工作领导人，使之有足够的时间熟悉工作票中的内容并做好准备工作。工作领导人对工作票内容有不同意见时，应向发票人提出，经认真分析，确认无误后，签字确认。每次作业，一名工作领导人同时只能接受一张工作票。一张工作票只能发给一名工作领导人。

（5）工作票中规定的作业组成员一般不应更换，若必须更换时，应由发票人签认，若发票人不在可由工作领导人签认。工作领导人更换时，必须由发票人签认。当需变更作业种类、作业地点、作业内容、需停电的设备、封锁或限行条件等要素之一时，必须废除原工作票，签发新的工作票。

（6）工作领导人应提前组织作业组成员（含作业车司机）召开工前预备会，宣讲工作票并进行作业分工、安全预想，将本次作业任务和安全措施逐项分解落实到人，并进行针对性安全提示。作业组成员有疑问时应及时提出，工作领导人组织答疑并确认无误。作业前，工作领导人应组织作业组成员列队点名，并确认作业安全用具准备充分、作业组人员身体及精神状态良好后，方准作业。

（7）V 形接触网检修作业使用的工作票右上角应加盖"上行"或"下行"印记。工作票中要有针对 V 形接触网检修作业的特殊性提出的安全措施。主要是：

① 写明上行（下行）封锁及停电，下行（上行）未封锁及有电，人员机具和作业车平台旋转不得侵入下行（上行）限界的范围。

② 防止误触有电设备的安全措施。

③ 防止感应电伤害的安全措施。

④ 防止穿越电流伤害的安全措施。

防止电力机车将电带入作业区段的安全措施。

（8）在设备较复杂的区段作业时，应附页画出作业区段简图，标明停电作业范围、接地线位置，并用红色标记带电设备。

4．高空作业制度

1）一般规定

凡在距离地（桥）面 2 m 及以上的处所进行的作业均称为高空作业。高空作业必须设有专人监护，其监护要求如下：

（1）间接带电作业时，每个作业地点均要设有专人监护，其安全等级不低于四级。

（2）停电作业时，每个监护人的监护范围不超过 2 个跨距，在同一组硬（软）横跨上作业时不超过 4 条股道，在相邻线路同时作业时，要分别派监护人各自监护；当停电成批清扫绝缘子时，可视具体情况设置监护人员。监护人员的安全等级不低于三级。

（3）作业人员及所携带的物件、作业工器具等与接触网带电部分距离小于3 m的远离作业，每个作业地点均要设有专人监护，其安全等级不低于四级。

高空作业使用的小型工具、材料应放置在工具材料袋（箱）内。作业中应使用专门的用具传递工具、零部件和材料，不得抛掷传递。高空作业人员作业时必须将安全带系在安全牢靠的地方。进行高空作业时，人员不宜位于线索受力方向的反侧，并采取防止线索滑脱的措施。在曲线区段调整接触网悬挂时，要有防止线索滑移的后备保护措施。冰、雪、霜、雨等天气条件下，接触网作业用的车梯、梯子、接触网作业车的爬梯和平台应有防滑措施。

2）攀杆作业

攀登工具应在出库前检查状态良好，安全用具完好合格。攀登支柱前要检查支柱状态，观察支柱上有无其它设备，选好攀登方向和条件。攀登支柱时要手把牢靠，脚踏稳准，尽量避开设备并与带电设备保持规定的安全距离。用脚扣攀登时，要卡牢系紧，严防滑落。

3）登梯作业

接触网作业用的车梯和梯子必须符合下列要求：

（1）结实、轻便、稳固。

（2）车梯的车轮采取可靠的绝缘措施。

（3）按表8.4的规定进行试验。

表8.4　实验标准表

顺号	名称	试验周期（月）	额定负荷（kg）	试验负荷（kg）	试验时间（分）	合格标准
1	车梯： 1. 工作台 2. 工作台栏杆 3. 每一级梯蹬	12	200 100 100	300 200 200	5 5 5	无裂损和永久变形
2	梯子：每一级梯蹬	12	100	200	5	无裂损和永久变形
3	绳子（尼龙、棕、麻绳）钢丝绳	12	P_H	$2P_H$	10	无破损和断股
4	安全带	12	100	225	5	无破损
5	金属工具	12	P_H	$2.5P_H$	10	无破损和永久变形
6	非金属工具	12	P_H	$2P_H$	10	
7	起重工具	12	P_H	$1.2P_H$	10	
8	脚扣	12	100	120	5	无破损和永久变形

注：P_H为额定负荷

使用车梯进行作业时，应指定车梯负责人，工作台上的人员不得超过两名。所有的零件、工具等均不得放置在工作台的台面上。作业中推动车梯应服从工作台上人员的指挥。当车梯工作台面上有人时，推动车梯的速度不得超过5 km/h，并不得发生冲击和急剧起、停。工作台上人员和车梯负责人应呼唤应答，配合妥当。车梯负责人和推车梯人员，应时刻注意和保持车梯的稳定状态。当车梯在曲线上或遇大风时，对车梯要采取防止倾倒的措施；当外轨超高≥125 mm或风力五级以上时，未采取固定措施禁止登车梯作业。车梯在大坡道上时，应采取防止滑移的措施；当车梯放在道床、路肩上或作业人员的重心超出工作台范围作业时，作业人员应将安全带系在接触网上；车梯在地面上推动时，工作台上不得有人停留。当用梯子作业时，作业人员应先检查梯子是否牢靠；要有专人扶梯，梯子支挂点稳固，严防滑移；梯子上只准有1人作业。

4) 接触网作业车作业

接触网作业车出车前，司机应认真检查车辆和行车安全装备、防护备品齐全良好，并与作业人员检查通讯工具，确保联络畅通。接触网作业车司机应执行作业前的待乘休息制度，充分休息，确保精神状态良好。作业前司机应掌握作业范围和内容并进行安全预想，作业和运行过程中应注意力集中。接触网作业车分解作业，须提前明确每台车的作业范围，以及作业完毕后停留车列和运行连挂车辆的位置，工作领导人和司机应熟悉和掌握。接触网作业车进入封锁区间前，司机应认真核对调度命令，确认信号，按规定联控。司机和工作领导人要根据调度命令及作业地点，拟定区间返回的时刻，并严格执行。使用接触网作业车作业时，应指定作业平台操作负责人，作业平台不得超载。工作领导人必须确认地线接好后，方可允许作业人员登上接触网作业车的作业平台。作业车平台应设置随车等位线，在完成作业平台和工作对象设备等位措施后，方可触及和进行作业。人员上、下作业平台应征得作业平台操作负责人的同意。接触网作业车移动或作业平台升降、转向时，严禁人员上、下。V形作业时，所有人员禁止从未封锁线路侧上、下作业车辆。作业平台应具有平台转向限位装置，作业前应将限位装置打至正确位置，作业平台严禁向未封锁的线路侧旋转。当邻线有列车通过时，应停止作业。接触网作业车作业平台防护门关闭时应有闭锁装置。作业中须锁闭好作业平台的防护门，作业完毕后及时放下防护栏杆。外轨超高≥125 mm区段人员需在作业平台上作业时，作业平台应具有自动调平装置并开启调平功能。作业人员的重心超出作业平台防护栏范围作业时，须将安全带系在牢固可靠的部位。司机（或在平台上操纵车辆移动的人员）须精力集中，密切配合，在移动车辆前应注意作业车及作业平台周围的环境、设备、人员和机具等情况，与附近的设备保持规定的安全距离。作业平台上的所有人员在车辆移动中应注意防止接触网设备碰刮伤人。作业平台上有人作业时，作业车移动的速度不得超过10 km/h，且不得急剧起、停车。作业中作业车的移动应听从作业平台操作负责人的指挥。平台操作负责人与司机之间的信息传递应及时、准确、清楚，并呼唤应答。现场作业结束及作业车返回驻地后，司机应对车辆状态及随车备品进行检查，发现部件缺失等应及时查找，必要时对作业车运行的区段申请采取相应行车限制措施。

5. 作业区防护制度

进行接触网施工或维修作业时，应在列车调度台，或车站（动车所）行车室设联络员，施工及维修地点设现场防护人员。要求如下：

（1）联络员和现场防护人员应由指定的、安全等级不低于三级人员担任。

（2）在车站行车室设驻站联络员时，区间作业，驻站联络员设在该区间相邻车站的行车室；车站作业，驻站联络员设在本站行车室。

（3）作业区段按照规定距离设置现场防护人员，防护人员担当行车防护同时可负责监护接触网停电接地封线状态。防护人员不得侵入机车车辆限界。

接触网施工维修作业防护按照《铁路技术管理规程》相关规定执行。接触网维修作业，现场防护人员应站在维修地点附近、且瞭望条件较好的地点进行防护，显示停车手信号。

当设备发生故障，需在双线区间的一线上道检查、处理设备故障时，须进行防护，本线、邻线可不设防护信号，司机应加强瞭望。

作业过程中，联络员、现场防护人员与现场工作领导人之间必须保持通信畅通并定时联系，确认通信良好。一旦联控通信中断，工作领导人应立即命令所有作业人员下道，撤至安全地带。

不同作业组分别作业时，不准共用现场防护人员。在未设好防护前不得开始作业，在人员、机具未撤至安全地点前不准撤除防护。

驻调度所（驻站）联络员、现场防护人员须做到：

（1）具备基本的行车知识，熟悉有关行车防护知识，驻调度所（驻站）联络员还应熟悉列车调度台及车站行车室有关设备显示。

（2）熟悉有关防护及通讯工具的使用方法及各种防护信号的显示方法，每次出工前应检查通信工具是否良好，行车防护用品携带齐全、有效。

（3）作业期间坚守岗位，思想集中，及时、准确、清晰地传递行车信息和信号，作业未销记前，不得撤离工作岗位。

（4）不得影响其他线路上列车正常运行。

6．倒闸作业制度

接触网倒闸作业执行一人操作、一人监护制度。接触网隔离开关、负荷开关的倒闸作业，具备远动功能的由供电调度员远动操作。不具备远动功能或远动功能失效时，由供电调度员发布倒闸命令，作业人员当地操作。在高速铁路防护栅栏内进行当地倒闸作业时，必须在上、下行线路封锁或本线封锁、邻线列车限速 160 km/h 及以下进行。从事隔离开关、负荷开关现场倒闸作业人员应由安全等级不低于三级人员担任。接触网作业人员进行隔离开关、负荷开关倒闸时，必须有供电调度的命令；对动车所等单位有权操作的隔离开关，接触网作业人员倒闸作业之前，须告知该单位主管负责人，并共同确认做好相应措施。

在申请倒闸命令时，先由安全等级不低于三级的要令人向供电调度提出申请，供电调度员审查无误后发布倒闸命令；要令人受令复诵，供电调度员确认无误后，方可给命令编号和批准时间；每次倒闸作业，发令人要将命令内容记录，受令人要填写"隔离开关倒闸命令票"。操作人员接到倒闸命令后，必须先确认开关位置和开合状态无误，再进行倒闸。倒闸时操作人必须戴好安全帽和绝缘手套，穿绝缘靴，操作准确迅速，一次开闭到位，中途不得停留和发生冲击。倒闸作业完成，确认开关开合状态无误后，向要令人报告倒闸结束，由要令人向供电调度员申请消除倒闸作业命令。供电调度员要及时发布完成时间和编号并进行记录，要令人填写"隔离开关倒闸完成报告单"。遇有危及人身或设备安全的紧急情况，可以不经供电调度批准，先行断开断路器或有条件断开的负荷开关、隔离开关，并立即报告供电调度。但再闭合时必须有供电调度员的命令。严禁带负荷进行隔离开关的倒闸作业。严禁利用隔离开关或负荷开关对故障线路进行试送电。隔离开关可以开、合不超过 10 km（延长公里）线路的空载电流，超过时，应经过试验，并经铁路局批准。

远动操作时，供电调度员应通过调度端显示的遥信信号对开关位置进行确认，现场有作业人员时，还应进行现场确认。远动系统异常时，禁止远动倒闸操作。遇开关位置信号异常时，应立即安排人员现场确认。

隔离开关、负荷开关的机构箱或传动机构须加锁，钥匙应存放于固定地点并由专人保管。

第七节　特殊环境下的接触网运行策略

运行中的弓网系统会受到冰或（和）风等因素的影响，极端天气气候事件甚至会破坏弓网系统的正常运行条件，导致弓网系统出现故障。

弓网系统的不良电接触会对接触网线索造成热侵蚀，为避免弓网接触点的局部温升超出允许限度后影响接触线的抗拉强度，需要限制受电弓从接触网集取的电流量。

弓网系统设备主要使用金属或合金材料，当暴露于大气中、或与其他金属材料接触时，会因与周围环境（介质）发生化学或电化学反应而引起破坏或变质，从而产生腐蚀。弓网系统材料的腐蚀及疲劳会缩短系统设备的使用寿命，严重情况下还会危及系统的安全运行。

在振动或其他外部因素（例如：风）的作用下，弓网系统某些零部件产生局部永久性损伤的可能性增加，在一定循环次数后损伤部位容易形成裂纹，或使裂纹进一步扩展直至完全断裂。

需要对运营中的弓网系统设备进行恰到好处的维护。设备维护又分为设备保养、设备检查与设备修理。材料设备和运行数据、诊断和修理以及异常和故障等的统计与分析是制订维修计划和研究发展接触网的基础。

1. 接触网覆冰时的运行策略

一般来说，当天气发生变化，如气温突然降到 $0\ ℃$ 以下、下雾或者下了冷雨之后，就会在受电弓、接触网线索以及零部件上形成覆冰。覆冰主要有三种形式：

——密度为 $600 \sim 900\ kg/m$ 的坚硬透明或半透明的覆冰；

——密度为 $20 \sim 100\ kg/m$ 的薄层结晶的白霜；

——密度为 $200 \sim 600\ kg/m$ 的冰霜混合物。

覆冰、白霜和冰霜混合物通常在风速小于 $15\ m/s$ 的条件下形成，在风速为 $20 \sim 25\ m/s$ 的情况下则很难形成。风力小到一定程度时，冻雨在线索上还会形成冰挂。

如果接触网线索的走向与风向接近垂直，会在线索的向风侧形成覆冰；如果风向与线索的走向一致，则线索的整个面上都会形成覆冰，但覆冰的强度和密度会相应变小。线索覆冰的外形有各种各样。覆冰主要形成在线索一侧时，其形状多数为椭圆形，自由悬挂导线在这种偏心负载的作用下会发生扭转，大跨距情况下的扭转更为明显，导线的扭转角度随着与悬挂点距离的增加而增大。由于导线扭转，覆冰形状也随之变化。链形接触悬挂的承力索与接触线通过吊弦相互连接，在覆冰时可有效避免导线产生扭转。

冰不仅会凝结在接触网的线索上，还会凝结在受电弓的框架、支持绝缘子及滑板上。受电弓上的结冰有可能使受电弓无法自由活动，支持绝缘子表面的冰会使绝缘强度下降，滑板表面的结冰则会使滑板无法与接触线直接接触。

冰壳的导电性能差，受电弓集取电流时会产生电弧，这也是覆冰情况下接触网线索容易烧伤的主要原因。覆冰的接触线会给受电弓的正常滑行带来麻烦，尤其是使用碳滑板的受电弓，在速度较高时，接触线下表面的覆冰极易造成硬而脆的碳滑板折断。

可见，覆冰会使弓网系统的运行变得复杂而危险，应采取必要的措施消除受电弓与接触网上的覆冰。

可以采用电流加热的方法使接触网线索上的覆冰融化，也可以采用机械的方法去除接触线下表面的覆冰。

众所周知，导线温度只有低于 0 ℃ 时才可能在其表面形成覆冰。如果导线表面有覆冰，可向导线输送一定量的电流，导线通电发热后会使覆冰逐渐融化。基于融冰试验取得的数据可以认为，当铜导线电流密度达到 2～3.5 A/mm² 时就可以达到所需要的导线温度，防止线索覆冰。

如果要融化铜导线上已经形成的覆冰，所需要电流密度不应低于 5.5 A/mm²，最高电流密度应按导线截面所允许的载流量确定。确定融冰最大电流值的原则是任一根导线的电流密度均不应超过导线的容许电流密度。

在有些电气化区段，使用电流加热的融冰方法有一定的局限性，比如并联接触悬挂较多的车站、接触网的中性段等，这时可以采用机械方法除冰，如使用安装了特殊滑板的受电弓进行除冰。

对于运营的受电弓来说，在出现覆冰之前，应在滑板和框架上涂上薄薄的一层专用机油，电气列车站停时，对受电弓进行反复升降操作即可除掉滑板和框架上的覆冰，也可在车站、内向静止车辆的受电弓喷洒 20～30 ℃ 的温水使冰融化。

电流加热融冰和机械除冰等均为预防性措施，对于结冰比较严重的电气化区段，当接触线有覆冰而又无法及时采取预防性措施时，列车司机应遵守一些特殊规定：工作电力机车应升双弓进行列车起动和加速。在导线挂冰已被清除，而且没有弓网燃弧的区间内，必须将行车方向的第一架受电弓降下来。只有在接触线上有覆冰的情况下，工作电力机车才可以升双弓运行。

双机牵引时，第二台电力机车只能升一架受电弓远行，即升行车方向的第二架受电弓。电气列车长时间升弓站停时，受电弓最多不要超过一个小时就应无负载升降一次。对于没有除冰设施的站场，在列车长时间站停以后，应在发车前摘下电力机车，并使电力机车升双弓在 100～150 m 距离内低速往返 2～3 次，利用受电弓滑板刮掉接触线下表面的覆冰。

使用碳滑板的受电弓不应在结冰的接触网区段高速运行，以免碳滑板因遭受挂冰较大的水平冲击而折断。

2．接触网线索的舞动及大风时的运行策略

风和阵风对弓网系统的稳定运行影响很大。风会导致接触网线索偏离原始位置，在个别区段甚至使接触网产生振荡。风遇到障碍物后会改变方向，其垂直运动分量会导致弓网接触力和接触线抬升的增加。运行中的受电弓相对于空气运动产生的空气动力也会作用到接触网上，高速运行中的受电弓，会对相对静止的空气带来冲击，空气会因此向四周流动，气流在受电弓的一些部件上产生气动升力的同时，还会产生气动阻力。

图 8.1 为受电弓、连杆机构及受电弓在运行过程中所受到的气动升力及气动阻力示意图。

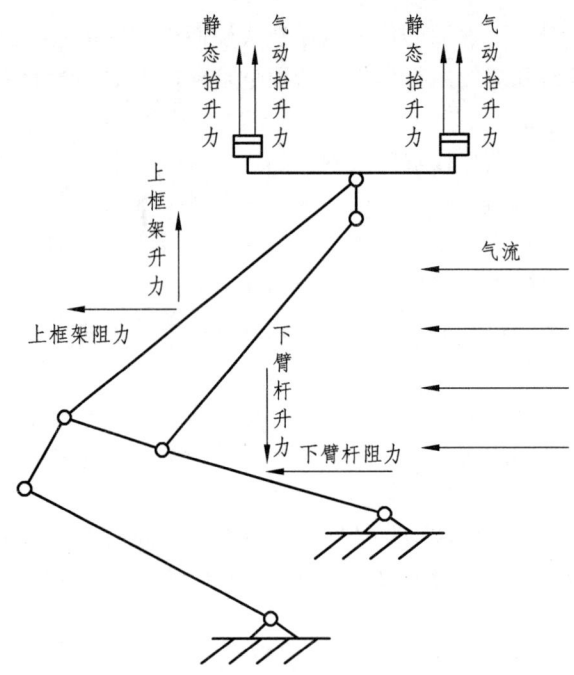

图 8.1 受电弓运行时的空气动力

线路试验表明,受电弓受到的气动阻力主要作用在弓头上(75~80%),其余部分(20~25%)作用在框架上,两个运行方向的气动阻力基本一致。

采用独立双滑板的受电弓存在前、后滑板气动阻力与气动升力不一致的现象,这也是导致弓网接触力在前后滑板上不均匀分布的原因之一。

在侧向风、列车运行风、各种不同的线路断面(如上坡、路堑、跨谷高架桥、斜坡)、进出隧道导致的气流突变等因素的影响下,受电弓的空气动力特性与良好运行环境相比会产生不利于弓网接触质量的变化,具体表现为弓网接触力出现异常变化。弓网系统的设计应考虑到这种变化。

为确保受电弓在两个运行方向均具备可靠取流所需要的气动抬升力,以及两个运行方向的气动升力基本一致,需在弓头上设置合适的气流调节板。

为保证双滑板受电弓的前后滑板具备比较一致的气动升力,以及提供受电弓必要的气动升力,还需在滑板上设置合适的气流调节板。

如图 8.2 所示的气流调节板分别安装在受电弓的弓角与滑板支架上。受电弓的运行速度越高,气动升力、气动阻力就越大。气动升力、气动阻力与运行速度的平方成正比,即运行速度增加为原来的两倍,气动升力和气动阻力会增大为原来的四倍;运行速度增大为原来的三倍,气动升力和气动阻力会增大为原来的几倍。空气密度大,气动升力和气动阻力也越大。空气密度增大为原来的两倍,气动升力和气动阻力也增大为原来的两倍,即气动升力和气动阻力与空气密度成正比。

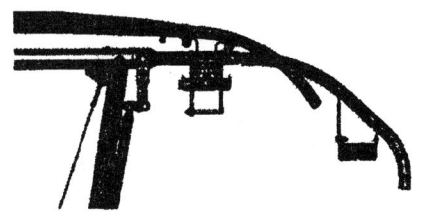 

（a）正视图　　　　　　　　　　（b）侧视图

图 8.2　安装在受电弓的气流调节板

受电弓的各个部件在气动升力、气动阻力的共同作用下，最终在滑板处产生一个垂直于接触网的气动抬升力——空气动力。

通常根据空气动力学原理选定一种特定的结构使受电弓产生一个所期望的空气动力 F_{AER}，其目标值为

$$F_{AER} = k \cdot v^2$$

式中，k 是一个与弓头工作高度和运行位置无关的恒定系数。

接触网线索舞动是线索因覆冰或其他原因而在气流中形成对空气动力不稳定的外形而引起的失稳式振动，是一种低频率（0.1～3 Hz）、大振幅的自激振动，其形态表现为上下翻飞，形如龙舞，俗称舞动。

舞动发生时，架空接触网线索做大幅度的波浪式振动，并兼有摆动，摆动轨迹顺线路方向近似椭圆状。由于线索舞动的幅度大，有摆动，持续时间长，容易造成接触网短路、接触网金具损坏，造成线路跳闸停电或烧伤接触网线索、折断支持装置、拉倒支柱等事故，会对正常的铁路运输带来严重干扰。

舞动问题是包括接触网在内的架空输电线路机械力学领域公认的世界性难题，其复杂性主要表现为：线索和气流相互作用所造成的耦合；导线的大幅运动所造成的几何非线性；风雨冰雪、地形地貌所造成的随机性等。另外，世界各国所记录的舞动现场千差万别，这使得某些局部经验无法应用到其他场合，难以得到全面推广，而模拟舞动的试验耗资巨大，周期长，也给这方面的研究工作带来一系列困难。不过，到目前为止，国内外对舞动产生条件的观测基本一致，即需要同时具备三个主要因素：线索覆冰、风激励以及特殊的线路结构与参数等。

（1）线索覆冰接触网线索舞动常发生在秋末冬初或冬末春初，在降雨、雨夹雪天气，导线舞动也易于发生，大多数观察到舞动发生的线索上都有覆冰，且多为非对称覆冰，即迎风侧厚，背风侧薄。发生舞动时以中等覆冰居多，但也有不少薄冰舞动的案例，甚至还曾经观测到无覆冰而发生舞动，只是这种情况极为少见，因此，一般认为线索覆冰是舞动的必要条件之一。

线索覆冰主要受气候因素影响，多发生在雨凇、霜凇、湿雪以及冻雨或雨夹雪的情况下。

（2）风激励是线索舞动的必要条件发生舞动时，风速范围一般为 4～20 m/s。根据观测结果，风向与线索的走向越接近于垂直就越容易引起舞动；当风向平行于线索时，引起舞动的

可能性最小。

风激励主要与地理因素有关，在四周无屏蔽物的开阔地带或山谷风口，均匀的风会持续吹向导线，这些地区易发生舞动。

（3）特殊的线路结构和参数也是形成舞动的重要因素之一从国内外的统计资料来看，在相同的环境、气象条件下，大截面导线比小截面导线易于舞动；分裂导线比单导线易于舞动；0 °C 以下且导线张力低至 20~80 N/mm 时易于发生舞动。

根据接触网线索舞动发生的条件与机理，可将防治舞动的方法归纳为三大类，即避舞、抗舞和抑舞。

避舞措施是通过调查研究地形、地貌和气象条件，选择适当的线路路径、走向，以避免舞动的发生。避舞实施起来较容易，效果一般也最好。

抗舞措施是在不破坏舞动条件的前提下，通过提高线索的电气和机械强度来抵抗导线舞动，使接触网设备能在线索舞动时不被破坏并保持安全运行。抗舞的关键是，通过计算给出合理的接触网设备的机械及电气强度。

抑舞措施是在舞动严重的接触网线索上加装防舞装置，以破坏舞动形成的条件，抑制舞动的幅度，消除舞动可能造成的危害，保证接触网的安全运行。由于尚未完全掌握舞动机理，对接触网抑舞实施起来难度较大，效果也不一定理想。

3．接触网线索的烧伤与防护

接触网线索烧伤极可能导致接触网断线。受电弓滑板在绝缘关节转换跨内将两组不同馈线供电的接触悬挂连通，如果一组悬挂处于正常的工作电压下，而另一组悬挂处于低电压下，或者根本处于无电的情况下，两组接触点之间会产生穿越电流，这是接触线在分段位置容易烧伤的主要原因当一组接触悬挂有电，另一组接触悬挂与地相接时，经过的受电弓会造成两组接触悬挂短路。如果短路保护装置动作迟缓，电弧长时间燃烧，接触网线索会更容易烧伤，而且烧伤多发生在受电弓滑板脱离带电支接触线的地方。为了避免带中性段的接触悬挂在受电弓经过时因燃弧而烧伤，应装设预告信号标志，指示司机在什么地方应该断电和合闸。高速电气列车应使用自动测控设备代替司机操作过分相。在双向行车的线路上，每个行车方向均需设置预告信号牌。为了防止绝缘锚段关节处的接触网线索烧伤，应在一定范围内设置列车禁停标志。

在结冰季节，由于滑板与接触线可能存在接触不良，列车运行速度较高时容易损坏受电弓滑板，速度低时接触线烧伤的几率变大。需要特别注意的是，既不允许受电弓的静态接触力过高，更不允许静态接触力过低。

第八节　高速铁路接触网的应急抢修

高速铁路接触网故障抢修要遵循"先行供电""先通后复"和"先通一线"的基本原则，以最快的速度满足滞留列车供电条件，尽快疏通线路并尽早恢复设备正常的技术状态。为保证快速抢通，在确保安全的前提下，允许接触网降低技术条件临时恢复供电开通运行。

牵引供电运行各级管理部门按照"细分供电单元，缩小供电范围，准确判断故障，压缩故障停时"的要求，合理抢修布局，强化抢修设施配套，完善抢修预案，实现快速响应、高效抢修。

接触网抢修基地应针对高速铁路设备特点，配备先进装备、机具和充足的材料。在供电段生产调度指挥场所设置实时的远动（SCADA）和综合视频复视系统。积极推广和应用集设备运行、技术资料、信息传递、抢修预案等功能于一体的接触网抢修辅助决策系统，提高接触网故障应急抢修工作效率与管理水平。

各供电段应与相关单位建立联控机制，凡发现接触网故障和异状，应立即报告列车调度员、供电调度员或者邻近车站值班员、供电设备管理单位人员，并尽可能详细地说清故障范围和损坏情况。

各供电段应结合具体情况制定高铁应急抢修预案，对人员机构设置、抢修物资准备、抢修机具状况、现场道路情况、应急处理方案（越区供电）等方面要有明确的规定，并定期组织抢修演练，努力提高应急处理能力，最大限度地缩短故障延时。

1．抢修组织及应急准备

铁路局高铁供电调度员负责接触网故障抢修指挥。路局供电调度应熟悉供电应急处理各种预案和流程，熟练操作远动系统和视频安全监控系统，掌握列车运行状态，及时收集各种故障信息。铁路局建立高铁供电应急指挥专家组，应急指挥专家组主要负责指导高铁供电应急处置方案的制定和实施，为电调指挥和现场抢修提供技术支持，实现安全快速抢通。抢修方案由供电调度批准后实施。故障抢修可不开工作票，但必须有供电调度的命令。

供电段负责现场抢修组织和实施。抢修时，应明确现场抢修负责人，所有抢修人员必须服从抢修负责人的统一指挥。在配合铁路交通事故救援时，接触网抢修负责人应服从事故现场负责人的指挥。

接触网现场抢修负责人一般由先行到达现场技术安全等级最高的人员担任。抢修负责人变更后应及时报告供电调度。

高铁接触网工区必须保证至少一个作业组24小时在工区值班。

跨局或两个及以上工区参加抢修时，原则上由设备管理单位人员担任现场抢修负责人。

在高铁车站（含动车段、所）站房内应设立接触网应急值守点。应急值守点每班人数不少于2人，并配备必要的技术资料、安全用具和机具材料。值守点应具有不少于30平方米单独的值守和工具材料房间，满足值守抢修条件。特殊情况时，可在重点区段增设临时应急值守点。在冰雪、大雾、雷雨、大风等恶劣天气时，应急值守点人员、车辆等应相应增加。

应急值守人员主要负责处理接触网异物、鸟窝等简单故障，登乘机车查找故障、检查周边环境，收集反馈故障信息和现场确认。

各供电段要加强对高铁应急值守点的管理，制定管理制度并抓好落实。

牵引供电运行各级管理部门应备有管辖范围的供电分段示意图、接触网平面图和安装图、"一杆一档"设备档案、抢修交通路线系统等资料。

承担抢修工作的车间、班组按规定配置 GSM-R 手持终端，并保持状态良好。铁路局供电调度应掌握各级抢修组织成员及现场抢修人员的联系通讯方式。各供电段将高铁接触网抢修领导小组成员、联系电话（固定、移动）和接触网作业车停放地点、联系方式报供电处、调度所（供电调度）。各供电段要与施工单位和地方汽车吊出租单位建立固定联系，以备应急时使用，协助抢修。

抢修预案应明确 AT 供电、直接供电、迂回供电、越区供电等不同供电方式保护定值组别转换及倒闸作业流程。

接触网发生断线、弓网故障或故障停电时间可能超过 30 分钟的接触网抢修，铁路局抢修领导小组成员应及时到达调度台或现场协调组织抢修。供电段负责人应及时赶赴现场组织抢修。

为保证抢修工作的顺利进行，相关单位应做好后勤服务工作，保证抢修人员生活和物资供应。

2．信息处置与行车组织

各供电段应建立供电与其他相关专业的故障信息沟通、处置机制。路局供电调度、供电段接到与故障相关信息后，应及时组织分析和处理，信息情况不明时，应主动联系了解详情。

发生供电跳闸、接触网悬挂异物、零部件脱落、动车组停电、降弓（换弓）等异常情况时，路局供电调度员应协调列车调度员，及时办理列车限速、降弓、扣停等行车限制措施，同时组织供电人员登乘后续列车巡视检查设备。

跳闸重合闸成功或试送电成功，判明为未侵入铁路建筑限界的变电设备原因、过负荷或供电线（缆）原因时，列车可不需限速、降弓。

需要限速或降弓时，限速范围原则上按故障指示地点前后各加 2 千米确定。故障地点不明确的，按整个供电臂（供电单元）限速。

跳闸后试送电失败，本供电臂内停有列车，确认故障地点及性质后，具备条件的，路局供电调度员应通过远动分合接触网分段隔离开关，隔离故障点，恢复故障点所在最小停电单元以外的区段供电。

遇强风天气线路停运时，接触网可相应停电，恢复送电前，确认具备送电条件后方可送电。发生接触网覆冰及覆冰融化脱落时段，列车限速 160 km/h 及以下运行。

电力机车牵引的列车和动车组列车停在分相无电区不能继续运行，具备采用换弓、退行闯分相等方式自救时，司机应准确报告电力机车（动车组）停车位置，由列车调度员、供电调度员、机车调度员（动车司机调度员）共同根据电力机车（动车组）类型、停车位置、牵引供电设备状况等确定自救方案，组织自救。

3．安全措施

抢修人员需进入防护栅栏（防护网）检查确认或处理故障时，应向列车调度员提出申请，驻调度所（车站）联络员在行车调度台（车站）进行登记，在本线及邻线封锁或本线封锁、邻线列车限速 160 km/h 及以下进行。

抢修作业可不签发接触网工作票，但必须得到供电调度批准的相应作业命令，并由抢修负责人布置安全、防护措施。

除遇有危及人身或设备安全的紧急情况，供电调度员发布的开关倒闸命令可以没有命令编号和批准时间外，接触网所有的作业命令，均必须有命令编号和批准时间。

进入封闭栅栏防护网内进行抢修作业，人员到达现场，在线路封锁命令下达前，所有作业人员须全部在封闭栅栏防护网外等候。接到封锁命令后，施工负责人方能带领作业人员进入防护网内。

当设备发生故障，需在双线区间的一线上道检查、处理设备故障时，本线应封锁、邻线列车限速 160 km/h 及以下。设备管理单位应在《行车设备检查登记簿》内登记，提出本线封锁、邻线列车限速 160 km/h 及以下的申请，在得到列车调度员（车站值班员）签认后，方可上道作业，本线、邻线可不设置防护信号。司机应加强瞭望。抢修作业时，邻线列车接近前，防护人员通知现场作业负责人停止作业。作业机具、材料等不得侵限且严禁摆放在两线间。故障处理后需要现场看守时，设备管理单位应在《行车设备检查登记簿》内登记，提出本线及邻线行车限制条件，并按规定设置防护。

作业组所有的工具物品和安全用具均须粘贴反光标识，在使用前均须进行状态、数量检查，符合要求方可使用。进、出封闭栅栏防护网时对所携带和消耗后的机具、材料数量认真清点核对，不得遗漏在线路或封闭栅栏防护网内。

根据故障现场实际和抢修需要，需采取 V 停或间接带电方式抢修作业时，应撤除相关馈线自动重合闸功能。

4．故障判断和查找

凡发生牵引供电跳闸、接触网异常的情况，供电调度员应立即组织供电段巡查设备，查明跳闸、异常情况的原因。需登乘列车检查处理故障时，协调列车调度员办理抢修人员登乘事宜。

发生供电跳闸后，路局供电调度应通过保护装置提供的故障报告，结合列车运行、施工作业、天气、变电所（亭）值班员巡视、试送电情况、视频监控等信息，初步分析判定跳闸故障类别、性质、故障地点或区段。必要时通过列车调度员向供电臂范围内的车站和列车司机了解是否有异常情况，通知邻线列车司机加强瞭望，通知接触网工区登乘列车或者线下巡视，详细掌握故障情况和影响范围。同时通知接触网工区做好抢修准备，并报告相关部门。

在车辆段（动车所）发生供电跳闸时，供电调度员应及时与列车调度员联系，确认跳闸时段动车组走行及检修作业信息，调阅视频监控信息等，指导现场排查和分析跳闸原因，协调动车调度员，适时安排供电人员对相关动车组进行登顶检查。

中断供电，故障原因不明时，供电调度员可采取分段试送电的方式基本判定故障区段或设备。故障点标定装置指示在供电线（缆）范围内的近端短路时，可断开故障供电线（缆）上网开关，通过迂回供电方式试送电。

已判明为正馈线故障，可断开正馈线采取直供的方式供电。已判明为变电所馈线开关或供电线（缆）故障，可断开故障区段采取上下行供电臂并联或迂回的方式供电。

抢修人员找到故障点后，应立即向供电调度员报告故障的位置、性质、设备损坏范围，提出抢修建议方案。抢修组要指派专人与电调时刻保持联系，随时汇报抢修进度，传达指挥信息。

发生供电跳闸后，供电段应立即组织人员对接触网设备进行检查，对跳闸原因进行分析，未查找到跳闸原因时还应利用天窗时间再次组织对接触网设备进行检查，直至查明原因。

接触网工区在接到供电调度的通知后，要及时安排巡视，做好抢修出动准备。同时向供电段生产调度汇报，生产调度要立即通知段抢修领导小组，启动相应抢修预案。

遇有恶劣天气、重点运输任务时，供电段抢修领导小组可视情况提前启动预案，安排人员到车站驻守、现场盯控,做好抢修准备,有关情况及时报告供电调度。

5. 故障抢修

故障停电后,路局供电调度要以最快的速度设法先行供电,疏通线路,必要时可采取变更供电方式、设置无网(电)区或降弓惰行、逐段试送电、限制列车等措施,允许接触网满足最低技术条件开通运行,减少对运输的影响。

接触网工区(含应急值守点)在接到供电调度故障抢修的命令后,应根据抢修预案和现场情况,带好材料、工具等,15 min 内出动,快速到达故障现场。

抢修人员应优先采取登乘列车的方式出动抢修。登乘人员要本着快速出动、就近上车原则,立即申请要点登乘列车。铁路局列车调度员应及时安排停点上下车,车站、公安、列车乘务等相关部门应积极配合,确保抢修人员尽早到达故障现场。

现场抢修方案的制定应本着"优先供电、先通后复"的原则,由现场抢修负责人确定方案报供电调度后发布实施,并通告有关部门。

接触网作业车(抢修列)出动抢修时,按救援列车办理。当故障现场有车辆占用时,抢修人员应视情况登车顶处理,或请求列车调度员尽快安排腾空线路,为接触网抢修作业创造条件。

采用汽车出动时,根据故标指示地点,供电段负责将上、下道地点(通道)和作业负责人姓名、人数、携带的机具材料等信息报告列车调度员,申请上道手续。

抢修组人员达到现场后,在勘察设备损坏时应同时拍照,作为故障分析和制定防范措施的影像资料。

接触网抢修既要考虑压缩故障停时,又要考虑以后正式修复的条件,首先使接触网脱离接地,尽快恢复送电,待列车离开故障供电单元后,再对故障地点进行恢复。故障范围较小,应进行一次性修复,使设备达到正常运行条件。若短时间内不能恢复供电时,路局应急抢修领导小组及相关部门要及时调整行车组织方式、启动相关预案措施,尽可能减少对行车与旅客的影响。

高铁接触网应急抢修采取临时恢复送电开通时,限速、升降弓的里程必须准确无误,驻调度所(车站)联络员在行车调度台(车站)进行登记。

高铁接触网修复过程中,对关键部位要严格把关,确认符合供电行车条件后方可申请送电。现场所采取的临时开通措施必须可靠、完备,防止开通后发生二次设备故障。送电成功在防护网栅外观察第一列动车组(电力机车)正常通过后抢修组方可撤离。

申请送电时现场负责人或驻所人员向供电调度说明列车运行注意事项,驻调度所(车站)联络员在行车调度台(车站)进行登记,供电调度及时通知列车调度。

应急抢修结束后,所有机具、线索、零部件及更换物必须全部清理干净,抢修负责人要指定专人进行检查,确保线路无遗留物。

为保证应急抢修工作的顺利进行,供电段必须做好后勤保障工作,保证抢修人员的饮食供应,必要的防雨、御寒衣物等要及时送到故障现场。遇到较大的事故,需要连续作业时间较长时,应安排替换人员。

在配合行车事故救援时,抢修负责人应服从事故抢修领导小组的调动。对接触网进行停电、拆除或修复工作,及时报告事故抢修领导小组。事故救援结束,根据事故抢修领导小组的命令向供电调度申请办理接触网送电事宜。

高铁接触网故障抢修工作必须服从供电调度的统一指挥，抢修组设现场指挥一人。现场抢修指挥按照"谁的设备谁负责"、"谁先到谁指挥"的原则执行，一般故障由工区带班长担任现场指挥；两个以上工区、车间联合抢修，由设备管辖工区、车间负责人担任现场指挥；当故障范围跨段时，原则上按先期到达故障现场的抢修组负责指挥，后期赶到的抢修人员应服从指挥。当抢修告一段落时，将抢修现场指挥权移交设备管辖段。

6．抢修方案

已判明故障性质及故障最小停电单元，短时内无法彻底恢复，但经确认或处理，满足机车车辆限界及惰行条件的，可采用最小故障停电单元停电，列车降弓惰行通过故障点的方式组织行车。

对影响较小，恢复用时不长的故障，应组织一次性恢复到接触网正常技术状态。故障破坏严重，影响范围大，难以短时恢复到接触网正常技术状态的，宜采用分次恢复方式，即对故障临时处理后，开通线路，申请列车以限速、降弓惰行等方式通过故障地点，另行申请时间组织彻底恢复。

采取列车降弓惰行运行时，降弓范围由现场抢修组提报，并应满足列车惰行运行要求。长距离降弓范围由铁路局抢修领导小组确定。

接触网主导电回路线索断线，采取临时紧起、接续时，须加装电气短接线。短接线截面应不小于被连接导电线索的截面。

抢修方案一经确定，一般不应变动，确需变动时，须报供电调度员，经铁路局抢修领导小组同意。为保证快速抢通，允许接触网满足最低技术条件开通运行，常见的接触网抢修方案如下。

1）吊弦故障

（1）原因。

磷青铜棒弯曲出现裂痕，不能及时处理导致吊弦折断；吊弦因温度变化偏移拉脱线夹；磷青铜棒与吊弦线夹压接处存在缝隙，以致吊弦脱落；吊弦线夹出现裂纹，断裂造成吊弦脱落；尼龙护套出现裂纹，断裂脱落。

（2）预防措施。

① 日常巡视、检修中发现吊弦状态不良，发现吊弦弯曲、沿线路方向偏移角度过大、线夹出现裂纹、尼龙护套开口销脱落等缺陷及时安排处理。

② 制作吊弦时按工艺标准进行，保证吊弦加工质量和预制长度。安装吊弦时严格按照安装流程进行，保证吊弦符合技术要求。

（3）应急处理措施。

① 如不影响行车可停电拆除脱落吊弦后，消令送电，安排次日天窗时间处理。

② 如需抢修应按下列方法进行处理：

拆卸损坏吊弦或吊弦线夹，用可调整体吊弦暂时代替；测量接触线高度，观察其他部位状态良好，无其他问题，消令送电。

2）定位装置故障

（1）原因。

① 连接部位磨断或扭断，定位支座、定位线夹有裂纹运行中受振动或其它外力作用，裂纹开断造成定位脱落。

② 定位线夹或定位钩环紧固螺丝松动，未被及时发现处理，在运行时受振动或其他外力作用下造成定位脱落。

③ 定位装置不良（如定位器坡度太小、定位线夹安装歪斜，定位管低头严重等情况），被受电弓碰掉。

④ 温度变化时，由于补偿装置卡滞等原因，造成定位器沿线路方向偏移量增大，到一定程度时造成定位线夹拉脱。

（2）预防措施。

① 日常检修、巡视中注意检查、观察各零部件及其它连接部件状态良好。

② 调整导线高度及驰度时，使定位器坡度符合标准，保证定位管处在水平状态。

③ 气温突然升高或降低时，应加强步行巡视，特别注意定位器坡度及顺线路方向偏移的大小，不符合技术标准时及时安排进行处理。

④ 检修定位器与定位线夹、定位支座的等电位线，避免烧损定位器。

⑤ 对锈蚀严重的定位装置各部件进行及时更换。

（3）应急处理措施。

① 当定位装置损坏时，可利用可调吊弦将接触线吊于承力索上不侵入限界，设置降弓区段，即可消令送电。

② 定位器脱落时，可更换新定位器，检调拉出值后，检查附近设备正常，即可消令送电。

3）接触网悬挂故障

（1）原因。

① 接触线拉出值（之子值）、接触线高度、跨中偏移不符合技术标准。

② 电力机车受电弓状态不良。

③ 风力作用使接触线摆动幅度大，使接触线超出受电弓范围，接触线脱弓后仍然继续运行。

（2）预防措施。

① 直线区段按周期进行测量、调整悬挂点处接触线高度和跨中接触线最低高度、接触线坡度及之子值，使之符合技术标准。

② 曲线区段按周期测量、调整接触线拉出值及跨中接触线对受电弓的最大偏移值，使之符合技术标准。

③ 曲线区段调整定位点处拉出值时，根据公式 $c = h.H/L$ 计算出受电弓中心对轨距中心偏移值后，用 $m = a - c$ 可得出接触线对线路中心线的距离。当 m 值为正值时，说明接触线的位置应在线路中心线至外轨之间；当 m 值为负值时，说明接触线的位置应在线路中心线至内轨之间。

直线区段的任一定位器必须按要求受力且不得将相邻定位器拉向一侧。

（3）应急处理措施。

① 将刮坏的吊弦拆除，用 4.0 的铁线将接触导线吊起绑在承力索上，测量跨中接触线高度不小于 5 m 时，设置降弓区段，检查接触线及其它设备正常后，立即消令，恢复供电，然后利用"天窗"时间再进行立杆和彻底恢复。

② 若要临时处理，为缩短抢修时间，可减少跨距内吊弦数量，吊弦间距可增大一倍，检查测量跨距内接触线高度、受力符合要求，检查接触线有无损伤（如有损伤需进行电气补强或切断做接头）其它部位正常，清理作业现场，即可消令送电。

4）交叉线岔故障

（1）原因。

① 线岔中两接触线交叉点投影在线岔导曲线内轨距小于 735 mm 范围，使接触线距受电弓偏移过大，受电弓过渡时接触线脱弓后造成剐弓。

② 线岔中两接触线交叉点投影在线岔导曲线内轨距大于 1085 mm 范围，两支接触线交叉角小，距受电弓中心偏移小，当机车通过时，将一根接触线抬高，而另一根接触线虽然已在受电弓抓托范围，但因抬高不够造成剐弓。

③ 限制管安装位置不符合安装温度，造成温度变化时岔心位置超标。固定限制管的零件、螺栓松动脱落或损坏，造成限制管固定不牢或脱落。

④ 安装调整时，在线岔的非工作支接触线间距 500 mm 处，非工作支比工作支抬高小于 50 mm。

⑤ 线岔处调整两支接触线高度吊弦状态不良或脱落，线岔处电连接状态不良（松弛或线夹偏斜）。

⑥ 限制管内接触线卡滞，非工作支接触线不能自由伸缩，温度变化时将线岔交叉点拉偏。

⑦ 区间发生剐弓，受电弓继续运行刮坏线岔。

（2）预防措施。

① 按规定时间及周期检修线岔，使各部参数符合技术要求。具体为：线岔交叉点投影位置在岔心轨距为 735~1085 mm 范围内辙叉角平方线上；在交叉接触线相距 500 mm 处，两工作支接触线距轨面高度保持相等，允许侧线比正线抬高为 10 mm，非工作支抬高保持在 50~100 mm 之间；限制管范围内，上边接触线与限制管应保持一定活动间隙，防止卡滞现象，注意吊弦及电连接安装状态良好。

② 按规定时间及周期巡视线岔状态，带电测量线岔有关参数，及时处理存在的缺陷。

③ 检修线岔时，检查岔心范围内接触线有无磨损、烧伤等。检查各部螺栓是否松动，零部件无裂纹安装牢固。

（3）应急处理措施。

① 当线岔处由于参数调整不标准、部件偏移或其它原因造成线岔事故时，如果接触网损伤不严重只是个别部件脱落或打坏，将损坏的部件进行更换，调整各部参数符合标准，检查无其它异常后，清理作业现场，即可消令送电。

② 线岔处发生剐弓，如果接触线损伤严重（但未断线）其它部件损伤严重短时间无法进行恢复时，可将损坏的部件或线索进行绑扎收拢提到一定的高度，检查无其它异常后，设降弓标志，即可消令送电，然后利用"天窗"时间再进行彻底恢复。

5）无交叉线岔故障

（1）原因。

① 道岔 A 柱侧线拉出值大于 150 mm，道岔 B 柱侧线拉出值小于 1100 mm，电力机车由正线高速通过时，受电弓与侧线接触线发生碰撞，造成弓网故障。

② 道岔 A 柱、道岔 B 柱正线与侧线接触线高差、拉出值调整不当，电力机车由正线驶

入侧线、或由侧线驶入正线时，受电弓在抓托范围内不能实现顺利过渡，造成剐弓。

③ 正线接触线距侧线线路中心、侧线接触线距正线线路中心水平投影 600～1050 mm 的始触区范围内安装有线夹类金具。

（2）预防措施。

① 按规定周期检修线岔，使各部参数符合技术要求。具体为：道岔 A 柱处两接触线等高，侧线与正线高度允许偏差为 +30 mm、−10 mm；道岔 B 柱处侧线导高比正线抬高 90～130 mm；B 柱往 C 柱方向第一吊处侧线抬高 160 mm，第二吊处侧线抬高 200 mm，道岔 C 柱处侧线导高比正线抬高 500 mm；正、侧线接触线导高顺坡平滑，不出现忽高忽低现象。道岔 A 柱处正线拉出值 150 mm，侧线拉出值 150 mm；道岔 B 柱处正线拉出值为 400 mm，侧线拉出值为 1100 mm；道岔 C 柱处当站线在正线侧支柱异侧下锚时，正线拉出值为 200 mm，侧线拉出值为 1300 mm；当站线在正线侧支柱同侧下锚时，正线拉出值为 200 mm，侧线拉出值为 800 mm。

② 按规定周期巡视线岔状态，测量线岔有关参数，及时处理存在的缺陷。

③ 检修线岔时，检查接触线有无磨损、烧伤等。检查各部螺栓是否松动，零部件有无裂纹且安装牢固。

（3）应急处理措施。

① 当线岔处由于参数调整不标准造成线岔事故时，如果接触网损伤不严重只是个别部件脱落或打坏，将损坏的部件进行更换，调整各部参数符合标准，检查无其它异常后，清理作业现场，即可消令送电。

② 线岔处发生剐弓，如果接触线损伤严重或断线无法短时间进行恢复时，可将损坏的部件或线索进行绑扎收拢提到一定的高度，检查无其它异常后，设置降弓区段，即可消令送电，然后利用"天窗"时间再进行彻底恢复。

6）锚段关节故障

（1）原因。

① 绝缘、非绝缘工作支非工作支间距不符合规定或者在转换柱处非工作支接触线抬高不够，绝缘锚段关节中的中心柱等高处，两接触线相对拉出值（之字值）不合适，造成受电弓脱弓、打弓、钻弓事故。

② 关节内电连接器状态不良、线夹脱落、电连接线烧断造成剐弓。

③ 补偿坠砣落地或卡在限界架上，气温升高后补偿器不起作业，非工作支弛度变大，时受电弓通过时钻弓引起剐弓或分段绝缘子串及其他部件打弓后引起剐弓。

④ 其他相邻跨距发生剐弓后，受电弓继续运行到锚段关节处造成锚段关节损坏。

（2）预防措施。

① 按规定周期检修锚段关节处的接触悬挂、电连接器及补偿装置。日常巡视注意观察各部技术状态，不符合技术要求的及时调整处理。

② 绝缘锚段关节中心柱处两工作支接触线必须在受电弓的工作面上，尤其在曲线上，调整中心柱导线时既要考虑拉出值、两导线间距，又要考虑跨中导线都不脱弓。

③ 按规定时间周期测量相邻两锚段内接触线拉出值（之字值）、高度和最大偏移值，日常巡视注意定位坡度和沿线路方向的偏移角度、各部零件状态，不符合标准者及时进行调整处理。

④ 电连接器及各部零件安装正确、牢固、状态符合要求，定位能自由偏移无卡滞，电连接线无烧伤、断股。

（3）应急处理措施。

① 当锚段关节处由于参数调整不标准、部件偏移或其它原因造成锚段关节事故时，如果接触网损伤不严重只是个别部件脱落或打坏，将损坏的部件进行更换，调整各部参数符合标准，防止因缺陷存在造成再次故障，检查无其它异常后，清理作业现场，即可消令送电。

② 当锚段关节处发生剐弓，如果接触线损伤严重（但未断线）其它部件损伤严重短时间无法进行恢复时，可将损坏的部件或线索进行绑扎收拢提到一定的高度，检查无其它异常后，设置降弓区段，即可消令送电，然后利用"天窗"时间再进行彻底恢复。

7）中心锚结故障

（1）原因。

① 邻近跨距发生剐弓后，受电弓继续运行到中心锚结处造成中心锚结损坏。

② 接触线上的中心锚结线夹偏斜，被受电弓打掉或发生剐弓。

③ 接触线上中心锚结辅助绳受力不均匀，致使一侧的辅助绳松弛严重，发生弓网故障。

④ 辅助绳与承力索固定处因断股、脱落，断线的辅助绳缠绕在受电弓引起剐弓，同时断线端侧对机车车辆或大地短路放电，扩大设备损坏范围。

（2）预防措施。

① 按时间周期及标准检修中心锚结。接触线中心锚结线夹两边的锚结绳长度、张力相等不松弛、无散股、断股现象。承力索中心锚结绳的固定及受力状态良好、无散股及断股现象。

② 中心锚结线夹有偏磨、打弓现象时及时安排处理。中心锚结辅助绳有断股、散股及时进行更换、处理。

（3）应急处理措施。

① 当发生中心锚结损坏，如果是锚结绳拉脱或断线时，可用 4.0 铁线将其临时绑扎在承力索上，测量此处导线高度符合要求，检查两端锚段关节、补偿装置好，不影响行车后，立即消令，恢复供电，然后利用"天窗"时间再进行彻底恢复。

② 如果发生中心锚结处接触线或承力索断线，且有接触线被剐伤部位的情况，则做好接触线、承力索断线接头并处理完毕的损伤部位的接触线后，在安装中心锚结，调整锚段关节处导线高度，检查附近设备无异常，可消令送电。

③ 如果仅为中心锚结线夹剐落且中心锚结绳没有损坏，则根据情况按要求安装中心锚结线夹，调整锚段关节处导线高度，检查附近设备无异常，可消令送电。

8）承力索断线

（1）原因。

① 烧断。主要是由于邻近的电连接器线夹与接触线及承力索接触不良等主导电回路不畅，造成承力索断股数多后拉断。

② 拉断。主要是由于承力索因某种原因断股后未及时发现并处理造成拉断。

③ 腐蚀、相磨断线。

（2）预防措施。

① 日常检修中注意检查承力索有无相磨、断股等问题，悬吊滑轮、承力索支座等固定承力索处是否损伤，定期清扫绝缘子，按规定及技术标准调整补偿装置，防止坠砣卡滞。

② 按规定时间周期检修电连接器时，必须按照工艺标准进行检修，严禁电连接器线夹接触不良及状态不良。

③ 长大坡道及牵引负荷较大区段，适当增加电连接器的数量。

④ 当发生接触网断线、绝缘子闪络击穿或严重弓网故障，在事故抢修中，检查事故地段承力索情况，发现有因接触网短路接地造成承力索烧断股时及时补强或做接头处理。

（3）应急处理措施。

无论是在车站或区间，当出现承力索断线时，首先用紧线工具拉起断开的承力索，使其恢复到正常高度，如果是载流承力索时还要加装电连接线，然后观察锚段关节处定位是否被拉脱、补偿装置、中心锚节是否良好，具备开通条件后，立即消令，恢复供电，疏通列车，然后利用"天窗"时间再进行彻底恢复。

9）接触线断线

（1）原因。

① 烧断。主要是电连接器接触不良、绝缘子击穿、吊弦、定位、电连接器、承力索脱落造成接触网对电力机车短路放电、电力机车顶绝缘子击穿爆炸造成接触网对机车大地短路烧断接触线等。

② 拉断。主要是接触线局部磨耗超标、损伤超标、烧损未及时发现并处理造成拉断。

③ 机车受电弓剐断。

④ 接触线的接头线夹螺丝或线夹损伤造成接触线被拉断，或者某处接头线夹有严重硬点造成局部磨耗严重被拉断。

（2）预防措施。

① 按规定时间、周期及标准测量接触线磨耗，对局部磨耗超过规定的及时进行电气补强、切断后做接头或更换。

② 日常巡视和检修作业中，注意接触线接头线夹处、绝缘器接头线夹处、中心锚结线夹处及定位点处接触线磨耗情况，发现磨耗和损伤超过规定者及时进行处理。发现接触线存在硬弯、硬点及时进行处理。

③ 按规定周期和工艺对接触线上安装的各种电连接器进行解体检修。

④ 定期清扫绝缘部件，对破损者及时进行更换。提高日常检修质量，保证接触悬挂的技术状态符合标准。

（3）应急处理措施。

① 当车站过渡接触线发生断线，可用4.0铁线将断开的接触线绑扎在承力索上，使其抬高到不影响行车的高度，封闭过渡接触线所对应的车站股道，然后检查两端接触线下锚及附近线岔、电连接其他设备状态是否良好，无接地现象，具备开通条件后，立即消令，恢复供电，然后利用"天窗"时间再进行彻底恢复。

② 当车站侧线接触线断线，如果不在岔区时，可利用紧线工具拉起断开的接触线，使其抬高到不影响行车的高度，同时在断线的两端加装电连接线，使其电流畅通，检查车站两端线岔及补偿下锚装置无异常，可封闭断线所在股道，具备开通条件后，立即消令，恢复供电，然后利用"天窗"时间再进行彻底恢复。

③ 当车站、区间正线接触线断线或车站线岔处断线时，首先用紧线工具拉起断开的接触线，并用铁线与承力索固定，使其抬高到不影响行车的高度，同时在断线的两端加装电连接

线，使其电流畅通，以避免烧损设备。然后检查该锚段内中心锚节、相邻两个锚段关节、补偿装置及其它设备不影响行车后，可设置降弓区段，立即消令，恢复供电，然后利用"天窗"时间再进行彻底恢复。

10）正馈线断线及其绝缘击穿

（1）原因。

① 烧断。主要是外界金属或线索搭接在正馈线上，或正馈线与固定接地体绝缘距离不足，或正馈线固定零部件松脱，造成正馈线对大地短路烧断正馈线。

② 拉断。主要是正馈线安装弛度小于设计弛度（此时张力已大于该温度下设计张力值），温度降低，正馈线收缩引起张力增大，造成正馈线断线。

③ 绝缘子击穿接地。正馈线绝缘子受到异物撞击破损、绝缘子覆冰、脏污引起正馈线绝缘击穿造成接地。

（2）预防措施。

① 正馈线所处的外部环境进行周期巡视检查，掌握上跨正馈线的跨线桥和跨越线的具体位置、公里标、产权单位及联系方式；检查确认正馈线在最大摆动、最大弛度情况下与固定接地体的绝缘距离不小于安全值；检查确认正馈线固定零部件螺栓紧固牢靠、开口销齐全。

② 在平均温度下，现场调查正馈线跨距弛度是否符合设计要求。掌握设计的最低气温和当地气象部门的联系方式，在遇到当地实际气温低于设计值时，及时安排网工区人员进行巡视检查。发现正馈线弛度过小，申请天窗进行处理。

③ 按照周期对正馈线绝缘子进行检查清扫，恶劣天气时加强巡视，发现凝霜、覆冰情况严重时及时退出正馈线运行，发现绝缘子破损面积超过规定值时及时更换。

（3）应急处理措施。

正馈线发生断线接地、绝缘击穿故障时，在确认正馈线断头固定牢靠后，申请临时退出正馈线运行，改变供电方式恢复接触网供电。

11）接触网主导电回路故障

（1）原因。

① 烧断。主要是接触线及接头线夹、补强线夹、线岔处电连接器、锚段关节处电连接器、横向电连接器、股道电连接器、变电所馈出供电线、绝缘锚段关节处常闭隔离开关及引线，因未按工艺检修，造成电连接线烧断及电连接线夹内部氧化后常时间发热，电连接线载流不够烧损断线。

② 拉断线。主要是接触线接头、变电所馈出供电线接头处，螺栓松动及压接不牢，温度变化时，造成拉脱断线。

③ 电连接器与被连接承力索线夹处内部氧化后常时间发热，载流不够烧损断线。严重时烧断承力索故障。

（2）预防措施。

① 按周期和规定时间和工艺标准，对（接触线及接头线夹、补强线夹、线岔处电连接器、锚段关节处电连接器、横向电连接器、股道电连接器、变电所馈出供电线及引接跳线、绝缘锚段关节处常闭隔离开关及引线）进行彻底拆解检查。

② 落实巡视制度，利用作业重点对主导电回路设备进行巡视，发现供电线弛度过小、导线接头、电连接线夹不良或电连接线断股处所及时进行检修调整。

（3）应急处理措施。

当接触网主导电回路发生故障时，应立即组织抢修恢复供电。

12）分段绝缘器故障

（1）原因。

① 安装不良、绝缘件闪络击穿、部分零部件腐蚀磨损失修、固定螺栓松动被拉坏，造成拉断、烧损分段绝缘器。

② 吊弦状态不良等原因造成分段绝缘器失去水平被受电弓打坏或拉坏。

③ 分段绝缘器与接触线的接头线夹状态不良形成严重硬点，致使受电弓打坏分段绝缘器或接触线磨耗严重被拉断。

（2）预防措施。

① 新安装的分段绝缘器必须是组装后经拉力试验合格的产品，且各部件状态良好，符合技术标准。

② 按规定周期检查分段绝缘器的技术状态，使其符合技术要求。各部螺栓紧固牢固，分段绝缘器与导线接头处无硬点且过渡平滑。

悬吊分段绝缘器的吊弦必须处于受力良好状态。

（3）应急处理措施。

分段绝缘器损伤未断，经供电调度批准可暂不恢复，对绝缘器可用电连接线将分段导通，但必须保证变电所的保护装置能够可靠动作。

13）关节式分相故障

（1）原因。

① 电力机车通过关节式分相时未断开主断路器，造成有电侧与中性区段拉电弧，烧损有电侧或中性区接触线或其它元件。

② 电力机车通过关节式分相时虽正确操作，但转换处的过电压对接触网设备有有烧损。

③ 发生接触网剐弓事故损坏关节式分相。

④ 由于其他外界原因如杂物、鸟禽等造成关节式分相烧损。

（2）预防措施。

① 关节式分相各项参数应时刻满足行车运行条件。

② 加强与机务段联系，电力机车过分相时按规定断开主断路器，并严禁升双弓。

③ 加强对关节式分相的巡视检查，一旦发现设备有不良现象时及时向上级反馈信息并采取必要的措施。

（3）应急处理措施。

当发生关节式分相处线索烧损及设备损坏时，可按分相处受损害程度的轻重按以下方案采取临时措施：

① 当损害设备在临时拉起处理后可以形成二个或一个电气绝缘关节时。用紧线工具拉起断开的线索，使其恢复到一定高度（不小于5 m），不影响行车；临时处理其它元件，保证二个或一个电气绝缘关节空气间隙，满足分相两侧分别供电条件。设置升降弓标志后，检查清理现场，即可消令送电，疏通列车，随后要点彻底处理。

② 当设备损害范围大，在临时拉起处理后不能形成电气绝缘关节时。将损坏的线索尽量与邻近较好的线索并接，或用紧线工具拉起断开的线索，使其恢复到一定高度（不小于5米），

不影响行车，设置升降弓标志后，检查清理现场，即可消令越区送电，疏通列车，随后要点彻底处理。

14）补偿装置处线锚、承锚双环杆断裂及补偿绳断线事故

（1）原因。

① 由于坠砣发生卡滞，温度骤降时，使补偿绳受较大的张力，造成补偿绳断股或拉断。

② 由于棘轮转动不灵活或与轮沿相磨，造成补偿绳断股，发现不及时，造成补偿绳断股、断线。

③ 补偿绳断线是逐步形成的过程，主要是由于发生断股后未及时发现并作处理，进而造成拉断线。

④ 双环杆耳环焊接处不符合工艺标准，或存在内部缺陷，安装受力后，检查时不到位，未及时发现，造成拉断双环杆。

（2）预防措施。

① 按规定时间、周期检修补偿装置，使补偿器的 a、b 值及补偿绳在棘轮本体上的缠绕符合规定，坠砣块要叠码整齐，重量符合标准。

② 注意及时给棘轮注油，保证滑轮转动灵活，坠砣升降自如，不发生卡滞现象。

③ 加强巡视，发现补偿绳有断股、磨损严重时及时安排进行处理。

④ 双环杆是关键的受力部件，在安装前必须进行认真检查其状态，并作拉力试验，方可上网安装。

（3）应急处理措施。

当车站或区间接触网补偿装置处线锚、承锚双环杆断裂及补偿绳断线时，可利用紧线工具（安装在杵环杆至支柱间）拉起坠落的承力索或接触线，使其恢复到原有的高度，固定好坠砣串，检查锚段关节处转换柱非支抬高符合要求、中心锚节、定位器、腕臂是否偏移过大及其它部件良好，不影响行车后，立即消令，恢复供电，然后利用"天窗"时间再进行彻底恢复。

15）隔离开关故障

（1）原因。

① 隔离开关的支持绝缘子破损或脏污造成闪络击穿。

② 隔离开关主闸刀，静触头接触不良，造成主触头烧损，进而造成隔离开关损坏。

③ 隔离开关引线与设备线夹接触不良，或引线与设备线夹材质不同，长时间运行，造成烧坏线夹和烧断引线。

④ 隔离开关引线由于驰度小或驰度大，将引线拉断或将支持绝缘子拉坏或对地放电造成接触网事故。

⑤ 接触网有电时，在接地刀闸闭合的情况下强行合主刀闸，造成引线烧断或隔开支持绝缘子闪络击穿，烧坏主刀闸触头。

（2）预防措施。

① 日常检修时，要严格按检修工艺标准进行检修，按周期清扫支持绝缘子，检查主刀闸接触密贴，设备线夹与引线连接牢固匹配，防止烧损隔开故障。

② 温度变化时，加强巡视，重点观察隔离开关引线驰度，发现异常，及时安排处理。

③ 在操作隔离开关时，确认隔开状态，严禁在接地刀闸处于闭合的情况下强行合主刀闸，

防止烧损隔离开关。

（3）应急处理措施。

① 对常开隔离开关故障，可甩开引线绑扎牢固后，即可消令送电。

② 对常闭隔离开关故障（指绝缘锚段关节处），可将开关引线全部甩开，并将引线固定好，用 95 mm² 软铜绞线或 185 mm² 铝绞线将锚段关节处分段绝缘子进行短接，即可消令送电。

③ 装卸线隔离开关损坏，如装卸线任务量大，则将带电侧引线拆除，闭合接地刀闸，然后通知车站值班员，该站可继续进行装卸作业，但电力机车不能进入该线调车，即可消令送电。如为中间车站装卸货物少，会车机会多，则拆除开关引线，同时将分段绝缘器用电连接线短接，并通知车站值班员，该线可接发列车，但不能进行装卸作业，即可消令送电。以上均方案必须在车站进行登记，双方签字备查。

16）保护线（吸上线）断线

（1）原因。

① 烧断股、拉断股、腐蚀断股、断线。

② 回流线在跨中的接头状态不良，被烧断或拉断。

③ 吸上线断线，主要是吸上线与设备线夹连接固定处、垂直吸上线与水平吸上线的连接线夹处、吸上线与扼流变中性板连接处，螺栓松动、接触面氧化造成检查电阻增大造成烧断，或吸上线本体的载流面不够、吸上线与某线夹的接触载流面不够被烧断。

（2）预防措施。

① 按规定时间周期及标准检修回流线、吸上线，保证各部线夹与线索接触良好、载流面符合要求。制作回流线下锚固定及回流线接头时，必须按要求及标准进行，确保质量。对吸上线本体载流不够的及时进行更换。

② 夜间巡视注意观察各部线夹、接头处导流情况，发现过热、有响声的处所及时安排处理。

③ 各部线夹的螺栓紧固良好，回流线驰度符合要求。对损伤或有缺陷部位的回流线，及时按规定进行处理。

注意事项：回流线、吸上线断线时必须停电进行恢复。

17）绝缘子故障

（1）原因。

① 由于绝缘子脏污未得到及时清扫，遇雨、雪、雾天气时，发生长时间沿面放电，最终造成大面积闪络、击穿，影响供电。

② 绝缘子本身存在裂纹等缺陷未及时发现，在运行中造成断裂。

③ 绝缘子安装不标准或与之连接的旋转底座，在温度变化时，顺线路方向发生卡滞，致使棒瓶扭断。

（2）预防措施。

① 定期对绝缘子进行清扫，对脏污严重无法清扫干净的绝缘子及时进行更换。

② 加强巡视，特别是温度突变时注意观察定位处腕臂偏移情况，按周期检查支持装置的状态，发现问题及时进行处理。

（3）应急处理措施。

当绝缘子击穿、断裂造成接触网变形,应立即组织抢修,最后利用作业车快速更换断裂的绝缘子,检调导高、拉出值,即可消令送电。

18)大树倾倒砸伤、烧损接触网设备

(1)原因。

大风吹倒铁路旁大树,树倒在接触网上,短路电流有承力索经树至架空地线或回流线并将承力索、架空地线或回流线烧断、砸伤。

(2)预防措施。

接触网应将树木侵限、树木倾倒后可能危及接触网安全作为巡视的一项主要内容,对危树及时通知有关部门进行砍伐。

19)供电线断线

(1)原因。

① 拉断线。主要是因为某种原因断股后未及时发现并处理造成拉断线。

② 烧断。由于过渡电连接线夹接触不良或接触载流不够,造成烧断股。

(2)预防措施。

① 日常巡视检修中,注意观察、检查供电线的驰度和悬挂固定部位线夹的状态及螺栓紧固情况,对断股部位,不符合技术要求及时进行处理。

② 检修时注意供电线处过渡电连接线及线夹与本线的接触良好、载流面积满足要求,并定期进行解体检查。

③ 保证供电线与各部的绝缘间隙,不符合规定者及时进行处理。

20)隧道中预埋杆件脱落

(1)原因。

① 预埋杆件在运行中,如隧道渗、漏水、潮湿等腐蚀,被拉脱或拉损坏。

② 在施工安装时,预埋杆件有损伤或其它缺陷,投入运行后长时间未被发现和处理造成脱落。

③ 预埋杆件在运行中因受外力被拉脱或拉坏。

④ 隧道内发生弓网、行车事故,造成预埋杆件损坏脱落。

⑤ 隧道内接地母线脱落后,预埋杆件处绝缘子闪络或击穿,造成预埋杆件烧损。

(2)预防措施。

① 日常检修中发现预埋杆件松动、变形严重缺陷及时安排处理。

② 日常巡视中注意观察隧道内固定件及接触悬挂及零部件的状态,发现异常,及时安排处理。

③ 在结冰季节加强巡视,对气候严寒的隧道地段,及早定期、定时安排打冰作业,防止冰柱造成接触网短路,烧损接触网设备。

(3)应急处理措施。

① 在直线上或曲线上个别悬挂点或定位点损坏时,只要接触线不超出受电弓工作范围时,可将悬挂和定位装置甩开,绑扎牢固、不得侵入限界,调整好接触悬挂,可消令送电,然后利用"天窗"时间再进行彻底恢复。

② 若必须修复悬挂、定位装置、杆件等可利用 4.0 铁线将绝缘子固定在原杆件上,恢复悬挂和定位,若埋入杆件整体脱出或松脱,可用高标号的快干水泥灌注。经调整具备开通条

件后，即可消令送电。

③ 对短时间难以修复的事故，可将隧道内接触网吊起或断开，使列车降弓通过。

21）支柱折断

（1）原因。

① 支柱损坏严重并未及时处理，由于接触悬挂本身负荷及风力等因素，造成折断。

② 支柱未装地线或装设的地线丢失、损坏，绝缘子闪络击穿使接触网通过支柱、大地多次放电，烧损支柱内钢筋使支柱强度减小造成倾倒。

③ 列车上掉落的物体将支柱砸断。

④ 发生行车、接触网剐弓事故被出轨机车或车辆将支柱碰撞断、被机车受电弓拉断。

⑤ 在更换下锚支柱处的拉线时，由于卸载工具安装位置不当或工具状态不良，卸载工具受力后出现松动或滑移，致使锚柱瞬间向下锚反方向倾斜，造成锚柱闪断或出现弯曲、严重裂纹。

⑥ 用作业车检修作业，作业车平台旋转至支柱侧时，由于操作人员与司机联控不到位，平台未回位就启动运行，造成作业车平台撞断支柱。

⑦ 其它自然灾害，造成支柱折断。

（2）预防措施。

① 日常巡视检修中，注意观察支柱运行状态，发现破损、损坏时，按要求及时进行处理或更换。接触网施工时，确认支柱状态良好负荷技术要求后方可使用。

② 雨季时增加巡视次数，发现支柱及基础部分不良时，根据情况及时安排处理或采取相应的技术措施。施工及运行中保证支柱的侧面限界及倾斜偏移数值符合技术要求，支柱基础不的塌陷。

③ 支柱地线装设良好，发现丢失和损坏应及时补装，否则支柱上的任何绝缘子闪络击穿都有可能把支柱烧断。

④ 在日常检修中，认真落实检修工艺标准，提高设备检修质量，防止发生剐弓故障。

⑤ 在用作业车检修作业时，平台上操作人员时刻与司助人员保持联系，必须时刻注意作业平台回到正常位置后，作业车方可向前运行，防止撞断支柱。

（3）应急处理措施。

① 当区间承力索中心锚结下锚支柱折断时：

可将断裂的支柱清除，拆除断柱上的悬挂支撑装置，将下锚承力索与另一支承力索用钢线卡子固定合并，然后调整跨中接触线高度不小于 5 m 时，检查下锚状态及锚段内无异常后，在事故点设升、降弓标志，立即消令，恢复供电，然后利用"天窗"时间再进行立杆，彻底恢复。

② 中间柱折断，首先清理破碎的支柱及场地，拆除折断支柱上的腕臂定位等悬挂装置，同时，在相邻两支柱腕臂管帽处挂滑轮和大绳，拉起接触线，测量跨中接触线高度不小于 5 m 时，用 4.0 铁线将接触线绑扎在承力索上，使其形成一个大跨距，设置降弓区段，检查其它设备正常后，立即消令，恢复供电，然后利用"天窗"时间再进行立杆和彻底恢复。

③ 当转换支柱或中心支柱折断，可采取拆除损坏支柱及接触悬挂支撑装置，对其进行临时固定绑扎，并对附加悬挂设备进行临时固定，使其抬高到不影响行车的高度，检查补偿装置、中心锚结及其它部件无异常，无侵入限界物件后，设置降弓区段，即可消令送电，然后

利用"天窗"时间再进行立杆和彻底恢复。

④ 当锚柱折断时，采取将两个锚段合并，取消一个中心锚节方法，检查下锚及其它设备无异常，必要时，在事故点，设置降弓区段，即可消令送电，然后利用"天窗"时间再进行立杆和彻底恢复。

22）避雷器故障

（1）原因。

① 避雷器的支持绝缘子破损击穿。

② 避雷器与接触悬挂间的引线被拉断或线夹烧损。

③ 避雷器内间隙或外间隙小于规定，造成永久性击穿，使接触网或馈电线永久性接地。

④ 避雷器附近发生弓网故障后，接触悬挂经引线拉坏避雷器。

（2）预防措施。

① 温度变化时，加强巡视，重点观察避雷器引线驰度，发现异常，及时安排处理。

② 日常检修时，要严格按检修工艺对避雷器进行检修，按周期清扫支持绝缘子。

（3）应急处理措施。

当避雷器引线或支撑绝缘子损坏时，可将损坏的引线和绝缘子拆除，使避雷器退出运行，即可消令，恢复供电，然后在安排时间进行彻底恢复。

23）接触线、承力索终端锚固线夹抽脱

（1）原因。

① 终端锚固线夹本身存在缺陷。

② 安装前未进行严格的检查试验，线夹本体有裂纹等缺陷，未及时发现，上网安装运行受力后拉脱。

③ 制作工艺不符合技术要求，安装运行后造成拉脱。

（2）预防措施。

① 由于接触线、承力索终端锚固线夹是关键的受力部件，在进料、出料、上网安装前必须进行严格的检查试验，杜绝无厂标和存在缺陷的不合格产品严禁上网安装。

② 日常工区加强对终端锚固线夹制作工艺的演练，使每个职工都清楚制作标准和要求，防止因制作工艺不符合规定造成的线夹拉脱故障。

③ 日常巡视检修，重点对终端锚固线夹进行检查，发现线夹有裂纹或滑移的现象，及时进行更换。

（3）应急处置措施。

采取安全措施后，卸载部份坠砣，检查中心锚节，将脱落承力索（或导线）用手搬葫芦紧起，设置硬锚，巡视测量调整相关设备（检查中锚，测导高等），其技术参数合格后，消令送电，恢复行车。

24）长大桥梁接触网故障应急处置办法

长大桥梁距地面高度大，人员机具的行动受到限制，抢修方法受限，工具、料具传递极为不便；特大桥区段受风力影响大；桥下多有河流，交通困难不容易达到，抢修时使用接触网作业车。

应急处置措施：

① 当接到长大桥发生事故的通知后，设备所属工区座台要令人员立刻到达车站运转

室进行申请接触网作业车运行点，全体员工根据事故类型准备材料、工具上接触网作业车，接触网作业车抢修箱材料、工具时刻保持充足、良好。接触网作业车准备出库进行抢修作业。

② 如本工区接触网作业车由于车站或区间轨道、故障动车组原因不能进入故障区段时，则安排相邻工区申请接触网作业车、人员、工料具支援，本工区人员和机具上汽车出发至大桥相邻工区接触网作业车来车方向一端，乘坐相邻工区接触网作业车至故障地点展开抢修工作。

③ 如接触网作业车无法到达故障地点，应立即出动相邻工区汽车到达距大桥较近的一段，人员携带机具从大桥一端或两端赶赴事故地点。

④ 线索故障时，应尽快使接触网脱离接地，满足动车组降弓通过要求，在故障地点两端立降、升弓标志并在车站做好登记，临时恢复送电。当在钢架结构部分发生故障时，根据现场情况，可申请双线路封锁。现场的接触网故障根据各类具体故障抢修预案进行。

25）隧道内接触网故障应急处置办法

隧道内空间小，人员机具的行动受到限制，抢修方法受限，邻线设备距离近；隧道内视线不良，影响抢修速度；上下行线路同时封闭后方可进行抢修作业；隧道内悬挂特殊，无支柱等设备可以借助攀爬、固定。隧道内接触网故障抢修困难，隧道抢修时应带上足够的照明设备，使用接触网作业车。抢修时应尽快使接触网脱离接地，满足机车降弓通过要求，同时在故障地点两端立升、降弓标志并在车站做好登记，临时恢复送电。

（1）应急处置措施。

① 当隧道内发生断线、且腕臂发生严重损坏故障时，应立即拆掉腕臂，并按照接触线或承力索断线抢修方案进行处理，然后在腕臂上底座用铁线固定硅橡胶绝缘子对接触网进行抬高或定位、保证接触线高度不低于该区段规定最小值、且接触网距周围接地体保持 350 mm 及以上的安全距离；最后送电降弓通过。

② 当吊柱发生严重损坏或脱落等故障时，先拆除腕臂，然后在固定吊柱的化学锚栓上用铁线悬挂硅橡胶绝缘子对接触网进行抬高，保证接触线高度不低于该区段规定最小值，送电降弓通过。

③ 当化学锚栓脱落时要将相邻两侧的悬挂抬高，保证接触线高度不低于该区段规定最小值，送电降弓通过。若必须修复悬挂、定位装置、杆件等，可用铁线将绝缘子固定在原杆件上，恢复悬挂和定位；若埋入杆件整体脱出或已松脱，可用高标号的快干水泥灌注。

④ 个别悬挂点或定位点损坏时，若不侵入限界，且不影响送电的，可暂不处理。否则，降弓通过或停电处理。

⑤ 对短时间难以修复的故障，可设置无电区或无网区。

（2）安全注意事项。

① 双线隧道时应申请封锁上下行垂停作业，同时加强防护力量和监护力量。

② 照明设备必需齐全、可靠，无阴影和照明死角。发电设备油料充足，充电设备充电饱满。事故较大、抢修时间较长时应考虑使用通风装置，防止作业时间过长时作业车、发电机产生大量废气，尽量使用充电照明设备。

26）覆冰、强风等灾害性天气应急处置办法

覆冰、强风天气下易发生接接触悬挂舞动和接触网大面积覆冰两种故障，具体应急处置

措施如下。

（1）接触悬挂舞动。

当因覆冰、强风等原因引起接触悬挂舞动时，可根据频率及振幅大小采取限速措施，必要时动车组停止运行，采取内燃动车组牵引过渡措施。

① 接到接触网晃动报告后，技术人员与工区作业人员要在第一时间赶赴现场并立岗驻守，严密注视灾情和动车组运行情况，及时上报现场情况，以便果断采取有效措施。

② 当接触网上下晃动量为 200～300 mm 或左右晃动量为 100～150 mm 时，采取动车组限速（45 km/h）通过晃动区断，并观察弓网运行情况。

③ 当接触网晃动幅度太大，（上下晃动量大于 300 mm 或左右晃动量大于 150 mm）时应适时采取降弓通过晃动区段，降弓通过的距离应根据动车组牵引重量确定，一般不超过 1 km 为宜。当晃动区段长，无法采取降弓通过时，应采用内燃机车摆渡方案组织行车。

④ 因接触网晃动，导致接触网已有明显缺陷，无法保证受电弓安全运行时，应停电、果断采取禁止动车组通过并做好处理缺陷的措施。

⑤ 冻雨天气下公路很难行车，工区抢修人员应直接乘轨道车到故障区段、巡视查找故障点。若区间有动车组阻隔，应立即采取反行行车或其他交通工具，迅速将抢修人员及机具材料送达故障地点，查明情况，迅速抢通。

若故障区段上下行被堵塞，调度应通知相邻工区的抢修待令人员乘轨道车直接出动进行抢修，本工区人员到达现场后加入到抢修组织中。

（2）接触网大面积覆冰。

① 因覆冰影响导致受电弓无法正常取流的区段，安排一定数量的动车组开行，利用电弧熔化接触线上的薄冰。

② 对结冰较厚并导致受电弓无法取流的区段，采用人工除冰。除冰时，用铲刀、木锤等工具刮除冰快，不可敲打接触线，避免接触线产生硬弯。

③ 车站侧线是结冰较厚的区段，综合维修工区要及时除冰，防止动车组升弓取流时烧段导线。

④ 冻雨天气下公路很难行车，工区抢修人员应直接乘轨道车到故障区段、巡视查找故障点。若区间有动车组阻隔，应立即采取反行行车或其他交通工具，迅速将抢修人员及机具材料送达故障地点，查明情况，迅速抢通。

⑤ 若故障区段上下行均被堵塞，段调度应通知相临工区的抢修待令人员乘轨道车直接出动进行抢修，本工区人员到达现场后加入到抢修组织中。

27）雨、雪、雾等恶劣天气应急处置办法

雨、雪、雾等恶劣天气易发生绝缘闪络、接地故障，同时视野、交通受限。

（1）应急处置措施。

① 绝缘闪络。对闪络绝缘进行清扫，送电开通。

② 绝缘击穿机械强度良好。属于接地绝缘部分，直接进行更换；属于上下行间绝缘，取消该供电臂范围内的"V"型天窗作业；属于小单元间绝缘，取消该供电范围内的小单元作业。

③ 绝缘击穿机械强度损坏。直接进行更换或取消该处定位承力索邦在一起保证接触线不低于该区段规定的最小高度时，降弓通过。

（2）安全注意事项。

①在原有工具的基础上加带照明器材、报话机、地线等保证作业过程安全。

②作业过程中加强行车防护，作台人员加强与现场联系。

28）山洪、山体滑坡造成接触网事故的应急处置办法

山洪、山体滑坡对接触网可能造成断线，断杆，悬挂、支持、定位装置大面积损坏等事故。一旦发生山体滑坡，工区及时向段生产调度和供电调度反馈现场信息，根据上级指示处理。

段应急抢修领导小组应根据现场反馈的信息正确判断事故影响大小，全力调配人员、机具、材料，及时输送抢修物资到达现场，审定、调整现场抢修方案的合理性和可实施性，指导现场实施抢通，直至正常通车。

山洪、山体滑坡造成接触网事故抢修时必需确认山洪、山体滑坡没有继续或扩大的迹象。

29）跨越电力线（含附属通讯线等）断线应急处置办法

（1）抢修的基本程序。

① 当发生雷击、冻雨等恶劣天气时，段、车间、工区要随时掌握天气预报，将天气预报内容纳入段、工区交班会，不良天气时加强对电力线跨越的处所进行巡视。

② 巡视中若发现有安全隐患时要立即通知产权单位，并做好监控；必要时要求立岗进行驻守，密切注视现场情况并及时上报，以便果断采取有效措施。

③ 若发生跨越电力线脱落，通常会引起接触悬挂线索断线的故障。工区要做好抢修准备，加强对抢修料具的检查，要确保重要件（如接头线夹、定位器、吊弦、绝缘子等）齐备完好，抢修机具、照明用具状态良好。

④ 段调度要立即通知产权单位及路局供电调度;路局供电调度立即通知跨越电力线所属的电力公司。

⑤ 接到路局供电调度员通知，电力公司做好安全措施后（电力公司故障区段的断路器、隔离开关确实已经断开，并对馈出线挂地线），工区方可开始进行抢修作业。

（2）应急处置措施。

跨越电力线脱落并断开：首先确认电力线所属电力公司已采取安全措施后用绝缘工具把断落的电力线清出限界以外，与接触网保证有足够的安全距离。若接触网无异常则直接开通线路；若接触悬挂损伤时要按照相应方案进行抢修。

跨越电力线脱落未断开：首先确认电力线所属电力公司做好安全措施后，剪断电力线，再按照上面方案进行抢修。

30）配合行车事故救援

在电气化铁路区段发生行车事故时，一般需要邻近工区人员携带抢修作业机具和材料迅速出动，赶赴事故地点进行有关救援配合或抢修损坏接触线设备的作业。

根据行车事故的性质及接触线设备损坏程度、范围。救援配合作业可分一般配合；大面积拨网并抢修损坏的接触网设备；拆网、拨支柱、抢修损坏的接触网设备等几种，在配合抢修时，一般应遵守下列原则：

① 要顾全大局，听从事故现场上级部门领导的统一指挥，主动与兄弟单位密切配合，决不能因接触网非责任事故而袖手旁观。

② 利用吊车起吊，需要移动接触网时，应尽快确定方案，按照尽量少动接触网且动后易恢复的原则，以最短的时间移动完毕，以减少吊车等待时间。移动时一般以卸开影响起吊的相关部件，以滑轮组将线索拉到适宜位置，以方便吊车作业。

③ 如果接触网遭到破坏，那么在起复事故列车的同时应交叉作业，尽可能提前做好接触网恢复的准备工作，即在不影响吊车作业范围外尽量恢复，将接触网的恢复时间压缩到最低限度。

④ 车站咽喉地带，道岔群处容易发生脱轨事故，接触网设备在车站咽喉地带也较复杂。配合这类事故应根据具体情况灵活掌握，采用最佳方案。总的原则是：先通正线，同时保证两个以上股道的开通。

31）一般性行车事故救援

所谓一般性配合，就是行车事故发生后，未造成接触网设备损坏（或损坏程度小）。同时，在整个救援过程中不需要对接触网设备进行较大规模变动的配合作业。

应急处置措施：

① 人员到达事故现场后，应立即向供电调度申请停电作业命令。供电调度下达准许作业命令之前，任何人不得进行可能接近接触网带电部位及其他带电部位的救援作业和配合作业。

② 当收到供电调度员下达的停电抢修作业命令后（需封锁线路时还须在线路封锁后），抢修人员按照预定的分工，立即验电接地，并布置好防护工作后开工。

③ 根据行车救援总指挥的要求，将个别跨距内侧的接触线抬高。将接触线抬高的方法是先将跨距内相邻两支柱处定位器卸载，缩短吊弦抬高接触线高度，用$\phi 4.0$铁线绑起，直至符合行车救援要求。

④ 当使用抬高接触线的方法不能满足要求时，就需要拆移接触网。在满足救援吊车作业条件的前提下，应尽量采取拆、移量小，且容易恢复的方案，并尽可能缩短拆移作业时间，一般不应超过20 min，减少吊车等待时间。水平移动接触网：将距故障点较近一端的补偿坠砣卸载或用手扳葫芦提升，以减小承力索和接触线张力。然后，在需移网支柱处，将承力索从鞍子内取出，拆掉接触线定位，直接用两套滑轮组将承力索和接触线向需移动的方向拉。移动几处接触网为宜，依现场情况确定。垂直抬高接触网：将故障点接触网跨距两端支柱处接触线定位器定位线夹松开，缩短吊弦，直接抬高接触线。

⑤ 根据行车救援总指挥的要求，进行救援配合中的其他临时作业。

⑥ 根据情况，在不影响行车救援的前提下，恢复拆卸的接触网及有关部件，并调整接触悬挂。

⑦ 行车救援完毕后，彻底恢复接触悬挂并调整各部件至技术要求，大约需30~60 min。

⑧ 行车事故救援总指挥宣布行车救援的全部作业结束并开通线路后，向供电调度员申请接触网送电命令。

32）大型行车事故救援配合预案

在电气化铁路区段，当发生动车组正面冲突、侧面冲突、尾追碰撞事故时，一般会造成接触网设备损坏。现场根据整体救援进展情况及基础外对救援的影响情况，适时抢修损坏的接触网设备或恢复配合过程中临时拆卸的部分设备部件。在行车事故救援中，往往根据现场情况采取拨网、断线，甚至拔支柱等方法。接触网恢复时，接触网抢修人员要分成几个作业小组，根据情况尽快同时展开作业，最大限度的缩短救援时间。

应急处置措施

（1）事故现场有断线情况，在没有供电调度员停电作业命令之前，任何人不得进入距断线落下地点 10 m 范围以内。

（2）向路局供电调度员申请接触网停电作业命令，当收到供电调度员下达的停电抢修作业命令后（需封锁线路时还须在线路封锁后），抢修人员按照预定的分工，立即验电接地，并布置好防护工作后开工。

（3）如果有支柱折断，拆除断柱上的悬挂。

（4）断柱拆卸后，根据行车事故情况救援情况及地形情况，立应急支柱。

（5）救援列车的吊车进行起吊机车，车辆作业时，接触网往往会限制吊车的吊放作业，甚至无法进行。在这种情况下，根据现场情况进行拨网、将此地段接触悬挂断线拆除及拔支柱等配合作业。

（6）根据行车事故救援总指挥的命令及情况，有时需要拆除影响吊车作业地段的接触网：用断线法拆除接触悬挂，将拆除部分盘起或切成若干段后拉到远离线路的处所。同时，将腕臂等支持装置转向线路方向后，用 $\phi 4.0$ mm 铁线与支柱临时绑扎。用断线法拆除附加悬挂，并将其拉到远离线路的处所，根据行车救援总指挥的命令进行拆除支柱作业。

（7）大面积拨网：① 在需要拨网的范围，将每处支柱上的承力索卸下支座，并将定位器卸载。每隔一个支柱，在另一侧线路的相对应支柱上挂一组单滑轮，大绳通过单滑轮一端系在需拆卸悬挂的承力索。② 待需拨网范围内承力索均移出支座且定位器卸载后，同时拉大绳，将接触悬挂拉到对面支柱的接触悬挂处，如果拉绳人员不足或曲力过大，可以采用在支柱根部用铁丝套子固定一个手扳葫芦，通过手扳葫芦把网拨到位，或者卸除落锚处坠陀，视现场情况而定。③ 用 $\phi 4.0$ mm 铁线将两组悬挂临时绑扎住，大绳系牢。④ 同时，将腕臂等支持装置转向线路方向后用 $\phi 4.0$ mm 铁线与支柱临时绑扎。第二种方法基本同上方法相同，把拆卸承力索与接触线绑到临近支柱上，为救援列车腾出空间。

第三种方法，把手扳葫芦一端打在腕臂端头，另一端打在支柱上，解下水平腕臂底座销钉，紧手扳葫芦，把腕臂摇起后，用 $\phi 4.0$ mm 铁线固定到支柱上。

（8）列车脱线造成线路损坏、接触网支柱折断 1~2 根但接触悬挂线索未断，救援列车在邻线起复救援时，需向邻线拨移接触悬挂、邻线接触悬挂向支柱侧拨移进行配合。

将救援列车所在线路上方的接触悬挂从腕臂、定位装置上取下，向支柱侧拨移并固定在支柱上，腕臂要顺线路固定在支柱上。将脱线列车上方的接触悬挂从腕臂、定位装置上取下，把承力索、接触线绑扎在一起向邻线拨移并与邻线接触悬挂绑扎在一起，也固定在支柱上（拨移范围如图 8.3 所示）。将断开的回流线分别固定在两相邻支柱上。救援列车作业完毕让出线路后，上下行并联运行，先恢复本线行车（在任一端两支接触悬挂上做电联接），采用一次性恢复的方法与工务的线路抢修同步进行，将受损线路上的接触悬挂、回流线恢复原位，接触网恢复原有运行方式。

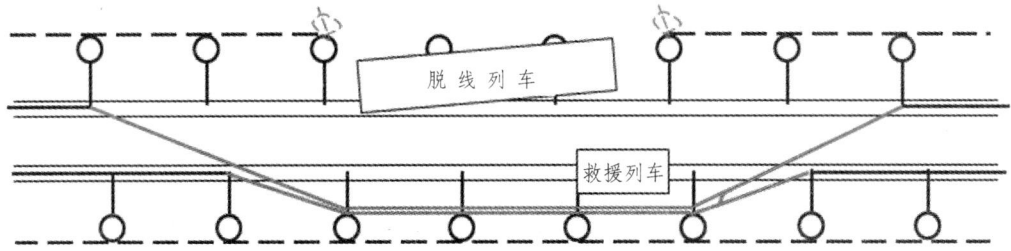

图 8.3　拨移范围示意图

（9）列车颠覆、相撞造成线路及接触网设备大面积损坏、中断铁路行车、路行和轨行机械同时进行救援时，需将损坏线索收拢固定在两相邻支柱上进行配合。

将救援机械作业区段断损的线索迅速收拢，固定在两相邻的支柱上。临时性通车与工务的线路抢修同步进行，将两个锚段合并为一个锚段并加装电联接（拆除中锚，将两侧坠砣固定）。把接触悬挂固定在抢修支柱上（曲线应新立支柱），将断线的回流线分别固定在相邻两支柱上，故障区段设置升降弓标，电力机车降弓通过，另行要点进行一次性恢复。

（10）根据行车救援总指挥的命令，进行其他救援的配合作业。

（11）若线路情况及救援情况允许，适时恢复接触网拆卸地段的悬挂。调整被波及跨距的接触悬挂。

（12）在接触悬挂暂时无法恢复到技术要求的地段，根据情况，按要求确定升降受电弓运营里程。

（13）清理作业现场。

（14）当行车救援总指挥下达救援工作结束和开通线路命令后，结束作业，向供电调度员申请送电。

7．开通线路

抢修作业结束后，应对故障设备涉及范围内整个锚段的接触网技术状态进行检查，确认没有侵入机车车辆限界和受电弓动态包络线的情况，确认符合供电、行车条件方准申请送电、开通线路。

需改变正常供电运行方式时，根据预案内容，供电调度员远动操作或发令转换保护定值区，必要时，及时向列车调度员提出限制列车对数等行车限制要求。

定位支撑、补偿装置及接触悬挂部分的抢修结束后，本线首列故障区段应限速 160 km/h 及以下，具体限速要求由供电调度员通知列车调度员。线路开通后，现场抢修组应安排人员登乘巡视检查，有条件的应在线路栅栏外观察 1－2 趟车，检查列车通过故障区段情况，确认供电设备正常抢修人员方准撤离。

抢修人员根据当时具体情况和地形条件可从"应急作业通道"或申请登乘列车撤离线路。

接触网设备技术状态不能满足列车常速运行时，应采取列车限速措施，由供电设备管理部门在相应车站登记行车条件，待确认接触网设备恢复正常技术状态后，恢复常速。

采取限速、降弓行车限制措施临时开通线路时，一般不设置降速、升降弓标志及手信号，由列车调度员发布调度命令或口头指示。

故障抢修开通线路后采取临时降弓方式运行时，故障区段降弓运行时间一般不超过 24 小时。

8. 故障调查、分析、报告和总结

高铁接触网故障的调查处理由供电处或指定供电段负责，所有设备故障都要调查处理、定性定责并及时通报。

供电段应做好高铁接触网故障及抢修工作原始资料（含实物、照片、影像、笔录、损坏的零部件等）的收集和保管，为高铁接触网故障的调查分析提供依据。每件故障均要形成故障专题分析报告，24 小时内上报，相关资料应单独建档存放。

供电段对每件高铁接触网故障除按《铁路行车设备故障调查处理办法》的要求认真分析原因，制定防范措施，逐级上报，同时还要分析、总结抢修工作中的经验教训，对存在问题要认真研究制定改进措施，不断完善抢修组织、方法。

参考文献

[1] 朱申,谢奕波. 接触网[M]. 北京:中国铁道出版社,2008.
[2] 董昭德. 接触网[M]. 北京:中国铁道出版社,2010.
[3] 徐富春. 接触网[M]. 成都:西南交通大学出版社,2015.
[4] 于万聚. 高速电气化铁路接触网[M]. 成都:西南交通大学出版社,2003.
[5] 中铁电气化局集团第一工程有限公司. 电气化铁道施工手册——接触网[M]. 北京:中国铁道出版社,2015.
[6] 中国铁路总公司. 高速铁路接触网技术[M]. 北京:中国铁道出版社,2014.
[7] 薛艳红,刘方中. 接触网运行与检修[M]. 北京:中国铁道出版社,2008.
[8] 吴仝主. 接触网设备检修与施工[M]. 成都:西南交通大学出版社,2013.
[9] 董昭德,李岚. 接触网工程与设计[M]. 北京:科学出版社,2014.